Donald R. Griffin

Wie Tiere denken

Ein Vorstoß ins Bewußtsein der Tiere

Übersetzt von Elisabeth M. Walther

BLV Verlagsgesellschaft
München Wien Zürich

CIP-Kurztitelaufnahme der Deutschen Bibliothek

Griffin, Donald R.:
Wie Tiere denken: e. Vorstoß ins Bewußtsein d.
Tiere / Donald R. Griffin. Übers. von Elisabeth M.
Walther. – München; Wien; Zürich:
BLV Verlagsgesellschaft, 1985.
    Einheitssacht.: Animal thinking <dt.>
    ISBN 3-405-13060-3

Titel der amerkanischen Originalausgabe:
Animal Thinking
© 1984 by the President and Fellows of Harvard College,
Cambridge, Massachusetts

Deutschsprachige Ausgabe:
© 1985 BLV Verlagsgesellschaft mbH, München

Titelfoto: Julius Negele

Satz: Typodata GmbH, München
Druck und Bindung: May + Co., Darmstadt

Printed in Germany · ISBN 3-405-13060-3

Vorwort

Ziel dieses Buches ist, das wissenschaftliche Interesse an bewußtem, seelischem Erleben bei Tieren wiederzuerwecken. Dieser Gegenstand war ein Hauptanliegen der Biologen und Psychologen während des halben Jahrhunderts nach der revolutionierenden Tat Darwins. Walker (1983) gibt darüber einen gedankenreichen Überblick, und Romanes (1884) und andere haben die hauptsächlichen Ansatzpunkte ausgiebig besprochen. Seit der Zeit des ersten Weltkrieges aber haben die Wissenschaftler die geistig-seelischen Vorgänge bei Tieren weitgehend vernachlässigt, in erster Linie, weil die Verhaltenswissenschaftler zu der Überzeugung gekommen waren, es sei völlig unmöglich, bei Tieren automatische und gedankenlose Reaktionen von Verhaltensweisen zu unterscheiden, die eine bewußte Wahl einschließen. Durch die eindrucksvollen Fortschritte der Ethologie und Psychologie findet heute jedoch das tierliche Denken wieder ernsthafte, wissenschaftliche Beachtung. Von einem kognitiven Annäherungsversuch an die Ethologie lassen sich nachprüfbare Hypothesen erhoffen, zusammen mit Methoden, die es erlauben, die Gedanken und Gefühle der Tiere objektiv zu studieren. Ein wissenschaftlicher Fortschritt beginnt oft damit, daß jemand eine Bestandsaufnahme des Unbekannten macht und Wege umreißt, die geeignet erscheinen, unsere Ungewißheit zu verringern und unser Verständnis zu erweitern. Dieses Stadium wird manchmal vorwissenschaftlich genannt, weil es die Richtung der wissenschaftlichen Forschungen vorwegnimmt und sogar vorausbestimmt, wie diese ausgeführt werden sollten. (Vielleicht brauchten wir eine gezielte Untersuchung über Vorwissenschaft.) Aktive Wissenschaftler belächeln mitunter solche Bemühungen als nutzlose und dürftige Mutmaßungen. Sie vergessen dabei, daß alles so anfängt. Erst wenn wir eine Frage gestellt haben, läßt sich eine Antwort erhoffen. Die Bedeutung der vorwissenschaftlichen Mutmaßungen liegt darin, wesentliche Fragen aufzuspüren und so zu formulieren, daß sie uns zu überzeugenden Antworten führen.

Unumstößliche Gewißheit ist dabei ein Luxus, dessen sich nur wenige Wissenschaftsgebiete erfreuen dürfen, und oftmals – wie im Falle der klassischen Physik im 19. Jahrhundert – kann im Zuge weiterer Entdeckungen über die wirkliche Welt das Mysterium wieder an die Stelle der Gewißheit treten. Das bewußte, geistig-seelische Erleben bleibt ein herausforderndes, unbekanntes Forschungsfeld bei Menschen und Tieren.

Dieses Buch beschreibt und untersucht einige der bedeutenderen, neuen Entwicklungen in Ethologie, Psychologie und Neurobiologie in kognitiver Sicht. Wenn ich für diese Form der Annäherung an die

Ethologie eintrete, so gebrauche ich die Bezeichnung »kognitiv« im wörtlichen Sinne und meine damit bewußte Gedanken und Kenntnisse. Ich mache somit eine modernere Tendenz, diesen Begriff auf Informationsauswertung einzuschränken, nicht mit. Diese engere Auslegung – wie in »kognitiver Psychologie« – ist günstigstenfalls verwirrend. Schlimmstenfalls kann sie uns einen sehr schlechten Dienst erweisen, indem sie uns glauben macht, auch das menschliche Denken bestünde nur aus Informationsauswertung. Wenn selbst der menschliche Geist nur noch als ein Computersystem angesehen wird, so kann man sich kaum darüber wundern, daß die Möglichkeit des Bewußtseins bei Tieren schwer vernachlässigt worden ist.

In Kapitel 1 und 2 gebe ich eine ausgewogene Darstellung alten und neuen Beweismaterials für das Denken der Tiere aus so verschiedenen Gebieten wie der Anatomie des Nervensystems, der Verhaltensökologie und der Philosophie über Seele und Geist. Die vergleichende Perspektive führt unausweichlich zu einer kritischen Nachprüfung der Beziehungen zwischen Bewußtheit und genetisch programmiertem Verhalten. Dadurch wird wiederum die weitverbreitete Annahme in Frage gestellt, daß nur erlerntes Verhalten mit bewußtem Denken einhergeht. Die Kapitel 3 bis 6 besprechen zahlreiche Beispiele tierlichen Verhaltens, das man als bewußtem Denken entsprungen ansehen kann. Dabei lege ich das Hauptgewicht auf freilebende Tiere unter natürlichen Bedingungen. Domestizierte und in Gefangenschaft gehaltene Tiere haben oftmals keine Gelegenheit zu normalen Sozialbeziehungen oder anderen vielseitigen Arten des Verhaltens, die nur zum Tragen kommen, wenn die Tiere mit den Anforderungen des Lebens in der Wildbahn fertig werden müssen.

Die letzten vier Kapitel beschreiben drei Gebiete wissenschaftlicher Beobachtungen und Experimente, die geeignet erscheinen, bessere Unterlagen für die Existenz und Bedeutung bewußter Gedanken und subjektiver Gefühle zu liefern. Kapitel 7 skizziert, auf welche Weise die Laboratoriumsexperimente und die Analysen elektrischer Korrelate der Gehirntätigkeit erweitert werden können, um das Vorhandensein bewußten Denkens aufzuzeigen und seine Inhalte zu untersuchen. Die Kapitel 8 und 9 klären und erweitern meine früheren Andeutungen, daß Tiere im Umgang mit Sozialkumpanen diesen ihre Gedanken wie auch ihre Gefühle mitteilen. Hier ergibt sich für den kognitiven Ethologen eine Möglichkeit, buchstäblich die Gedanken der miteinander kommunizierenden Tiere zu lesen. Schließlich beschreibt Kapitel 10, wie Bewußtsein anpassungsmäßig nützlich sein kann für die vielen Tierarten, die in voneinander abhängigen, sozialen Gruppen leben, und wie mehrere Fälle von neu auftretendem Verhalten schwerlich als das Werk gedankenloser Roboter zu erklären sind.

Ein Thema, das sich bei der Betrachtung der Vielseitigkeit tierlichen

Verhaltens immer wieder stellt, betrifft die Ökonomie und den Nutzeffekt bewußten Denkens. Wie die Wissenschaftler gemeinhin angenommen haben, werden die meisten Tiere mit den an sie herantretenden Anforderungen fertig, indem sie lediglich Verhaltensinstruktionen aus ihrem genetischen Erbe oder aus ihrer individuellen Erfahrung folgen. Wenn man aber die Flexibilität in Rechnung stellt, mit der viele Tiere ihr Verhalten veränderten Umständen anpassen, so bedürfte es einer enormen Zahl spezifischer Instruktionen, um für alle wahrscheinlichen Zufallsmöglichkeiten vorzusorgen. Wenn andererseits ein Tier über seine Bedürfnisse, sein Verlangen und die wahrscheinlichen Resultate alternativer Handlungsweisen nachdenken kann, so genügen weniger und allgemeinere Instruktionen. Daher mögen Tiere mit verhältnismäßig kleinen Gehirnen einen größeren Bedarf für einfache, bewußte Denkvorgänge haben als solche, die mit einem Kilogramm oder mehr dieser grauen Masse ausgestattet sind. Vielleicht können nur wir und die Wale uns den Luxus leisten, detaillierte Verhaltensinstruktionen zu speichern, während Tiere mit nur etwa einem Milligramm an Zentralnervensystem bewußt über ihre dringendsten Probleme nachdenken müssen – und sei es nur aus Gründen der Sparsamkeit und Wirksamkeit.

Es ist nicht allgemein erkannt, zu welchem Ausmaß das zeitgenössische, behavioristische Meinungsklima in der Wissenschaft die Untersuchung der Gedanken und Gefühle von Tieren verhindert hat. In unserem gesamten Bildungswesen wird den Studenten beigebracht, daß es unwissenschaftlich sei, zu fragen, was ein Tier denkt oder fühlt. Solche Fragen werden energisch mißbilligt, lächerlich gemacht und mit offener Feindseligkeit behandelt. So berichtet z. B. Pribram (1978), wie er einst aufgefordert worden war, einen Leitartikel für die Zeitschrift *Science* zu schreiben, der dann abgelehnt wurde wegen der Schlußfolgerung, Affen könnten bei der Lösung komplexer Aufgaben mit Bedacht vorgehen. Als eine andere Auswirkung dieser Einstellung tragen Tatsachenforscher Bedenken, über Feldbeobachtungen zu berichten oder sie näher zu analysieren, wenn sie Bewußtheit im Verhalten der Tiere nahelegen. Man hat uns durch die heftige Ablehnung aller Zeugnisse, die für tierliches Denken sprechen, einer derartigen Gehirnwäsche unterzogen, daß es als tollkühn gilt, wenn Studenten oder aufstrebende Wissenschaftler ihre Gedanken in derartige, verbotene Gefilde abschweifen lassen. Sie werden als unkritisch abgetan oder gar aus der wissenschaftlichen Gemeinde ausgestoßen.

Ein häufiger Einwand gegen die Versuche, tierliches Denken zu studieren, besagt, daß alles dafür verfügbare Beweismaterial nur anekdotenhaft und damit unbefriedigend für Wissenschaftler sei, weil es auf zufälligen Vorkommnissen beruhen könnte. Beispielsweise hat man gelegentlich beobachtet, daß ein Tier einen Alarmruf ausstößt, wenn

keinerlei Gefahr droht, aber andere Tiere dadurch von einem Futterbrocken weggeschreckt werden, dessen sich dann das erste Tier
bemächtigt. Bedeutet das, daß der Alarmruf absichtlich ausgestoßen
wurde, um an das Futter zu kommen? Vorsichtige Wissenschaftler
neigen dazu, sich dieser Auslegung zu widersetzen, und sie finden
einzelne Fälle solchen Verhaltens nicht überzeugend. Wie aber Dennett
(1983) kürzlich ausführte: »Als gute Wissenschaftler wissen die Ethologen, wie irreführend und für den offiziellen Gebrauch wertlos die
Anekdoten sind, und dennoch erzählen sie sie so oft! ... Wenn aber ihre
Ungewöhnlichkeit und Unwiederholbarkeit sie zu Anekdoten und
damit als Beweismittel unzulässig machen, wie soll man dann jemals
dazu kommen, eine Erkenntnisgrundlage für die Intelligenz einer
untersuchten Tierart zu entwickeln?« Selbst die umfangreichste
Sammlung wissenschaftlicher Daten muß notwendigerweise mit Num-
mer eins anfangen. Wenn es aber den Ethologen nicht erlaubt ist, die
Sache zu verfolgen, werden niemals weitere Unterlagen hinzukom-
men. Das offenkundige Allheilmittel ist, mit einer unvoreingenomme-
nen Sammlung einschlägiger Tatsachen zu beginnen und jeden nur
möglichen Versuch zu unternehmen, aussagekräftige Beobachtungs-
fälle nochmals herbeizuführen.

Eine weitere Art der Verunglimpfung schließt das ein, was ich die
»Frau-Holle-Reaktion« nenne. Wenn jemand behauptet, daß ein
bestimmtes Tier über sein Tun nachdenkt, sagt man ihm, dies sei eine
kindische Art von Animismus, vergleichbar der Namengebung für
Schiffe oder Autos, die man dadurch gleichsam mit einer Persönlichkeit
ausstattet. Wenn man dann fragt, wieso unsere wissenschaftlichen
Kollegen so sicher sind, daß das Tier nicht bewußt denkt, bekommt man
oft zur Antwort, wir könnten zwar nicht beweisen, daß die Kreatur kein
Bewußtsein habe, aber wir könnten schließlich auch nicht beweisen,
daß es keine Frau Holle gäbe. Auch wenn diese Art der Argumentation
auf manche Kollegen Eindruck machen mag, so ist sie nichts weiter als
eine erneute, nunmehr ins Groteske verzerrte Versicherung des
Unglaubens. Etwas, von dem man glaubt, es sei nicht wahr, wird mit
etwas anderem gleichgesetzt, bei dem sich alle einig sind, daß es sich um
ein bloßes Fantasiegebilde handelt. Obgleich es schwierig ist, die Meinungsverschiedenheiten über die Existenz oder den Umfang tierlichen
Bewußtseins zu einem Abschluß zu bringen, umreißt dieses Buch
Wege, die einige Aussichten auf Erfolg bieten.

Oftmals helfen die Philosophen, unser Denken in derartigen schwierigen Fragen zu klären. Nun kann man zwar Philosophen zur Unter-
mauerung so ziemlich jeden theoretischen Standpunktes heraussu-
chen, als Auftakt für meine Untersuchung des tierlichen Bewußtseins
aber sind folgende Zitate zweier zeitgenössischer Philosophen angemessen: »Der grundsätzliche Einwand gegen den Behaviorismus ist ein-

fach, daß er *a priori* die Anwendung psychologischer Erklärungen zu verhindern sucht, selbst wenn sie tatsächlich richtig sein könnten« (Fodor, 1968) und »Obgleich diese behavioristische Einstellung gegenwärtig recht weitgehend Mode ist, möchte ich sagen, daß man eine Theorie des Nichtvorhandenseins von Bewußtsein nicht ernster nehmen kann als eine Theorie des Nichtvorhandenseins von Materie« (Popper, 1974).

Viele Kollegen haben zur Vorbereitung dieses Buches beigetragen. Ruth N. Anshen regte seinen Beginn und sein Fortschreiten an mit ihrer Betonung der allgemeinen und philosophischen Wichtigkeit des Themas. Carolyn Ristau mäßigte dauernd meinen Enthusiasmus mit ihrem Verständnis für die Komplexität von Verhaltensexperimenten und deren Interpretationen. Patricia und Paul Churchland steuerten sowohl Ermutigung als auch philosophische Kritik bei. Steven Hillyard und Helen Neville halfen mir beim Überblick über elektrische Perzeptionsindexe bei menschlichen Gehirnen und der Ausdehnung solcher Experimente auf Tiere. Timothy Goldsmith und Helene Jordan gaben durchdachte Kritik und Kommentare. Alle Irrtümer in den Tatsachen oder in der Auslegung, die sich trotz dieser konstruktiven Kritik gehalten haben, gehen selbstverständlich allein auf mein Konto. Rosanne B. Kelley verfertigte zahllose Entwürfe und Revisionen durch anspruchsvolle Auseinandersetzungen mit einem Wortverarbeitungssystem. Die mitdenkend-kritische Redaktionsarbeit von Peg Anderson hat fast jeden Absatz klarer gemacht und verbessert.

Die anregende und unterstützende Atmosphäre der Rockefeller Universität ermöglichte mir, meinen Horizont in neue akademische und wissenschaftliche Gebiete auszuweiten, und die finanzielle Unterstützung der Harry-Frank-Guggenheim-Stiftung erlaubte mir, die in diesem Buch erörterten Fragen gründlich zu untersuchen.

Einige Anmerkungen der Übersetzerin, Frau Elisabeth M. Walther, befinden sich auf S. 235, am Schluß des Buches.

1 | Was denken Tiere?

Wie fühlt man sich als Tier? Woran denken Affen, Delphine, Krähen, Barsche oder Ameisen? Haben nicht-menschliche Lebewesen überhaupt irgendwelche Gedanken und subjektive Gefühle? Die Frage nach dem tierlichen Bewußtsein hat die Menschen schon immer gefesselt, weil Haus- und Wildtiere gleichermaßen unsere Bewunderung und Neugier erregen. Sie verlocken uns dazu, in ihre Haut zu schlüpfen und uns vorzustellen, wie ihr Leben sein mag. Aber ist das möglich? Haben die Verhaltenswissenschaftler genug herausgefunden, um uns konstruktiv zu Spekulationen über die Gedanken und Gefühle anderer Arten zu bringen? Falls nicht, werden sie es in Zukunft können? Die meisten Wissenschaftler, die mit Tierverhalten zu tun haben, beantworten solche Fragen negativ und schrecken davor zurück, sie in ihr wissenschaftliches Denken einzubeziehen. Aber trotz ihrer heftigen Einwände tauchen die Fragen nach der Bewußtheit der Tiere immer wieder auf – sogar in den Köpfen der Wissenschaftler.

Viele Philosophen haben die tiefe Bedeutung dieser Fragen erkannt, denn es ist eine grundsätzliche, intellektuelle Forderung, die Natur des subjektiven, geistig-seelischen Erlebens zu verstehen. Bewußte Erlebnisse und Erfahrungen sind sicherlich wichtig für uns. Deshalb ist es von großem Interesse herauszufinden, ob diese wichtigen Phänomene, die wir Gedanken und Gefühle nennen, nur beim Menschen vorkommen. Wenn unsere Spezies in dieser Hinsicht einzigartig dasteht, wie kommen wir dann zu dieser besonderen Eigenschaft? Unterscheidet sich das menschliche Gehirn von allen anderen Zentralnervensystemen durch eine grundlegende Eigentümlichkeit, die Bewußtsein ermöglicht? Oder denken auch andere Tiere, deren Zentralnervensystem aus ähnlichen Neuronen und Synapsen aufgebaut ist? Wie unterscheidet sich in diesem Falle das Bewußtsein anderer Arten von dem unseren? Gestützt auf die derzeitigen Kenntnisse vom Verhalten der Tiere will dieses Buch versuchen, den von David Hume (1739) formulierten, philosophischen Standpunkt einzuschätzen: »Keine Wahrheit erscheint mir offensichtlicher als die, daß Tiere ebenso mit Gedanken und Vernunft ausgestattet sind wie der Mensch.«

Der zeitgenössische Philosoph Thomas Nagel (1974) hat diese Frage in einem Artikel mit der Überschrift »Wie fühlt man sich als Fledermaus?«

untersucht. Er setzt voraus, daß Fledermäuse und andere, höhere Tiere geistig-seelische Regungen haben, und er spricht sich dahingehend aus, daß es uns eingeborenermaßen unmöglich sei, das Erleben eines andersartigen Lebewesens jemals genau zu kennen. Seine Argumentation betrifft jedoch in erster Linie die Exaktheit und Gewißheit, und er scheint – wenn auch unwillig – anzuerkennen, daß es grundsätztlich möglich ist, ein wesentliches, wenn auch nur teilweises, Verständnis dafür zu erlangen, wie man sich als Fledermaus oder irgendein anderes Tier fühlt. Ziel meines Buches ist es herauszufinden, wie eine richtige Einschätzung des Verhaltens der Tiere dazu verhelfen kann, den Anfang einer Antwort auf Nagels Frage zu finden.

Viele Philosophen von Aristoteles bis zu Chomsky (1966), Popper (1972) und Davidson (1975) haben darauf bestanden, daß wirklich bewußtes Erleben von der menschlichen Sprache abhängig sei. Andere Philosophen wie Dennett (1978, 1983) und Bishop (1980) haben gewichtige Gegenargumente erbracht. Die Behauptung, es gäbe kein Bewußtsein ohne Sprache, ist in vieler Hinsicht dem Glauben analog, menschliche Kleinkinder seien unfähig zu bewußtem Denken, bis sie durch Erfahrungen die Eigenschaften der Außenwelt kennengelernt hätten. Als Ergebnis neuer Entdeckungen über die kindliche Wahrnehmung (Rose et al., 1977; Haith, Bergman and Moore, 1977; Jackson and Jackson, 1978; Bronson, 1982; Kuhl and Meltzoff, 1982; Mehler, 1983) wendet man sich jedoch von Lockes Auffassung der Psyche des menschlichen Neugeborenen als einer *tabula rasa* vollständig ab. Die Fähigkeit Neugeborener, den Gesichtsausdruck nachzuahmen (Meltzoff und Moore, 1977; Field et al., 1982), ist besonders eindrucksvoll. Wir könnten an der Schwelle zu einer vergleichbaren Erkenntnis sein, daß auch einige nicht-menschliche Lebewesen sich geistig-seelischer Regungen erfreuen bzw. manchmal auch darunter leiden.

Während des zwanzigsten Jahrhunderts haben die Wissenschaftler eine ganze Menge über das Verhalten von vielerlei Tieren unter den verschiedensten Umständen gelernt. Der größte Teil von ihnen aber blieb völlig uninteressiert an dem subjektiven Erleben ihrer Studienobjekte. Zwei bemerkenswerte Ausnahmen sind Hediger (1974, 1980) und Lorenz (1963), die unentwegt versuchten, ihre Kollegen in der Ethologie zu überzeugen, daß das tierliche Bewußtsein wissenschaftlich untersucht werden kann. In den letzten Jahren haben einige Psychologen Begriffe wie Erkenntnis und Denken auf Tiere angewandt. Ich habe dringend empfohlen, die Frage nach dem Bewußtsein der Tiere von neuem zu erwägen, unter Betonung des potentiellen Nutzens der Kommunikation unter Tieren als Beweismaterial für das Denken (Griffin, 1981, 1982). 1978 wurde die gesamte Ausgabe einer wissenschaftlichen Zeitschrift einer weitreichenden Diskussion über Erkenntnis und Bewußtsein bei nicht-menschlichen Arten gewidmet (Griffin, 1978;

Premack and Woodruff, 1978; Savage-Rumbaugh, Rumbaugh and Boysen, 1978). Philosophen, die sich mit der Natur des Geistes beschäftigen, haben fortgesetzt die mögliche Existenz nicht-menschlichen Seelenlebens diskutiert (z. B. Popper, 1972; Cobb and Griffin, 1978; Bennett, 1978; Churchland, 1979; Bunge, 1980; Armstrong, 1981). Neurophysiologen und Neuropsychologen haben wiederholt versucht, Bewußtsein in Form und Gehirnmechanismen zu erklären (z. B. Eccles, 1974; Thatcher and John, 1977; Uttal, 1978; Underwood and Stevens, 1979; Davidson and Davidson, 1980; Galambos and Hillyard, 1981; Sperry, 1983). Jedoch war ihr Hauptanliegen das menschliche Bewußtsein.

Das meiste Interesse an der jüngsten Wiederbelebung der Frage nach der tierlichen Erkenntnis haben Psychologen bekundet, deren Erfahrungen hauptsächlich aus Experimenten mit Laboratoriumstieren stammten. Dieser Zug tritt deutlich hervor in einer Sammlung von Beiträgen, die Hulse, Fowler und Honig (1978) herausgaben, sowie in einer ausführlichen Besprechung dieses Bandes durch Wasserman (1981). Die Sache wird ein wenig weitergeführt in einer kürzlich erschienenen Beitragssammlung über Erkenntnis bei Tieren (Roitblat, Bever and Terrace, 1983) und in einem populärwissenschaftlichen Buch »*Animal Thought*« (Walker, 1983). Im vorliegenden Buch will ich zwei grundsätzliche Erweiterungen und Verbesserungen zu diesen Übersichten versuchen. Erstens werde ich eine weit größere Mannigfaltigkeit von Tieren einbeziehen unter besonderer Berücksichtigung der Informationsfülle über ihr Verhalten und mögliches Denken unter natürlichen Bedingungen, wo sie mit Problemen fertig werden müssen, die im Zuge der Evolution für die Arten von entscheidender Bedeutung gewesen sind. Zweitens werde ich mich aus dieser naturalistischen und vergleichenden Sicht heraus mit den subjektiven Aspekten tierlichen Bewußtseins auseinandersetzen. Unter natürlichen Bedingungen treffen Tiere so viele einsichtige Entscheidungen über ihre Handlungen und koordinieren ihr Verhalten so gut mit dem ihrer Kumpanen, daß es naheliegend ist, auf einen gewissen Grad von bewußtem Denken, von Voraussicht und Wahl zu schließen. In ihren Sozialbeziehungen scheinen die Individuen mancher Arten ihre Gedanken und Gefühle einander mitzuteilen. Das Kommunikationsverhalten bietet daher eine besonders gute Gelegenheit für Ethologen, »mitzuhören« und dabei brauchbare Informationen über die Natur des tierlichen Bewußtseins zu sammeln.

Das zeitgenössische Denken über geistig-seelische Vorgänge bei Tieren zerfällt in zwei Lager. Die kognitive Ansicht ist, daß ein Tier wahrscheinlich darüber nachdenkt, was es tut, zumindest bei einigen Anlässen. Im Gegensatz dazu steht die behavioristische Ansicht. Sie hebt die Gefahren des Irrtums hervor, die mit dem Versuch verbunden sind, sich vorzustellen, was andere Lebewesen denken mögen. Strenge Behavioristen befürworten den völligen Ausschluß subjektiver Gefühle und bewußter Gedanken von der Diskussion – und zwar nicht nur bei Tieren, sondern auch beim Menschen. Jedoch ist keine dieser beiden Ansichten ein allseitig anerkanntes Dogma, vielmehr gibt es bei beiden vielerlei Schattierungen in den Auffassungen.

Trotz des erneuten Interesses am tierlichen Bewußtsein neigen die Wissenschaftler, die sich auf dieses schwierige Gebiet vorwagen wollen, dazu, sich fest ans Schutzmäntelchen des konventionellen Reduktionismus zu klammern. Obgleich die meisten Philosophen sich seit langem vom logischen Positivismus abgewandt haben und viele Psychologen inzwischen den negativen Dogmatismus der Erzbehavioristen ablehnen, werden die Wissenschaftler, die das Verhalten der Tiere studieren, immer noch ernstlich durch ein Schuldgefühl zurückgehalten, daß es unwissenschaftlich sei, subjektive Gefühle und bewußte Gedanken zu untersuchen. Selbst in der Ethologie, der Lehre vom Verhalten der Tiere unter Betonung der natürlichen Bedingungen und der Evolutionseinflüsse, spukt noch immer der kalte und modrige Geist von Jacques Loeb (1918), wenn tierliches Verhalten einzig und allein in den Begriffen von Reizen, Reaktionen und Anpassungsvorteilen beschrieben wird. Und als die Psychologen immer mehr die Komplexität und Vielseitigkeit im Verhalten der Tiere erkannten, versuchten sie dennoch mannhaft, alle die neuen Erkenntnisse in dieselben alten Schubfächer zu stopfen, die vor Zeiten für Pawlow und Watson ausreichend schienen. So sind beispielsweise Walker (1983) und mehrere andere Autoren, die zu dem von Roitblat, Bever und Terrace (1983) herausgegebenen Sammelband beigetragen haben, durchaus bereit, Denken und Erkennen bei Tieren zu untersuchen. Sie haben jedoch einen offenbaren Horror davor, Bewußtsein bei Tieren in Betracht zu ziehen. Einige Psychologen gehen so weit, dogmatisch zu versichern, daß alles Tierverhalten unbewußt abläuft. Inzwischen ist es in wissenschaftlichen Kreisen respektabel geworden, von Informationsverarbeitung, Wahrnehmung, Erkennen und sogar Denken bei nicht-menschlichen Lebewesen zu sprechen, aber das tierliche Bewußtsein bleibt vielerorts ein Tabu. Die Wissenschaftler fangen also damit an, schüchtern hinter den behavioristischen Scheuklappen hervorzulugen, aber sie sind sozusagen noch dunkeladaptiert und unfähig, in den vollen Glanz des kognitiven Tageslichts zu blicken. Nur sehr wenige sind dem Rat Ketys (1960) gefolgt: »Die Natur ist eine schwer zu erjagende Beute, und es ist höchst unklug, sich mit einem geschlossenen Auge und einem gefesselten Fuß an die Verfolgung zu machen.«

14

Definitionen

Was verstehen wir unter bewußtem Denken? Wenn auch die meisten Leute die Realität ihres eigenen bewußten Denkens nicht bezweifeln, so können wir doch einem anderen Menschen keinen vollständigen Bericht über all das geben, was wir erleben. Daher kommt das gebräuchliche Argument, die Wörter »bewußt« und »Denken« seien zu vage für die Verwendung in einer wissenschaftlichen Untersuchung. Ich teile diese Ansicht nicht, und ich bin überzeugt, daß wir mit unserem intuitiven Glauben, bewußtes Denken sei etwas Wesentliches und habe bedeutende Auswirkungen auf unser Verhalten, völlig richtig liegen. Geistig-seelische Vorgänge und subjektives Erleben sind außerordentlich schwer mit wissenschaftlicher Genauigkeit zu definieren. Woodfield (1976) erklärt dazu: »Wenn der zu definierende Begriff vage und unscharf abgegrenzt ist, so kann eine Definition nur treffend sein, wenn sie gleichfalls vage und unscharf abgegrenzt ist.« Ich habe versucht, aus Standardquellen ein Minimum an Definitionen zusammenzustellen, die leidlich klar und zur Untersuchung tierlichen Verhaltens brauchbar sind (Griffin, 1982). Das *Oxford English Dictionary* bringt unter verschiedenen Nuancen in der Bedeutung die folgenden Definitionen: *bewußt:* »gewahr sein, was man tut oder zu tun beabsichtigt; ein Ziel und eine Absicht in den Handlungen haben«; *Bewußtsein:* »die Gesamtheit der Eindrücke, Gedanken und Gefühle, die das bewußte Sein einer Person ausmachen«; *Gefühl:* »angenehmes oder schmerzliches Bewußtsein; emotionale Einschätzung oder Empfänglichkeit (für den eigenen Zustand oder für eine gewisse äußere Begebenheit)«; und *denken:* »im Geist gestalten; einen Gedanken fassen; etwas als Vorstellung, Idee usw. im Kopf haben.« Wie die meisten Lexikondefinitionen bewegen sich auch diese im Kreise, weil die Worte gebraucht werden, um einander zu definieren. Trotzdem verstehen wir, was gemeint ist, wenn wir sie auf andere Menschen anwenden.

Armstrong (1981) spricht sich dafür aus, daß alle geistigen und seelischen Vorgänge durch eine rein materialistische oder physikalistische Philosophie erklärt werden können, und daß sie am besten als Zustände oder Vorgänge im Zentralnervensystem aufzufassen sind, die potentiell in der Lage sind, Verhalten hervorzubringen. Danach sind also Gedanken Dispositionen, sich in bestimmter Weise zu verhalten. Jedoch wird uns nur ein kleiner Teil der Vorgänge in unserem Nervensystem, die Verhalten hervorbringen oder beeinflussen können, bewußt. Tatsächlich scheint diese Definition des Seelischen alle physiologischen Vorgänge einzuschließen, die jedwede Art beobachtbaren Verhaltens in irgendeinem lebenden Organismus anregen. Ich würde zu Armstrongs Definition der geistig-seelischen Vorgänge als Dispositionen des Verhaltens noch die Fähigkeit hinzufügen, bewußt über Dinge und Ereignisse nachzudenken. Letztere können raum-zeitlich nahe oder weit entfernt sein. Ein Tier mag sich an das schmackhafte Futter von gestern erinnern oder im voraus an die warme, trockene Nestkammer am Ende seiner Höhle denken, während wir uns die Schlacht bei Gettysburg oder die erste bemannte Landung auf dem Mars vorstellen können.

Weiter definiert Armstrong Bewußtsein als die Wahrnehmung der eigenen seelischen Zustände. Er veranschaulicht das am Beispiel einer Person, die Auto fährt, ohne jedoch bewußt an den Vorgang zu denken: »Eine Auffassung der geistig-seelischen Vorgänge als Zustände der Person, die geeignet sind, gewisse Arten des Verhaltens hervorzubringen, mag sehr wahrscheinlich angemessen sein bei der Behandlung solcher Fälle wie ›automatisches‹ Autofahren. Sie mag auch angemessen sein für die meisten seelischen Vorgänge bei Tieren, die vielleicht den größten Teil ihres Lebens in diesem Zustand von Automatismus verbringen« (S. 12). Armstrong definiert dann echtes Bewußtsein als »Wahrnehmung oder Erkenntnis des eigenen Geisteszustandes ... einen kritischen Selbstprüfungsmechanismus im Zentralnervensystem« (S. 13). Es wird gemeinhin angenommen, daß Tiere nicht fähig sind, ihren eigenen Geist zu erkennen, falls sie überhaupt einen haben. Aber wie können wir sicher sein, daß kein Tier sich jemals seiner eigenen seelischen Zustände bewußt ist?

Ein anderer materialistischer Philosoph, Bunge (1980), beginnt ein Buch über die Natur des Geistes mit der Feststellung, daß »Wahrnehmen, Fühlen, Sich-Erinnern, Vorstellen, Wollen und Denken gemeinhin als geistig-seelische Zustände oder Vorgänge bezeichnet werden. (Wir wollen ... die wunderliche Ansicht ignorieren, daß es solche Tatsachen nicht gäbe.)« (S. 1). Bunge geht weiter als die meisten Philosophen, indem er anerkennt, daß einige Säugetiere und Vögel geistig-seelische Zustände und Vorgänge erleben, aber er besteht darauf, daß »alle und nur die Tiere, die mit einem plastischen (ungebundenen und unverdrahteten) Nervensystem ausgestattet sind, in seelischen Zuständen sein oder seelische Prozesse vollziehen können« (S. 74−75). Bunge bestreitet rigoros alles geistig-seelische Leben bei Reptilien, Amphibien, Fischen und Wirbellosen, wobei er die umfangreichen Daten unbeachtet läßt, die zeigen, daß ihr Verhalten in vielen Fällen plastisch und wandelbar ist. So haben Maier and Schneirla (1935), Thorpe (1963), Bitterman (1965) und Gould (1982) ein üppiges Beweismaterial über Lernen und Plastizität von einer großen Zahl von Wirbeltieren und Wirbellosen zusammengetragen. Ein dreibändiges Handbuch, herausgegeben von Corning, Dyal und Willows (1973−1975), vermittelt ausführliche Angaben und Interpretationen zum Lernen der Wirbellosen. Spezifische Beispiele von ganz einfachen Lernvorgängen in isolierten Ganglien von Mollusken hat Kandel (1979a, b) auf dem Zellniveau analysiert, und Menzel, Erber and

Masuhr (1974), Erber (1975a, b), Menzel (1979), Erber, Masuhr and Menzel (1980) sowie Klosterhalfen, Fischer and Bitterman (1978) untersuchten gründlich das ziemlich komplexe Lernen der Bienen. In späteren Kapiteln werde ich weitere Beispiele vom wandlungsfähigen Verhalten bei Insekten bringen und erklären, warum ich glaube, daß Plastizität oder Lernen nicht unbedingt nötig für bewußtes Denken sein mögen. In anderer Hinsicht aber sind die folgenden Auszüge aus Bunges Definitionen und logischen Kriterien hilfreiche Richtlinien für unsere Auffassung des Geistig-Seelischen bei Tieren:

»Seelische Vorgänge können nicht-seelische Vorgänge in demselben Körper verursachen, und umgekehrt. (S. 84)
Wir halten für sicher, daß Tiere mehrerer Arten wissen, wie sie gewisse Handlungen auszuführen haben, bestimmte (zusammengesetzte) Formen kennen und einige Kenntnis von Ereignissen haben. Zu letzteren rechnen wir auch die einfühlende Kenntnis von anderen Tieren. Einfühlung – gepriesen von den Intuitionisten und beargwöhnt von den Rationalisten – ist zugegebenermaßen fehlbar, andererseits jedoch unentbehrlich. (S. 163)
Ein Tier weiß um (oder bemerkt) den (innerlichen oder äußerlichen) Reiz x dann und nur dann, wenn es x fühlt oder wahrnimmt. Es ist sich dann und nur dann des Gehirnprozesses x bewußt, wenn es an x denkt. Das Bewußtsein eines Tieres ist die Gesamtheit aller Zustände seines Zentralnervensystems, bei denen es sich einiger neuraler oder anderer Vorgänge in sich selbst bewußt ist. (S. 175)
Die Handlung eines Tieres ist dann und nur dann willentlich (oder absichtlich), wenn sie bewußt und zielgerichtet ist. (S. 182)
Ein Tier handelt aus eigenem freiem Willen dann und nur dann, wenn seine Handlung spontan ist und es freie Wahl des Zieles (oder der Ziele) hat. (S. 183)
Alle Tiere, die zu bewußten Zuständen befähigt sind, können freie, willentliche Handlungen ausführen. (S. 184)
Ein Tier (1) hat (oder ist in einem Zustand von) Selbst-Bewußtsein dann und nur dann, wenn es sich seiner selbst (d.h. der Vorgänge innerhalb seiner selbst) als verschieden von allen anderen Wesen bewußt ist; (2) hat (oder ist in einem Zustand von) Selbst-Bewußtsein dann und nur dann, wenn ihm einiges von seinen eigenen, vergangenen, bewußten Zuständen bewußt ist; und (3) hat ein Selbst zu einer bestimmten Zeit dann und nur dann, wenn es seiner selbst zu dieser Zeit gewahr oder bewußt ist.« (S. 186)

Zu welchem Umfang können diese Definitionen und Konzepte uns helfen, andere Arten zu verstehen? Die subjektiven Erlebnisse nichtmenschlicher Lebewesen mögen ganz verschieden von unseren eige-

nen, bewußten Gedanken und Gefühlen sein, aber sie sind wahrscheinlich sehr bedeutsam für die betroffenen Tiere. Um Tiere vollständig zu
begreifen und zu verstehen, müssen wir die Natur ihrer Gedanken
erkennen.

Ein materialistischer Annäherungs-
versuch an seelisches Erleben

Ich will als sicher annehmen, daß Verhalten und Bewußtsein bei
Menschen und Tieren ausschließlich durch die Vorgänge im Zentralnervensystem zustande kommen. Mit anderen Worten, ich will mich
auf den Boden des reduktiven Materialismus stellen. Ohne zu versuchen, das philosophische Leib-Seele-Problem zu lösen, möchte ich
sagen, daß sich meine Annäherungsversuche weitgehend mit denen
von Churchland (1979), Bunge (1980) und Armstrong (1981) über-
schneiden. Ich will also annehmen, daß keine immateriellen oder
übernatürlichen Vorgänge an dem kleinen Teil menschlicher oder
tierlicher Gehirnabläufe beteiligt sind, die zu bewußten Gedanken oder
Gefühlen führen. Selbstverständlich ist das nur eine von vielen, intel-
lektuell vertretbaren, philosophischen Positionen. Man kann sich auch
auf spirituelle Einflüsse als letztlich die Natur des Universums bestim-
mende Kräfte berufen. Jedoch wird sich meine Diskussion aus diesen
Bereichen heraushalten.
Da unser eigenes Bewußtsein und Denken in einer enormen Vielfalt
von Formen auftritt, haben diese Worte etwas verschiedene Bedeutungen für mancherlei Leute. Auch mag das tierliche Denken und Fühlen
sehr viel mannigfaltiger und subtiler sein als alles, was ich auf den
folgenden Seiten bringen werde. Aber bei diesem Versuch festzustellen,
ob Tiere überhaupt bewußte Gedanken erleben, hilft es weiter, wenn
wir uns auf bestimmte Grundformen des bewußten Denkens konzentrieren, die am leichtesten bei Tieren festzustellen sind.
Für unsere Diskussion ist der wesentlichste Aspekt des Bewußtseins die
Fähigkeit, über Gegenstände und Vorkommnisse nachzudenken, ganz
gleich, ob sie zur unmittelbaren Situation gehören oder nicht. Es ist
wahrscheinlich, daß Tiere, zumindest in begrenztem Maß und unter
gewissen Umständen, verstehen, in welchem Verhältnis ihre seelischen
Erlebnisse zu Objekten und Vorfällen in der umgebenden Welt stehen.
Das Verständnis des Tieres mag dabei richtig oder falsch sein, und die
Zusammenhänge mögen einfach oder komplex sein. Der Inhalt des
bewußten Denkens mag aus unmittelbaren Empfindungen bestehen,
aus Erinnerungen an Vorfälle aus der Vergangenheit, oder aus einer
Vorwegnahme der Zukunft. Auf alle Fälle muß ein bewußter Organis-

mus mehr tun, als nur reagieren. Er muß an etwas denken, und für gewöhnlich wird er ein bestimmtes Gefühl in bezug auf dieses Etwas haben. Weiterhin dürfte jedes denkende Tier sein Verhalten wenigstens zum Teil auf der Grundlage des Gedankeninhalts leiten. Die Information, aus der dieser Inhalt besteht, muß somit für das Tier verfügbar sein. Höhere Tiere erhalten den größten Teil dieser Informationen durch ihre Sinnesorgane einschließlich derer, die Zustände innerhalb des Körpers anzeigen. Einige wichtige Informationen können aber auch aus früheren Aufnahmen durch die Sinne stammen, und einige können sich durch Umgruppierungen bereits im Zentralnervensystem lagernder Informationen zu neuen Mustern ergeben.

Jedem Biologen wird es nahezu selbstverständlich sein, daß die bewußten Gedanken oder subjektiven Gefühle, die die Tiere allenfalls erleben, keine einheitlichen Alles-oder-Nichts-Phänomene sein werden. Gewiß variieren unsere eigenen Gedanken und Gefühle gewaltig je nach ihrer Natur, ihrer Zusammensetzung und den relativen Anteilen von bewußten und unbewußten Vorgängen. Man darf mit Sicherheit eine noch größere Variabilität erwarten, wenn man andere Arten einbezieht. Bevor wir aber untersuchen können, wie Inhalt und Qualität des Bewußtseins sich von Art zu Art und von Situation zu Situation ändern, müssen wir feststellen, wo und wann es auftritt. Gedanken und subjektive Gefühle der Tiere sind nahezu mit Gewißheit einfacher als die unseren, und ihr Inhalt muß mehr für die Situation des Tieres von Bedeutung sein als für menschliche Belange. Das macht die Suche nach Beweisen für das Bewußtsein schwieriger, als wenn wir nach einer einzelnen, wohldefinierten Einheit suchen würden, wie beispielsweise dem Farbensehen. Jedoch macht der Mangel an Einfachheit einen Gegenstand nicht unwichtig oder unaufspürbar, nicht ununtersuchbar und nicht unverstehbar.

Die Vernachlässigung des Bewußtseins durch die Verhaltenswissenschaftler

Außer Lorenz (1963) und Hediger (1947, 1968, 1980) haben sehr wenige Ethologen etwas über Gedanken und Gefühle der Tiere gesagt. Sie haben selten deren Existenz dogmatisch in Abrede gestellt, aber sie betonen, daß es außerordentlich schwierig, wenn nicht unmöglich sei, etwas über das subjektive Erleben anderer Arten zu erfahren. Jedoch rechtfertigen Schwierigkeiten nicht, eine Sache einfach unter den Tisch fallen zu lassen. Wie T. H. Savory (1959) es formuliert hat: »Natürlich ist es schwierig, die Gedanken oder ihre Äquivalente, die das Verhalten eines Tieres bestimmen, zu interpretieren. Jedoch ist das kein Grund, es nicht zu versuchen. Wenn es nicht schwierig wäre, gäbe es nur geringes Interesse an der Erforschung tierlichen Verhaltens und nur wenige Bücher darüber« (S. 78).

Hier steht zur Debatte, ob Tiere nichts weiter sind als mechanische Apparate. Die meisten Biologen und Psychologen neigen dazu, ausdrücklich oder stillschweigend die Tiere als Maschinen anzusehen, sicherlich sehr komplexe Maschinen, aber nichtsdestoweniger eben nur nicht-denkende Roboter. Gewöhnlich hält man mechanische Apparate für unfähig, bewußte Gedanken oder subjektive Gefühle zu haben, obgleich es heute modern ist, Computersystemen geistige Regungen zuzuschreiben. Unter anderen hat John (in Thatcher and John, 1977) das Bewußtsein einer Art von innerer Rückkopplung gleichgestellt, wobei Informationen über einen Teil eines Informationsfluß-Musters auf einen anderen Teil einwirken. Dies mag eine notwendige Vorbedingung für bewußtes Denken sein. Es gilt aber ebenso für viele physiologische Prozesse, die ohne jeden Bewußtseinsvorgang in uns ablaufen.

Viele vergleichende Psychologen scheinen fast buchstäblich zu Stein zu erstarren, wenn sie vom Bewußtsein bei Tieren hören. Historisch gesehen hat die wissenschaftliche Psychologie sich seit mehr als fünfzig Jahren gegen die früheren Versuche gestellt, den Arbeitsweisen des menschlichen Geistes durch introspektive Selbstbeobachtung auf die Spur zu kommen, d.h. daß wir zu erfahren suchen, wie wir denken, indem wir über unser Denken reflektieren. Diese Methode führte zu verwirrenden und widersprüchlichen Ergebnissen, und aufgrund solcher Enttäuschungen wandten sich die Experimentalpsychologen großenteils von dem Bemühen ab, menschliches Bewußtsein zu verstehen, und sie ersetzten die Introspektion durch objektive Experimente. Während Experimente sich bei der Analyse des Lernens und anderer menschlicher Fähigkeiten als sehr nützlich erwiesen, ging die Ablehnung jeglicher Beschäftigung mit Bewußtsein und subjektiven Gefühlen so weit, daß viele Psychologen prinzipiell ihre Existenz oder wenigstens ihre wissenschaftliche Erforschbarkeit abstritten. In einer ziemlich krassen Form solcher Verleugnung argumentierte Harnad (1982), daß erst, nachdem unsere Gehirnfunktionen bestimmt haben, was wir tun wollen, eine Illusion von Bewußtheit entstehe im Verein mit dem irrigen Wahn, wir hätten eine Wahl getroffen oder Kontrolle über unser Verhalten gehabt. Von Psychologen, die das menschliche Bewußtsein derart herabsetzen und ignorieren, kann man kaum erwarten, daß sie uns viel über subjektive Gedanken und Gefühle bei Tieren sagen werden. Ihr Argument ist: Wenn wir nicht einmal verifizierbare Daten über unsere eigenen Gedanken und Gefühle zusammentragen können, wie können wir hoffen, etwas über die Gedanken und Gefühle von anderen Arten zu erfahren?

Eine längst überfällige, korrigierende Reaktion auf diesen extremen Antimentalismus ist durchaus im Gange. Für viele Gelehrte und praktisch für die ganze Welt außerhalb enger wissenschaftlicher Kreise war es immer selbstverständlich, daß menschliche Gedanken und Gefühle real und wichtig sind (siehe z.B. Mackenzie, 1977, und Whiteley, 1973). Dabei wollen wir keineswegs die Schwierigkeiten unterschätzen, die sich ergeben, wenn wir objektive Beweise für die Gefühle und Gedanken anderer Leute zu sammeln versuchen, selbst solcher, die wir bestens kennen. Aber es ist wirklich absurd, die Existenz und Bedeutung geistig-seelischer Vorgänge zu bestreiten, nur weil sie schwierig zu untersuchen sind. Warum scheinen so viele Psychologen gewillt zu sein, einen Zentralbereich ihres Forschungsgegenstandes zu ignorieren, wenn die meisten anderen Zweige der Wissenschaft sich einer solchen Selbstlähmung enthalten? Für gewöhnlich wird diese Frage dahingehend beantwortet, es habe sich während der letzten zwanzig bis dreißig Jahre eine verhältnismäßig neue Art von kognitiver Psychologie entwickelt, die sich großenteils auf die Analyse menschlichen und tierlichen Verhaltens in Form von Informationsverarbeitung stützt (besprochen in einem Band, den Norman, 1981, herausgab). Analogien zu Computerprogrammen spielen dabei eine große Rolle. Viele kognitive Psychologen beziehen ihre Inspiration aus dem Erfolg von Computersystemen und glauben, daß bestimmte Typen dieser Programme als instruktive Modelle für menschliches Denken dienen können. Wörter, die bisher für bewußte, menschliche Lebewesen gebraucht wurden, dienen jetzt dazu, die eindrucksvollen Leistungen der Computer zu beschreiben. Trotz des Optimismus der Computerenthusiasten ist es jedoch höchst unwahrscheinlich, daß ein Computersystem spontan subjektive seelische Erlebnisse hervorbringen kann (Boden, 1979; Dreyfus, 1979; Baker, 1981).

Auffälligerweise fehlt in der derzeitigen kognitiven Psychologie meist jede ernsthafte Beachtung bewußter Gedanken oder subjektiver Gefühle. Beispielsweise verteidigt Wasserman (1983) die kognitive Psychologie gegenüber seinen behavioristischen Kollegen durch den Hinweis, sie sei nicht subjektiv und mentalistisch. Menschen zu analysieren, als seien sie Computer, mag als einführende, begrenzte Methode nützlich sein, gerade so wie die Physiologen ihre Analyse der Herzfunktionen mit Analogien zu mechanischen Pumpwerken begannen. Aber es ist wichtig, die dieser Methode innewohnenden Begrenzungen zu erkennen. Sie krankt an der Gefahr, uns zu dem zu führen, was T. H. Savory (1959) mit dem treffenden, aber leider zungenbrecherischen Namen »synekdochischer Trugschluß« bezeichnet hat, d.h. das Verwechseln eines Teils mit dem Ganzen oder, wie Savory es formulierte, »der Irrtum des Nichts-als«. Informationsverarbeitung ist zweifellos eine notwendige Vorbedingung für geistig-seelisches Geschehen.

Aber ist das genug? Der menschliche Geist tut mehr als Informationen zu verarbeiten; er denkt und fühlt. Wir haben Meinungen, Wünsche, Befürchtungen, Erwartungen und viele andere subjektive, seelische Zustände. Viele kognitive Psychologen lassen durchblicken, daß ein Computersystem, welches die Informationen genauso wie das menschliche Gehirn verarbeiten könnte, auch alle wesentlichen Elemente des Denkens und Fühlens nachahmen würde. Andere glauben einfach, daß subjektives Erleben außerhalb der Reichweite wissenschaftlicher Untersuchungen liege. Vielleicht kann man die Angelegenheit eines Tages einem empirischen Test unterziehen. Jedenfalls sind Ausmaß und Komplexität der Informationsverarbeitungen in unserem Gehirn so groß, daß die verfügbaren Verfahren nur einen winzigen Bruchteil davon aufdecken können, und auch wenn wir alles bis ins einzelne unter Kontrolle bekommen könnten, wissen wir nicht, ob irgendein Computersystem sie nachmachen könnte.

Der Unterschied zwischen bewußten und unbewußten Zuständen ist erheblich, und doch haben die meisten Wissenschaftler, die sich mit dem Verhalten der Tiere abgeben, geglaubt, die Suche nach Bewußtsein bei Tieren sei ein wertloser Anachronismus. Diese defaitistische Einstellung ist zum Teil auf überzeugenden Beweisen gegründet, wonach wir eine große Anzahl von Aufgaben lösen, Entscheidungen treffen und andere Arten von Informationsverarbeitung erledigen, ohne uns irgendwie bewußt zu sein, was da vorgeht. Harnad (1982) bezieht seine Ansicht, menschliches Bewußtsein sei nur eine Illusion, auf die Tatsache, daß uns von all den Informationsverarbeitungen in unseren Gehirnen nur die Spitze des Eisberges bewußt ist. Tatsächlich ist die Rate von bewußter zu unbewußter Hirntätigkeit wahrscheinlich noch geringer als das Dichteverhältnis von Eis zu Wasser. Die intellektuelle Aufregung über diese Entdeckung hat die offensichtliche Tatsache verschleiert, daß wir wenigstens eine Zeitlang bewußt sind und dann sicherlich viele Arten von Gedanken und Gefühlen erleben, die sehr wichtig für uns sind. Wenn die Wahl offen stünde, würde irgendjemand einen lebenslänglichen Zustand des Schlafwandelns vorziehen?

Kognitive Ethologie

Unsere Aufgabe ist es, die Artgrenze zu überschreiten und zu versuchen, befriedigende Informationen darüber zu sammeln, was andere Arten denken und fühlen mögen. Diese kognitive Ethologie – eine Wissenschaft, die noch in den Kinderschuhen steckt – sollte nicht durch den Neid auf die Computer beengt werden, der einen großen Teil der derzeitigen kognitiven Psychologie kennzeichnet. Wir müssen das subjektive Erleben berücksichtigen sowie Informationsverarbeitung, Problemlösung und die Anpassung tierlichen Verhaltens, die sich im Zuge der Evolution ergeben hat. Die vergleichende Methode kann sich für das Studium seelischen Erlebens am Ende als ebenso fruchtbar erweisen wie in der Anatomie, Physiologie und Biochemie. Wenn wir herausfinden können, was nicht-menschliche Lebewesen denken und fühlen, so können wir unsere Beziehungen zu ihnen auf Tatsachenkenntnis aufbauen zusätzlich zu unseren emotionalen Gefühlen, und gleichzeitig können wir damit anfangen abzugrenzen, was für unser eigenes seelisches Leben einzigartig ist.

Die Betrachtung des tierlichen Bewußtseins bringt einen ganzen Haufen verzwickter und untereinander zusammenhängender Fragen mit sich. Schon die einleitenden Schritte zur Beantwortung dieser Fragen erfordern ein sorgfältiges Abwägen aller zugänglichen und möglicherweise erreichbaren Beweismittel anstelle einer Berufung auf frühere Glaubenssätze und Werturteile, die gewöhnlich zu unproduktiven Zusammenstößen zwischen festgefahrenen Überzeugungen führen. Wir müssen bereit sein, Zeugnissen für und gegen unsere Lieblingsmeinungen gleiches Gewicht beizumessen. Damit werden wir auf einer Art von intellektuellem Drahtseil spazierengehen müssen und zwischen zwei Gefahrenquellen zu balancieren haben. Die erste ist, zu viel in das begrenzte, verfügbare Beweismaterial hineinzudeuten. Die zweite ist, aus Sorge um kritische Objektivität wichtiges Material unbeachtet zu lassen oder zu unterschätzen. Im Idealfall sollte man über das Drahtseil als ein gewissenhafter Beobachter oder Experimentator gehen, der willens ist, jede Art von Beweis zu erwägen. Die offene und kritische Durchsicht weit voneinander abweichender Tendenzen und Angaben dürfte nützlicher sein als die Verkündigung leidenschaftlich befürworteter Doktrinen. Ich werde dabei nicht meine eigenen Interpretationen und Meinungen verheimlichen, aber ich werde mich bemühen, sie klar als solche kenntlich zu machen.

Auf der Suche nach wandlungsfähigem Verhalten scheint es am besten zu sein, eine breite Auswahl von Arten zu betrachten mit dem Schwerpunkt auf freilebenden Tieren unter natürlichen Bedingungen. Haus- und Heimtiere sind stark von ihren menschlichen Besitzern beeinflußt worden, sowohl durch Abrichtung wie durch Selbstdressur und durch genetische Selektion auf Zahmheit. Dies alles kann sich – mitunter drastisch – in Veränderungen des natürlichen Verhaltens auswirken, durch das die Wildtiere an bestimmte Lebensweisen angepaßt sind, sei es durch Auslese im Laufe der Evolution, sei es durch individuelles Lernen. Auch sind die Laboratoriumstiere gezüchtet und konditioniert worden, um in eine Umwelt zu passen, die sich radikal von der ihrer wilden Vorfahren unterscheidet. Die meistgebrauchten Laboratoriumstiere zeigen z. B. viel weniger Sozialverhalten als ihre freilebenden

Verwandten. Vielleicht würde solches Verhalten ihre Pflege und Haltung zu sehr komplizieren oder würde zu große und zu teure Käfige nötig machen. Feldbiologen neigen zu der Ansicht, daß Laboratoriumstiere Verhaltenskastraten sind. Nachdrücklich hat Hediger (1968) diese Meinung vertreten:

»Dank den menschlichen Züchtungsergebnissen haben sie im Laufe der Domestikation bestimmte Veränderungen durchgemacht ... [und] ... sind ein künstliches, keinesfalls ein natürliches Material für einen Ausgangspunkt ... In Fällen wie dem der weißen Ratte – ein domestiziertes Tier und das beliebteste Objekt für Labyrinthversuche – kann eine domestizierte Form grundverschieden von ihren wilden Vorfahren sein. Da mit der wilden Ratte viel schwieriger umzugehen ist, wurde sie in den Laboratoriumexperimenten der Tierpsychologen seit 1895 durch die weit zahmere, standardisierte, weiße Ratte ersetzt. So hat man, statt die experimentellen Methoden dem Tier anzupassen, eine Art abstrakter Tierform zurechtgebastelt, die hübsch zu dem Versuchsapparat paßt.«

Hunde, Katzen und Reitpferde scheinen oft zu wissen, was sie tun, und viel von dem, was wir über tierliches Verhalten wissen, stammt aus Studien an gefangenen oder domestizierten Tieren. Sie sind für die Beobachtung leicht verfügbar, und viele Variablen können besser kontrolliert werden, wenn man mit bekannten Individuen unter kontrollierbaren Bedingungen arbeitet. Jedoch sind viele Situationen, in denen Denken am wahrscheinlichsten hervortritt, aus dem Leben der domestizierten Tiere geschwunden. Die Bejagung durch Raubfeinde fehlt fast stets, obgleich die Furcht davor weiterbestehen kann. Sehr geringe Mühe ist nötig, um zu Futter und Wasser zu gelangen. Wetterschutz ist kein Problem, und Geschlechtspartner werden für gewöhnlich nach unserem Belieben zur Verfügung gestellt, anstatt von dem Tier gesucht, umworben und individuell gewählt zu werden. Die menschlichen Pfleger haben das Tier der meisten Notwendigkeiten enthoben, nach dem zu suchen, was es braucht, und das zu meiden, was es zu verletzen oder zu töten droht. Aber die Art, wie ein Tier solchen Anforderungen begegnet, könnte gerade die besten Beweise seines Denkens und Fühlens erbringen.

Es ist eine gebräuchliche experimentelle Verfahrensweise beim Studium tierlichen Lernens, dem Tier Futter oder Wasser vorzuenthalten, bis es sich in bestimmter Weise verhält, und ihm dann verschiedene weitere Änderungen des Verhaltens abzuverlangen. Das ähnelt den Anforderungen der Futtersuche im Freileben, und durch solche Experimente haben wir viel über die Fähigkeiten von Tieren zur Lösung von Problemen erfahren. Aber die Experimentatoren beschränken normalerweise die Situation wie die Natur des Problems, welches ein Tier zu lösen hat, da sie auf Antworten zu wissenschaftlichen Fragen über

Lernen und Gedächtnis aus sind und nicht untersuchen, was das Tier denken oder fühlen mag.

Etholologen, Verhaltensökologen und Feldzoologen sind hingebungsvolle und eifrige Beobachter dessen, was Tiere in ihrem normalen Leben tun. Sie haben in der Praxis gewaltige Schwierigkeiten zu überwinden und müssen viele Enttäuschungen und Stunden der Unbequemlichkeit in Kauf nehmen, um ins Einzelne gehende und objektive Daten zusammenzutragen. Die gut begründeten Urteile erfahrener Feldforscher sind eine wertvolle Quelle, die von der Wissenschaft nicht angemessen und effektiv genug genutzt worden ist. Wir reagieren immer noch übertrieben auf die Entwertung jener anekdotenhaften Angaben, auf die sich Darwin und Romanes verlassen mußten, weil sie nichts Besseres hatten. Tatsächlich sind die Feldbeobachter nur allzusehr durch wissenschaftliche Kritiker behindert worden, die dazu neigen, alle beschreibenden Beobachtungen des Verhaltens der Tiere als nicht stichhaltig abzutun. Natürlich müssen die einzelnen Beobachtungen überprüft und bestätigt werden. Wiederholte Beobachtungen, möglichst dokumentiert durch Fotografien oder andere objektive Aufzeichnungen, sind hocherwünscht, und es ist wichtig, daß neue Daten kritisch von Kollegen ausgewertet werden, die nicht auf bestimmte Interpretationen festgelegt sind. Aber die Wissenschaftler irren gewöhnlich, wenn sie zu skeptisch sind und sich weigern, Beweismaterial als bare Münze zu nehmen, weil es nicht in Einklang mit festgelegten Glaubenssätzen steht. Selbst wenn Feldforscher Beobachtungen gemacht haben, die bewußtes Denken nahelegen, berichten sie oft nicht darüber, und die Herausgeber wissenschaftlicher Zeitschriften zögern, so etwas zu veröffentlichen. Diese Hemmungen haben aus den veröffentlichten Daten viele Beobachtungen ausgeschieden, die Ansatzpunkte für neue Forschungen hätten werden können.

Weil dieses wirksame Vereinfachungsfilter zu einer Verarmung der wissenschaftlichen Literatur geführt hat, und weil die meisten Erforscher tierlichen Verhaltens sich auf ganz andere Fragen konzentriert haben, als ich hier zu beantworten suche, ist es schwer, aus ihren veröffentlichten Befunden eine vollständige und ausgewogene Bestandsaufnahme über Fälle von bewußtem Denken anzufertigen. Wahrscheinlich werden wir weniger Beweismaterial für bewußtes Denken unter den routinemäßigen Wiederholungen stereotypisierter Verhaltensweisen finden als unter solchen, die auf wechselnde Bedürfnisse und Umstände gemünzt sind. Es erscheint am vielversprechendsten, wenn wir uns auf Situationen konzentrieren, in denen sich Tiere erfolgreich mit Aufgaben auseinandersetzen, indem sie eine Wahl zwischen alternativen Verhaltensweisen treffen. Einige Arten und einige Typen des Verhaltens sind gründlich genug untersucht, daß wir daraus Schlußfolgerungen auf die vorausgehenden oder begleitenden

Gedanken und Gefühle ziehen können. Auf dieser Grundlage habe ich in den folgenden Kapiteln Nahrungssuche, Beutemachen und Flucht vor Raubfeinden, Herstellung und Gebrauch von Kunstprodukten sowie die Verständigung unter Tieren zur Diskussion ausgewählt. Viele andere Verhaltenskategorien können gut und gern unter dem gleichen, grundsätzlichen Blickwinkel betrachtet werden, z. B. Werbung, Paarung, Aufzucht der Jungen, Territorialverhalten, Dominanz und Aggression, Wahl des Aufenthaltsgebietes und Wanderungen.

Empfindende Natur

Die Umweltschutzbewegung hat einen weiten Weg zurückgelegt in dem Bemühen, das ins Gegenteil umzukehren, was vor fünfundsiebzig bis hundert Jahren eine unwiderrufliche Tendenz zu sein schien, nämlich die Vernichtung der natürlichen Umwelt und ihr Ersatz durch eine völlig künstliche Welt von menschlichen Produkten. Das Land sollte allein der Agrikultur vorbehalten sein, die Gewässer sollten der Schiffahrt und der Abfallbeseitigung dienen, und ganz allgemein sollte technisches Machwerk anstelle der natürlichen Umgebung treten. Diese Bewegung hat den Tieren, den Pflanzen und einer relativ ungestörten Umwelt echte und eigene Werte beigemessen. Viele von uns bemühen sich um die Erhaltung einiger typischer Musterbeispiele von Regenwäldern, Feuchtbiotopen, Bergen, Strömen und Küstengebieten in einem Zustand, wie er herrschte, bevor die moderne Industriegesellschaft so viel auf unserem Planeten umkrempelte. Ein selten deutlich ausgesprochener Grundbestandteil in diesen Bemühungen ist ein Gefühl, daß viele der Tiere, die wir zu erhalten wünschen, empfindende Geschöpfe sind, deren Gefühle unsere Rücksichtnahme verdienen. Die größeren und höheren Tiere sind ein wichtiger Teil dessen, was die Umweltschutzbewegung erhalten oder wiederherstellen möchte. Jedoch hat man bisher ziemlich selten versucht festzustellen, warum die Menschen eine üppige, beobachtbare, natürliche Vielzahl von freilebenden Tieren haben wollen. Warum macht es uns etwas aus, ob wir außer Schafen auch Hirsche sehen können, außer Haushühnern und Putern auch Rebhühner, außer Stubenfliegen und Honigbienen auch Schmetterlinge?
Zu den zahlreichen Gründen für den Wunsch, die Natur zu erhalten, gehört die intuitive Erkenntnis unserer Verwandtschaft mit anderen Tieren und unsere tiefe Wißbegierde in bezug auf ihre Gefühle und Gedanken. Diese Einstellung spiegelt sich auch wider in der Volkstümlichkeit von zoologischen Gärten, von Fernsehprogrammen über Wildtiere und Bildern von ihnen. Sind diese Interessen Überbleibsel aus

einer früheren Zeit der Menschheitsgeschichte, da Jagd, Schutz vor Raubtieren und andere unmittelbare Auseinandersetzungen mit einer natürlichen Welt lebenswichtige Bedeutung für die Menschen hatten? Es gibt Leute, die da sagen, die Bewunderung der Natur sei nichts weiter als eine triviale Art von Freizeitgestaltung, ohne Eigenwert und schädlich obendrein, weil sie die volle Ausbeutung der Rohstoffquellen für den Menschen behindere. Aber das Interesse an Tieren geht viel zu tief, als daß man es so leichtfertig abtun könnte. Ein anderer Gesichtspunkt ist die weitverbreitete Liebe zu Heimtieren. Reine Nützlichkeitserwägungen können schwerlich die Millionen unserer Hunde, Katzen, Aquarienfische und Stubenvögel rechtfertigen.

Ein Hauptbestandteil dieses menschlichen Interesses ist ein tiefverankertes Mitgefühl für Tiere als empfindende Geschöpfe. Wir versuchen unsere Haustiere oder auch die Wildtiere, die wir beobachten, zu verstehen. Wir fühlen uns herausgefordert durch die Schwierigkeit der Aufgabe, uns in die Haut eines anderen Tieres zu versetzen. Wir suchen aber auch die Einfühlung – ein Punkt, der bei weitem nicht die Beachtung gefunden hat, die er verdient. Wir haben andere Tiere gern und bewundern sie großenteils deshalb, weil es uns Freude macht, uns vorzustellen, wie ihr Leben aussieht. Wir fragen uns, was unser Hund möchte, was die Vögel in unserem Garten empfinden, oder wie das Leben für den großäugigen Hirsch sein mag, den wir einen Augenblick lang vom fahrenden Auto aus sehen. Wir fühlen, daß ihre Lebensführung anders sein muß als die unsere, und es ist aufregend, über die Ähnlichkeiten und Unterschiede nachzusinnen. Selbst Jagen und Fischen, also Tätigkeiten, die das einzelne Tier vernichten, werden oft von Sportsleuten ausgeübt, die ein bewunderndes Interesse an ihren Beutetieren nehmen. Weise Jäger und Angler müssen auch Naturschützer sein, weil sie auch in Zukunft jagen und fischen möchten.

Die meisten Tiere, die ich bisher erwähnte, sind Säuger, Vögel oder andere recht hoch organisierte Lebewesen. Es gibt aber eine enorme Vielfalt lebender Arten, und je mehr man über sie weiß, desto weiter wird der Rahmen für die einfühlende Neugier. Wir können die Befriedigung, die das Lernen über Tiere uns zu geben vermag, ganz beträchtlich steigern, wenn wir über die gewohnten, am Orte häufigsten Arten hinausgehen. Praktische Erwägungen beschränken die meisten von uns auf das Studium von Haustieren und den gängigsten Wildtierarten. Aber die Popularität von Büchern und Fernsehsendungen über Tiere in ihren natürlichen Lebensräumen beweisen einen unstillbaren Hunger nach breiteren, zoologischen Ausblicken. Diese Wißbegier hängt eng mit dem Wunsch zusammen, Menschen aus anderen Kulturkreisen zu verstehen, deren Leben von dem unseren verschieden ist. In beiden Fällen waltet ein grundsätzlicher und, wie ich glaube, sehr wichtiger Impuls zu versuchen, sich in die Haut des anderen zu versetzen.

Notwendige Entscheidungen

Wir möchten, daß unsere Kenntnis der Tiere genau und realistisch ist. Narwale, Seekühe und Schmetterlinge sind uns wichtiger als Einhörner, Seejungfrauen und anderer Humbug. Erdachte Kreaturen haben ihren Platz, aber er ist im Bereich der Fantasie, wo sie oft menschliche Vorstellungen erhellen. Der wissenschaftliche Erforscher von Wildtieren ist am besten in der Lage, unsere mitfühlende Wißbegier zu befriedigen und die Wirklichkeit von der Fiktion zu scheiden. Er wird also unsere Aufmerksamkeit eher auf Buckelwale als auf das Loch-Ness-Ungeheuer lenken.

Für die Zoologen bestand ein erster Schritt darin, eine Übersicht über das Tierreich zu schaffen und genaue Beschreibungen aller Tierarten zu geben, die mit uns auf diesem Planeten vorkommen, einschließlich wo und wie sie leben. Diese Aufstellung ist nahezu vollständig für die größeren und auffälligeren Arten, während bei kleineren Tieren – z. B. Insekten – alljährlich Hunderte von Arten neu entdeckt werden. Dieses Katalogisieren ist eine mühsame, rein fachliche und oft enttäuschende Beschäftigung. Aber wir müssen uns klar machen, daß befriedigende, vollständige Bestimmungsbücher, die genauen und oft wunderschönen Illustrationen sowie die Schrifttumsverzeichnisse, wie wir sie bei so wohlbekannten Gruppen wie Vögeln mit Selbstverständlichkeit erwarten, nur durch die mühsame Arbeit gewissenhafter Wissenschaftler geschaffen werden konnten. Leider wissen wir fast nichts über das Verhalten der großen Mehrheit der Tierarten, die bereits in den Büchern stehen, ganz zu schweigen von den vielen, die erst noch beschrieben werden müssen. Da der größte Teil all dieser Tiere nur spezialisierten Zoologen bekannt ist, haben viele davon nur wissenschaftliche Namen.

Ungeduld gegenüber der Notwendigkeit zu wissen, mit welcher Art man zu tun hat, führt manche Wissenschaftler, die auf anderen Gebieten arbeiten, dazu, die Bedeutung dieser mühseligen, taxonomischen Unterscheidungen zu verkennen. Ein bekannter Physiker, enthemmt auf einer Cocktail Party hat mich einmal gescholten wegen der – wie er es ansah – geistlosen Trivialitäten, mit denen die Biologen ihre Zeit verplempern: »Ihr elenden Biologen werdet es nie zu etwas bringen, wenn ihr nicht mit diesem Blödsinn aufhört und sie alle gerade nur noch ›Käfer‹ nennt.« Elektronen mögen alle gleich und austauschbar sein. Aber selbst die primitivsten Tiere sind solch hochorganisierte Systeme, daß ein so extremes Vereinfachungsverfahren nur zu Irrtum und Verwirrung führen kann. Das gilt ganz besonders für das Studium des Verhaltens, da selbst nahverwandte Arten und sogar Populationen innerhalb der gleichen Art sehr verschiedene Lebensweisen haben können, andere Probleme zu bewältigen haben und damit die zum

Narren machen, die sie alle in einen Topf werfen wollen. Zudem können erhebliche Verhaltensunterschiede auch innerhalb der Individuen einer Population auftreten, je nach Geschlecht, Alter, Sozialrolle, Gesundheitszustand, früheren Erfahrungen und vielleicht auch kleineren genetischen Unterschieden. Wenn man also das Verhalten der Tiere verstehen will, und noch mehr, wenn man an ihren Gedanken und Gefühlen interessiert ist, muß man die Individualitäten in Rechnung stellen, auch wenn dieses Bemühen noch so ärgerlich ist für diejenigen, die die Ordnung der Physik, der Chemie oder der mathematischen Formeln vorziehen.

Inklusiver Behaviorismus

Viele Wissenschaftler studieren tierliches Verhalten, aber in den letzten Jahrzehnten war ihr Denken, Beobachten und Experimentieren großenteils beträchtlich eingeengt von dem negativen Dogmatismus, der allgemein unter dem Namen Behaviorismus bekannt ist. Diese Schule entstand in der amerikanischen Psychologie unter der Führung von John Watson und ist von B. F. Skinner (1974) in klarer Weise zusammengefaßt worden. Die Behavioristen der zwanziger Jahre versuchten, eine ganz strenge Psychologie zu entwickeln, vergleichbar der Physik und Chemie in ihrer Exaktheit. Um das zu bewerkstelligen, bestanden Watson und andere Behavioristen – wie etwa Skinner – darauf, daß nur objektiv beobachtbare Verhaltensweisen als wissenschaftliche Daten anerkannt werden könnten. Da Gefühle, Gedanken und andere geistig-seelische Regungen nicht direkt zu beobachten sind, meinen die Behavioristen, daß sie nicht wissenschaftlich erfaßbar seien. Obwohl Skinner und einige andere Behavioristen die Existenz seelischer Vorgänge zugeben, machen sie sich dafür stark, daß man sich in wissenschaftlichen Untersuchungen ausschließlich an deren äußerlich erkennbare Ursachen und Wirkungen zu halten habe.

Unsere primäre Informationsquelle für menschliche Gedanken, Gefühle und sonstige Regungen ist das, was uns unsere Mitmenschen durch wortlose Zeichen, Gesten und Gesichtsausdruck sowie durch Ausrufe, Worte und Sätze mitteilen. Jedoch haben die Psychologen und Psychiater des zwanzigsten Jahrhunderts einwandfrei nachgewiesen, daß uns nur ein Bruchteil dessen, was in unserem Gehirn vorgeht, bewußt ist, und daß wir den anderen Menschen nur einen gewissen Teil von all dem mitteilen können, was unser Verhalten beeinflußt. Folglich ist die Introspektion, d. h. der Versuch, die eigenen Gedanken und Gefühle zu untersuchen, nach Meinung der Behavioristen ein hoffnungslos fehlerbehaftetes und unzuverlässiges Verfahren, das für die wissenschaftliche Analyse völlig wertlos ist. Sie folgen Skinner

(1957), indem sie die Sprache als »verbales Verhalten« betrachten. Für die Erforschung des tierlichen Verhaltens haben die meisten Ethologen stillschweigend oder sogar ausdrücklich den behavioristischen Standpunkt anerkannt. Es ist daher nicht überraschend, daß auch sie nur wenig über Gedanken und Gefühle bei Tieren herausgebracht haben. Der Behaviorismus hatte zweifellos über Jahre hinweg eine recht gesunde Wirkung, da er die Erforscher des Tierverhaltens zwang, sich auf das Sammeln objektiven Beweismaterials zu konzentrieren, das auch von anderen Wissenschaftlern nachgeprüft werden kann. Das subjektive Erleben bei Menschen und Tieren aber wurde dabei als inkonsequentes Fantasiegebilde betrachtet.

Obgleich der Behaviorismus die amerikanische Psychologie fünzig Jahre lang beherrscht hat, ist er eigentlich nie eine feste und einheitliche Orthodoxie gewesen. Beispielsweise bezeichnete Edward C. Tolman (1932) sich selbst als *»purposive behaviorist«** und bestand darauf, daß »Verhalten nach Vorsatz und Erkenntnis riecht.« Die Auffassung, daß Ziele die Funktionen des Gehirns wie auch der Computersysteme beeinflussen können, ist heute weithin anerkannt, wie Boden (1972) gedankenreich besprochen hat. Gegen Ende seiner hervorragenden Laufbahn gab Tolman (1959) zu, daß der Ethologe Otto Koehler recht hatte, als er ihn einen »verkappten Phänomenologen« nannte, weil er tatsächlich an die Wirklichkeit und Erheblichkeit subjektiver Erlebnisse oder Phänomene in des Wortes eingeschränkter, fachlicher Bedeutung glaubte, obgleich er selten, wenn überhaupt, diese Überzeugung im gedruckten Wort ausgesprochen hat. Stattdessen konzentrierte er sich auf den experimentellen Nachweis, daß Tiere – besonders bei erlerntem Verhalten – bestimmte Resultate erwarten. Seine Ansichten waren jedoch bei weitem nicht so einflußreich wie die von Skinner und anderen Psychologen, die dabei blieben, die geistig-seelischen Vorgänge zu ignorieren. Nichtsdestoweniger haben sich viele behavioristische Hemmungen in den letzten Jahren etwas entspannt. Eine Anzahl von Psychologen beginnt, objektives und nachprüfbares Beweismaterial für das Denken und Fühlen der Tiere zu sammeln (zusammenfassend dargestellt z. B. von Mackintosh, 1974, und Walker, 1983). Aber dieses Gebiet ist noch voller Kontroversen, so daß Tierverhalten im allgemeinen heute nur selten als eine Informationsquelle für tierliches Denken herangezogen wird.

Moderne Behavioristen behaupten oft, sie seien nicht mehr durch die Kurzsichtigkeit der zwanziger Jahre beengt. Als Beweis dafür führen sie viele Untersuchungen über komplexes Lernen und Problemlösungen

---

*purposive behaviorist = ein Behaviorist, der jedoch – im Gegensatz zum »klassischen« Behaviorismus – Zwecke, Ziele und Zielvorstellungen (Vorsätze) in seine Untersuchungen einbezieht und sogar besonderes Gewicht darauf legt.

bei Tieren an. Aber trotz ausgedehnter und genialer Analysen komplizierten Verhaltens erwähnen sie fast nie die Möglichkeit, daß Tiere
Gefühle, Erinnerungen, Absichten, Wünsche, Ansichten oder andere
seelische Regungen haben könnten. Viele Behavioristen lehnen auch
weiterhin den »Mentalismus« heftig ab, als sei er eine tödliche Pest
(beispielweise Rachlin, 1978, und Wasserman, 1983). Trotzdem legen
viele Arten tierlichen Verhaltens das Vorhandensein von Gedanken
und Gefühlen nahe. Kaum einer, der mit einem Hund oder einer Katze
zusammen gelebt hat, kann ernstlich bezweifeln, daß diese Tiere
manchmal ein bestimmtes Futter haben möchten, ins Haus hinein-
oder herausgelasssen werden wollen, und daß sie die Gesellschaft
bestimmter Personen oder Tiere wünschen, während sie andere meiden. Dennoch bleiben die meisten Verhaltenswissenschaftler dabei, nur
die Formen des Lernens oder die Auslese während der Evolution in
Betracht zu ziehen, welche die Tiere veranlaßt zu haben scheinen, sich
in bestimmter Weise zu verhalten. Nur wenige Wissenschaftler sind
sich darüber klar, zu welchem Ausmaß ihr Denken durch das behavioristische Tabu eingeschränkt ist.
Ich habe den Verdacht, daß das tierliche Bewußtsein nicht nur aus dem
gewöhnlich angegebenen Grund, es sei schwer zu erforschen, vernachlässigt worden ist, sondern noch mehr, weil die Möglichkeit droht, daß
sich dadurch eine Büchse der Pandora öffnet, angefüllt mit Ideen,
welche die Wissenschaft mit unsauberen oder schlecht umgrenzten
Themen verseuchen könnte. Wissenschaftler bevorzugen unbedingt
deterministische Erklärungen, und die Erwähnung des tierlichen
Bewußtseins deutet oftmals auf den Glauben an einen freien Willen bei
Tieren hin. Jedoch ist die Streitfrage Determinismus oder Freiheit der
Wahl nur indirekt mit der Frage verwandt, ob nicht-menschliche
Lebewesen ein Bewußtsein haben oder nicht. Beispielsweise könnte ihr
bewußtes Erleben das vollständig determinierte Ergebnis früherer
Erfahrungen bzw. der genetischen Ausstattung sein. Oder ihr Wahlver-
mögen könnte frei sein in dem Sinne, daß es nicht prädeterminiert ist,
brauchte deswegen aber kein bewußtes Denken einzuschließen.
Viele Wissenschaftler meinen, daß, selbst wenn es bewußtes Denken
bei Tieren gäbe, dieses nichts zu einer rein behavioristischen Analyse
hinzufügen würde, die zwei oder eins von zwei allgemeinen Erklärungsprinzipien einschließt. Das erste ist, daß die genetische Instruktion von einer Generation zur nächsten durch DNS im Keimplasma
weitergereicht und durch die natürliche Auslese im Laufe der Evolution
geformt wird. Diese Art der Erklärung findet das Wohlgefallen der
Ethologen und Verhaltensökologen. Das zweite besagt, daß Lernvor-
gänge oder andere Verhaltensmodifikationen während der Lebenszeit
eines Individuums durch das hervorgerufen werden, was Skinner
»(zufällige) Verstärkungsmöglichkeiten« *(contingencies of reinforcement)*

genannt hat. Damit meinte er ursprünglich Lernen oder, weiter gefaßt, jeden Prozeß, bei dem die günstigen Ergebnisse einiger Verhaltensweisen Veränderungen in dem Tier hervorrufen, die sich dahingehend auswirken, daß dieses Verhalten wiederholt wird bzw. an Häufigkeit zunimmt. Skinner vereinigte später diese beiden Einflüsse in einem breiteren Konzept der »Verstärkungsmöglichkeiten«, das nicht nur das Lernen während des individuellen Lebens, sondern auch die Auswirkungen der natürlichen Selektion einschließt, durch die ein Verhalten eine »Verstärkung« erfährt, wenn sich der Reproduktionserfolg der Tiere, bei denen es auftritt, vergrößert (Skinner, 1966, 1981). Obwohl Skinners erweiterte Terminologie logisch ist, wurde sie nicht zu größerem Umfang angenommen. Das ist in vieler Hinsicht bedauerlich, weil das, was man die neo-Skinnersche Auffassung von »inklusiven Verstärkungsmöglichkeiten« nennen könnte, einen wichtigen und zentralen Aspekt der Art und Weise einfängt, wie Psychologen und Ethologen das Verhalten der Tiere angesehen haben. Weil beide Gruppen die geistig-seelischen Vorgänge unberücksichtigt lassen, will ich die Bezeichnung »inklusive Behavioristen« gebrauchen, um beide zu kennzeichnen – die Psychologen, die nur an den »Verstärkungsmöglichkeiten« während der Lebensspanne eines Individuums interessiert sind, und die Ethologen und Verhaltensökologen, die sich ausschließlich mit den Auswirkungen der natürlichen Selektion auf das Verhalten befassen.
Viele inklusive Behavioristen argumentieren heftig, daß die beiden genannten Erklärungsprinzipien – jedes für sich oder beide miteinander kombiniert – völlig ausreichten, um das Verhalten der Tiere zu verstehen. Diese Argumentation wird oft noch durch zwei weitere Thesen erweitert. Die erste beinhaltet, daß man das Verhalten der Tiere – und einige würden auch die Menschen einschließen – gleich gut oder sogar besser vorhersagen bzw. kontrollieren könne, wenn man die »Verstärkungsmöglichkeiten« im neo-Skinnerschen Sinne heranzieht, ohne subjektive Gedanken oder Gefühle im mindesten zu berücksichtigen. Die zweite und grundsätzlichere Behauptung besagt, daß subjektive Gedanken und Gefühle niemals ein Verhalten verursachen oder auch nur beeinflussen könnten. Wenn jemand bezweifelt, wie ernst es den Behavioristen in diesem Punkte ist, so möge er die folgende, repräsentative Feststellung in einem heutigen Lehrbuch (Schwartz and Lacey, 1982) erwägen: »Wenn du wissen willst, warum jemand etwas getan hat, so frage ihn nicht. Durchforsche seine unmittelbare Umwelt, bis du herausgefunden hast, was für ihn die Belohnung ist. Wenn du jemandes Handlungen ändern willst, so versuche nicht, ihn zu überzeugen oder zu überreden. Finde die Belohnung heraus und beseitige sie. Der Gedanke, die Menschen seien autonom und besäßen in sich selbst die Macht und die Einsicht, Entscheidungen zu treffen, hat keinen Platz in der Theorie des Verhaltens.«

In einem anderen Kommentar kritisiert Branch (1982) Roitblat (1982), weil er versucht, die Natur der Repräsentationen im Gehirn von Tieren zu untersuchen. Branch lehnt ab, was er »eine animistische Sicht des Verhaltensträgers als Urheber seiner Handlungen« nennt, weil er – wie auch viele andere Behavioristen – glaubt, solche Ansichten würden die Wissenschaftler abbringen oder ablenken von »der Untersuchung manipulierbarer Variablen, deren Funktion Verhalten ist.« Dieses Argument ist rein taktisch in wissenschaftlichen Debatten, wie Dennett (1983) ausführt. Es erinnert in vielerlei Hinsicht daran, wie vor ein paar Jahren viele Psychologen und Ethologen fest darauf bestanden, daß es ein Fehler sei, mögliche genetische Einflüsse auf das Verhalten auch nur in Betracht zu ziehen, weil das den Fortschritt in der Untersuchung der Verhaltensentwicklung während des individuellen Lebens behindern würde. Dieser Standpunkt ist unter dem Einfluß der Soziobiologie praktisch verschwunden, und vielleicht werden schließlich die Tabus gegen das Studium geistig-seelischer Vorgänge ebenso verblassen. Wenn je eine wissenschaftliche Ansicht die Untersuchung eines wichtigen Gegenstandes gehemmt hat, dann ist dies das behavioristische Tabu gegen die Betrachtung bewußten Erlebens bei Tieren und Menschen.

Diese unbewiesene Behauptung, unsere Gedanken, Gefühle, Ansichten, Pläne, Hoffnungen oder Wünsche könnten niemals unser Verhalten beeinflussen, auch nicht in der nahen Zukunft, ist ein so offensichtlicher Unsinn, daß irgendein Mißverständnis die Sache vernebelt haben muß. Wenn wir die Behavioristen beim Wort nehmen, so kommt dabei heraus, daß wir nicht vorhersehen oder planen können, und daß alle unsere Gedanken darüber, was wir tun oder nicht tun können, unwesentliche Selbsttäuschungen sind. Eine Quelle der Konfusion entspringt, wie ich glaube, einer stillschweigenden und oftmals unbemerkten Verschiebung des Betrachtungsniveaus von den unmittelbar einer Handlung vorausgehenden, verursachenden Ereignissen zu denen, die manchmal »letzte Ursachen« (ultimate causes) genannt werden. Was also die inklusiven Behavioristen wirklich meinen dürften, sieht ungefähr so aus: Gedanken und Gefühle sowie das Verhalten, das aus ihnen zu resultieren scheint, müssen vorangegangene Ursachen haben, und wenn man diese erst einmal verstanden hat, kann man das Verhalten voraussagen, ohne sich um die störenden Gedanken oder Gefühle zu kümmern. Ein behavioristischer Psychologe wird gewöhnlich sagen, daß man, wenn man nur die »Verstärkungsmöglichkeiten« genügend verstanden hat, das Verhalten voraussagen kann, ohne das subjektive Erleben, das dabei auftreten mag, irgendwie zu beachten.

Diese Hinwendung zu ziemlich abgelegenen Ursachen dient oft als Entschuldigung für das Ignorieren schwieriger Probleme. Sie wird von Evolutionstheoretikern gebraucht, die sich vor jeder ernstlichen Verwicklung in physiologische Probleme fernhalten, und von Ethologen und Psychologen, die kategorisch uninteressiert sind an der Möglichkeit tierlichen Bewußtseins. Aber das kann lediglich als Ausrede gewertet werden, da eine beträchtliche Abwendung vom normalen Interesse der Wissenschaftler an *allen* wichtigen Elementen eines komplexen Vorgangs die Folge ist. Wenn man dieses Prinzip auf andere Gebiete der Biologie angewandt hätte, wären uns viele höchst wichtige Tatsachen unbekannt geblieben. Beispielsweise könnte ein Biologe die Wichtigkeit der Verdauungsvorgänge bestreiten, sofern er der Ansicht wäre, daß alles, was er in Betracht ziehen müsse, das Futter sei, welches das Tier zu sich nimmt, und die Aktivität, die damit betrieben wird. Wenn man weiß, daß das Futter nahrhaft ist, oder daß ihm in einem anderen Falle Vitamine fehlen, so kann man Voraussagen über die Gesundheit und Vitalität des Tieres, ja sogar über sein Verhalten machen. Warum sollte man sich also mit dem Magen, den Verdauungsenzymen, den Darmzotten oder dem Pfortadersystem abgeben, wenn es vollständig genügt zu wissen, daß Futter auf der einen Seite der dunklen Kiste, die wir ein Tier nennen wollen, hineingestopft wird, und auf der anderen Seite Aktivitäten und Stoffwechselendprodukte herauskommen? Und wen interessiert schon, was innerhalb der dreckigen Eingeweide vor sich geht? Das Studium der Möglichkeiten, die sich aus der Ernährung ergeben, ist völlig ausreichend und spart uns die Mühe anatomischer, physiologischer oder – noch wichtiger – gedanklicher Zergliederung und Entdeckung dessen, was sich wirklich im Innern der reagierenden, lebenden Kreatur abspielt.

Shallice (1972) und Sperry (1983) haben von zwei ganz verschiedenen Gesichtspunkten aus sich dafür ausgesprochen, daß bewußtes Denken wichtig ist, unter anderem deshalb, weil es die Funktion des menschlichen Gehirns beeinflussen kann und das auch tut und als Resultat leibhaftiges Verhalten verursacht. Leider konnte keiner der beiden Autoren in spezifisch neurophysiologischen Begriffen angeben, wie das vor sich geht. Beide sind der Ansicht, daß unser intuitives Gefühl wahrscheinlich richtig ist, wonach wir mögliche Handlungen erwägen und zwischen Alternativen aufgrund der vorausgesehenen Ergebnisse eine bewußte Wahl treffen. Falls also Bewußtsein eine Illusion ist, wie Harnad (1982) behauptet, so ist es eine bemerkenswert nützliche Illusion.

Es wäre reizvoll, dem zügellosen Antimentalismus vieler Psychologen durch ästhetische oder moralische Argumente über unsere emotionale Zuneigung zu und Bewunderung von Tieren zu begegnen. Ich will jedoch dieser Versuchung widerstehen, ohne deswegen die Bedeutung solcher ästhetischen oder moralischen Erwägungen zu verkennen. Die Werturteile gewinnen gewiß an Klarheit durch das genaue Verständnis der einschlägigen Tatsachen, und das ist am besten zu erreichen, wenn wir unsere Gefühle möglichst beiseite lassen, dafür aber versuchen, so viel wir nur können über die aktuellen Situationen zu erfahren. Den Behaviorismus sollte man aufgeben, nicht so sehr, weil er den Wert der lebenden Tiere verringert, sondern weil er uns zu einem ernstlich unvollständigen und damit irreführenden Bild der Wirklichkeit verleitet.

Taktiken der Tiere

Die Verhaltensökologen haben neuerdings erkannt, daß viele Tiere sehr wirkungsvolle Taktiken anwenden bei der Wahl einer bestimmten Verhaltensweise in solchen Aktivitäten wie z. B. Futtersuche, Werbung und Paarung und zweifellos noch in vielen anderen Aspekten, die noch nicht im einzelnen untersucht worden sind. Lloyd (1980) sprach für viele seiner Kollegen, als er kürzlich ausführte: »Wenn man im Feld beobachtet, was ein Insekt tut, so ist – öfter als man annimmt – das Beste, was es möglicherweise im Augenblick tun kann, seine Vermehrung auf lange Sicht zu vergrößern.«

Verhaltensökologen verwenden Begriffe wie Wählen, Entscheiden, Aussuchen, Suchen oder Vermeiden. Wenn man aber darauf zu sprechen kommt, geben sie sich große Mühe zu bestreiten, daß diese Begriffe bewußtes Denken einschlössen. Krebs (1978) leitet eine Diskussion über »Optimale Futterbeschaffung: Entscheidungsregeln für Raubtiere« mit folgendem, sorgfältig agnostischem Dementi ein: »Es ist zu beachten, daß ich nicht beabsichtige, mit den Wörtern ›Entscheidung‹ und ›Wahl‹ in irgendeiner Weise auf bewußte Gedanken hinzuweisen. Sie stehen vielmehr als Abkürzungen für die Aussage, daß das Tier darauf angelegt ist, gewissen Regeln zu folgen« (S. 23). Die Regeln, die Krebs und andere im Sinne haben, sind Ergebnisse der Evolution und der natürlichen Auslese. Es wird als selbstverständlich vorausgesetzt, daß die Tiere, die überlebt und sich am stärksten vermehrt haben, dies nur konnten, weil sie anderen ihrer Art in Körperbau, Physiologie und Verhalten überlegen waren.

Warum verwenden nüchterne Wissenschaftler, die so ängstlich bemüht sind, nur ja nicht anzudeuten, daß ein Tier denken oder fühlen könnte, ausgerechnet Bezeichnungen, die in der Umgangssprache bewußtes Denken in sich schließen? Meinen die Verhaltensökologen damit wirklich nur, daß die natürliche Selektion Tierformen hervorgebracht habe, die sich auf erfolgreiche Weise verhalten? Könnte es nicht sein, daß das, was der Verhaltensökologe in der Natur beobachtet, so stark den Eindruck von Bewußtsein vermittelt, daß ein Teil seines inneren Selbst wünscht, darauf hinzuweisen, daß die Tiere über die wahrscheinlichen Ergebnisse ihrer Handlungen nachdenken? Aber wenn er sich dann selber bei der Verwendung mentalistischer Begriffe ertappt, so sucht der Möchte-gern-Reduktionist nach einschränkenden Widerrufen als Schutzmäntelchen für seine wissenschaftliche Respektabilität.

Das ambivalente Einwirken dieser beiden Tendenzen aufeinander sei durch das folgende Zitat aus einem Lehrbuch der Verhaltensökologie von Wittenberger (1981) illustriert:

»Kosten-Profit-Analysen [werden besprochen] *als ob* Verhalten von einem bewußt Entscheidungen treffenden Prozeß herrührt ... Dieses Vorgehen wird aber gerade nur aus Bequemlichkeitsgründen als eine Art Kurzschrift gebraucht. Wir können nicht annehmen, daß Tiere bewußte Entscheidungen treffen, da wir nicht überwachen können, was in ihren Köpfen vorgeht. Nichtsdestoweniger ist es *wirklich gleichgültig* [von mir kursiv], was die unmittelbaren Grundlagen für diese Entscheidungen sind, wenn die evolutionären Gründe, die dem Verhalten zugrunde liegen, unser Hauptinteresse bilden ... Die Frage, ob dieses Wählen bewußt oder unbewußt geschieht, braucht uns nicht zu beschäftigen, solange wir uns erinnern, daß die stillschweigenden Annahmen von Zweckdienlichkeit gerade nur besagen, daß ... bestimmte Reize oder Zusammenhänge bestimmte Verhaltensweisen auslösen. Ein Tier braucht nicht zu wissen, warum solche Reiz-Reaktion-Verhältnisse bestehen. Es braucht nur zu wissen, was die Verhältnisse sind. Diese Kenntnis schließt nicht notwendig Bewußtheit ein, wenn auch zweifellos in vielen Fällen den Tieren bewußt ist, was sie tun. Es kommt nur auf die passenden neurologischen Verbindungen an ... Tiere können Ziel-orientiert sein, ohne zweckbewußt zu sein, und sie können sich angemessen verhalten, ohne zu wissen warum.« (S. 48)

Die Annahme, daß Tiere durch die natürliche Selektion eine nahezu optimale Anpassung an ihre Umwelt erreicht haben, zieht gewöhnlich den zuversichtlichen Glauben nach sich, das Verhalten sei durch genetische Faktoren beeinflußt, was jedoch die Möglichkeit nicht ausschließt, daß das Verhalten auch durch individuelle Erfahrung und Lernen beeinflußt oder modifiziert werden kann. Der Verhaltensökologe nimmt einfach an, daß die natürliche Auslese eine genetische Konstitution hervorgebracht hat, die bestimmte Arten von Verhalten begünstigt, einschließlich angemessene Formen des Lernens. Das ist eine ganz plausible Annahme, nur ist sie schwer nachzuprüfen – aus dem einfachen Grunde, weil die entwicklungsgeschichtliche Selektion während zeitlich weit auseinanderliegender Intervalle über Dutzende oder Hunderte von Generationen hinweg in ferner Vergangenheit gearbeitet hat. Es liegt ein innerer Widerspruch darin, wenn man annimmt, die Selektion habe im Laufe der Stammesgeschichte das Verhalten hervorgebracht, das wir bei den heutigen Tieren beobachten, gleichzeitig aber jede Andeutung, bewußte Gedanken und Gefühle könnten gleichfalls das Tun der Tiere beeinflussen, als unwissenschaftlich zurückweist. Die Ablehnung geistig-seelischer Vorgänge als Kausalfaktoren wird in erster Linie damit begründet, daß subjektive Gedanken und Gefühle von niemandem beobachtet werden können, außer von der denkenden oder fühlenden Kreatur selbst. Aber der Reproduktionserfolg oder -mißerfolg infolge bestimmter Verhaltensweisen der Vorfahren in grauer Vorzeit kann von *überhaupt niemandem* beobachtet werden. Die inklusiven Behavioristen setzen also mentalistische Erklärungen des Verhaltens der Tiere und Menschen herab, jedoch ist die von ihnen herangezogene, entwicklungsgeschichtliche Selektion während langer Perioden der fernen Vergangenheit der wissenschaftlichen Nachprüfung noch viel weniger zugänglich.

Eine Reaktion auf diesen Vergleich ist die Behauptung, das Studium des Verhaltens der heute lebenden Tiere liefere ein annehmbares Beweismaterial dafür, wie die natürliche Auslese auf die Vorfahren dieser Tiere eingewirkt haben müsse. Da sich die natürlichen Bedingungen nur selten plötzlich ändern, war ein Verhalten, das heute adaptiv ist, wahrscheinlich auch ein paar Generationen zuvor adaptiv. Aber wir können den Erfolg alternativer Muster des heutigen Verhaltens nur in wenigen, besonders günstigen Fällen vergleichen und auch da nur in begrenztem Umfang – einfach deshalb, weil alles Tierverhalten wirklich recht brauchbar ist bei der Lösung der Alltagsprobleme. Wenn also die natürliche Selektion andere, weniger gut angepaßte Verhaltensweisen bei den Vorfahren unserer heutigen Tierwelt ausgemerzt hat, was recht wahrscheinlich ist, so haben wir doch keinerlei Aufzeichnungen über das alternative Verhalten, und man kann sich kaum vorstellen, wie dieser Mangel korrigiert werden könnte. Es ist auch nicht möglich, die Verhaltensevolution nachzubilden. Wir können die Vergangenheit nicht rekonstruieren, um experimentell nachprüfen zu können, wie der Reproduktionserfolg bestimmter Tiere ausgefallen wäre, hätten sie sich auf die eine oder andere Weise verhalten. So basiert das augenblicklich so populäre Gebiet der Verhaltensökologie auf einem noch viel weniger nachprüfbaren Stapel von Hypothesen als die vom Studium des rezenten Verhaltens abgeleiteten Schlüsse auf das Denken und Fühlen der Tiere. Wenigstens verhalten sich diese Tiere hier und jetzt – und vielleicht denken sie auch. Die meisten ihrer Verhaltensweisen können wiederholt und unter verschiedenen Bedingungen beobachtet werden, von denen sich manche experimentell kontrollieren lassen. Anzeichen für die Gedanken und Gefühle der Tiere können dabei auf vielen und aufschlußreichen Wegen studiert werden.

2 | Fremdes Seelenleben

Viele Philosophen haben scharfsinnig und intensiv über das nachgedacht, was man gemeinhin das Problem des Fremdseelischen nennt. J. M. Shorter (1967) formulierte es so: »Die Frage, wieso jeder von uns weiß, daß es andere Wesen neben ihm gibt, die Gedanken, Gefühle und andere seelische Eigenschaften haben ... wird zu einem ernstlichen und schwierigen Problem, weil gegen die traditionelle und offensichtlichste Lösung, die Beweisführung anhand eines Analogieschlusses, schwerwiegende Einwände möglich sind.« Es liegt in der Natur der Philosophen, wichtige Fragen bis ins peinlich-genaue, logische Detail zu examinieren, wobei sie ständig fragen, was mit bestimmten Begriffen bzw. den ihnen zugrunde liegenden Gedanken eigentlich gemeint ist. Der gesunde Menschenverstand sagt: weil andere Leute mir recht ähnlich sind, denken sie wahrscheinlich auch mehr oder weniger wie ich. Es kommt jedoch zu endlosen Differenzen, wenn nun die Philosophen fragen, wieso wir dessen so sicher sein können.

Einen anderen Standpunkt vertritt der Solipsist, der da behauptet, es gäbe in Wirklichkeit kein Seelenleben außer seinem eigenen. Wenn auch ein geistig beweglicher Philosoph alle Einwände gegen diese absurde Ansicht abschwächen oder zunichte machen kann, so glaubt doch niemand ernsthaft daran, daß er die einzige empfindende Kreatur im Weltall sei. Die meisten Einwände gegen die Theorien vom Seelenleben außerhalb des eigenen ergeben sich daraus, daß es so schwierig ist, die Richtigkeit unserer Schlüsse auf die Gedanken und Gefühle anderer Leute objektiv nachzuweisen.

Es mag so aussehen, als ob diese qualvollen, geistigen Übungen wenige oder gar keine praktischen Konsequenzen hätten, und man kann leicht die Geduld verlieren, wenn man sich bemüht zu verstehen, was die Philosophen uns da zu sagen versuchen. Aber es steht viel auf dem Spiel, weil wir ja alle fortwährend wichtige Schlußfolgerungen bezüglich der Gedanken und Gefühle anderer Leute machen. Wir nehmen an, sie seien glücklich, ärgerlich, traurig, belustigt, wohlgeneigt oder gelangweilt; und wir glauben auch, daß wir diese Gemütsverfassungen ganz leidlich beurteilen können. Wenn wir falsch urteilen, können sich mitunter ganz gewaltige Kommunikationsschwierigkeiten ergeben; und doch müssen wir oft aufgrund solcher Schlußfolgerungen entscheiden, was zu tun ist. Meistens kommen wir ja damit auch ganz gut hin, und im Zweifelsfalle können wir unsere Mitmenschen fragen, was sie denken oder fühlen, und wenn sie mitmachen, sagen sie es uns auch. Wenn sie sich mißverstanden fühlen, versuchen sie, es richtig zu stellen. Gewiß sind solche Fragen und Antworten nicht unfehlbar, und es hat sich ein ganzer Berufszweig der Psychiatrie entwickelt, um uns zu helfen, mit zweifelhaften Situationen fertigzuwerden und uns selbst und unsere Mitmenschen besser kennenzulernen.

Wenn wir diese Betrachtungen auf andere Arten ausdehnen, treffen wir natürlich auf noch größere Schwierigkeiten. Der Einwand, die Gedanken und Gefühle der Tiere seien wissenschaftlicher Forschung unzugänglich und deshalb in keiner Weise analysierbar, ist im Hinblick auf die Praxis schwerwiegend. Aber die Feststellung dieser Schwierigkeit trägt die Tendenz in sich, die Unmöglichkeit als selbstverständliche Folgerung nahezulegen. Es wird dadurch ein Grad logischer Strenge gefordert, der auf anderen Wissensgebieten weder erreichbar ist, noch erwartet wird. Rein logisch läßt sich der Solipsismus – die Ansicht, ich sei die einzige, bewußt denkende Kreatur im All – nicht widerlegen. Aber wir ignorieren diesen wunderlichen Standpunkt, weil überzeugende, wenn auch notwendigerweise auf Analogieschluß beruhende Beweise keinen vernünftigen Zweifel daran lassen, daß andere Leute gleichfalls mit Bewußtsein ausgestattete Kreaturen sind. Gleichzeitig fühlen wir uns sicher in der Annahme, daß ihre Gedanken und Gefühle, selbst wenn sie mit den unseren nicht völlig identisch sein mögen, doch ähnlich genug sind, um sie zu verstehen und werten zu können.

Viele der Einwände gegen die Untersuchung von Gedanken und Gefühlen bei Tieren scheinen nun auf einer Art von »Spezies-Solipsismus« zu beruhen. Es mag logisch unmöglich sein, die Behauptung, alle Tiere seien gedankenlose Roboter, zu widerlegen. Aber wir können diesem paralysierenden Dilemma entrinnen, indem wir uns auf dieselben Kriterien vernünftiger Plausibilität verlassen, die uns dazu führen, die Realität des Bewußtseins bei anderen Menschen anzuerkennen. Ein Argument gegen die Untersuchung tierlichen Bewußtseins ist, daß es schwierig genug für uns sei, einander zu verstehen – warum sollten wir uns da noch um die Gedanken und Gefühle nicht-menschlicher Lebewesen bemühen? Manche »inklusive Behavioristen« fragen sarkastisch: »Wen kümmert schon, was Tiere denken?« Dazu fallen einem sofort mehrere Antworten ein. Der Umgang mit Tieren ist oftmals wichtig für Menschen, und dabei sind wir erfolgreicher, wenn wir etwas über ihre Gedanken und Gefühle wissen. Wenn die Grimasse eines wilden Affen eher Furcht und Beschwichtigung als Drohung ausdrückt, dann ist es recht wichtig, diesen Tatbestand richtig zu deuten. Gewiß sind die meisten von uns heutzutage direkten Gewaltandrohungen von

Wildtieren selten oder gar nicht ausgesetzt. Aber wir haben mit Haustieren, z. B. revierverteidigenden Hunden, zu tun. Wir behandeln viele dieser Tiere so, als ob sie Gedanken und Gefühle hätten, und das ist sehr nützlich und wirkungsvoll, wie Dennett (1983) ausführlich darlegt. Auch die an Tierverhalten interessierten Wissenschaftler haben mit ihren Versuchstieren zu tun. Wenn eine bestimmte Haltung anzeigt, daß die Labor-Ratte im nächsten Moment zubeißen wird, so ist der Experimentator gut beraten, wenn er diese Ankündigung verstehen lernt.

Ein grundsätzlicherer Vorteil des Verstehens tierlichen Denkens liegt darin, daß es unser Wissen und Verständnis um das Geistig-Seelische ganz allgemein vertiefen kann. Sollten Gedanken und Gefühle auf unsere Art oder auf einige weitere Tiergruppen (vielleicht Säugetiere und Vögel, d. h. die sogenannten höheren Wirbeltiere) beschränkt sein, so wäre es wichtig zu erfahren, was diese Tiere zum Denken und Fühlen befähigt, während alle anderen nur reagieren können.

Panpsychismus?

Eine bedeutende philosophische Lehrmeinung, gelegentlich Panpsychismus genannt, spricht jeglicher Materie geistig-seelische Eigenschaften zu und sieht eine zusammenhängende Reihe vom Atom über lebende Organismen bis zum menschlichen Geist. Whitehead (1938) entwickelte eine besonders wohldurchdachte Version dieser generellen Ansicht, wonach nicht nur Tieren, sondern auch Pflanzen, Bakterien und der unbelebten Materie zu gewissen Graden die wesentlichen Eigenschaften gemein sind, die dem Denken zugrunde liegen. Das ist nur ein grob vereinfachter Auszug aus einem außerordentlich feinen und geschickt untereinander verbundenen Netzwerk scharfsinniger Ideen (besprochen in Cobb und David Griffin, 1978), aber er mag den Boden vorbereiten für die Frage, ob vielzellige Tiere zum bewußten Denken und Fühlen ein Zentralnervensystem brauchen.

Obgleich allgemein angenommen wird, daß Übertragung, Empfang und Wechselwirkung nervöser Impulse von Gehirnfunktionen abhängen, erhebt sich die Frage, ob die für bewußtes Denken notwendige Informationsverarbeitung nicht auch von anderen biologischen Mechanismen geleistet werden könnte. Man denkt sofort an die Nukleinsäuren, die genetische Instruktionen speichern und übertragen und die notwendige Information für die Synthese komplexer Proteinmoleküle an die Zellen weitergeben, besonders für Enzyme, die die Synthese vieler wichtigen Substanzen katalysieren. Die Information fließt gewiß von der DNS in den Chromosomen zur RNS in den Zellen und damit zu

Enzymen, die die biochemische Synthese von Myriaden komplexer Moleküle steuern. Aber soviel wir wissen, geht dieser Informationsfluß größtenteils in einer Richtung. Sicherlich ändern biochemische Signale die Tätigkeit einiger der Nukleinsäuren, und für gewöhnlich scheinen diese Signale von anderen Nukleinsäuremolekülen zu kommen. Aber die Rückwirkung von anderen Molekülen und Molekularkomplexen innerhalb der Zellen reguliert auch das Wachstum und den Stoffwechsel. Könnte diese Art von Wechselwirkung in dem hochorganisierten Molekularsystem auch nur einer einzelnen Zelle oder einer Bakterie zu bewußtem Denken führen?

Obgleich wir nicht ganz sicher sein können, erscheint das höchst unwahrscheinlich. Da Gedanken den Wahrnehmungen, die sich aus der Reizung von Sinnesorganen ergeben, ähnlich sind, ist es wahrscheinlich, daß die Informationsverarbeitung im Zentralnervensystem der normale, wenn nicht einzig denkbare Mechanismus ist, der bewußte Gedanken liefern kann. Alle Organismen, bei denen Anzeichen für das Auftreten solcher Gedanken vorhanden sind, haben Zentralnervensysteme, die aus den gleichen Grundelementen zusammengesetzt sind. Das sind die Nervenzellen oder Neuronen, die Synapsen als Verbindungen, durch die die Erregung von einem Neuron zum anderen fließt, und modifizierte Neuronen, die Neurotransmitter aufbauen und auslösen, die ihrerseits wieder andere Neuronen reizen oder hemmen, die weiter voneinander entfernt sind als der Abstand zweier Synapsen. Wir dürfen auch nicht ganz vergessen, daß ein Zentralnervensystem noch zahlreiche andere Zellen enthält, die häufig als Glia oder »Nervenkitt« zusammengefaßt werden. Soweit wir wissen, übertragen sie keine Erregung wie die Neuronen, aber bestimmt spielen sie eine wichtige Rolle als Stützgewebe und wahrscheinlich auch im Stoffwechsel. Es wäre jedoch nicht weise, wollten wir die Möglichkeit ausschließen, daß die Gliazellen auch noch eine andere wichtige Rolle spielen könnten, die bisher noch nicht entdeckt ist.

Es gibt keine Hinweise, daß Organismen ohne Zentralnervensystem fähig wären, über Gegenstände oder Ereignisse nachzudenken. Ganz sicher reagieren, wachsen und vermehren sich Pflanzen, Einzeller, Bakterien und sogar Viren, und alle diese Vorgänge erfordern eine Art von Informationsspeicherung und -verarbeitung. Einige gewissenhafte Gelehrte glauben, daß es so widersinnig sei, bewußtes Denken bei Insekten zu postulieren, daß man dann auch noch Pflanzen, Viren oder Atome dazunehmen könnte. Das scheint mir eine ungerechtfertigte und übertriebene Reaktion zu sein. Aber wir sind behindert durch das Fehlen von stichhaltigen Beweisen für die wesentlichen Vorgänge, die Gedanken im menschlichen Gehirn erzeugen, wo wir wissen, daß sie vorkommen. Vielleicht gibt es keine starren und festen Grenzen zwischen den organisierten Zentralnervensystemen der Plattwürmer und den Nervennetzen der Hohltiere. Selbst einige Protozoen, besonders Ciliaten wie z. B. das Pantoffeltierchen, zeigen einigermaßen anpassungsfähiges Verhalten, wie Jennings (1906) beschrieben hat. Die Organellen der Wimpertierchen arbeiten koordiniert, aber nichts an ihnen scheint in der Lage zu sein, sinnliche Informationen so wirksam zu speichern und zu verarbeiten wie das Zentralnervensystem hochorganisierter vielzelliger Tiere.

Soweit ich Whiteheads Denken nachvollziehen konnte, glaube ich, daß die oben umrissene Position mit seinen Auffassungen recht gut übereinstimmt. Der Unterschied in der Koordination bei Ciliaten und vielzelligen Tieren ist wahrscheinlich graduell, ohne scharfe, qualitative Einschnitte im Zusammenhang. Aber wie Whitehead über den Unterschied zwischen Mensch und Tier sagte: »Der Unterschied ... ist in einer Hinsicht nur graduell. Aber das Ausmaß des Graduellen ... ist der ›große‹ Unterschied« (S. 38).

Ein anderer wichtiger philosophischer Weg ist der Funktionalismus, zusammenfassend dargestellt von Churchland and Churchland (1978) und Churchland (1979, 1983). Für einen strikten Funktionalisten werden seelisch-geistige Zustände wie Glauben, Hoffen, Fürchten oder Nachdenken über eine Sache oder ein Ereignis ausschließlich durch die Funktion, der sie dienen, definiert. Das Erlebnis der Furcht, daß ein großer, sich nähernder Gegenstand Schmerz verursachen wird, besteht für ihn aus den Funktionen, die sich aus den wahrgenommenen Relationen ergeben, wie etwa Flüchten oder Sichverstecken vor dem herankommenden Gegenstand. So weit ist der Funktionalismus dem Behaviorismus ähnlich. Die Funktionalisten messen jedoch den seelischen Vorgängen sowie deren Beziehungen untereinander Wirklichkeit und Bedeutung bei, während die Behavioristen dabei bleiben, nur die äußeren Faktoren, die auf das Tier einwirken, und jegliches leibhaftige Verhalten, das daraus resultiert, in Betracht zu ziehen. Als ein Beispiel für die Beziehung zwischen zwei seelischen Vorgängen könnte unser hypothetisches Tier die Angst vor dem herankommenden Gegenstand mit der Erinnerung verbinden, daß gestern ein ähnliches Ding einen vor Schmerz schreienden Artgenossen davongeschleppt, in Stücke gerissen und bis auf ein paar Hautfetzen aufgefressen hat. Oder das beängstigende seelische Erlebnis könnte gar zu dem Gedanken führen: »Wenn ich in meinem Bau untertauche, kann mich dieses Ding nicht erwischen.«

Diese Art von Funktionalismus, die ich hier gerade nur in sehr groben Umrissen angedeutet habe, stellt eine offensichtliche Verbesserung gegenüber der negativen Dogmatik der Behavioristen dar, da sie berücksichtigt, daß einige innerliche Erlebnisse nicht nur vorkommen, sondern wichtige Beziehungen untereinander und zur Außenwelt haben. Jedoch sagt der Funktionalismus als solcher nichts über die

Natur dieser innerlichen Vorkommnisse oder Beziehungen aus, wie Churchland (1983) klar erkannt hat. Weiterhin führt er aus, daß – funktional gesprochen – sehr wenig daran liegt, welche Art von System auf eine gegebene Beziehung einwirkt. So könnte ein mechanischer Roboter, der von einem geeigneten Computersystem gesteuert wird, die gleichen funktionalen Beziehungen zwischen einwirkenden Reizen sowie einen eigenen inneren Zustand der Informationsverarbeitung und motorisches Verhalten aufweisen. Wenn sich alle diese Reaktionen und Beziehungen als identisch mit denen eines lebenden Tieres zeigen sollten, so würde ein strikter Funktionalist zwangsläufig daraus schließen, daß es in den inneren Abläufen keine erheblichen Unterschiede gäbe.

Für uns ist es aber gerade wichtig zu untersuchen, ob es solche Unterschiede geben könnte und ob sie wesentlich sein könnten. Es erscheint recht einleuchtend, daß die innerlichen Vorgänge, die menschliches oder tierliches Verhalten bestimmen, irgendwie verschieden sind von solchen, die das Funktionieren mechanischer Apparate veranlassen, und daß diese Unterschiede sehr wesentlich sind – selbst wenn die beiden Typen genau gleich reagieren würden, nicht nur auf einzelne Reize, sondern auf alle Kombinationen wechselseitiger Einflüsse.

Somit erscheint der Funktionalismus nicht geeignet, die tatsächlichen, seelischen Vorgänge bei Tieren zu erklären. Churchland (1983) gibt zu, daß ein strikter Funktionalist in Beweisnot gerät, sobald es sich um Sinnes- und Wahrnehmungsqualitäten handelt – die Farbe Rot, das Gefühl von Angst oder Hunger und das Erlebnis der Wahrnehmung eines bestimmten Ereignisses wie beispielsweise, daß ein Raubtier einen Artgenossen tötet und auffrißt. Churchland schlägt vor, den strikten Funktionalismus zu erweitern und anzunehmen, daß der neurophysiologische Vorgang, der zu einem bestimmten seelischen Erlebnis führt, die diesem zugrundeliegende Aktualität darstellt. Das Erlebnis müßte sich dann ändern je nach dem Typ des Gehirns oder eines anderen Systems, in dem eine funktionale Beziehung stattfindet.

Diese einführende Diskussion bestimmter philosophischer Einstellungen zum Thema des Bewußtseins der Tiere hat kaum die Oberfläche des komplexen, intellektuellen Gebäudes angekratzt, das von einigen führenden Philosophen der Welt errichtet wurde. Aber die Einstellung der Funktionalisten demonstriert, daß das, was Dennett (1983) »die Zwangsjacke des Behaviorismus« genannt hat, die Vorstellungen wirklicher Philosophen nicht mehr einengt, falls es das jemals getan hat. Das sollte uns ermutigen, das tierliche Bewußtsein zu untersuchen, ohne fürchten zu müssen, unsere Bemühungen seien in irgendeiner Weise töricht oder sinnlos. Die Untersuchung stellt uns einfach vor eine Reihe schwieriger Aufgaben vergleichbar denen, die anzunehmenderweise allen Pionieren in der Wissenschaft entgegentreten.

Welches Verhalten deutet auf bewußtes Denken hin?

In einigen Extremfällen ist die Wahrscheinlichkeit, daß Denken ein bestimmtes Verhalten begleitet, entweder sehr hoch oder sehr niedrig. Man betrachte z. B. einen Schimpansen, wie er verschiedene kleine Zweige prüft, einen auswählt, ihn von kleinen Ästchen und Blättern befreit und über eine beträchtliche Entfernung zu einem Termitenhaufen trägt. Dann stochert er mit diesem Stock in dem Termitenbau herum, zieht ihn heraus und betrachtet ihn aus der Nähe. Oftmals hängen Termiten daran, und der Schimpanse ißt sie mit sichtlichem Wohlbehagen. Dieses Verhalten, das Goodall (1968, 1971) so anschaulich schilderte, schließt so viele einzelne und relativ selbständige Schritte ein, die sich auch durchaus von anderen Tätigkeiten dieser Affen unterscheiden, daß die Annahme sehr berechtigt erscheint, der Schimpanse habe offenbar daran gedacht, Termiten zu sammeln und zu verzehren, als er das Werkzeug vorbereitete.

Als das andere Extrem können wir einige klassische Fälle stereotypen Verhaltens ansehen, die oft Tropismen oder Taxien genannt werden und die von Jacques Loeb (1918) und anderen Biologen ausgiebig studiert wurden. Loeb wählte Tiere und Situationen aus, bei denen das Verhalten realtiv konstant war, mit einfachen Worten beschrieben und in einfachen Experimenten manipuliert werden konnte. Das ist ein völlig legitimer Weg, um die wissenschaftliche Untersuchung einer komplexen und verwirrenden Vielfalt von Phänomenen *zu beginnen*. So bewegen sich z. B. unter bestimmten Bedingungen viele wirbellose Tiere beständig auf eine Lichtquelle zu. Die Versuchsbedingungen müssen aber sorgfältig kontrolliert werden, um dieses Ergebnis zu erzielen, und bei einer bestimmten anderen Temperatur mag sich dasselbe Tier ebenso beständig von derselben Lichtquelle weg bewegen (besprochen von Maier und Schneirla, 1935). Loeb beobachtete, daß, wenn die Rezeptoren eines bilateral-symmetrisch gebauten Tieres auf einer Seite stärker gereizt wurden, z. B. durch ein von dieser Seite einfallendes Licht, die »Gliedmaßen« der gegenüberliegenden Seite lebhafter aktiviert wurden. Das bewirkte, daß das Tier sich drehte, bis es zur Lichtquelle hin orientiert war, d. h die bilaterale Symmetrie der sensorischen Eingangsenergie wurde wieder hergestellt, als die Raupe auf das Licht zukroch. Eine Raupe kann stunden- und tagelang mit der Ausdauer einer Maschine auf ein Licht zukriechen. Das gibt dem Experimentator das befriedigende Gefühl, die Situation unter Kontrolle zu haben und zu verstehen. Wenn ein Tier veranlaßt werden kann, ein bestimmtes Verhalten einfach dadurch zu beginnen oder einzustellen, daß man ein Licht an- oder ausknipst, dann scheint dieses Verhalten in relativ einfacher und direkter Weise durch das Licht hervorgerufen zu sein. Loeb versuchte sogar, das Verhalten von Säugern und Menschen auf ähnliche Weise zu erklären.

Ich habe zwei sehr verschiedene Tierarten und zwei sehr unterschiedliche Niveaus der Verhaltenskomplexität einander gegenübergestellt. Aber ein ähnlicher Gegensatz kann auch innerhalb ein und desselben Individuums auftreten. Schimpansen und Menschen zeigen sehr einfaches und vorhersagbares Reflexverhalten, wie etwa den bekannten Kniesehnenreflex. Nichtsdestoweniger müssen Medizinstudenten lernen, wie sie das Knie des Patienten zu treffen haben, um zuverlässig diesen Reflex auszulösen. Honigbienen werden stark vom Licht angezogen, und unter vielen Umständen kann ihre Bewegung zum Licht zuverlässig und zuversichtlich vorausgesagt werden. Bei anderer Gelegenheit jedoch übermitteln Bienen einander abstrakte Informationen, die sie gerade erfahren haben. Einfachheit oder Komplexität des Verhaltens ist nicht starr an bestimmte Tierarten gebunden. Wenn auch einige Arten vielseitiger und anpassungsfähiger sind als andere, so gibt es doch gewaltige Variationen, und dasselbe Tier kann je nach den Umständen einfache wie auch komplexe Verhaltensweisen zeigen.

Was läßt uns nun bei manchen Verhaltensformen glauben, daß sie von bewußtem Denken begleitet werden? Um die Jahrhundertwende haben sich vergleichende Psychologen und Biologen darüber ausgiebig den Kopf zerbrochen. Ihre gedankenreichen Bemühungen brachten jedoch keine klaren und allgemein akzeptierten Ergebnisse – und das war einer der Gründe, warum der Behaviorismus in der Psychologie so dominant wurde. Komplexität ist eine zweifelhafte Eigenschaft. Man könnte zum Beispiel meinen, daß Weglaufen vor einem beängstigenden Reiz eine ziemlich einfache Reaktion sei. Wenn wir jedoch eine detaillierte Beschreibung jeder Muskelkontraktion beim Umdrehen und weglaufen geben, wird ein außerordentlich komplexes Verhalten daraus. Man mag nun einwenden, diese Komplexität beinhalte die Physiologie der Lokomotion. Aber wenn wir dann fragen, welche sensorischen und zentralnervösen Mechanismen das Tier veranlassen, sich in diese Richtung zu bewegen, wird die Sache schon wieder sehr komplex. Lauscht das Tier beständig nach der Gefahrenquelle hin und stößt sich dann mehr oder weniger stark mit seinem rechten und seinem linken Bein ab, um diese genau hinter sich zu lassen? Oder bewegt es sich auf einen bestimmten Punkt zu? Falls letzteres der Fall ist, wie kombiniert es den optischen Eindruck und die Bewegung? Wieder könnte man sagen, daß die Bewegungsrichtung einfach ist, und daß es unwichtig sei, sich den Kopf über die Komplexität der beteiligten physiologischen Mechanismen zu zerbrechen.

Aber wie ist diese einfache Richtung »weg von der Gefahr« im Zentralnervensystem des Tieres repräsentiert? Gebraucht es die Konzepte

»weg von« und »Gefahr«? Falls ja, wie entstehen solche Konzepte? Auch wenn wir die Frage nicht in neurophysiologischen Begriffen beantworten können, ist es klar, daß das Weglaufen von einer Gefahr ein wesentlich einfacheres Verhalten ist als das Anfertigen und Benutzen einer Sonde, wie es der Schimpanse getan hatte. Umgekehrt sind selbst die Bewegungen einer Raupe zum Licht nicht einfach, wenn man ihre Einzelheiten betrachtet. Einfach ist nur die abstrakte Idee von »hin zu« oder »weg von«, aber die mechanistische Interpretation des Tierverhaltens neigt dazu, das Denken eines Tieres selbst in einer so einfachen Abstraktion zu bestreiten.

Ein sehr wichtiger Bestandteil des Tierverhaltens, der intuitiv auf bewußtes Denken hindeutet, ist die Anpassungsfähigkeit an sich ändernde Umstände. Wenn ein Tier die gleiche Handlung in gleicher Weise wiederholt ohne Rücksicht auf das Ergebnis, nehmen wir an, daß es sich um einen starren, physiologischen Mechanismus handelt, besonders wenn das Verhalten unnütz oder gar schädlich für das Tier ist. Wenn eine Motte immer wieder zu einem hellen Licht hinfliegt oder sich an einer offenen Flamme verbrennt, kann man sich schwer vorstellen, daß sie dabei denkt – obgleich es vorstellbar wäre, daß sie nach einem überlegten, aber irrigen Schema handelt. Wenn unsere Artgenossen Dinge tun, die sie selbst schädigen, schließen wir daraus noch lange nicht, ihr Verhalten sei das Ergebnis eines mechanischen Reflexes. Andererseits erscheint es viel weniger einleuchtend, die Motte als denkend aber irregeführt anzusehen, als die übliche Erklärung, daß solche Insekten automatisch zu einem hellen Licht fliegen, was in der Ausnahmesituation, daß das Licht eine offene Flamme ist, zu ihrem Tod führt.

Im Gegensatz dazu erscheint beabsichtigtes Denken plausibler als starre Automatismen, wenn es einem Tier gelingt, Futter zu bekommen durch eine komplexe Reihe von Tätigkeiten, die es niemals zuvor ausgeführt hat. In den 30er Jahren entdeckten in England einige Kohlmeisen und andere kleine, meisenartige Vögel, daß sie an die Sahne gelangen konnten, wenn sie die Stannioldeckel der Milchflaschen durchpickten, wie in Kapitel 3 näher zu besprechen ist. Als die Vögel diese neue Nahrungsquelle entdeckten, haben sie mit hoher Wahrscheinlichkeit absichtlich frühmorgens nach Milchflaschen auf den Haustreppen gesucht und durch ihre glänzenden Deckel gepickt mit der bewußten Absicht, Nahrung zu bekommen.

Ein weiteres Kriterium, woraus wir gern auf bewußtes Denken schließen, ist das Element wechselwirksamer Schritte in einer relativ langen Kette von Verhaltensweisen. Effektives und vielseitiges Verhalten bedarf oft vieler Schritte, wobei jeder nachfolgende Schritt gemäß dem Ergebnis des vorausgehenden abgewandelt werden muß. Die Psychologen haben es einmal als gegeben angesehen, daß sich ein komplexes

46

Verhalten als eine Kette starrer Reflexe auffassen lasse, wobei das Resultat des einen immer als Reiz für den nächsten dient. Erforscher des Insektenverhaltens haben diese Erklärung allgemein akzeptiert für so komplexe Tätigkeiten wie den Bau sorgsam ausgearbeiteter Unterkünfte oder Beutefang-Vorrichtungen – vom Unterwasser-Netz der Larven bestimmter Köcherfliegen bis zu den großartigen Spinngeweben. Aber wie ein Tier vorgeht, ist oft verschieden und abhängig vom Ergebnis vorangegangenen Verhaltens und vieler Einflüsse aus der näheren oder fernen Vergangenheit. Die Entscheidung, *welches* Ereignis der Vergangenheit man ins Auge faßt, mag erleichtert werden durch die bewußte Auswahl aus einem breiten Spektrum von Erinnerungen.

In vielen Fällen sind diese Geflechte von informativen Ereignissen so kompliziert, daß wir nicht sicher sein können, was das Tier tun wird, selbst wenn uns die wichtigsten Fakten bekannt sind. Ein Beispiel dafür ist, wie bestimmte Bodenbrüter Raubfeinde vom Nest oder ihren Jungen weglocken. Dieses Thema wird ausführlicher im 4. Kapitel behandelt. Hier genügt es, darauf hinzuweisen, daß die Art dieses »Verhaltens« von der Art des Räubers und von seinem Abstand zu den Jungen abhängt, sowie davon, ob die Brut aus Eiern oder beweglichen Vögelchen besteht, ob der Räuber auf frühere Ablenkungsmanöver des Altvogels bereits reagiert hat und manchmal auch davon, was der andere Elternteil gerade getan hat. Beim Schreiregenpfeifer hat man ganz andere Taktiken beobachtet, wenn sich Vieh den Nestern näherte, das die Eier oder Jungvögel zertrampeln könnte, sie aber nicht fressen würde. Anstatt sich vom Nest wegzubewegen und wie ein Verletzter zu flattern, stehen dann die Elternvögel dicht beim Nest und spreizen ihre Flügel – eine auffallende Haltung, die meist das Vieh dazu bringt, auszuweichen (Skutch, 1976).

Eine weitere Überlegung kann bei der Klärung solcher Kriterien helfen. Für uns ist es leicht, von bewußtem Denken über unser Verhalten auf unbewußtes Tun umzuschalten, oder umgekehrt. Wenn wir eine neue Tätigkeit erlernen wie etwa Schwimmen, Radfahren, Autofahren, ein Flugzeug zu führen, einen Staubsauger zu bedienen, unsere Zähne nach einer neuen, vom Zahnarzt empfohlenen Methode zu pflegen oder eine Menge anderer Tätigkeiten, die uns vorher fremd waren, so denken wir dabei an viele Einzelheiten. Aber wenn wir das neue Verhalten völlig beherrschen, denken wir nicht mehr bewußt an diese Einzelheiten, die einmal unsere volle Aufmerksamkeit erforderten. Dieser Wechsel kann auch umgekehrt werden, wenn wir z. B. versuchen, bewußt über eine alltägliche und gewohnte Tätigkeit nachzudenken, die wir über einen längeren Zeitraum hinweg ausgeübt haben. Angenommen, jemand fragte uns nach der Art und Weise unseres Atmens – eine Tätigkeit, an die man normalerweise keinen Gedanken verschwendet. Aber man kann sich leicht die Mühe machen, darauf zu achten, wie oft man ein- und ausatmet, wie tief man atmet und welche Begleiterscheinungen es zu den verschiedenen Atmungsweisen gibt. Man wird merken, daß es äußerst schwierig ist, beim Einatmen zu sprechen, also muß man bei ununterbrochenem Reden schneller ein- und langsamer ausatmen. Dieses und andere Beispiele, die einem mühelos einfallen, wenn die richtigen Fragen gestellt werden, zeigen, daß wir uns manche Tätigkeiten, die normalerweise unbewußt ablaufen, durchaus ins Bewußtsein bringen können.

Die Tatsache, daß unsere eigene Bewußtheit in Zusammenhang mit bestimmten Aktivitäten an- und abgeschaltet werden kann, zeigt uns, daß es zumindest auf eine Spezies nicht zutrifft, daß bestimmte Verhaltensweisen stets bewußt durchgeführt werden und andere niemals. Es ist eine vertretbare Annahme, daß dies auch für andere Arten gilt. Verhaltensweisen, die ein Tier bereits vor geraumer Zeit erlernt hat, mögen nicht denselben Grad bewußter Aufmerksamkeit erfordern wie solche, die es gerade lernt. Das bedeutet umgekehrt, daß Bewußtsein eher bei neuen und anspruchsvollen Tätigkeiten zu erwarten ist. Auch sind auffallende und unerwartete Ereignisse eher geeignet, Bewußtsein hervortreten zu lassen.

Somit ist anzunehmen, daß ein oft anwendbares, wenn nicht gar alles einschließendes Kriterium für Bewußtheit bei Tieren die *vielseitige Anpassungsfähigkeit des Verhaltens an sich ändernde Umstände und Anforderungen* ist. Wenn ein Tier so ziemlich die gleichen Dinge tut ohne Rücksicht auf den Zustand seiner Umwelt oder auf andere Tiere in seiner Umgebung, so sind wir weniger geneigt anzunehmen, daß es an seine Lage denkt oder daran, was es tut. Von Bewußtheit motiviertes Verhalten darf man eher voraussetzen, wenn sich ein Tier in einer neuen oder überraschenden Lage richtig verhält, die bestimmte Tätigkeiten erfordert, welche unter normalen Umständen nicht gefragt sind. Letzteres ist natürlich ein Sonderfall von Vielseitigkeit, aber die Seltenheit der Anforderung in Verbindung mit der Angemessenheit und Wirksamkeit der Reaktion sind wichtige Indikatoren für bedachte Tätigkeiten. Die Anzahl der »Neuheiten«, mit denen eine Tierart erfolgreich fertig werden kann, ist jeweils begrenzt, und diese Spannbreite der Vielseitigkeit ist einer der signifikantesten Maßstäbe für die geistige Anpassungsfähigkeit. Diese Diskussion über die Vielfalt der Anpassungsfähigkeit als ein Kriterium für Bewußtheit legt nahe, daß bewußtes Denken nur bei erlerntem Verhalten vorkommt. Man sollte sich jedoch hüten, diese Annahme als starre Doktrin hinzunehmen, wie im einzelnen später in diesem Kapitel zu besprechen sein wird.

Ein weiteres Anzeichen bewußten Denkens ist die Erwartung sowie das absichtliche Planen einer Tätigkeit mit dem Wissen um das wahrscheinliche Resultat. Natürlich kann man Erwarten und Planen unmöglich direkt einer Person oder einem Tier ansehen, aber Anzeichen für ihre

Wahrscheinlichkeit sind oft wahrnehmbar. Schon in den dreißiger Jahren untersuchte Konrad Lorenz die Intentionsbewegungen von Vögeln (Lorenz, 1971), und auch anderen Ethologen war aufgefallen, daß diese Intentionsbewegungen – kleine Vorbereitungen für größere Aktionen – oftmals als Signale für andere Artgenossen dienen. Obgleich Lorenz diese Bewegungen als Anzeichen dafür gedeutet hatte, daß der Vogel beabsichtigt und sich vorbereitet abzufliegen, wurde der Ausdruck Intentionsbewegung von der Ethologie in den letzten Jahren in aller Stille fallengelassen. Ich vermute, daß dies deshalb geschah, weil die »inklusiven Behavioristen« befürchteten, der Ausdruck habe mentalistische Anklänge. Frühere Ethologen wie etwa Daanje (1951) haben eine Vielzahl von Intentionsbewegungen bei vielen Tieren beschrieben. Ihr Interesse galt jedoch der Frage, ob diese Bewegungen im Laufe der Zeit und der Verhaltensentwicklung zu spezialisierten Kommunikationssignalen geworden waren. Die Möglichkeit, daß Intentionsbewegungen die bewußte Absicht eines Tieres anzeigen könnten, ist von den Ethologen während ihrer behavioristischen Phase völlig außer acht gelassen worden. Wir dürfen vielleicht hoffen, daß das Wiedererwachen des wissenschaftlichen Interesses an tierlichem Denken kognitive Ethologen dazu veranlassen wird, zu untersuchen, ob solche Bewegungen mit bewußten Absichten einhergehen. Allein die Tatsache, daß sich Intentionsbewegungen so oft zu Signalen mit Mitteilungsfunktion entwickelt haben, könnte eine engere Bindung zwischen Denken und der beabsichtigten Mitteilung von Gedanken widerspiegeln.

Diese Betrachtungen führen uns direkt zu der Erkenntnis, daß Kommunikationsverhalten uns etwas über tierliches Denken sagen kann, weil es so oft und besonders bei gesellig lebenden Tieren Gedanken und Gefühle von einem Individuum zum anderen zu übertragen scheint. Wie ausführlicher in den Kapiteln 8 und 9 zu besprechen sein wird, kann es eine wichtige Tür zum Seelenleben der Tiere sein. Menschliche Kommunikation ist ja auch nicht auf die Wortsprache beschränkt. Die Mitteilung von Stimmungen oder Absichten ohne Worte spielt eine große und zunehmend anerkannte Rolle in menschlichen Beziehungen. Wir ziehen Schlüsse über die Gefühle und Gedanken anderer Leute und besonders kleiner Kinder aus vielen Kommunikationsarten – verbalen und solchen ohne Worte. In ähnlicher Weise sollten wir jedes zugängliche Beweismittel nutzen, um das mögliche Vorhandensein von Gedanken und Gefühlen bei anderen Lebewesen zu ergründen. Wenn Tiere in einer Gruppe leben und voneinander abhängig sind im Hinblick auf Nahrung, Wetterschutz, Warnung vor Gefahren oder Hilfe bei der Aufzucht der Jungen, müssen sie in der Lage sein, die Stimmungen und Absichten ihrer Gruppenkumpane richtig einzuschätzen. Das bezieht sich auch auf Tiere anderer Arten, besonders Raub- und Beutetiere. Für ein Tier ist es wichtig zu wissen, ob ein Raubfeind angreifen wird, oder ob ein Beutetier so wachsam und fluchtbereit ist, daß sich die Anstrengungen einer Jagd nicht lohnen. Kommunikation kann richtig oder falsch informieren, aber in jedem Falle kann sie etwas aussagen über die bewußten Gedanken des Senders.

»Inklusive Behavioristen« betonen, daß sie sich darauf beschränken festzustellen, daß das Tier von richtigen Informationen profitiert, wenn es darum geht, was das andere Tier wahrscheinlich tun wird. Aber innerhalb einer sozialen Gruppe, in der die Individuen voneinander abhängig sind, kann der Einzelne oftmals das Verhalten eines Kumpanen am ehesten durch einfühlende Einschätzung von dessen seelischer Verfassung voraussehen. Die »inklusiven Behavioristen« werden hier einwenden, daß wir nur ein Verhalten vorauszusetzen brauchen, das zu dem wahrscheinlichen Verhalten des Kumpanen so oder so richtig paßt – alles gegründet auf »Verstärkungsmöglichkeiten«, die in vorausgegangenen Situationen erlernt oder genetisch vererbt wurden. Aber Einfühlung könnte beim Einschätzen der Stimmung eines Kumpanen wirkungsvoller sein als ausführliche Formeln, welche die »Verstärkungsmöglichkeiten« beschreiben. Alles, was das Tier wissen muß, ist, ob der andere angriffslustig, liebenswürdig, anlehnungsbedürftig oder in irgendeinem anderen der üblichen Gemütszustände ist. Die Beurteilung, daß der andere angriffsbereit ist, kann ausreichen, um mit sparsamsten Mitteln eine ganze Reihe von Verhaltensweisen vorzusehen. Die Neo-Skinnerschen inklusiven Behavioristen mögen vielleicht recht haben, wenn sie sagen, daß dieses Einfühlungsvermögen daher kommt, daß z. B. die Anzeichen der Aggressivität eines Kumpanen erlernt wurden. Aber unser Interesse gilt den möglichen Gedanken und Gefühlen des Tieres, und dafür ist die unmittelbare Situation genauso wichtig wie die Geschichte der Herkunft.

Humphrey (1976) hat eine frühere Theorie von Jolly (1966) dahingehend erweitert, daß Bewußtsein in der Primatenevolution aufkam, als die Vergesellschaftung zu einem Punkte gediehen war, an dem es für jedes Gruppenmitglied entscheidend wichtig wurde, die Gefühle, Absichten und Gedanken der anderen zu verstehen. Wenn Tiere in komplexen sozialen Verbänden leben, in denen jedes Tier von der kooperativen Zusammenarbeit mit den anderen entscheidend abhängig ist, müssen sie einfach »psychologische Naturtalente« sein, wie Humphrey es ausdrückt. Sie müssen innerlich Modelle vom Verhalten ihrer Kumpane haben, um mit ihnen zu fühlen und so bewußt über das nachzudenken, was der andere denken oder fühlen mag. Wenn wir diesen Gedanken weiterspinnen, so sollten wir unterscheiden, wie sich einerseits ein Tier mit der physikalischen Umwelt oder mit Pflanzen auseinandersetzt, wie mit anderen, re-agierenden Tieren, zumeist der eigenen Art, und schließlich mit Raub- und Beutetieren, wie in Kapitel 4 besprochen. Während Humphrey bis jetzt sein Kriterium des

Bewußtseins auf unsere eigenen Vorfahren während der letzten paar Millionen Jahre beschränkt, könnte es mit der gleichen oder größerer Berechtigung auf andere Tiere angewandt werden, die in sozialen Gruppierungen leben.

Aus alldem ergibt sich die einfache Idee, daß Tiere, wenn sie sich untereinander verständigen, einander etwas über ihre Gedanken und Gefühle mitteilen können. Wenn dem so ist, könnte für uns das Belauschen der Verständigungsmittel der Tiere untereinander zu einer brauchbaren Quelle für Angaben über ihr seelisches Erleben werden. Wenn Tiere ausgeprägte und besonders angepaßte Verhaltensweisen zur Verständigung anwenden und jedes Tier auf die Mitteilungen seines Kumpanen antwortet, erscheint es sehr wahrscheinlich, daß dem Sender wie auch dem Empfänger der Inhalt dieser Mitteilungen bewußt und klar ist.

Die angepaßte Ökonomie bewußten Denkens

Die Natur stellt die Tiere oft vor komplexe Anforderungen, denen sie am besten mit einem Verhalten begegnen, das rasch wechselnden Umständen angepaßt werden kann. Dabei schwanken die Umweltbedingungen so sehr, daß das Gehirn eines Tieres ein Instruktionsbuch von unvorstellbarer Länge enthalten müßte, um programmierte Vorschriften für optimales Verhalten in allen Lebenslagen zu haben. Ob solche Instruktionen nun aus der DNS stammen oder durch Lernen oder Umwelteinflüsse zu Lebzeiten des Individuums erworben wurden, alle denkbaren Möglichkeiten vorauszusehen, würde eine Unmenge besonderer Anweisungen erfordern. Konzepte und Verallgemeinerungen sind dagegen kompakt und wirksam. Eine instruktive Analogie bilden Hunderte von Seiten der offiziellen Regeln für ein Spiel wie Baseball. Hat man aber das zugrundeliegende Prinzip des Spiels erst einmal verstanden, dann genügt einfaches Denken, um selbst einem Kinde ungefähr klarzumachen, was jeder Spieler in den meisten Situationen tun sollte.

Natürlich genügt es nicht, einfach nur an verschiedene Alternativmöglichkeiten zu denken. Die Anforderungen des Lebens erfolgreich zu meistern, verlangt relativ schnelles Denken, das auch zu einigermaßen richtigen Entscheidungen und ihren nutzbringenden Ausführungen führt. Denken kann ökonomisch sein, muß aber deswegen nicht leicht oder einfach sein. Auf alle Fälle ist das Abwägen des möglichen Ergebnisses, ob man dieses oder jenes tun sollte, wesentlich nützlicher als das blinde Ausprobieren aller Möglichkeiten. Wenn ein Tier – selbst auf sehr einfacher Ebene darüber nachzudenken vermag, was es tun könnte, so kann es die Tätigkeiten mit den wünschenswerten Ergebnissen auswählen. Wenn es mögliche Ergebnisse seiner Handlungen auch nur ein klein wenig voraussehen kann, spart es die Vergeudung von Energie. Am wichtigsten aber ist die Vermeidung gefährlicher Fehler. Frei nach dem Philosophen Karl Popper (1972), ist es besser, wenn ein törichter Impuls im Geist eines Tieres stirbt, als wenn er zu einem völlig unnötigen Selbstmord führt.

Ich halte dafür, daß bewußtes Denken ökonomisch ist. Viele zeitgenössische Wissenschaftler entgegnen jedoch, daß die oben erwähnten Aufgaben ebenso gut durch unbewußte Informationsverarbeitung gelöst werden können. Es stimmt sehr wohl, daß z.B. gekonntes Lokomotionsverhalten oft komplexe, schnelle und wirksame Reaktionen erfordert. Um durch rauhes Gelände oder dichte Vegetation zu gehen, ist ein ausgewogenens Zusammenspiel gegensätzlicher Muskelgruppen nötig. Gehirn oder Rückenmark verändern die Aktionen der Muskeln je nachdem, ob der Boden ansteigt oder abfällt, oder ob der Bewuchs nachgibt oder nicht, wenn wir darüber steigen. Falls dieser Vorgang überhaupt bewußtes Denken erfordert, dann ist es sicher nur wenig, und doch ist er sehr viel komplexer als eine direkte Reaktion auf einen einzelnen Reiz.

Wir führen unzählige Tätigkeiten schnell, kunstgerecht und wirkungsvoll durch ohne bewußtes Denken. Daher sind viele der Ansicht, ein Tier brauche nicht bewußt zu denken, um Vor- und Nachteile verschiedener Tätigkeiten gegeneinander abzuwägen. Wenn wir uns jedoch eine neue Fertigkeit aneignen, müssen wir die Einzelheiten sorgfältig und bewußt beachten, solange sie uns noch nicht in Fleisch und Blut übergegangen sind. Soweit die Analogie zu unserer eigenen Situation zutrifft, erscheint es einleuchtend, daß einem Tier, welches neuen und schwierigen Anforderungen gegenübersteht, bei denen der Einsatz hoch ist – oft buchstäblich eine Frage von Leben oder Tod – das bewußte Denken und Abwägen echte Vorteile bietet. »Inklusiven Behavioristen« erscheint es oft plausibler anzunehmen, daß das Verhalten eines Tieres leistungsfähiger ist, wenn es automatisch abläuft und nicht durch bewußtes Denken verkompliziert wird. Man hat angeführt, daß die Unentschlossenheit und Ungewißheit beim bewußten Vergleichen von Alternativmöglichkeiten die Reaktionszeit eines Tieres negativ beeinflussen würde. Aber wenn das Spektrum möglicher Anforderungen breit ist und viele umweltbedingte und soziale Faktoren berücksichtigt werden müssen, sind bewußte Vorstellungen, klares Voraussehen der wahrscheinlichen Ergebnisse und einfache Gedanken darüber eher geeignet, bessere Resultate zu erzielen als gedankenloses Reagieren. Natürlich ist dies eines der vielen Gebiete, bei denen es keine festen Richtlinien gibt, auf die wir uns verlassen können; und dennoch ist es als Arbeitshypothese verlockend anzunehmen, daß ein Tier, das bewußt die meistversprechende von mehreren Alternativen vorhersehen und wählen kann, öfter erfolgreich sein wird als eines, das nicht darüber nachdenkt oder nachdenken kann, was es gerade tut.

Bewußte Instinkte?

Romanes (1884) definierte Instinkt als »Reflexhandlung mit dem Element der Bewußtheit«. Seine Ansichten über dieses Thema wurden jedoch im zwanzigsten Jahrhundert zum großen Teil fallengelassen, hauptsächlich, weil man ihm vorwarf, er habe unkritisch zu viel anekdotenhaftes Material akzeptiert, welches sich zugunsten der Schlußfolgerung auslegen ließ, daß Tiere mitunter bewußt über ihr Tun nachdenken. In jüngerer Zeit nahm man als selbstverständlich hin, daß nur erlerntes Verhalten – vielleicht – mit bewußtem Denken einhergehen könne. Die meisten wissenschaftlichen Diskussionen über bewußte Gedanken und Gefühle fußten auf Erlerntem als Beweismaterial. So haben z. B. Bunge (1980) und viele andere behauptet, daß nur Tiere, die es lernen können, ihr Verhalten wechselnden Umständen anzupassen, bewußte Gedanken haben könnten. Beispielsweise hat der »verkappte Phänomenologe« E. C. Tolman (1932, 1959) sich für einen »Zwecke-betonenden *(purposive)* Behaviorismus« stark gemacht, womit er sagen wollte, daß einem Tier bei einigen Verhaltensweisen ein Ziel vorschwebt, das es zu erreichen trachtet. Wie er glaubte, hat eine Laboratoriumsratte, die gerade die Lösung einer schwierigen Aufgabe erlernt hat, bewußt verstanden, was sie gemacht hat. Um Mißverständnissen vorzubeugen: Tolman hat selten das mißliebige Wort »Bewußtsein« angewandt, aber er glaubte, daß die Ratte im Augenblick der Erkenntnis eine Art subjektiver Bewußtheit erlebt hat. Tolmans Schlußfolgerung kann ebensogut auf andere Tiere angewandt werden, und vielleicht hilft bewußtes Denken vielen Tieren herauszufinden, was zu tun sei, um an Futter oder eine andere Belohnung zu kommen.

Im Gegensatz zum relativ komplexen, erlernten Verhalten, gehen viele unserer physiologischen Funktionen glatt vonstatten, ohne daß wir ihrer bewußt gewahr werden. Diese Funktionen haben die Höhe ihrer Wirksamkeit erreicht durch das Wachstum und die Integration von Millionen von Zellen, welche den genetischen Instruktionen folgten, die durch DNS von einer Generation zur nächsten übertragen worden sind. Nachdem das erkannt war und man herausgefunden hatte, daß ein großer Teil des tierlichen Verhaltens nahezu völlig genetisch gesteuert wird, schloß man daraus, daß dabei keinerlei Bewußtsein im Spiel ist. Beispielsweise führen viele Insekten und Spinnen äußerst komplizierte, miteinander integrierte Verhaltensweisen aus, und sie tun es fast perfekt bei der ersten sich bietenden Gelegenheit, ohne jede Möglichkeit zu lernen, was zu tun sei. Dieses Fehlen des Lernvorgangs wurde dann, fast weltweit, als Beweis genommen, daß das Tier kein bewußtes Gewahrwerden seines Instinktverhaltens kennt.

Aber vielleicht sollten wir für einen Augenblick etwas zurückstecken und uns fragen, welche Beweise diese tiefverwurzelte Annahme stützen, die – wie ich argwöhne – von Analogieschlüssen zu unserer eigenen Situation kommt. Das menschliche Leben erfordert gewiß eine gewaltige Menge von Lernen, so viel, daß manche sogar das Vorhandensein instinktiven, genetisch vorprogrammierten Verhaltens beim Menschen geleugnet haben. Es wird weiterhin geglaubt, daß nur die einfachsten menschlichen Reaktionen wie Augenzwinkern, Kniesehnen-Reflex, Niesen, Schmerzensschreie, Schrecklaute oder das Saugen des Neugeborenen überwiegend genetisch gesteuert seien. Viele dieser Reaktionen geschehen automatisch, unabsichtlich und ohne jedes Lernen, obschon wir gewahr werden, wenn sie stattfinden. Wir planen nicht zu niesen, auch wenn wir sicherlich wissen, daß wir niesen. Aber wir mögen es nicht einmal gewahr werden, wenn wir mit den Augen zwinkern als Reaktion auf einen Lichtblitz oder vor etwas, was sich plötzlich auf uns zubewegt. Aus diesen Erfahrungen folgern wir, daß Tierverhalten, welches kein Lernen erfordert, nicht mit bewußten Gedanken einhergehen kann.

Das Bewußtsein der eigenen körperlichen Aktivitäten zerfällt in zwei allgemeine Kategorien: Wir können bewußt eine Handlung voraussehen, planen und durchzuführen beabsichtigen, oder unser Körper kann einfach etwas tun ohne bewußte Erwartung und vielleicht sogar, ohne daß wir die Handlung beeinflussen können. Aber sogar in Fällen der zweiten Art kann uns vollkommen bewußt sein, was unser Körper tut. Ein typischer Fall der ersten Kategorie liegt vor, wenn wir nach etwas greifen. Dies erfordert eine bewußte Entscheidung, nach dem Objekt zu greifen, obschon es bei Geistesabwesenheit oder in Hypnose ungewollt geschehen kann. Als Beispiel für die zweite Kategorie möge das Ausweichen als Reaktion auf einen schmerzhaften Reiz dienen. Beide Typen des bewußten Gewahrwerdens von Körpertätigkeiten können auch bei nicht-menschlichen Lebewesen vorkommen.

Einfache menschliche Reflexe haben uns als Prototyp für instinktives Verhalten gedient, weil es so schwierig ist, mit Sicherheit festzulegen, welche – falls überhaupt einige – von unseren eigenen komplexen Reaktionen eine im wesentlichen genetische Grundlage haben. Jedoch tendieren diese einfachen Fälle nur zu sehr dazu, unser Bild vom nichterlernten Verhalten im ganzen zu färben. Vielleicht sind wir auf törichte Weise anthroprozentrisch, wenn wir annehmen, daß dieses Bild das Instinktverhalten der Tiere genau widerspiegelt. Wenn ein Tier ein komplexes Verhalten wie Beutefang oder Nestbau ausführt, ohne eine Gelegenheit gehabt zu haben, es zu erlernen, nehmen wir an, daß es größtenteils durch genetische Instruktionen bestimmt ist. Ganz sicher ist es außerordentlich schwierig, die relative Bedeutung der genetischen und der erlernten Anteile an einem gegebenen Verhalten herauszuarbeiten. Beispielweise haben jüngere ethologische Studien gezeigt, daß Artspezifität, d.h. die fast völlige Konstantheit eines bestimmten Verhaltens bei allen Individuen der gleichen Art, nicht notwendigerweise bedeutet, daß kein Lernen beteiligt ist. In den wenigen Fällen, in denen das Beweismaterial recht vollständig und befriedigend ist, scheint es klar, daß die genetischen Instruktionen ziemlich allgemein sind und das Tier dann die Feinheiten erlernt.

Die starke genetische Komponente in vielen Verhaltensweisen der Tiere rechtfertigt nicht den Schluß, alles instinktive Verhalten bilde eine homogene Kategorie. Insbesondere beweist die Analogie zu unserer eigenen Situation nicht, um wieviel enger Bewußtheit mit erlerntem Verhalten zusammenhängt als mit der ererbten Ausstattung. Die Annahme, daß ein Tier oder auch ein Mensch sich seiner Instinkte bewußt sein könnte, ist unüblich, und zweifellos werden sich viele daran stören. Aber warum schmeckt diese Möglichkeit so schlecht? Bevor wir es völlig verdammen, laßt uns doch lieber herausfinden, ob dieses Konzept uns helfen könnte, die verwirrenden Beziehungen zwischen Verhalten und Bewußtheit zu verstehen. Wir mögen nicht beabsichtigen, zu niesen oder zu zucken, und tatsächlich mögen wir nicht in der Lage sein, es zu verhindern, jedoch wissen wir zumindest in manchen Fällen mit Sicherheit, daß es passiert. Wenn sich Tiere instinktiv verhalten, können sie dessen, was sie tun, völlig gewahr sein, ohne die Ursachen ihres Verhaltens oder seiner zukünftigen Konsequenzen zu verstehen? Ich werde darauf zurückkommen.

Ein weiterer grundlegender Punkt muß geklärt werden, bevor wir uns Beispielen tierlichen Verhaltens, die bewußtes Denken nahelegen, zuwenden. Wenn wir die grundsätzlichen, materialistischen Voraussetzungen von Kapitel 1 akzeptieren, folgt daraus, daß die bewußten Gedanken und subjektiven Gefühle bei Menschen durch eine Reihe von Vorgängen im Gehirn verursacht werden. Obgleich wir nicht hieb- und stichfest beweisen können, daß sich alle fraglichen kausalen Vorgänge im Zentralnervensystem abspielen, deutet doch alles, was wir über Neurophysiologie wissen, in diese Richtung, auch wenn ein normal funktionierendes Gehirn in enger Übereinstimmung mit dem Rest des Körpers arbeiten muß. Nieren, Arterien und Adrenalindrüsen sind ebenfalls wichtig für das Bewußtsein, aber eher in einer unterstützenden als in einer entscheidenden Rolle. Wir wissen fast nichts darüber, wie sich Gehirnfunktionen, die beim Menschen zu Bewußtseinsphänomenen führen, von solchen unterscheiden, die das nicht tun.

Auch wenn wir allgemein voraussetzen dürfen, daß bestimmte Teile des menschlichen Gehirns, wie etwa die Großhirnrinde und das Reticularsystem, für bewußte Gedanken wichtiger sind als andere, scheinen alle bekannten Strukturen und Funktionen von Nervenzellen ziemlich dieselben zu sein, wo immer wir sie finden in verschiedenen Teilen des menschlichen Gehirns oder in anderen Gehirnen. Es ist höchst unwahrscheinlich, daß es »Bewußtseins-Neuronen« gibt oder besondere biochemische Substanzen, die in einzigartiger Weise mit dem Bewußtseinszustand korreliert sind, so daß ein Mensch »bewußt« ist, wenn – und nur wenn – diese Zellen tätig oder diese Substanzen anwesend sind. Es erscheint viel wahrscheinlicher, daß Bewußtheit aus Aktivitätsmustern kommt, an denen Tausende oder Millionen von Neuronen beteiligt sind.

Könnten solche Muster auch in Verbindung mit nicht-erlerntem, genetisch programmiertem Verhalten aufkommen? Wenn die Aktivierung einer bestimmten Reihe von Neuronen in einem entsprechenden Muster einen bestimmten Gedanken oder ein bestimmtes Gefühl erzeugt, könnte dann dieses Aktivierungsmuster innerlich als das Ergebnis von DNS-gesteuertem Wachstum und Zellularaktivität des Zentralnervensystems selbst entstehen? Diese Fragestellung macht klar, welche bescheidene Grundlage wir für eine sichere Antwort hätten. Wir wissen einfach zu wenig über die neurophysiologischen Grundlagen des Bewußtseins, um vorherzusagen, ob Bewußtsein-erzeugende Vorgänge nur in Verbindung mit erlerntem Verhalten in Erscheinung treten können. Wie mit so vielen anderen Betrachtungen in diesem Buch ist es am besten, unsere Unwissenheit zuzugeben und von dogmatischen Versicherungen Abstand zu nehmen, trotz der tröstlichen Vertrautheit der Annahme, daß nicht-erlerntes Verhalten niemals mit Bewußtheit einhergeht.*

Unsere eigenen bewußten Gedanken müssen in keiner Weise an leibhaftiges Verhalten gebunden sein. Wir können an Dinge oder Ereignisse denken, einschließlich vergangener oder zukünftiger Aktivitäten, ohne dabei irgendetwas zu tun. Man könnte die Behauptung aufstellen, daß früheres Lernen indirekt zu den unausgesprochenen Gedanken geführt hat, aber wir können sicherlich bewußte Gedanken haben, die in keiner Beziehung zu irgendwelchen augenblicklichen Verhaltensweisen oder sensorischen Reizen stehen. Unter Berücksichtigung dieser Tatsache können wir fragen, ob bewußte Gedanken gelegentlich als Ergebnis

---

*Anmerkung des Übersetzers: Hier – wie auch sonst mehrfach in diesem Buch – spricht Griffin sehr stark als Amerikaner, d. h. als Angehöriger einer Nation, die seit Jahrzehnten von der Lehrmeinung geprägt ist, es gäbe kein instinktives Verhalten – kaum bei Tieren und gewiß nicht beim Menschen, alles sei erlernt, und nur Erlerntes sei bewußtseinsfähig.

genetisch gesteuerter Gehirnentwicklung entstehen und funktionieren können. Kann ein Gehirn den zum Erzeugen bewußter Gedanken notwendigen Zustand erreichen, ohne vorherige Reizung durch irgendeine sensorische, dem Denkinhalt vergleichbare Anregung?

Betrachten wir ein bestimmtes Beispiel. Angenommen, die zur Entwicklung eines normalen Gehirns führenden, genetischen Instruktionen verlangen eine Überraschungsreaktion und die subjektive Emotion der Angst, wenn ein bestimmtes Reizmuster empfangen wird. Das kann etwas ganz Generelles sein wie etwa ein großer, auffallender Gegenstand, der sich mit großer Geschwindigkeit nähert, oder es kann etwas sehr Spezielles sein, wie z. B. ein finsteres Gesicht. Wollen wir weiter annehmen, das Reaktionsmuster auf diesen Reiz sei in keiner Weise erlernt, und daß es bei Menschen oder Tieren, die niemals vorher etwas Ähnlichem ausgesetzt waren, voll ausgeprägt erscheint. Wenn die Gemütsbewegung der Angst und das Verhalten Flucht oder Zurückschrecken beständig und vorhersagbar auftreten, wäre es vernünftig zu folgern, daß sowohl das Gefühl als auch das Instinktverhalten primär aus genetischen Einflüssen stammten.

Die herkömmliche Ansicht war, daß Instinktverhalten nicht mit bewußtem Denken einhergehen kann. Aber in vielen Fällen scheinen die Reaktionen und die physiologischen Anzeichen der emotionalen Errgegung dem sehr ähnlich, was sich während und nach einer erlernten Reaktion derselben Art abspielt. Angenommen, ein Tier weicht instinktiv vor großen, sich nähernden Objekten zurück und fürchtet sich vor ihnen, und weiter angenommen, daß dieses Tier dann durch intensives Training lernt, daß die Annäherung eines großen Objektes die Ankunft von Futter bedeutet, aber daß ein sich schnell entfernendes, gleiches Objekt schmerzhafte Strafe bedeutet. Nachdem es die veränderten Umstände gründlich gelernt hat, würde das Tier der sich nähernden Futterquelle entgegeneilen und mit Schrecken vor demselben Objekt flüchten, wenn es sich entfernt. Wenn wir all dies überzeugend darstellen könnten, müßten wir daraus schließen, daß das Tier sich seiner erlernten Reaktionen bewußt ist, jedoch nicht der nichterlernten? Es ist wahrscheinlicher, daß bewußtes Denken und subjektive Gefühle bei beiden mitspielen könnten.

Aber ist eine leibhaftige Reaktion überhaupt erforderlich für das Gehirn, um den für bewußtes Denken nötigen Zustand zu erreichen? Wir wissen, daß wir uns denkend an vergangene Ereignisse erinnern und dadurch Gemütserregungen haben können, ohne uns dabei zu bewegen. Wenn derselbe Gehirnzustand von genetischen Instruktionen herrührte, würde er ähnliche Gedanken und Gefühle erzeugen. Diese Denkweise entfernt sich noch weiter als der übrige Inhalt dieses Buches von den herkömmlichen, wissenschaftlichen Annahmen, aber sie ist wichtig; denn wenn sie richtig ist, würde sie das Vorhandensein genetisch programmierter Gedanken und Gefühle beinhalten. Nähern wir uns damit dem philosophischen Konzept angeborener Ideen? Nur in begrenztem Sinne, denn in den meisten solcher Diskussionen beschränken sich die Philosophen auf relativ komplexe, menschliche Ideen. Sie scheinen tatsächlich von vornherein die Möglichkeit auszuschließen, daß Ideen auch bei anderen Arten vorkommen könnten. Jedoch könnte die weitere Entwicklung und vielleicht die empirische Bestätigung dieser Annahmen einen bedeutenden Beitrag zum allgemeinen Verständnis unserer Gedanken und Gefühle leisten.

Jung (1973) und andere Psychiater waren der Ansicht, daß bestimmte Grundideen so tief im menschlichen Unterbewußten verankert sind, daß man an eine evolutionäre Grundlage denken könnte, was bedeutet, daß einige dieser Ideen auch anderen Arten eigen sein könnten. Diese intellektuellen Gewässer sind tiefer als die seichten, in denen ich vorsichtig wate. Aber solche Spekulationen könnten eine Klärung erfahren durch die Erkenntnis, daß die gewohnheitsmäßige Gleichsetzung von instinktiv mit unbewußt nicht ganz stichhaltig sein mag. Wenn sich herausstellen sollte, daß andere Arten bewußte Gedanken haben, können wir vielleicht die Mensch-Tier-Trennung in einer konstruktiven Weise überbrücken, die selbst für Gebiete wie die Psychiatrie aufklärend sein kann.

Wo bleiben wir mit alldem? Wenn Lernen kein zuverlässiges Kriterium für Bewußtsein ist, welches können wir stattdessen benutzen? Leider bietet keines der hier besprochenen Kriterien, einzeln oder zusammen, einen idiotensicheren Lackmustest für bewußtes Gewahrsein. Ich neige zum Betonen der Vielfältigkeit und Angepaßtheit an die Aufgaben, denen Tiere in ihrer natürlichen Welt gegenüberstehen, in der sich ihre Art entwickelt hat. Wenn Tiere ihr Verhalten wirkungsvoll ändern, um Aufgaben zu lösen, vermute ich, daß sie auch zu bestimmten Graden denken und fühlen können, wobei es gleich bleibt, ob nun das erfolgreiche Verhalten durch natürliche Selektion oder durch Lernen zustande gekommen ist. Jedoch kann diese Meinung beim heutigen Wissensstand weder bestätigt noch widerlegt werden.

Bedeutet das, daß es sinnlos ist, diese Frage zu erwägen? Ich glaube nicht, denn menschliches Bewußtsein und subjektives Fühlen sind für uns so offensichtlich wichtig und nützlich, daß es unwahrscheinlich ist, daß sie nur einer einzigen Art eigen sein sollen. Die Annahme eines menschlichen Monopols auf bewußtes Denken wird immer schwieriger zu vertreten, je mehr wir über die Findigkeit von Tieren bei der Auseinandersetzung mit Aufgaben im normalen Leben erfahren. Die folgenden Kapitel wollen die Existenz des Bewußtseins bei Tieren weder nachweisen noch widerlegen. Sie werden jedoch einige Verhaltensweisen besprechen, bei denen einfaches Denken für die Tiere, ihr Überleben und ihre erfolgreiche Vermehrung sehr nützlich erscheint.

3 | Ums tägliche Brot

In der Natur ist Nahrung selten so reichlich vorhanden, daß ein Tier seine Bedürfnisse auf die Dauer ohne nennenswerte Anstrengungen befriedigen kann. Um die beste Wirkung zu erzielen, erfordern diese Bemühungen etwas, was dem Denken recht nahe kommt. Es wäre eine widersinnig schlechte Anpassung, wollte ein Tier mit offenem Munde aufs Geratewohl umherrennen, in der lächerlichen Hoffnung, dabei Futter aufnehmen zu können. Vielmehr suchen hungrige Tiere meist da nach Futter, wo nach ihren früheren Erfahrungen mit Wahrscheinlichkeit welches sein könnte, und es gibt viele verschiedene Arten des Suchverhaltens, je nach Art des Tieres und der Umgebung, in der es lebt. Regenwürmer, die sich durch die Erde wühlen, können kaum ähnliche Taktiken anwenden wie ein Falke, der hoch in der Luft schwebt und den Boden nach lebender Beute absucht.

In diesem Kapitel wird eine Anzahl von Tieren beschrieben, deren Wege bei der Nahrungsbeschaffung hinreichend untersucht sind, um ein ziemlich klares Bild zu geben von den Problemen, denen sie gegenüberstehen, und von den Lösungen, die sie gefunden haben. Die meisten freilebenden Tiere verbringen einen großen Teil ihrer Zeit mit der Nahrungsaufnahme bzw. der Futtersuche, aber es bedarf noch viel sorgfältigerer, analytischer Sammlung von Tatsachenmaterial, bis wir ihr Vorgehen bei der Nahrungssuche und die Gedanken, die sie dabei haben mögen, voll verstehen können.

Einige sehr einfache Verhaltensmuster wurden als ausreichend angesehen, um die Nahrungssuche bestimmter Tiere zu erklären. Regenwürmer essen ihren Weg durch den Boden. Sie verschlucken die Erde, die sie vorn antreffen, und geben einen großen Teil davon hinten wieder ab. Ihr Verdauungssystem zersetzt die kleinen lebenden Organismen und die Teilchen von Tieren und Pflanzen, die in der aufgenommenen Erde enthalten sind, und die Moleküle von Kohlenhydraten, Fetten und Aminosäuren werden durch die Darmwand ins Blut absorbiert. In dem wissenschaftlichen Klima, das großen Wert auf Einfachheit legt, nimmt man an, daß alles, was ein Regenwurm zu tun hat, sei, den Mund zu öffnen, sich vorwärts zu winden und dabei Erde in den Magen zu zwängen, sowie Unverdauliches und nicht Absorbiertes auszuscheiden, und das unausgesetzt.

Jedoch ernähren sich Regenwürmer auch auf viele andere Weisen, wie bereits Darwin (1882) vor hundert Jahren beschrieb. Selbst wenn sie sich »von Erde« ernähren, sind nicht alle Erden gleich gesättigt mit Verdaulichem. Jeder Angler, der nach Regenwürmern als Köder gräbt, weiß, daß in manchen Bodenarten viel mehr Würmer leben als in anderen. Wenn ein Regenwurm den Boden ungeeignet findet, weil er entweder zu hart ist oder zu wenig Nahrungssubstanzen enthält, kann er sehr wohl nach ergiebigeren Gründen suchen. Gegenüber völlig ungezieltem Graben und Schlucken würde die Wirksamkeit schon durch eine so einfache Taktik wie »Wenn du kein Futter findest, dreh um« verbessert. Diese Art der Erklärung war das Thema recht ausführlicher, quantitativer Untersuchungen von Loeb (1918) und Fraenkel and Gunn (1940) bis Schöne (1980), die chemische Reaktionen der Bakterien als Grund nahelegen (Adler, 1976). Aber es ist eindeutig falsch anzunehmen, daß sich Regenwürmer ausschließlich auf diese einfache Weise verhalten.

Regenwürmer kriechen für gewöhnlich nachts aus ihren Gängen, um die Blätter bestimmter Pflanzenarten zu essen, die sie vermutlich aufgrund ihrer chemischen Sinne auswählen. Der Regenwurm ergreift einen Teil des Blattes, z. B. die verjüngte Spitze des Blattes, die dem Stengel genau gegenüber liegt, und zieht dann das Blatt in den Gang, um es unterirdisch zu verzehren. Manchmal bleibt ein Teil des Blattes im Eingang des Ganges stecken, ein andermal – entweder, nachdem das Blatt in den Gang gezogen wurde, oder wenn der Wurm aus anderen Gründen an der Oberfläche war – kann er die Öffnung des Ganges mit Erde verstopfen (Edwards and Lofty, 1972). Diese Alternativen, auf die die Ethologen meist wenig achten, zeigen, wie leicht die am einfachsten zu erklärenden Aspekte des Tierverhaltens überbewertet werden können. Die Wissenschaftler bevorzugen die Einfachheit so sehr, daß ihre Veröffentlichungen und das Bild, das wir dadurch vom Verhalten der Tiere erhalten, durch ein effektives Vereinfachungsfilter gegangen und dabei ziemlich verzerrt worden sind.

Ein weiteres einschlägiges Beispiel bieten die Bartenwale, die sich gleichfalls auf primitive Weise ernähren sollen – fast so wie die erdefressenden Regenwürmer. Ein Bartenwal öffnet sein gewaltiges Maul, nimmt eine große Menge Wasser auf und preßt dann dieses Wasser durch die siebartigen Barten hindurch, in denen Krebstiere oder Fischchen hängenbleiben. Diese Beschreibung klingt so einfach, daß man den Eindruck gewinnt, der Wal bekomme all die Nahrung, die er braucht, einfach dadurch, daß er umherschwimmt und dabei das Maul auf- und zumacht. Aber im Ozean gibt es keine gleichmäßige Dichte kleiner Meeresorganismen. Es ist wenig bekannt über die Verteilung örtlicher Konzentrationen von kleinen Fischen oder Krillkrebsen und wie die Wale sie auffinden. Wir wissen jedoch, daß die Bartenwale im

Verlauf der Jahreszeiten große Entfernungen zurücklegen – wahrscheinlich, um in Gegenden mit reichlicherem Nahrungsangebot zu gelangen.

Eine von mehreren spezialisierten Methoden der Nahrungsaufnahme bei Buckelwalen hat kürzlich besondere Beachtung gefunden (Jurasz and Jurasz, 1979; Herman, 1980; Hain et al., 1982). Diese Wale steigen langsam an die Oberfläche und stoßen dabei einen Strom feiner Bläschen in deutlich kreisförmiger Anordnung aus. Das Ergebnis ist ein Netzwerk von Bläschen, durch das kleine Fische und wirbellose Tiere anscheinend nur zögernd hindurchschwimmen. Wenn sie sich von den Bläschen abwenden, konzentrieren sie sich dort, wo der Wal bequem einen großen Mund voll schnappen kann. Die Koordination des Schwimmens mit dem gezielten Ausatmen, die für diese Art der Nahrungsbeschaffung notwendig ist, ist sicher keine einfache Reflexhandlung. Der Wal muß zuerst herausfinden, wo es genügend Planktontierchen gibt, damit sich die Mühe lohnt, muß dann auf die erforderliche Tiefe tauchen, dann langsam aufwärts schwimmen und Bläschen in einer bestimmten Anordnung ausatmen. Manchmal scheint auch eine Gruppe von Buckelwalen zusammenzuarbeiten, indem sie gemeinsam einen Fischschwarm anschwimmen und wirkungsvoll koordiniert angreifen.

Ganz offensichtlich bestehen gewaltige Unterschiede in Größe und Komplexität des Zentralnervensystems zwischen Regenwürmern und Buckelwalen. Wir wissen nahezu nichts darüber, wie sich das Bläschennetz-Fangverhalten bei jungen Buckelwalen entwickelt, oder wie es sich zeit- oder ortsabhängig verändern mag. Wir haben auch noch nicht genügend Beweise für einen sicheren Schluß, daß sich Fischchen und Krillkrebse innerhalb des Bläschennetzes genau in dem Augenblick angereichert haben, in dem der Wal die Wasseroberfläche erreicht. Um ganz zu verstehen, was die Buckelwale da tun, müßten wir noch viel mehr Einzelheiten kennen. Ihre Gehirne sind größer als die unseren und ebenso kompliziert gebaut – gemessen an den meisten Kriterien, die in der Neuroanatomie üblich sind. Die Großhirnrinde ist ebenso gefurcht und die verschiedenartige Ausbildung der Gehirnzellenschichten ist genauso deutlich wie beim menschlichen Gehirn. Obgleich wir viel zu wenig wissen, um darüber zu spekulieren, was die Buckelwale denken mögen, ist es doch wahrscheinlich, daß sie den Geschmack des Futters und die Sinnesempfindung, etwas anderes zu schlucken als Meerwasser, antizipieren.

Wir müssen uns Arten zuwenden, deren Ernährungstaktiken wesentlich genauer erforscht sind. In den letzten Jahren haben viele theoretische Ökologen sogenannte optimale Ernährungstheorien aufgestellt. Diese versuchen zu bestimmen, wie Tiere ihre Zeit und Bemühungen einteilen sollten, um mit geringstem Aufwand die größtmögliche

Menge an Futter zu bekommen. Diese Theoretiker lieben mathematische Gleichungen für ihre Voraussagen. Der ganzen Idee liegt der zuversichtliche Glaube zugrunde, daß die natürliche Selektion nicht nur Bau und Funktion der Tierkörper, sondern auch das Verhalten beeinflußt hat. Wie Darwin als erster die Welt überzeugte, wird ein Tier um so mehr Nachkommen für künftige Generationen beisteuern, je brauchbarer sein Körperbau und sein Verhalten sind. Mit dieser Idee ist fast alles Spekulieren, Beobachten und Experimentieren, das mit dem Nahrungsaufnahme-Verhalten zu tun hat, untermauert. Nun ist dieser Grundlehrsatz nahezu eine Binsenweisheit, und einige Philosophen haben das gesamte Gebiet der Evolutionsbiologie als ein umständliches Wiederaufwärmen des Selbstverständlichen kritisiert. Gewiß haben ungeeignete Tiere geringe Chancen, zu überleben und sich zu vermehren. Es ist daher nicht allzu überraschend, daß diejenigen, die überlebt haben, ganz brauchbar sind.

Wir müssen jedoch verschiedene Feinheiten in Betracht ziehen, um zu einer ausgewogenen Einschätzung der Evolutionsbiologie im allgemeinen und des Nahrungsaufnahme-Verhaltens im besonderen zu gelangen. Als allererstes setzen die Evolutionsbiologen voraus, daß Verhalten eine wesentliche Erb-Komponente hat. Wenn das Verhalten der Nahrungsaufnahme bei den Nachkommen nicht dem der Eltern ziemlich ähnlich wäre, würde der Vorteil, der aus einer Verbesserung erwächst, nicht für viele Generationen andauern. Für diese Art des Theoretisierens ist es nicht wichtig, *wie* es kommt, daß das Verhalten der Nachkommen dem der Eltern ähnelt. Die DNS der Gene mögen direkt das Nahrungsaufnahme-Verhalten steuern, oder die Jungen mögen es, ohne genetischen Einfluß, durch Nachahmung von den Eltern lernen. Zweifellos beeinflussen sowohl genetische wie auch umweltbedingte Faktoren das Verhalten, und auch komplexe Wechselwirkungen zwischen diesen beiden Kategorien sind wichtig – wenn auch schwer zu analysieren. Evolutionstheoretiker neigen nicht dazu, sich über solche Verflechtungen den Kopf zu zerbrechen. Sie nehmen einfach eine gewisse Korrelation zwischen den Generationen beim Nahrungsaufnahme- oder anderem Verhalten an und weiterhin, daß tüchtige Esser infolge der natürlichen Selektion an Zahl zunehmen im Vergleich zu denen, die ihre Zeit und Energie weniger produktiv verwenden.

Noch andere Komplikationen werden gewöhnlich von den wissenschaftlichen Untersuchern ignoriert, obgleich sie leicht bei denkenden Menschen aufkommen, die nicht so unmittelbar mit Verhaltensökologie zu tun haben. Wenn die natürliche Selektion so mächtig ist, warum haben die freilebenden Tiere nicht alle einen Zustand vollkommener Verhaltensanpassung erreicht? Da das nicht an dem zu sein scheint, waren die Evolutionsbiologen gezwungen, sich nach Gründen umzusehen, die einer vollkommenen Anpassung im Wege stehen. Einer der einfachsten davon ist, daß die natürliche Umwelt und insbesondere das Nahrungsangebot keineswegs über Raum und Zeit konstant bleibt. Wenn Tiere eine vollkommene Anpassung an eine bestimmte Situation entwickelt hätten, könnten sie sich eines Tages in einer Lage finden, die ganz andere Anpassungen erfordert. Auch lassen sich die örtlichen und zeitlichen Schwankungen im Nahrungsangebot oft nicht voraussehen. So kommen die Theoretiker zu der Erkenntnis, daß die praktisch beste Anpassung ein nicht unbedingt konstantes und starres Inventar von Verhaltensmustern ist. Es ist besser, wenn man seine Ernährungstaktik entsprechend dem verfügbaren Futter und dem Problem, wie man drankommt, ändern kann.

Die Verhaltensökologen, die sich mit solchen Fragen befassen, zerfallen in zwei Gruppen: die Theoretiker, die sich mit mathematischen Formulierungen am wohlsten fühlen und zur Vereinfachung neigen, damit ihre Gleichungen mathematisch behandelt werden können, und die Feldforscher, die untersuchen, ob sich die Tiere nun tatsächlich entsprechend den von ihren Kollegen aufgestellten Theorien verhalten. Weil die wirkliche Welt so komplex ist, und weil anhaltende und eingehende Beobachtungen an freilebenden Tieren oft so enorm schwierig sind, gibt es eine dazwischenliegende Gruppe, die die Tiere in Gefangenschaft studiert, wo dann deren Nahrungsversorgung in bequem analysierbarer Weise arrangiert werden kann. Das mag Variationen in der Menge des Futters betreffen, oder ob es auffällig dargeboten oder versteckt ist, ob auf einem Haufen oder weit verstreut usw.

Alle diese Methoden haben Informationen ergeben, auf die wir zurückgreifen können, wenn wir uns die Frage vorlegen, worüber Tiere bei der Futterbeschaffung nachdenken mögen. Man muß dabei jedoch im Auge behalten, daß die Wissenschaftler, die die Daten gesammelt haben, nicht an kognitiven Problemen interessiert waren. Sie haben fast alle unter der für die mitt-zwanziger Jahre typischen Auffassung gearbeitet, wonach die Fragen nach dem subjektiven, geistig-seelischen Erleben in die Rumpelkammer des Nichtwissenschaftlichen verwiesen waren. Größtenteils haben sie nur versucht herauszufinden, inwieweit das tatsächliche Ernährungsverhalten der Tiere mit verschiedenen theoretischen Voraussagen übereinstimmte.

Such-Vorstellungen

Ein besonders wichtiger Aspekt des Futtersammelns ist, die Suche auf Dinge zu konzentrieren, die eßbar sein könnten. Wenn Tiere bei der Futtersuche jedes Detail ihrer Umgebung mit gleicher Aufmerksamkeit durchforschten, würden sie einen ganz gewaltigen Teil ihrer Zeit an unwichtige Dinge verschwenden. Stattdessen sieht sich jedes Lebewesen auf Futtersuche nach Dingen um, die wie etwas Genießbares aussehen, riechen oder sich anhören. Einige Tiere benutzen auch noch andere Sinnessysteme, wie manche Haie, die für elektrische Ströme empfindlich sind und so die Muskeltätigkeitspotentiale verborgener Beutetiere entdecken können. Da für uns Menschen visuell Wahrgenommenes wesentlich leichter zu untersuchen ist als Gerüche oder Geräusche, sind die meisten Untersuchungen zur Nahrungssuche aus dem optischen Bereich.

Einige Untersuchungen an Vögeln legen die Vermutung nahe, daß sie nach bestimmten Reizmustern Ausschau halten, die ihnen sagen, wo Futter zu finden ist. Zu den erlernten Mustern kann z. B. der kaum wahrnehmbare Umriß eines farblich getarnten Falters auf der Rinde eines Baumstammes gehören, oder eine Markierung, die ein menschlicher Experimentator angebracht hat, um dem Tier anzuzeigen, wo Futter zu finden ist. Irgendwo im Gehirn des Tieres muß ein Erkennungsmechanismus sein für das, was wir eine Such-Vorstellung nennen.

Eine der gründlichsten Untersuchungen wurde vom Harvey Croze (1970) durchgeführt, als er noch Student an der Oxford Universität war. Er untersuchte, wie die englischen Rabenkrähen lernten, Futter zu finden, das durch ein neues, optisches Zeichen markiert war. Croze legte eine Reihe von Hälften leerer Muschelschalen auf den Sandstrand in der Nähe einer Stelle, wo die Krähen bei Ebbe immer Muscheln suchten. Neben jede der leeren Muschelhälften, die mit der konvexen Seite nach oben deutlich sichtbar auf dem Strand lagen, legte Croze kleine Fleischbröckchen. Etwa fünf Stunden später hatten die Vögel sie alle geholt. Am nächsten Tag legte er fünfundzwanzig Muschelhälften aus und versteckte Fleischbröckchen unter jeder von ihnen. Innerhalb kürzester Zeit kamen die Krähen wieder, drehten dreiundzwanzig der fünfundzwanzig Muschelhälften um und aßen das Fleisch. Sie hatten also sehr schnell gelernt, daß die Muschelschalen, die da auf dem Strand lagen und normalerweise leer waren, plötzlich zur Quelle eines neuen, wohlschmeckenden Futters geworden waren. Am folgenden Tag legte Croze wieder fünfundzwanzig Muschelschalen aus, aber diesmal war das Fleisch unter einer jeden im Sand vergraben. Kurz nach Tagesanbruch kamen die Krähen, und als sie die Schalen umdrehten und nichts Eßbares darunter fanden, gruben sie mit ihren Schnäbeln im Sand, bis sie auf das Fleisch stießen. Es ist allerdings nicht auszuschließen, daß dabei Gerüche mitspielten. Obwohl der Geruchssinn bei Vögeln im allgemeinen nicht gut entwickelt ist, können z. B. Tauben lernen, zwischen Gerüchen zu unterscheiden (Hutton et al., 1974). Also können die Krähen das vergrabene Fleisch zum Teil auch durch den Geruch gefunden haben.

Beobachtungen und Versuche haben klar gezeigt, daß Krähen und ähnliche Vögel, wie etwa Häher, sehr geschickt sind bei der Suche nach neuen Arten von Eßbarem oder nach Objekten, die Stellen anzeigen, wo Futter zu finden ist. Solches Lernen kann auch umgekehrt wirken. Als z. B. Croze kein Fleisch mehr unter die Muschelhälften legte, drehten die Krähen noch eine Zeitlang die Schalen um, beachteten sie dann aber immer weniger. Wenn sie jedoch später gelegentlich eine Muschelschale umdrehten und darunter Fleisch fanden, drehten sie sofort wieder viel mehr Schalen um als unmittelbar zuvor. Das ist grob vergleichbar mit vielen Situationen in der Natur, wo natürliche Objekte mitunter die Anwesenheit von Futter anzeigen können. Wenn das einmal der Fall ist, lohnt es sich für das Tier, ähnliche Objekte für einige Zeit danach zu untersuchen.

Diese und ähnliche Experimente haben die Ethologen zu dem Schluß geführt, daß viele Tiere bei der Nahrungssuche Such-Bilder haben. Etwas im Zentralnervensystem der Tiere läßt sie bestimmte Muster und Methoden erkennen, entdecken und andere Futterbeschaffungsbewegungen machen. Such-Vorstellungen können sehr spezifisch sein wie etwa, als die Krähen herausfanden, daß die leeren Muschelschalen am Strand plötzlich Futteranzeiger geworden waren, oder sie können weniger genau und allgemeiner sein, z. B. wenn Tiere lernen, daß in einem bestimmten Typ ihres Aufenthaltsgebietes am ehesten eine bestimmte Futtersorte zu erwarten ist. Wenn sie gerade eine neue Such-Vorstellung entwickelt haben, mögen Krähen und andere Tiere bewußt über ihre ergebnisreiche Entdeckung nachdenken.

Vom Futterverhalten marschbrütender Stärlinge

Die Verhaltensökologie des Rotschulterstärlings und des nahverwandten Gelbkopfstärlings wurde von Gordon Orians (1980) von der Universität von Washington in allen Einzelheiten untersucht. Diese beiden Arten sind zahlreich in den Marschen der nordwestlichen U. S. A. und in Westkanada, wo sie während eines großen Teils ihrer täglichen Aktivitäten beobachtet werden können. Orians und seine Kollegen konzentrierten sich auf die Jahreszeit, zu der die Brutvögel unter großem Druck stehen, um genügend Atzung zum Füttern ihrer Nestlinge zu bekommen. Außerdem wirkt in dieser Situation die evolutionäre Selektion ganz unmittelbar. Die Menge und Qualität des Futters, das die heranwachsenden Jungen erhalten, bewirkt einen großen und meßbaren Unterschied in der Anzahl derer, die überleben und das Nest als gesunde Jungvögel verlassen.

Im Untersuchungsgebiet nisten beide Arten in der Vegetation, die im flachen Wasser gedeiht. Der Rotschulterstärling ist ein strikt territorialer Vogel. Im Frühjahr treffen zuerst die Männchen im Brutgebiet ein und besetzen und verteidigen Reviere im Marschland und dem anschließenden Oberland. Etwas später kommen die Weibchen an, und eine Anzahl von ihnen, manchmal bis zu zwölf, bauen ihre Nester im Territorium eines Männchens. Den Weibchen obliegt der Nestbau, das Brüten und fast die gesamte Fütterung der Jungen, obschon die Männchen diese auch füttern, nachdem sie das Nest verlassen haben. Der größere Gelbkopfstärling verhält sich ähnlich, nur füttern hier die Männchen von Anfang an mit. Bei beiden Arten verpaart sich ein territoriales Männchen mit mehreren Weibchen. Es gibt auch viele erwachsene Männchen ohne Territorien im Brutgebiet. Sie tragen jedoch wenig oder gar nichts zum Brutgeschäft bei.

Beide Arten ernähren sich vorwiegend von erwachsenen Wasserinsekten, die gerade aus dem Wasser gekommen sind, die Rotschulterstärlinge auch von Insekten der trockenen Oberlandregion. Die größeren Gelbkopfstärlinge schließen die Rotschulterstärlinge nicht nur von ihren Brutterritorien, sondern auch von den reichsten Fanggründen für Wasserinsekten aus. Die Marschen variieren in der Bestückung mit Futterinsekten. Entsprechend werden einige Gebiete von vielen Stärlingen bewohnt, während andere kaum besiedelt sind. In Orians Studiengebiet war die Anzahl der Insekten hauptsächlich beeinflußt durch die unterschiedliche Vegetationsdichte und durch die Invasion von Karpfen in die Teiche oder Sümpfe, da diese die meisten Wasserinsekten aufaßen, bevor sie schlüpfen und zur Beute der Stärlinge werden konnten.

Eine der ersten Entscheidungen, die ein Stärlingsmännchen in jeder Brutsaison trifft, ist die Wahl des eigentlichen Territoriums. Aus dem großen Marschland wählt jedes Männchen einen kleinen Eigenbezirk, wo es singt, und von dem es andere Männchen durch Drohen und gelegentlich auch durch Kämpfe fernzuhalten sucht. Wenn die Weibchen ein oder zwei Wochen später ankommen, besuchen sie verschiedene Territorien, bevor sie sich für eins entscheiden, um sich zu verpaaren und ihre Nester zu bauen. Aufgrund welcher Kriterien treffen nun die Männchen und Weibchen ihre Wahl? Sie müssen das Revier auswählen, lange bevor die Menge der Futterinsekten entscheidend wichtig wird. Tatsächlich sind zu diesem Zeitpunkt noch kaum Wasserinsekten geschlüpft. Die Wahl des Brutgebietes muß also von einem anderen Faktor bestimmt werden.

Nun könnte man annehmen, daß die Stärlinge überhaupt keine Wahl treffen und daß, nachdem die ersten Männchen sich wahllos etabliert haben, die anderen − angezogen von der Nachbarschaft − ihre Territorien darum herum »anbauen«. Aber die Untersuchungen von Orians und seinen Kollegen haben gezeigt, daß sich die Stärlinge aus dem ausgedehnten Marschland die Gebiete aussuchten, die später die reichste Ausbeute an Wasser- und Landinsekten brachten. In Bezug auf das Nahrungsangebot kamen die Stärlinge dem Zustand nahe, den die Theoretiker eine ideale, freie Verteilung nennen, was einfach besagt, daß die Populationsdichte der Vögel der Qualität des Aufenthaltsgebietes entspricht. Wo Nahrung und andere Erfordernisse am reichlichsten sind, gibt es gerade so viele Vögel mehr, daß sie die Schätze mit maximaler Wirksamkeit ausnützen können. Jeder Vogel, der ein anderes Gebiet bezieht, würde – verglichen mit der idealen, freien Verteilung – schlechtere Bedingungen vorfinden und weniger Nahrung bei mehr Aufwand erlangen. Natürlich kommen noch viele andere Faktoren ins Spiel, wenn es um die Eignung eines Territoriums geht, wie die richtige Vegetation zum Nestbau und relative Sicherheit vor Raubfeinden.

Diese fast ideale Verteilung regt die Verhaltensökologen zu der Frage an, wie ein Stärlingsmännchen entscheidet, wo es sein Territorium errichtet, und wie die später eintreffenden Weibchen entscheiden, wo sie sich verpaaren und Nester bauen. Vielleicht leiten sie Erinnerung und Tradition. Wenn die Marschgebiete lange genug unverändert blieben, könnten sich die Vögel einfach daran erinnern, wo sie im Vorjahr genistet haben oder wo ihre Eltern sie aufzogen. Zum Pech für diese Theorie verändert sich aber die Situation in den Marschen des pazifischen Nordwestens rapide von Jahr zu Jahr infolge von Unterschieden im Wasserpegel, von Karpfeninvasionen in den Teichen und anderen ökologischen Variablen.

Die Vögel müssen also jedes Jahr ihre Entscheidung treffen aufgrund einiger Eigenschaften der Marschen zum Zeitpunkt ihres Eintreffens. Neu angekommene Vögel stöbern oft unmittelbar über der Wasseroberfläche umher, wenn sie ihre Territorien aussuchen. Die Weibchen scheinen stundenlang das intensive Imponiergehabe der Männchen zu ignorieren und verbringen stattdessen viel Zeit am Rand der Gewässer. Die meisten Wasserinsekten sind zu dieser Zeit noch im Larven- oder Puppenstadium und schwimmen unter Wasser umher, wo die Vögel sie nicht erreichen, wohl aber sehen können, wenn sie scharf hinschauen. Es wäre verständlich, wenn die Vögel nach den Larven der Wasserinsekten Ausschau hielten, aber Orians interpretiert seine Beobachtungen konservativer: »Wahrscheinlich wird das Muster ›offenes Wasser mit herausragender Vegetation‹ benutzt, weil Marschen, die später große Mengen von schlüpfenden Insekten hervorbringen, einige bestimmte Eigenschaften aufweisen. Beispielsweise ist die Dichte der Stengel von Wasserpflanzen wichtig. Wenn sie zu eng beieinander stehen, wird es dort verhältnismäßig wenige Insektenlarven geben, aber viele werden am Rand solch eines dichten Vegetationsgebietes schlüpfen. Das verbessert fast mit Sicherheit die Futterchancen am äußeren Rande der Vegetation und macht sie anderswo weniger ergiebig. Von unseren Arten neigt der größere Gelbkopf dazu, Gebiete mit lichterem Pflanzenwuchs zu bewohnen, während die Rotschulterstärlinge in dichterer Vegetation und für gewöhnlich näher am Ufer nisten, wo es weniger Futter gibt. Das mag daran liegen, daß die größeren Gelbköpfe die Rotschulterstärlinge territorial aussperren, aber es mag auch die Tatsache widerspiegeln, daß die letzteren zur Futtersuche meist auf die Oberlandgebiete gehen.«

Es ist weiterhin interessant, daß die Gelbköpfe vornehmlich in Marschgebieten nisteten, wo sich kein zusammenhängender Baumbestand über 30° vom Horizont abhob. Der Beweis dafür, daß dies ein wichtiger Faktor ist, lieferte ein Teich, an dem steile Klippen abrupt vom Ufer emporstiegen. Diese Klippen behinderten keineswegs die Bildung idealer Futterbedingungen. Trotzdem nisteten die Gelbköpfe dort nicht. Das legt nahe, daß jedes große, zusammenhängende Objekt, das sich hoch über den Horizont erhebt, Einfluß auf die Wahl der Territorien hat. Vielleicht bieten die Klippen günstige Nist- oder Schlafplätze für Raubvögel. Leider kam dieses »natürliche Experiment« nur einmal vor, so daß die Schlüsse daraus nicht allzu schwerwiegend sind. Aber ich erwähne es als Beispiel für Faktoren, die bei der Wahl des Nistgeländes eine Rolle zu spielen scheinen.

Wie fühlt man sich als Stärlingsmann, wenn man nach einer langen Flugstrecke ankommt und entscheiden soll, wo man sein Territorium errichtet? Wie wählt man als Stärlingsweibchen unter den vielen territorialen Männchen? Verhaltensökologen neigen zu der Annahme, daß einige genetisch fixierte Verhaltensmuster die Wahl bestimmen. Sie ziehen selten in Betracht, ob sich die Vögel fragen könnten: »Wird es hier viele Insekten geben?« Warum aber sollte solch einfaches Denken an Futter oder Gefahr nicht eine gewichtige Rolle dabei spielen und nicht durch natürliche Selektion geformt sein? Wenn man die Vielfalt der Möglichkeiten bedenkt und die lebenswichtige Bedeutung, die das künftige Nahrungsangebot für sie hat, erscheint es möglich, daß ihr Verhalten durch einfache Gedanken über ihre Lage beeinflußt wird.

Die Nahrungsaufnahme selbst ist ziemlich schwierig zu untersuchen, weil die Beuteinsekten klein sind und die insektenfangenden Stärlinge für Nahbeobachtungen zu weit entfernt sind, selbst für Ferngläser. Orians und seine Kollegen benutzten verschiedene Methoden, um herauszufinden, welche Quantitäten verschiedener Insektenarten gefangen wurden. Eine Methode bestand darin, ein Halsband aus Pfeifenreinigern lose um den Hals eines Jungvogels zu legen. Es war nicht so fest, daß es das Tierchen am Atmen gehindert hätte, aber es verhinderte, daß der kleine Vogel die Insekten, die die Eltern brachten, schlucken konnte. Die Ansammlung nicht verschluckter Insekten konnte dann untersucht werden. Dieses Verfahren zeigte, daß bis zu zehn Insekten aufs Mal herangeschleppt wurden.

Durch sorgfältiges Beobachten und durch lange Erfahrung lernten Orians und seine Mitarbeiter auch, durchs Fernglas Insekten zu identifizieren, wenn sie gefangen wurden. Manchmal läßt ein Vogel eine große Portion, die er schon im Schnabel hat fallen, um ein weiteres Insekt zu greifen. In diesem Fall wird er jedoch stets die vorher gefangene Beute wieder aufsammeln und dann das Ganze zum Nest tragen. Theorien über optimales Fütterungsverhalten besagen, daß ein Vogel, der in der Nähe des Nestes sammelt, öfter mit kleineren Portionen zurückkommen sollte, da der Rückflug weniger Zeit und Anstrengung kostet und die Jungen inzwischen die kleineren Futtergaben verdauen können. Diese Voraussage ist zumindest grob durch die Beobachtungen bestätigt.

Die geschäftigen Eltern, die Futter für ihre Jungen holen, müssen sich natürlich auch selbst ernähren. Für gewöhnlich schluckten die Stärlinge die ersten paar Insekten auf jedem Futtersammelflug selbst, bevor sie daran gingen, für die Jungen zu fangen. Was denken oder fühlen solche Vogeleltern während dieser Tätigkeit, die den größten Teil ihres Tages ausfüllt? Warum füttern sie überhaupt ihre Jungen? Die offensichtliche, evolutionstheoretische Antwort ist, daß das Füttern der Jungen für die Fortpflanzung notwendig ist. Vögel mit diesem Verhalten vermehren sich erfolgreich, während solche, die das nicht hätten, ohne Nachkommen bleiben würden. Aber was für ein Gefühl hat ein brütender Vogel an dem Tag, an dem die warmen, glatten Eier aufbrechen und eine Anzahl feuchter, sich windender Geschöpfe freigeben, die anfangen zu lärmen und die Schnäbel aufsperren? Irgendetwas bringt den Elternvogel deutlich dazu, Futter zu sammeln und es in diese Schnäbel zu stecken. Aber was erlebt der Elternvogel dabei? Wenn es seine erste Brut ist, so wäre die einzige einschlägige Erfahrung, an die er sich erinnern könnte, wie er selber vor einem Jahr ein Jungvogel war. Denken die Eltern »Diese Jungen brauchen Futter« oder »Wenn ich ihnen Futter in den Schnabel stecke, hören sie auf zu kreischen«?

Eine weitere interessante Beobachtung von Orians war, daß Stärlinge, die keine Jungen füttern, oft Libellen essen; wenn sie jedoch beim Futtersammeln für die Jungen eine Libelle fangen, tragen sie diese sofort zum Nest. In dem Studiengebiet sind die Libellen recht groß und ergeben ein ausgezeichnetes Futter für die Kleinen. Die Eltern scheinen nie Libellen zu verzehren, solange sie für die Brut sorgen. In bezug auf Libellen scheint etwas ihr Verhalten drastisch zu verändern, je nachdem, ob sie sich selbst ernähren oder während der besonderen, anstrengenden Zeit der Jungenaufzucht. Denken sie etwa ungefähr so: »Dieses große Insekt ist gerade richtig für die Kleinen. Ich werde es ihnen bringen und mir etwas anderes fangen«?

Futterwahl bei Bachstelzen

Zu den besten Arbeiten über Futterauswahl und Entscheidungen, wie die Beute zu fangen sei, gehören die von M. B. Davies von Port Meadows an den Ufern des Isis-Flusses bei Oxford in England (Davies, 1977; Krebs and Davies, 1978). Davies untersuchte die Trauerbachstelze, die in Südengland ganzjährig vorkommt, und die nahverwandte Schafstelze, die nur den Sommer dort verbringt. Er führte seine Studien im zeitigen Frühjahr durch, bevor die Vögel mit der Brut begannen. Sie suchten also Futter nur für sich selbst, obschon sie vielleicht im Hinblick auf die in wenigen Wochen beginnende Brutsaison an Gewicht zulegten. Es war recht einfach, die Stelzen bei Port Meadows zu beobachten, da das Gras ganzjährig von Kühen kurzgehalten wurde und die Kuhfladen die Hauptnahrungsquelle für die Insekten bildeten, von denen sich die Stelzen ernährten. Jeden Tag, wenn sich einer von diesen Vögeln auf die Futtersuche begab, mußte er sich entscheiden, ob er sich einer Gruppe anschließen oder allein jagen wollte, welche Insekten er auswählen wollte und wie er sie fangen sollte.

Wie Davies feststellte, bestand die Nahrung der beiden Stelzenarten im Frühling zur Hauptsache aus Fliegen, die ihre Eier auf Kuhfladen ablegen, und aus verschiedenen kleineren Insekten, die nahe dem Flußufer in flachem Wasser leben. An einem Kuhfladen jagte immer nur ein einzelner Vogel, aber am Flußufer jagte meist eine große Schar gemeinsam an derselben Stelle. Nachdem er die am leichtesten zu erhaschenden Insekten weggefangen hat, muß sich der Voeeggefangen hat, muß sich der Vogel entscheiden, ob er die Suche in der teilweise erschöpften Gegend fortsetzen, oder ob er woanders weitermachen will. Wenn er sich weiter begibt, muß er entweder eine Stelle am Ufer aufsuchen oder einen bestimmten Kuhfladen. Wahrscheinlich lernen die Vögel, wo es normalerweise Futter gibt. Beispielsweise schlüpfen die Fliegen aus den Puppen in den Kuhfladen in zeitlich versetzter Folge. Also werden heute wahrscheinlich einige zu finden sein, wo gestern welche waren. Umgekehrt werden dort, wo es gestern nur wenige oder gar keine gab, auch heute kaum neue Fliegen geschlüpft sein.

Selbst bei dieser relativ einfachen Futtersuch-Situation muß der Vogel viele Faktoren abwägen, um das beste aus seiner Zeit und seinen Bemühungen zu machen. Optimalisierung ist lebenswichtig, denn selbst im Frühjahr, wenn sie noch keine Jungen zu füttern haben, wenn es aber auch weniger Fliegen gibt als später im Jahr, bringen diese Bachstelzen etwa 90% der Tageslichtstunden mit der Futtersuche zu. Jede bedeutende Verminderung in der Futtersuchleistung hätte Gewichtsverlust, folglich geschwächte Gesundheit und wahrscheinlich das Mißlingen der Jungenaufzucht zur Folge. Der Selektionsdruck auf eine optimale Futterwahl und -suche ist sehr stark.

Insgesamt wechselten die Oxforder Stelzen recht wirkungsvoll von Kuhfladen zum Flußufer und umgekehrt, so daß sie maximale Futtermengen bei kleinstmöglichem Aufwand erhielten. Sie konzentrierten ihre Bemühungen da, wo reichlich Nahrung vorhanden war, und wenn sich die Menge erschöpfte, gingen sie weiter, jedoch nicht aufs Geratewohl, sondern zu recht ergiebigen Stellen. Wenn sich Leute erfolgreich verhalten, nehmen wir an, daß sie über das, was sie tun, nachgedacht haben. Können wir eine ähnliche Schlußfolgerung für die Bachstelzen ziehen? Wissenschaftler, die den reduktionistischen Ausblick auf das Leben bevorzugen, führen an, daß die Wirksamkeit eines Mechanismus kein Beweis für Bewußtheit sei. Aber optimale Nahrungsbeschaffung erfordert die richtige Beurteilung so vieler Aspekte einer sich verändernden Umgebung, daß bewußtes Überdenken der Lage die wirkungsvollste Maßnahme sein könnte.

Öffnen von Schalentieren durch Fallenlassen

Man hat oftmals beobachtet, wie Heringsmöwen Schalentiere zu felsigen Gegenden oder hartem Pflaster tragen, wo sie sie fallen lassen, mitunter mehrmals, bis die harten Schalen aufbrechen und die Möwe den Mollusken essen kann. In manchen Gegenden hat man das auch von Krähen gesehen, und beide Arten sind von Ethologen mit beachtlicher Sorgfalt studiert worden. Das fragliche Verhalten ist sehr verschieden vom einfachen Entdecken, Packen, Aufbrechen und Verschlucken der Stücke.

Besonders gründliche Untersuchungen über das Fallenlassen von Schalentieren durch Heringsmöwen hat Benjamin Beck (1980, 1982) durchgeführt. Die Möwen heben Muscheln, Wellhornschnecken oder von Einsiedlerkrebsen bewohnte Schalen bei Ebbe auf und tragen sie über beträchtliche Entfernungen (normalerweise 30 bis 200 Meter) zu Stellen, wo sie sie fallen lassen und so die Schalen zerbrechen können. Obgleich Ethologen aus einigen Gegenden berichtet haben, daß die Möwen bei der Wahl entsprechender Plätze nicht sehr selektiv sind, haben die Möwen in Becks Studiengebiet und an vielen anderen Orten stets felsige Gegenden, Straßen, geteerte Parkplätze oder Dämme zum Fallenlassen der Schalen ausgewählt. Die von Beck beobachteten Heringsmöwen flogen sehr niedrig und konnten die harte Oberfläche, der sie zustrebten, vorher nicht sehen. Offenbar hatten sie jedoch gelernt, wohin man sich zu diesem Zweck begeben mußte. Als Hinweis auf die Selektivität von Becks Möwen mag gelten, daß von der ganzen Gegend, über die eine Gruppe gewohnheitsmäßig ihre Mollusken trug, nur etwa 1% felsiger Damm war, aber 90% der Zerbrech-Versuche waren gegen diesen Damm gerichtet. In einem anderen Gebiet, einem großen Parkplatz, ließen die Möwen die Muscheln aus größerer Höhe fallen – vielleicht weil sie wußten, daß hier keine Gefahr bestand, das Ziel zu verfehlen. Wahrscheinlich wird das Fallenlassen der Muscheln von anderen, älteren Möwen erlernt. Junge Heringsmöwen waren weniger erfolgreich als erwachsene und ließen, im Vergleich zu diesen, weniger Muscheln fallen, dafür aber im Spiel oft andere Sachen.

Ausführliche Studien über das Zerbrechen von Muscheln durch Krähen führte R. Zach (1978) auf einer Insel in der Nähe der Küste von Britisch Kolumbien durch. Eine kleine Brutkolonie von Krähen sammelte hier gewöhnlich bei Ebbe Futter, darunter auch Wellhornschnecken, die eine recht dicke, zwei bis fünf Zentimeter lange Schale haben. Jedes Krähenpaar hatte einen bestimmten Strandabschnitt zur Futtersuche und eine bestimmte felsige Gegend zum Fallenlassen der Schnecken. Die Auswahl dieser Plätze war wichtig, weil die Felsen so weit vom Ufer entfernt liegen mußten, daß die aufschlagenden Wellhornschnecken nicht ins Wasser abspringen konnten, und weil sie eben sein sollten, damit die eßbaren Teile nicht in tiefe Spalten fallen konnten.

Bei unterschiedlicher Größe der Wellhornschnecken suchten sich die Krähen die größten aus, und sie nahmen keine Schalen auf, die nicht einen normalen, lebenden Mollusken enthielten. Wenn man solches Auswählen unter natürlichen Bedingungen beobachtet, ist es sehr schwer zu erkennen, welche Faktoren das Verhalten des Vogels beeinflussen. Jedoch konnte Zach den Sachverhalt durch einige einfache Experimente klären. Er stopfte teils sehr leichtes Material, teils solches, das eine ähnliche Dichte wie der lebende Mollusk hatte, in leere Schneckenhäuser und klebte dann das hörnerne Deckelchen, das das Haus abschließt, wieder drauf. Er fand heraus, daß die Krähen Schnecken von normalem Gewicht bzw. normaler Dichte auswählten, während sie die meisten der wesentlich leichteren ablehnten. Untergewichtige Gehäuse bedeuten gewöhnlich, daß darin ein toter bzw. ausgetrockneter Mollusk ist statt eines frischen und eßbaren.

Zach untersuchte auch recht ausführlich die Taktik des Fallenlassens. Die Krähen ließen Wellhornschnecken aus Höhen von etwa drei bis acht Metern fallen, wobei die Chance, daß das Schneckenhaus zerbrechen würde, eins zu vier zu sein schien, da die entsprechende Anzahl mehrmals fallen gelassen werden mußte. Wenn sie nicht gestört wurden, fuhren die Krähen damit hartnäckig fort, bis das Gehäuse zerbrach, wozu manchmal bis zu zwanzig Wiederholungen nötig waren. Es wäre wahrscheinlich wirksamer gewesen, wenn sie die Schalen aus größerer Höhe hätten fallen lassen. Anscheinend hätten sie dann aber Schwierigkeiten gehabt zu sehen, wohin die Schnecke gefallen war. Wenn die

Krähen dagegen die Schnecken während des Sinkfluges fallen ließen, konnten sie deren Flugbahn verfolgen und verloren sie dadurch weniger leicht. Auch zersplittern aus größerer Höhe herabfallende Wellhornschnecken leichter, wodurch die Weichteile schwieriger zu finden und vielleicht auch weniger angenehm zu essen sind wegen der anklebenden, kleinen Gehäusesplitter. Manchmal tauchten die Krähen zerbrochene Wellhornschnecken in Wasserpfützen, bevor sie sie verzehrten, wahrscheinlich, um Bruchstücke der Schalen zu entfernen.

Zachs Hauptinteresse galt der Frage, ob das Nahrungsbeschaffungsverhalten optimal sei insofern, als die Krähen für einen bestimmten Kraftaufwand so viel Futterenergien enthielten, wie es die Situation erlaubte. Wie die Oxforder Bachstelzen kamen sie fast so gut wie nur möglich weg, indem sie große Schnecken auswählten und nur solche, die ungefähr das richtige Gewicht hatten, indem sie sie nur über geeignetem Untergrund und aus der günstigsten Höhe fallen ließen, und indem sie von keiner Wellhornschnecke abließen, bis sie zerbrach, anstatt aufzugeben und eine andere zu suchen. Da nur ein kleiner Teil aller Krähen Wellhornschnecken sammelt und sie auf felsigen Untergrund fallen läßt, hat sich wahrscheinlich dieses Verhalten vor verhältnismäßig kurzer Zeit entwickelt. Jedoch ernährten sich viele Krähen auf Zachs Insel in dieser Weise. Also hatte sich die Gewohnheit anscheinend in der kleinen, örtlichen Population ausgebreitet – anzunehmenderweise durch nachahmendes Lernen. Freilich hat niemand die erste Krähe bei der Entdeckung dieser Futtermethode beobachtet, und auch nicht, wie die anderen es übernahmen. Es muß aber ein bestimmtes Quantum einfachen, kreativen Denkens auf Seiten der Vögel erfordert haben, die als erste mit dem Fallenlassen der Schnecken begonnen haben. Interessanterweise wurde einmal eine Krähe beim Abweichen vom üblichen Brauch beobachtet. Sie trug zwei Wellhornschnecken gleichzeitig und ließ sie zusammen fallen. Über derartiges, unternehmungslustiges Verhalten einzelner Individuen wird von Zeit zu Zeit berichtet, aber die Ethologen betonen nicht, daß es Denken nahelegt.

Entscheidungen bei der Nahrungsbeschaffung von Hummeln

Von Hummeln würde man nicht einen hohen Grad bedachter Entscheidungen erwarten. Wenn wir jedoch ihr Verhalten näher untersuchen, stellt sich heraus, daß das Nektarsammeln ein recht komplexer Vorgang ist. G. H. Pyke (1979) hat eine Hummelart studiert, die besonders Eisenhutblüten aufsucht, wie sie in großen Büscheln in den Bergen von Kolorado wachsen. Der Nektargehalt der Blüten schwankt beträchtlich, zum Teil deshalb, weil ein anderes Insekt eine Blüte bereits besucht und den meisten Nektar aufgesogen hat. Pyke untersuchte individuell markierte Hummeln beim Besuch von Blüten, die nicht zuvor von anderen Insekten aufgesucht worden waren. Selbst wenn alle Blüten auf einer Pflanze einen guten Nektarvorrat enthielten, mußte eine Hummel mehrere Pflanzen aufsuchen, um ihren Magen zu füllen. Sie fingen fast stets bei der untersten oder zweituntersten Blüte an und bewegten sich dann nach oben, gewöhnlich zur nächstgelegenen, noch nicht aufgesuchten Blüte. Nur in vier von 482 Beobachtungsfällen kam eine Hummel zweimal zur selben Blüte zurück. Das legt nahe, daß sich eine Hummel zumindest für eine kurze Zeit daran erinnern kann, bei welcher Blüte sie vorher war, oder daß sie vielleicht eine Duftmarke hinterläßt und einfach damit behaftete Blüten übergeht. Aber selbst wenn eine Hummel in der Zwischenzeit Nektar von zwei oder drei anderen Blüten geholt hat, kommt sie selten zu einer zurück, die sie bereits besucht hat. Pyke faßte diese Beobachtungen mit so einfachen Worten wie möglich in der Feststellung zusammen, daß die Hummeln bei ihrer Futtersuche Regeln befolgen wie etwa: »Beginne mit der untersten Blüte des jeweiligen Blütenstandes, dann geh weiter zur nächstliegenden, noch nicht aufgesuchten Blüte; es sei denn, die letzte Bewegung ging abwärts und war tatsächlich nicht der erste Wechsel von einer Blüte zur nächsten an einem bestimmten Blütenstand. Im letzteren Fall geh zur nächstliegenden höheren Blüte, die noch nicht besucht war.« Es scheint klar, daß kein anderes Vorgehen merklich wirksamer hätte sein können nach den verfügbaren Daten.

Wenn sich das ein wenig kompliziert anhört fürs Zentralnervensystem einer Hummel, sollten wir uns fragen, ob wir vielleicht die Fähigkeiten dieser Tiere unterschätzt haben. Pykes Studie ist nur ein Beispiel dafür, daß selbst Tiere, die wir für recht primitiv halten, sich nach genial effektvollen Regeln verhalten.

Vampirfinken

Obwohl die Finken der verschiedenen Galapagos-Inseln miteinander nahe verwandt sind, fliegen sie offenbar nicht von einer zur anderen. Als Ergebnis der Isolation über Jahrtausende hinweg haben sich örtliche Rassen oder Unterarten entwickelt. Darwins Erkenntnis, daß die Arten nicht fest und unveränderlich sind, wurde zu einem beträchtlichen Maß durch seine bahnbrechenden Untersuchungen dieser Unterschiede von Insel zu Insel angeregt. Daher werden alle diese örtlichen Rassen oft Darwinfinken genannt. Sie alle sind anpassungsfähige Vögel, die mitunter Dornen oder Zweige als einfache Werkzeuge benutzen, um an Insekten zu kommen. Im Rahmen der Forschungen an den vielen faszinierenden Phänomenen der Tierwelt auf den Galapagos-Inseln entdeckten Bowman und Billep (1965), daß die örtliche Rasse der Darwinfinken auf der Wenman-Insel, die etwa 100 km von den übrigen Inseln des Archipels entfernt liegt, gelernt hat, sich vom Blut der großen tropischen Tölpel zu ernähren.

Diese Eigentümlichkeit begann wahrscheinlich als eine Verbindung zu beiderseitigem Vorteil, indem die Finken die großen, parasitären Insekten entfernten, welche die Tölpel während der Brutzeit befallen. In verschiedenen Teilen der Welt ernähren sich bestimmte kleinere Vögel gewohnheitsmäßig von Parasiten, die sie von der Haut viel größerer Tiere abpicken. Auf der Wenman-Insel sind die Finken jedoch dazu übergegangen, heftig am Kiel der Tölpelfedern zu picken, am häufigsten am Ellbogen des zusammengefalteten Flügels, wobei sie eine Blutung verursachen, die zum Trinken ausreicht. Oft versuchen die Tölpel, die Finken abzuschütteln, aber meist sind die Finken schließlich doch erfolgreich. Die Gewohnheit des Bluttrinkens hat sich bei ihnen durchgesetzt und ermöglicht ihnen Überleben und Vermehrung auf einer öden Insel, wo anderes Futter für lange Zeiträume sehr knapp ist. Die Tölpel nisten auch auf anderen Inseln, wo sich sehr ähnliche Finken auf dieselbe Weise ernähren könnten, es aber nicht tun. Die Tatsache, daß diese anderen Finken eine verfügbare Nahrungsquelle nicht nutzen, zeigt, daß die evolutionäre Anpassung nicht vollkommen ist.

Wie sind die Finken auf der Wenman-Insel zu »Vampiren« geworden? Darwinfinken suchen überall nach Insekten, und manchmal stochern sie in Ritzen, um welche zu finden. Der Wechsel von der Insektensuche auf Pflanzen, Steinen oder anderen unbelebten Objekten zum Ablesen der Parasiten von den Federn eines großen, unbeweglichen Vogels ist nicht sehr groß, und es ist anzunehmen, daß die Tölpel die kleinen Vögel gewähren ließen, weil es angenehm war, die Parasiten loszuwerden. Einige der Vogelläuse und Lausfliegen sind recht groß und fallen auf, wenn sie auf der Oberfläche rein weißer Federn sitzen. Wenn sich diese Ektoparasiten jedoch in den Federn vergraben, könnte ein Fink, der darin herumstochert, leicht die Haut des Tölpels heftig genug picken, um eine Blutung zu verursachen. Irgendwann, wahrscheinlich vor nicht sehr langer Zeit, müssen einer oder mehrere unternehmungslustige Finken entdeckt haben, daß das Blut eßbar und nahrhaft ist — vielleicht als der Fink den Parasiten, nach dem er pickte, verfehlte. Das Verhalten breitete sich aus, wahrscheinlich durch beobachtendes Lernen, und wurde ein normaler Bestandteil des Nahrungsaufnahmeverhaltens dieser Finken.

Können wir aus solchen Situationen auf irgendeine Art von Denken oder seelischem Erleben schließen? E. C. Tolman (1932, 1966) beobachtete, wie Ratten, die darauf dressiert waren, durch ein kompliziertes Verhalten zu Futter zu gelangen, überrascht wirkten, wenn die erwartete Belohnung ausblieb. Auch andere Psychologen haben diese Art von Futtererwartung untersucht, und es besteht kein Zweifel, daß ein Tier, das ein bestimmtes Ergebnis seines Verhaltens erwartet, Überraschung und Enttäuschung zeigt, wenn dieses nicht eintritt. Im Falle der Vampirfinken mögen die Bahnbrecher überrascht gewesen sein, als sie herausfanden, daß wohlschmeckendes und nahrhaftes Blut, das sie vorher nur beim Verschlucken von Parasiten bekamen, auch durch das Bepicken der Tölpelhaut zu haben war. Wir können über diese Dinge nur spekulieren, aber die verblüffenden Variationen im Ernährungsverhalten der Galapagosfinken auch bei anderen Gelegenheiten lassen vermuten, daß eine einfache Form einsichtigen Denkens vorgelegen haben mag, als sie zuerst diese neue Nahrungsquelle entdeckten. Wenn ein Wenmanfink auf eine andere Insel verschlagen wird, werden dann die dort einheimischen Finken ihn beobachten, wie er die Tölpel in dieser Weise ausnutzt, und werden dann Lernen und Nachahmung zu einer neuen Kolonie von Vampirfinken führen?

Auch Laboratoriumstiere lernen, neuartige Nahrungsquellen auszunutzen und Verhaltensweisen anzuwenden, die von ihrer sonstigen, normalen Ernährungsweise recht verschieden sind (Mackintosh, 1974). In vielen Fällen braucht so ein Tier einige Zeit, bis es gelernt hat, daß Futter an einem ungebräuchlichen Platz zur Verfügung steht, nachdem es eine bestimmte Tätigkeit ausgeführt hat, wie etwa eine Stange niederzudrücken oder in eine Höhlung zu picken, die sich gerade geöffnet hat. Es wäre leicht, eine Laboratoriumssituation zu schaffen, die dem Erlebnis entspricht, das ein Galapagosfink hatte, als er herausfand, daß heftiges Picken auf die Tölpelhaut eine neue Nahrungsquelle erschließt. Vielleicht ist aber auch gar nichts Besonderes an diesen Vampirfinken. Vielleicht ist es für Weiße Carneaux Tauben die gleiche Art von Überraschung, wenn sie lernen, daß sich eine metallene Aushöhlung öffnet und Futter in Reichweite bringt, nachdem sie auf einen erleuchteten Glaskreis gepickt haben. Strikte Behavioristen meinen, es sei in beiden Fällen töricht anzunehmen, daß Gedanken das Lernen begleiten. Mir scheint jedoch, daß Denken in solchen Situationen eher im Spiel ist, als wenn z. B. ein Tier ein standardisiertes Futterverhalten wieder und wieder ausführt. Dies war auch Tolmans Ansicht, die ihn zu der Annahme führte, daß Ratten, wenn sie lernten, Futter, Wasser oder eine andere Belohnung durch ein neues Verhalten zu bekommen, wenigstens einiger Aspekte des Lernvorgangs gewahr seien.

Anpassungsfähigkeit bei der Insektenjagd

I. R. Krebs und andere haben die Art und die Wirksamkeit der Suche nach Beuteinsekten bei Meisen untersucht. Zweck dieser Experimente war, mathematische Theorien über optimales Nahrungsbeschaffungsverhalten zu testen. Krebs und seine Kollegen gaben nicht zu, daß sie an irgendwelchen Gedanken oder Gefühlen interessiert waren, die mit dem Futterbeschaffungsverhalten einhergehen könnten.

In einer Serie von Experimenten untersuchten Krebs, Mac Roberts und Cullen (1972), Krebs und Davies (1978) und Krebs (1979), wie Kohlmeisen sich mit dem Problem der Suche nach verstecktem Futter auseinandersetzten. Um standardisierte Bedingungen für quantitative Vergleiche zwischen verschiedenen Vögeln oder desselben Vogels unter anderen Voraussetzungen zu schaffen, verwandten Krebs und seine Kollegen nicht die üblichen Beuteinsekten, die unter natürlicher Vegetation versteckt sind, sondern Mehlwürmer, d. h. Käferlarven, die einen Durchmesser von etwa 3 mm haben und ungefähr 25 mm lang sind. Viele Insektenfresser nehmen sie in Gefangenschaft sehr gern an.

Krebs und seine Mitarbeiter waren daran interessiert, wie die Kohlmeisen lernen würden, versteckte Mehlwürmer unter verschiedenen Bedingungen zu finden, und wie verschiedene Individuen, die hungrig im gleichen Käfig nach Futter suchen, aufeinander reagieren würden. Die Wissenschaftler verwendeten verschiedene Versteckmöglichkeiten, darunter Plastikbecher, halbierte Tischtennisbälle und kleine Holzbrettchen, in deren Oberseite ein enges Loch gebohrt war. Alle diese Behälter wurden mit Sägemehl oder Papierschnipseln gefüllt und die Öffnungen mit Klebeband verschlossen; nur ein Teil davon enthielt Mehlwürmer. Zuerst erhielten die Vögel Mehlwürmer, die nicht versteckt waren, dann Mehlwürmer in Behältern, wo sie mit Sägemehl verdeckt waren, und schließlich Mehlwürmer in den mit Klebeband verschlossenen Behältern. Sie lernten erstaunlich schnell, daß sie manchmal Futter finden konnten, wenn sie durch das Klebeband pickten oder es abrissen.

Als weitere Variation der Verstecke wurden Klebebandstücke auf Äste in den Käfigen geklebt. Unter dem Klebeband befand sich ein Mehlwurm, der nur als kleine Wölbung sichtbar war. Um die Aufgabe zu erschweren, war unter einigen Klebebandstücken nur ein kurzer, dicker Bindfaden versteckt. Die Vögel lernten nicht, zwischen den beiden Wölbungen zu unterscheiden und machten sich ebenso oft über die versteckten Fäden wie über die Mehlwürmer her. All diese Arrangements waren darauf angelegt, die Aufgabe eines insektenfressenden Vogels zu simulieren, der große Gebiete mit natürlicher Vegetation nach den wenigen Stellen absucht, wo vielleicht etwas Eßbares zu finden sein könnte, wenn man stochert oder lose Rinde abzieht.

Die Ergebnisse dieser Experimente zeigten, daß eine Kohlmeise, die entdeckt hatte, daß eine bestimmte Art von Behälter manchmal Mehlwürmer enthielt, nach ähnlichen Behältern suchte, einschließlich der Klebebänder an Baumrinden. Noch wichtiger, wenn auch nicht sonderlich überraschend, war, daß die anderen Vögel im Käfig gleichfalls nach ähnlichen Verstecken zu suchen begannen. Mit anderen Worten, diese Vögel lernten, wo Futter zu finden sei, indem sie beobachteten, wo ihre Käfiggenossen es fanden. Verschiedene Individuen hatten verschiedene Suchtaktiken. Ganz allgemein jagte ein dominanter Vogel die anderen vom Futter weg und nahm, was er wollte. Auch suchte der Dominante pro Minute mehr Behälter auf als die anderen Vögel.

Einzelne Vögel hatten sich auch auf bestimmte Methoden spezialisiert. Einige konzentrierten sich auf die Plastikbecher, drehten die Papierstückchen um, unter denen sich manchmal ein Mehlwurm befand, und guckten sekundenlang in den Behälter. Andere stiegen in den Behälter und warfen die Papierschnipsel hinaus, wodurch sie die versteckten Mehlwürmer freilegten. Einer fand heraus, daß man in den Behälter schauen konnte, ob sich ein Mehlwurm darin befände, wenn man ein Loch in das Klebeband pickte. Einige öffneten die Bohrlöcher in den präparierten Holzbrettchen, indem sie das Band durchhämmerten, das über die Öffnung geklebt war, während andere am Rand des Bandes zogen. Alle diese individuellen Methoden zeigen ganz klar, daß die Vögel aktiv – und vielleicht auch bewußt – versuchten, an das versteckte Futter heranzukommen. Ihr Suchverhalten war gewiß nicht starr oder stereotyp. Es änderte sich rasch, je nach den Umständen und den Ergebnissen, die nicht nur der einzelne Vogel selbst, sondern auch seine Käfiggenossen erzielten.

Das Verhalten dieser Vögel erinnert an die japanischen Makaken, die gelernt hatten, Kartoffeln zu waschen und Getreidekörner von ungenießbarem Material zu trennen, indem sie sie ins Wasser warfen. Die Getreidekörner schwammen an der Oberfläche, während der Sand und andere Partikel versanken (Kawai, 1965). Diese neue Art der Futterbehandlung wurde zunächst von einem Affen erfunden und dann nach und nach von den anderen Gruppenmitgliedern durch beobachtendes Lernen übernommen.

Verhaltensvielseitigkeit kam in spektakulärer Weise zum Tragen in den dreißiger Jahren, als zwei Meisenarten entdeckten, daß die Milchflaschen, die auf britischen Türschwellen angeliefert wurden, eine Nahrungsquelle sein konnten (Fisher and Hinde, 1949; Hinde and Fisher, 1951). Zu dieser Zeit waren die Verschlußkappen der Milchflaschen aus weicher Metallfolie und die Milch war nicht homogenisiert, so daß sich der Rahm oben absetzte. Einer oder mehrere Vögel fanden heraus, daß dasselbe Verhalten, mit dem man an unter der Baumrinde versteckte Insekten herankam, auch angewandt werden konnte, um Rahm von Milchflaschen zu kriegen. Die betroffenen Milchempfänger merkten es sofort, und es wurden sorgfältige Untersuchungen über die allmähliche Verbreitung dieses Verhaltens in großen Teilen Englands durchgeführt. Eine Änderung in der Technik des Milchflaschenverschlusses beendete schließlich die Angelegenheit, aber inzwischen hatten Tausende von Vögeln, mit ziemlicher Sicherheit durch Beobachten der anderen, gelernt, wie man eine neue Futterquelle nutzt.

Die Entdeckung der Milchflaschen als Futterquelle durch die Kohlmeisen wird in den Lehrbüchern und den Verhaltensmonographien unserer Tage selten herausgestellt. Ethologen und Verhaltensökologen verlieren anscheinend das Interesse, wenn Tiere etwas tun, was an Denken erinnert. Auf den Hunderten von Seiten, die den augenblicklich interessanten Aspekten des Verhaltens gewidmet sind, scheint dieses hervorragende Beispiel erfindungsreichen Denkens und unerwarteten Lernens für die zeitgenössischen Ethologen nicht besonders wesentlich und interessant zu sein.

Austernfischer beim Muschelessen

Der Austernstecher ist ein Küstenvogel und mit den Wasserläufern verwandt. Er hat einen langen, auffallend roten Schnabel. Meist ernährt er sich von Mollusken, die die Ebbe freilegt, aber manchmal wendet er sich auch anderer Nahrung zu, wie z. B. Regenwürmern auf frischgepflügten Feldern. Der englische Ethologe Norton-Griffiths (1967, 1969) entdeckte durch geduldiges Beobachten, wie diese Vögel mit den harten Muschelschalen fertig wurden. Bei Ebbe liegen einige Muscheln ganz frei, andere sind von seichtem Wasser bedeckt. Die ganz freiliegenden Muscheln ergreifen die Austernfischer mit dem Schnabel, ziehen sie los von der Unterlage und tragen sie zu einem Flecken festen Sandes. Dort dreht der Vogel die Muschel so, daß die flache Ventralfläche zuoberst liegt. Auch wenn das nicht die stabilste Position sein mag, hält der Vogel die Muschel so, während er ihre Schale aufhämmert. Um zu untersuchen, wie man eine solche Schale am besten aufhämmern kann, konstruierte Norton-Griffiths eine Muschelknackmaschine, wobei er als Pickhacke den Schnabel eines Austernfischers kopierte. Die flache Ventralseite der Muschel erwies sich als der zerbrechlichste Teil, was darauf hinweist, daß die Austernfischer gelernt haben, die Muschel auf die leichteste Weise zu öffnen. Jeder Vogel hatte auch gelernt, wo der Sand die erforderliche Festigkeit hatte und brachte zahlreiche Muscheln zu der gleichen Stelle.

Wenn die Muscheln von seichtem Wasser bedeckt waren, öffneten die Austernfischer sie auf ganz andere Weise. Sie suchten nach leicht geöffneten Muscheln und stachen mit dem Schnabel hinein. Auf diese Weise durchschnitten sie den Abduktormuskel, der die Schalen schließt. Danach trugen sie die Muscheln zu einem zum Verzehren günstigen Platz.

Norton-Griffiths nahm zunächst an, daß die Austernfischer die verschiedenen Öffnungstechniken je nach Situation gebrauchten – wie wohl jeder vernünftige Mensch, der den beschriebenen Vorgang beobachtet, annehmen würde. Als er jedoch einzelne Vögel markierte und ihre Futtergewohnheiten beobachtete, stellte sich heraus, daß jeder sich auf die eine oder andere Methode spezialisiert hatte. Weitere Beobachtungen deuteten stark darauf hin, daß die Jungen, wenn sie mit ihren Eltern auf Futtersuche gingen, durch Beobachtung lernten, wie diese Muscheln fanden und nach einer der beiden oben beschriebenen Methode öffneten. Jeder Austernfischer erlernte nur eine der beiden Techniken, und das Verhalten war nicht durch genetische Einflüsse starr festgelegt.

Wie fühlt man sich als Austernfischer, wenn man sich auf diese etwas komplizierte Art ernährt? Und wie ist einem jungen Austernfischer zumute, der gerade lernt, wie man Muscheln öffnet? Die Tatsache, daß es zwei durchaus verschiedene Methoden gibt und daß jeder Vogel nur eine davon lernt, indem er seine Eltern nachahmt, läßt an denkbegleitete Aufmerksamkeit und ein flexibles Anpassungsvermögen glauben. Wahrscheinlich werden Altvögel mit großer Routine relativ stereotyp in ihrem Muschelöffnungsverhalten, aber zu dem Zeitpunkt, da die Jungen es lernen und dabei durch unvollkommene Zwischenphasen gehen, ist der Vorgang sicher so aufregend, daß es einigen Denkens bedarf.

Futterverstecke

Viele Tiere, selbst Laboratoriumsratten, verstecken und lagern überzähliges Futter. Unter natürlichen Bedingungen wird viel von dem gespeicherten Futter später geholt und verzehrt, oftmals Wochen oder Monate später. Die Tiere machen sich oft die Mühe, geschützte Stellen als Futterverstecke zu wählen und sie abzudecken, oder sie treffen andere Maßnahmen, um andere Tiere davon fernzuhalten. Eichhörnchen, die Samen und Nüsse verstecken, sind bekannte Beispiele, und sie verbrauchen einen großen Teil des versteckten Vorrats. Aber es ist nicht klar, wie das Tier die gelagerten Futtervorräte wiederfindet. Wissenschaftler, die nicht recht daran glauben, daß Eichhörnchen sich erinnern können, wo sie ihr Futter versteckt haben, halten es für möglich, daß sie es nach dem Geruch wiederfinden oder durch eine auffallende Veränderung am Boden, wo sie es vergraben haben, oder vielleicht durch ungezieltes Herumsuchen. Wie in anderen Fällen, in denen ein komplexes Verhalten der Tiere bewußtes Denken nahelegt, haben die Ethologen nur sehr langsam ihre Aufmerksamkeit diesem potentiell bedeutsamen Gegenstand zugewandt.*

Eine modernere und signifikante Ausnahme ist die Arbeit von Russell P. Balda und seiner Kollegen an der Universität von Nordarizona, die gründlich das großangelegte Futterverstecken von Kiefernhähern untersucht haben, eines nahen Verwandten der Krähen und Häher, der in einer alpinen Gegend im Westen Nordamerikas lebt, wo das Futter während des langen und kalten Winters knapp wird (Balda, 1980; Van der Wall and Balda, 1981; Van der Wall, 1982). Im Herbst verbringt ein Kiefernhäher einen großen Teil seiner Zeit damit, Koniferensamen in Spalten zu verstecken oder im Boden zu vergraben. In einem guten Jahr kann ein einziger Vogel bis zu 33 000 Koniferensamen verstecken. Jedes Versteck enthält gewöhnlich zwei bis fünf Samen. Nach vorsichtigen Schätzungen müßte ein Kiefernhäher in einem durchschnittlichen Winter ungefähr 1000 der im Herbst angelegten Verstecke wiederfinden, um überleben zu können.

In einem Laboratoriumsexperiment brachte man einen Kiefernhäher dazu, Koniferensamen im Sand des Käfigbodens zu vergraben. Nach einmonatiger Abwesenheit in den Käfig zurückgebracht, fand und verzehrte er einen beachtlichen Teil der Samen – wesentlich mehr als durch Suchen aufs Geratewohl zu erklären gewesen wäre. Inzwischen hatten die Experimentatoren zahlreiche andere Samen der gleichen Sorte in dem Sandboden vergraben. Davon fand der Vogel nur sehr wenige, was bedeutet, daß er nicht einfach drauflos suchte, sondern auf die Stellen zurückkam, wo er selber Samen vergraben hatte. Wenn der Vogel sich nach dem Geruch orientiert hätte, hätte er wahrscheinlich auch viele der von den Wissenschaftlern vergrabenen Samen gefunden. In weiteren Untersuchungen legte man einige Äste und Steine auf den Käfigboden, und der Vogel versteckte die meisten Samen in deren Nähe. Der Erfolg beim Wiederfinden war mit solchen »Landmarken« größer. Wenn die »Landmarken« während des Monats, in dem der Vogel abwesend war, verändert wurden, war sein Erfolg geringer, denn er suchte dann in der Nähe eines bestimmten Astes oder Steines, als ob er sich erinnerte, dort den Samen versteckt zu haben. Die quantitative

---

Anmerkung des Übersetzers: In den fünfziger Jahren untersuchte allerdings der Ethologe I. Eibl-Eibesfeldt sehr anhaltend und ausführlich, wie Eichhörnchen Nüsse suchen, öffnen und verzehren.

Seite dieses Verhaltens ist wirklich eindrucksvoll, besonders wenn wir uns vergegenwärtigen, welche Veränderungen der natürlichen Umgebung stattgefunden haben zwischen der Zeit, zu der die Samen versteckt wurden, und der Zeit, da sie wieder hervorgeholt werden. Im Winter hat sich die Vegetation verändert, und der Boden ist oft mit Schnee bedeckt. Würde es dem Häher nützen, wenn er darüber nachdächte, wo er sein Futter versteckt hat? Wir können nicht sicher sein, aber das ganze Verhalten deutet sicherlich auf Gedanken hin, besonders wenn wir berücksichtigen, daß der Vogel nach dem Vergraben der Samen den Boden glättet und versucht, alle Spuren zu beseitigen. Zumindest müssen wir annehmen, daß nicht nur *eine* Suchvorstellung mitspielt, sondern Hunderte. Eine so ungeheure Zahl spezifischer, visueller Erinnerungen an bestimmte Baumstümpfe und Felsbrocken ist fast unvorstellbar. Vielleicht haben die Vögel eine Art Generalstabskarte oder ein Musterschema im Kopf. Nachdem sie ihre Samen vergraben haben, überfliegen sie sicher oft das Gebiet, wo die Verstecke sind, und vielleicht haben sie eine landkartenähnliche Erinnerung an die Merkmale, die für sie von Bedeutung sind. Als Teile eines solchen Musters mögen die Futtervorratslager leichter erinnert werden als Hunderte von einzelnen Merkmalen.

Die herkömmliche Art der Interpretation eines solchen Verhaltens zwingt uns, uns eine Kette einzelner Instinkthandlungen vorzustellen: zuerst den Samen aufzunehmen, ihn dann zum Versteck zu tragen, ihn dort zu vergraben, und ihn schließlich so zu bedecken, daß das Loch wenig auffällt. Und all das soll vor sich gehen, ohne daß der Vogel auch nur im geringsten daran denkt, daß er zurückkommen und die Samen verzehren wird. Dann, Wochen oder Monate später, wenn das Tier hungrig ist, erinnert es sich, an einer bestimmten Stelle Futter versteckt zu haben, es kehrt dann dorthin zurück, holt das Futter hervor und ißt es.

Cowie, Krebs and Sherry (1981) und Sherry, Krebs and Cowie (1981) haben weitere Experimente dieser Art in England mit Sumpfmeisen durchgeführt. Das Ganze wurde gedankenreich besprochen von Shettleworth (1983). Die kleinen Sumpfmeisen versteckten nicht nur große Samenmengen, sondern sie sahen sich dabei die Verstecke auch sehr genau an. Das läßt vermuten, daß sie daran dachten, später zurückzukehren und das versteckte Futter zu finden. Zu einem definitiven Schluß können wir nicht kommen, aber diese Expertimente haben gewiß die Fülle eindrucksvoller Leistungen im natürlichen Verhalten der Tiere gezeigt, wenn die Ethologen es sorgfältig untersuchen.

Das war nur ein kurzer Streifzug durch die Ökologie des Ernährungsverhaltens, vergleichbar einer acht Tage dauernden Gesellschaftsreise durch einen ganzen, unbekannten Erdteil. Gewiß ist vieles anders, als es beim ersten Eindruck scheinen mag, und die Kontakte mit den Einheimischen sind recht beschränkt. Jedoch kann ein denkender und mitfühlender Reisender auch aus den flüchtigen Bildern einen Eindruck bekommen, wie es sein mag, einer dieser Menschen zu sein. Natürlich kann ein professioneller Anthropologe, der über lange Zeit mit den Leuten lebt, ihre Sprache erlernt, sich wie sie ernährt, an ihren Festen und Ritualen teilnimmt und sogar in die örtlichen Probleme verwickelt wird, zu einem viel tieferen und genaueren Verständnis kommen.

Genauso, wenn auch in wesentlich geringerem Ausmaß, versuchen kognitive Ethologen herauszufinden, wie das Leben anderer Arten wirklich ist. Bei dieser Führung durch einige Höhepunkte der kognitiven Ethologie – die sieben berühmtesten Tempel einer alten Stadt ... in vier Stunden durchrast – sollte man sich hüten vor dem vereinfachenden Trugschluß, Buckelwale, Krähen, Hummeln oder selbst Regenwürmer täten ausschließlich die hier erwähnten Dinge. Die fraglichen Beispiele vom Ernährungsverhalten habe ich in erster Linie deshalb gewählt, weil sie relativ gründlich untersucht sind. Sowohl die Tiere wie ihr Verhalten mußten leicht zu beobachten sein, so daß man die Gewißheit erhalten konnte, daß das jeweilige Verhalten wirklich charakteristisch war. Deshalb sind so viele Beispiele von tagaktiven Vögeln. Viele Säugetiere sind nachtaktiv, Fische und Wale jagen meist unter Wasser, und Insekten gehen hauptsächlich nach Gerüchen, die wir kaum wahrnehmen können. All das macht es äußerst schwierig, genaue Informationen über ihr Ernährungsverhalten zu sammeln.

Die Ethlogen, die diese mühsamen Untersuchungen durchgeführt haben, wollten nicht erforschen, wie es ist, eine Krähe oder ein Regenwurm oder ein Austernfischer zu sein. Trotzdem haben sie viele Arten geradezu genial angepaßten Verhaltens bei den verschiedenartigsten Tieren aufgezeigt. Wir können nur hoffen, daß die Verhaltensökologie in Zukunft noch viel mehr von dem enthüllen wird, was Tiere denken oder fühlen, wenn sie sich mit den Problemen der Futtersuche auseinandersetzen.

4 | Raubtiere und Beutetiere

Bewegliche und schwer zu erlangende Beute zu fangen, erfordert flexibles Verhalten, das schnell und wirksam wechselnden Umständen angepaßt werden kann. Es steht dabei viel auf dem Spiel. Für das Beutetier geht es buchstäblich um Leben oder Tod. Für das Raubtier ist der Erfolg oder Mißerfolg einer einzelnen Aktion nicht so lebenswichtig, aber Überleben und Vermehrung hängen doch sehr davon ab, wenigstens in relativ vielen Fällen erfolgreich zu sein. Das Beutefangverhalten der Raubtiere wie das Feindvermeidungsverhalten der Beutetiere haben daher im Laufe der Evolution unter starkem Selektionsdruck gestanden. Für beide, Raubtiere und Beutetiere, kann dabei bewußtes Denken recht wichtig sein. Jedoch sind die meisten wissenschaftlichen Beschreibungen des Beutemachens im wesentlichen in behavioristischen Formulierungen gehalten, und die Ethologen, die entsprechendes Verhalten untersucht haben, bemühen sich geflissentlich, den Anschein zu vermeiden, daß die Tiere dabei Gefühle oder Gedanken haben könnten. Auch vermitteln die populärwissenschaftlichen Naturgeschichtsbücher den Eindruck, als wendeten die Beutetiere, wenn sie versuchen zu entkommen, gerade nur die allereinfachsten Taktiken an, wie bewegungslos zu verharren, sich zu verstecken oder mit Höchstgeschwindigkeit davonzulaufen. In Wirklichkeit aber bieten gerade das Jagdverhalten der Raubtiere wie auch das Feindvermeidungsverhalten der Beutetiere eine Fülle von Informationen über vielseitiges Verhalten unter natürlichen und rasch wechselnden Bedingungen.

Fast niemals befassen sich die Laboratoriumsuntersuchungen mit den Wechselbeziehungen zwischen Raub- und Beutetieren, nicht zuletzt wohl auch deswegen, weil die Wissenschaftler ihre Labortiere den Fleischfressern nicht gerade als Beute zur Verfügung stellen möchten. Die Notwendigkeit, die Bedingungen zu standardisieren und die Beobachtungen und Experimente vielmals zu wiederholen, spricht gleichfalls gegen derartige Untersuchungen im Laboratorium. Die Wechselbeziehungen zwischen Raub- und Beutetieren sind komplex und variabel und erfordern meist mehr Raum, als ein Käfig zu bieten vermag. Auch erlauben die experimentellen Arrangements der Beute nicht zu entkommen, während sie dem Verfolger ermöglichen, meistens erfolgreich zu sein. Weiterhin darf man nicht vergessen, daß gerade die gängigen Laboratoriumstiere auf Zahmheit ausgelesen sind. Unter natürlichen Bedingungen hat ein Beutetier dagegen viele Möglichkeiten, die Gefahr, gefangen und getötet zu werden, zu verringern. Für alle, deren Wohngebiet schützende Deckung bietet, ist im allgemeinen das sicherste Verhalten, versteckt zu bleiben. Das steht jedoch im Gegensatz zu der noch dringenderen Notwendigkeit, Futter zu suchen. Also haben viele Tiere ständig Kompromisse zu machen zwischen Futtersuche und Feindvermeidung.

Lance A. Olsen von der Universität von Montana hat mir schriftlich mitgeteilt, daß nach seiner Meinung das Sich-Verstecken eines Tieres auf bewußtes Denken und ein gewisses Selbstgefühl hindeutet. Letzteres wird häufig für ein rein menschliches Attribut gehalten, das wir höchstens noch mit den Menschenaffen teilen (Popper, 1972; Popper and Eccles, 1977; Bunge, 1980). Olsen war besonders beeindruckt von der Taktik der Grizzlybären, Positionen zu suchen, von denen aus sie Jäger und andere menschliche Eindringlinge beobachten können, ohne selbst gesehen zu werden (Haynes and Haynes, 1966; Mills, 1919; Wright and Kenfoot, 1909). Auch wurde berichtet, wie diese Bären sich bemühen, keine Spuren zu hinterlassen. Das bedeutet, daß ihnen klar ist, daß menschliche Jäger ihren Spuren folgen können. Nun ist Sich-Verstecken durch Verschwinden hinter etwas Undurchsichtigem sicher ein recht einfaches Verhalten. Jedoch verstecken sich in der Natur viele Tiere so, daß sie das Gebiet überschauen können, wo eine Gefahr aufgetaucht ist oder auftauchen könnte. Eine vereinfachende Interpretation wäre, daß das Tier hinter so viel Vegetation wie möglich verschwindet, durch diese aber noch hindurchsehen kann. Jedoch scheinen die Tiere das mitunter so geschickt zu tun, daß auch nicht ein Teil ihres Körpers mehr sichtbar ist, fast als würden sie denken: »Ich muß *meinen* ganzen Körper hinter etwas bringen.«

Gallup (1977) hat ein geniales Experiment durchgeführt, wobei Schimpansen zunächst Gelegenheit hatten, sich mit Spiegeln vertraut zu machen, und dann wurden in tiefer Narkose ihre Stirn oder ihre Ohrläppchen in auffallender Weise mit roter Farbe markiert. Schimpansen, die keine Erfahrung mit Spiegeln hatten, beachteten die Markierungen nicht. Aber alle die Schimpansen, die gewohnt waren, sich im Spiegel zu betrachten, griffen sofort nach den Farbtupfen. Das scheint ein klarer Beweis zu sein, daß sie das Spiegelbild als Darstellung des eigenen Körpers erkannten. Versuche, andere, niedere Affenarten, z. B. Gibbons, dazu zu bringen, Spiegel in dieser Weise zu benutzen, waren bisher stets vergeblich. Gallup schließt daraus, daß nur die großen Menschenaffen mit uns die Fähigkeit zur Selbst-Bewußtheit gemein haben. Jedoch haben ähnliche Experimente von Suarez und Gallup (1981) mit Gorillas nach Gallups Kriterien keine Anzeichen für

Selbst-Bewußtheit gezeigt. Da man sich schwer vorstellen kann, daß Gorillas auf geistigem Gebiet erheblich weniger leistungsfähig sein sollen als Schimpansen oder Orang-Utans, mögen diese Unterschiede zwischen den Arten eher Unterschiede in der Bereitwilligkeit oder Fähigkeit »mitzuspielen« anzeigen als das Vorhandensein oder Nicht-Vorhandensein von Selbst-Bewußtheit.

Wegen dieser Ungewißheiten ist anderes Beweismaterial für Selbst-Bewußtheit bei nichtmenschlichen Lebewesen von Bedeutung. Sich-Verbergen mag nicht so völlig überzeugend sein, weil einige Leute zweifellos argumentieren werden, daß es aus den gegensätzlichen Motivationen resultiert, sich verbergen zu wollen und gleichzeitig sehen zu können, was geschieht, oder – falls es erlernt ist – daß es von umweltbedingten Umständen »verstärkt« wurde ohne bewußtes Denken auf seiten des Tieres. Trotzdem sind Olsens Ansichten von Bedeutung. Wie in so vielen anderen Fällen tierlichen Verhaltens, die komplexes Denken nahelegen, ist das Sich-Verbergen jedoch viel zu wenig untersucht worden, als daß man gesicherte Daten hätte, mit denen eine kognitive Interpretation begründet werden könnte. Hediger (1947, 1980) berichtet, daß manche Tiere lernen, ihre Schatten in Beziehung zu ihrem eigenen Körper zu setzen, was eine Art von Selbst-Bewußtheit ist, und er weist auf die Anzeichen hin, die dafür sprechen, daß Hirsche sich des Umfangs ihrer wachsenden Geweihe bewußt sind und wissen, durch welche Öffnungen oder Lücken sie damit noch hindurchkommen können. Natürlich könnte ein Reduktionist versuchen, solches Verhalten als Reaktion zu erklären, die der Hirsch gelernt hat, als er mit seinem Geweih an den Seiten der Öffnungen anstieß bzw. als Gewöhnung des Tieres an die dunklen Stellen auf dem Boden, die es an sonnigen Tagen begleiten.

Viele Raubtiere legen große Entfernungen zurück, während sie mit Auge und Ohr nach potentieller Beute suchen. Der eigentliche Angriff und Fang kann sehr plötzlich erfolgen, und ein ungeschütztes Beutetier, wie etwa eine Maus, die auf offenem Feld von einem Falken aus der Luft angegriffen wird, mag dann kaum eine Möglichkeit zum Entkommen haben. Während die tagaktiven Falken ihre Beute sehen, hören die nachtaktiven Eulen die Geräusche kleiner, umherhuschender Tiere und fangen sie durch außerordentlich genaues, akustisches Orten. Ihre Ohren und die für Gehörwahrnehmungen zuständigen Gehirnregionen sind hochspezialisiert auf diese Art des Jagens. Laboratoriumsuntersuchungen haben ergeben, daß Schleiereulen eine Geräuschquelle, von der sie gelernt haben, daß sie Futter anzeigt, mit großer Genauigkeit anfliegen (Konishi, 1973; Kundsen and Konishi, 1978). Neuere Experimente von Rice (1982) haben gezeigt, daß auch Rohrweihen Mäuse in dichtem Pflanzenwuchs mit ziemlicher Genauigkeit finden, wenn sie sie – ohne sie zu sehen – nur hören können.

In den meisten Raubtier-Beute-Situationen hat jedoch das potentielle Opfer eine Chance zu entkommen, sei es, daß es dem Verfolger davonläuft oder in schützender Vegetation bzw. einer Erdhöhle verschwindet oder sich verteidigt, z. B. indem es einen Abwehrstoff auf den Angreifer versprüht.

Der Krieg zwischen Fledermäusen und Nachtfaltern

Eine Raubtier-Beute-Beziehung wurde sorgfältig genug untersucht, um wesentliche Einsichten in die komplexen Wechselwirkungen zu erlauben, die selbst bei verhältnismäßig niederen Tieren vorkommen können. Vor dreißig Jahren entdeckte ich, daß insektenfressende Fledermäuse ihre Ultraschallwellen nicht nur benutzen, um freistehende Hindernisse zu vermeiden, sondern auch für die viel anspruchsvollere Aufgabe, fliegende Insekten aufzuspüren und zu fangen, die – wie ich damals glaubte – nur als passiver Schwarm eßbarer Tröpfchen agierten (Griffin, 1958). Damit keine Mißverständnisse entstehen. Es war auch schon damals klar, daß sich die Falter oft erratisch und auf Bahnen bewegten, die einer Fledermaus die Berechnung schwer machen würden. Jedoch schien in den fünfziger Jahren die Vorstellung, diese kleinen Insekten könnten aktiv etwas zum Vermeiden des Gefangenwerdens unternehmen, zu weit hergeholt für ernsthafte Erwägungen. Aufmerksame Erforscher des Insektenverhaltens wußten allerdings schon lange, daß einige Eulenfalter stark und in bemerkenswerter Weise auf Hochfrequenztöne reagierten, wie etwa auf das Geklingel eines Schlüsselbundes. Solche Geräusche veranlaßten die Falter oft, von einem langsamen, ruhigen Flug zu schnelleren und erratischen Bewegungen überzugehen, ja selbst zu Sturzflügen in Richtung auf den Boden oder zu irgendwelcher Vegetation.

Asher Treat von der City University von New York und Kenneth Roeder von der Tufts University haben dann die Angelegenheit genauer untersucht und schlüssig nachgewiesen, daß manche Eulenfalter spezialisierte Hörrezeptoren haben, die hauptsächlich auf Hochfrequenzgeräusche ansprechen. Seitdem hat man ähnliche Organe, die sich an der Seite des Thorax oder der Flügel befinden, in einigen anderen Gruppen nachtaktiver Insekten entdeckt. Alle diese Organe reagieren auf verhältnismäßig leise Töne und am stärksten auf die Frequenzen, welche die insektenfressenden Fledermäuse verwenden (Roeder, 1967; Sales and Pye, 1974; Fenton and Fullard, 1979; Miller and Olesen, 1979).

Diese Fähigkeit, Ultraschallgeräusche zu hören, ermöglicht vielen Nachtfaltern, sich nähernden Fledermäusen zu entkommen. Während sie im freien Luftraum nach Insekten suchen, stoßen die Fledermäuse im Flug Hochfrequenztöne mehrmals pro Sekunde aus, die laut genug sind, daß das Echo, das ein Insekt zurückwirft, für die hungrige Fledermaus hörbar ist. Falter, die Fluchttaktiken wie erratisches Fliegen oder Sturzflüge zu einer Deckung anwenden, werden mit wesentlich geringerer Wahrscheinlichkeit gefangen. Also sind ihre Ultraschall-»Ohren« und die Vermeidungstaktiken, die sie ermöglichen, von außerordentlichem Vorteil. Diese Taktiken sind so wirksam, daß man sich fragt, warum den meisten nächtlichen Insekten diese Hörempfindlichkeit fehlt und sie dadurch unfähig sind, den jagenden Fledermäusen zu entgehen. Diese offensichtliche Unvollkommenheit in der Anpassung ist eines der Rätsel der Evolutionsbiologie, und es ist so schwer – auch nur spekulativ – zu erklären, daß es meist gar nicht erst erwähnt wird.

Die eleganten Untersuchungen von Roeder und Treat schließen auch eine sorgfältige, physiologische Analyse des Hörsystems einiger noctuider Falterarten ein. Eine der beiden Nervenzellen oder Neuronen, die von jedem Hörrezeptor zum Zentralnervensystem führen, reagiert auf schwache Geräusche verhältnismäßig weit entfernter Fledermäuse. Die Aktivierung dieser Nervenzelle veranlaßt den Falter, sich von der Quelle des Geräusches abzuwenden. Die zweite Nervenzelle reagiert nur, wenn eine Fledermaus näher ist und ihre Sonarsignale den Falter mit wesentlich höherer Intensität erreichen. Bei den Arten, die daraufhin gründlich untersucht sind, löst die Aktivierung dieses weniger empfindlichen Neurons gewöhnlich einen Sturzflug in Richtung Boden oder Vegetation aus.

Die Physiologen fanden diese Datenzusammenstellung sehr befriedigend. Die Feststellung, daß ein Empfindungssystem, das nur aus zwei Nervenzellen auf jeder Körperseite des Tieres besteht, ausreicht, um ein so wirkungsvolles Feindvermeidungsverhalten auszulösen, läßt jedes Reduktionistenherz höher schlagen, und die Geschichte, wie Nachtfalter der Verfolgung durch Fledermäuse entgehen, ist inzwischen zu einer Art von klassischem Beispiel für vergleichende Physiologie geworden. Aber niemand hat sich die Frage gestellt, ob und was die Fledermäuse und die Falter bei diesen Wechselwirkungen denken mögen. Da das Feindvermeidungsverhalten der Nachtfalter von nur vier Empfindungszellen verursacht wird, könnte man annehmen, es sei unwahrscheinlich, daß es etwas erfordert, das auch nur von ferne an bewußtes Denken erinnert. Jedoch ist das Zentralnervensystem des Falters viel mehr als ein beschränkter Eingangsenergiekanal. Die Koordination des Fluges erfordert Hunderte oder Tausende von Neuronen. Wenn auch die Neuralmechanismen, die komplexes Verhalten bei Faltern steuern, nur in begrenztem Umfang untersucht sind (Surlykke and Miller, 1982), haben doch Experimente mit Heuschrecken gezeigt, daß deren interaktive Geflechte von Neuronen und Synapsen das Verhalten in recht ähnlicher Weise regulieren wie die Gehirne der Säugetiere (Hoyle, 1977). Wie bereits im 2. Kapitel gesagt, wird zudem selbst ein einfacher Vorgang der Fortbewegung komplex, wenn man ihn in neurophysiologischen Termini beschreibt. Wenn Falter überhaupt etwas fühlen können, so ist das im fraglichen Falle der Augenblick des Erschreckens und das bewußte Bemühen zu entkommen.

Die Fledermäuse müssen ihre Flugmanöver geschickt anpassen, um ihre Beute zu erlangen. Oft gelingt ihnen das auch trotz der Vermeidungstaktiken der Falter. Innerhalb einer halben Sekunde kann eine Fledermaus mit Flügel- oder Schwanzmembran zulangen, das Insekt einklemmen und zum Mund befördern. Wenn reichlich Insekten vorhanden sind, wiederholt die Fledermaus diese Manöver alle paar Minuten, und sie kann dann ihren Magen in weniger als einer halben Stunde bis zu einem Viertel ihres Körpergewichts füllen. Sie tut das, indem sie eine Reihe einzelner Verfolgungsjagden durchführt, nicht indem sie aufs Geratewohl mit offenem Mund umherfliegt. Woran denkt eine jagende Fledermaus? Wahrscheinlich nicht an jeden Flügelschlag oder jedes Sonarecho. Ich tippe darauf, daß sie an den Geschmack der Insektenbeute denkt statt an die Manöver, die der Fang erfordert. Wenn ungenießbare Objekte von Insektengröße in die Luft geworfen werden, verfolgt die Fledermaus sie, fängt sie und läßt sie dann schnell fallen. Wenn dieser Trick aber mehrere Male wiederholt wird, lernt sie schließlich, die eßbaren Insekten von ähnlichen Objekten zu unterscheiden. Unter natürlichen Bedingungen unterscheiden Fledermäuse zwischen verschiedenen Insektenarten, die am Ort vorkommen, wie Buchler (1976) und Goldmann and Henson (1977) nachgewiesen haben.

Jagd und Entkommen in Afrikas Steppen

Weil sie recht leicht zu beobachten sind, wissen wir eine ganze Menge über das Verhalten tagaktiver Säugetiere aus den offenen Steppen Ostafrikas. Weil sie so gut sichtbar sind, war es beharrlichen Ethologen möglich herauszufinden, wie die Raubtiere jagen und wie ihnen die Beutetiere oft entkommen. Das Werk von drei Forschern ist von besonderer Bedeutung für die in diesem Buch anliegende Frage. Fritz R. Walther (1969) hat in allen Einzelheiten die im Serengeti-Raum am zahlreichsten vertretene Antilopenart, die Thomsongazelle, untersucht, die dort landläufig »Tommy« genannt wird. Hans Kruuk (1972) verbrachte mehrere Jahre damit, das Verhalten der Tüpfelhyäne zu untersuchen, eines der häufigsten Raubtiere der ostafrikanischen Steppen. Schließlich konzentrierte sich George B. Schaller (1972) auf die Löwen des Serengeti Nationalparks in Tansania. Nach diesen drei Untersuchungen, die auch noch durch Arbeiten anderer Wissenschaftler ergänzt werden, ist es möglich, die hauptsächlichsten Jagdtaktiken von zwei Raubtieren, Hyäne und Löwe, und die Reaktionen ihrer Beutetiere, der Tommies und anderer Antilopen, zu schildern.

Volkstümliche Beschreibungen der Tiere aus Ostafrikas Steppen zeichnen ein falsches Bild von den allmächtigen Raubtieren in einem wahren Ozean von potentieller Nahrung, so daß sie nur den nächsten Leckerbissen zu ergreifen brauchen, wenn sie hungrig sind. Gleichermaßen ist es eine Fehlannahme, daß die Beutetiere in ständiger Angst vor den Raubfeinden lebten und nur dann das Licht des nächsten Tages erblickten, wenn zufälliger- und glücklicherweise kein Löwe oder keine Hyäne ihren Weg kreuzt. Die Beutetiere fliehen jedoch durchaus nicht immer, sobald sie einen Löwen oder eine Hyäne sehen, und sie scheinen eine Menge über die Gefahren zu wissen, die diese Raubtiere für sie verkörpern.

Aus der Sicht des Opfers

Es hilft, wenn wir uns zu Beginn auf das Verhalten der Thomsongazellen konzentrieren, die in vieler Hinsicht die besterforschte Art der ostafrikanischen Weidetiere sind. Ein erwachsener Tommy hat ungefähr die Größe eines mittelgroßen Hundes und wiegt etwa 15–25 kg. Die Gazellen leben in – oft großen – Herden von wechselnder Zusammensetzung. Während der Wanderungen sind gemischte Herden von Böcken und Geißen typisch. Wenn die Tiere für einige Zeit in einem Gebiet bleiben, trennen sich oft die Geschlechter voneinander, und es bilden sich Weibchenherden und die sogenannten Junggesellenrudel. Ein gewisser Prozentsatz der Altböcke wird territorial, d. h. sie besetzen und verteidigen individuelle Reviere von einem Durchmesser von 100 bis 300 Metern, von denen meist mehrere dicht beieinander liegen. Die Geißenherden ziehen durch diese Territorien hindurch und sind dort sehr willkommen. Die Junggesellen werden dagegen von den Revierinhabern verjagt und stellen sich vorwiegend am Rande eines von territorialen Böcken besetzten Gebietes ein.

Wie Walther betont, entkommen die Tommies ihren Raubfeinden hauptsächlich durch schnelles Wegrennen, und sicher sind solche Fluchten lebenswichtig. Es ist jedoch erstaunlich, einen wie großen Teil ihrer Zeit die Gazellen in Ruhe und Frieden verbringen, selbst wenn Raubtiere in der Umgegend vorhanden und sogar sichtbar sind. Man könnte sagen, daß sich die Tommies an Raubtieren oft weniger stören als an einem heftigen Regen. Das häufigste und fast ständig geübte

Feindvermeidungsverhalten ist, sich einfach umzuschauen. Jedoch kann ein äsender Tommy glatt fünfzehn Minuten grasen, ohne aufzublicken. In einer großen Herde ist das Sich-Umschauen alles andere als synchron. Daher wird meist wenigstens ein Herdenmitglied es gewahr, wenn ein Raubtier sich nähert. Sobald ein Tommy etwas Auffallendes oder Verdächtiges eräugt, richtet er den Hals steil auf und sichert mit nach vorn gestellten Lauschern und angespannten Muskeln in Richtung der Gefahr. Manchmal stampft er mit einem Vorderlauf, aber durchaus nicht immer. Meist gibt die alarmierte Gazelle einen leisen Ruf von sich, den Walther als »quiff« beschreibt. Dieser Laut wird nur ausgestoßen, wenn ein Tommy sehr erregt ist, und er enthält anscheinend eine Mitteilung wie: »Da ist etwas Beunruhigendes in der Richtung, in die ich schaue.« Schon die aufgereckte Haltung, ganz sicher aber der beschriebene Ruf veranlassen andere Herdenmitglieder, aufzumerken und in die gleiche Richtung zu blicken. Wenn sie ein Raubtier oder etwas anderes Ungewöhnliches oder Auffallendes ausgemacht haben, flüchten die Gazellen oft zunächst nicht, manchmal ziehen sie sogar näher heran. Es scheint, als seien sie vom Anblick des gefährlichen Objekts fasziniert. Wie Walther beobachtete, kann eine Tommyherde ein Raubtier mitunter aus 500 bis 800 Metern Entfernung eräugen und sich ihm dann, dicht zusammengedrängt, auf 100 bis 200 Meter nähern und, wenn das Raubtier weitergeht, ihm auch geschlossen folgen. Die Gazellen sind offensichtlich des Raubfeindes gewahr und bereit zu fliehen, sobald er Angriffsabsichten zeigt. Die Raubtiere ihrerseits scheinen diese Situation zu verstehen und bewegen sich meist nicht auf eine Gruppe derart wachsamer Tommies zu.

Auch die einzelnen, territorialen Böcke können Raubfeinde überwachen. Wenn ein Raubtier sich während des Tages dem Territorium eines Tommybocks nähert, verlassen es die Geißen gewöhnlich – sofern welche anwesend sind. Der Bock aber bleibt in seinem Revier und beobachtet aufmerksam den Feind. Wenn dieser – ohne direkt anzugreifen oder erheblich näher zu kommen – sich weiter bewegt, begleitet ihn der Bock auf Distanz, bis er an die Grenze seines Reviers kommt. Gewöhnlich wird dann der benachbarte, territoriale Bock aufmerksam und beginnt nun seinerseits, den Raubfeind zu überwachen, so lange dieser in der Nähe seines Reviers ist. Anscheinend ist diese Raubtierwacht der Revierbesitzer ganz wirksam. Im Laufe seiner zweijährigen Untersuchungen am Sozialverhalten der Thomsongazellen lernte Walther, mehr als fünfzig territoriale Böcke individuell zu unterscheiden, und zeichnete über Monate hinweg deren Tätigkeit auf. Nur einer von ihnen wurde während dieser Zeit von Raubtieren gerissen.

Walther beschreibt auch eine besonders interessante Wechselbeziehung mit Hyänen, deren Höhlen sich in unmittelbarer Nähe von Tommy-Territorien, ja zum Teil sogar innerhalb derselben, befanden.

Tagsüber ruhten die Hyänen meist in ihren Höhlen. Wenn sie diese dann am frühen Abend verließen, waren sie von territorialen Tommy-Böcken umgeben, versuchten aber nie, einen davon zu jagen. Die Böcke blieben ruhig stehen, und die Hyänen zogen zwischen ihnen hindurch und jagten in weiter entfernten Gegenden. Walther betrachtet dies als einen Fall des auch von manchen anderen Raubtierarten bekannten »Burgfriedens« und meint, daß die residenten Tommy-Böcke in der Nachbarschaft der Höhlen für die Hyänen einfach zur Umgebung gehörten und keine Jagdobjekte für sie waren. Ich denke, daß außerdem die dort ansässigen Gazellen über die Hyänen Bescheid wußten und daher nicht so leicht zu überraschen waren, oder daß vielleicht die Hyänen sie aufgespart haben für Zeiten, in denen es keine andere Beute dort gab.

Wenn ein Raubtier ernstlich zur Jagd ansetzt, flüchten die Tommies im Galopp, wobei sie Geschwindigkeiten von 45 bis 60 Stundenkilometer erreichen. Über ganz kurze Strecken sind sie wahrscheinlich sogar noch schneller. Die Möglichkeit, dem Verfolger durch geschwinde Flucht zu entkommen, besteht also durchaus. Eine weitere Gangart, die im Fluchtverhalten der Gazellen häufig auftritt, sind die Prellsprünge *(stotting)*, bei denen sich das Tier mit relativ steif nach unten gehaltenen Läufen etwa einen halben Meter hoch in die Luft schnellt. Prellsprünge treten meist zu Beginn einer Jagd auf, wenn der Verfolger (noch) nicht zu nahe heran ist, oder am Ende, wenn er aufgegeben hat. Wird eine große Herde von Raubfeinden angegriffen, so können sich manchmal alle Gazellen auf diese Weise bewegen, was z. B. Hyänenhunde mitunter zu verwirren und daran zu hindern scheint, sich auf ein einzelnes Opfer zu konzentrieren, so daß schließlich die ganze Gruppe entkommen mag. Jedoch ist der Galopp schneller als die Prellsprünge, und wenn ihnen ein Verfolger dicht auf den Fersen ist, gehen die Tommies stets im Galopp ab. Sie reagieren auch unterschiedlich auf verschiedene Raubfeinde. Prellsprünge sind häufig, wenn sie von Hyänen oder Hyänenhunden gejagt werden, aber seltener bei Löwen, Leoparden oder Geparden.

Walther beschreibt auch Verhaltensweisen, die Tommies unmittelbar vor dem Geschlagenwerden zeigen. In solchen verzweifelten Situationen wechseln sie oft rasch die Richtung und schlagen Haken wie Hasen. In allen Fällen, in denen Walther dieses Verhalten beobachtet hat, wurde jedoch die Gazelle schließlich vom Verfolger gerissen. Wenn ein Schakal, der etwa die Größe eines Fuchses hat, hinter einem Gazellen-kitz her ist, versucht die Mutter oft, das Junge zu verteidigen, indem sie den Schakal angreift und mit den Hörnchen nach ihm stößt – meist jedoch, ohne ihn zu treffen. Gelegentlich beteiligt sich eine zweite Geiß an der Verteidigung, möglicherweise eine ältere Schwester des bedrohten Jungen. Mütter von Kleinkitzen können manchmal auch kleinere

Tiere und Vögel verjagen, die keine wirkliche Gefahr darstellen. Wird ein Junges von einem großen, auch für die Mutter sehr gefährlichen Raubtier, wie z. B. einem Geparden oder Leoparden, gejagt, so rennt sie in der Entfernung aufgeregt umher, mischt sich aber nicht ein.

Walther sowie Kruuk beschreiben weiter eine Art von Ablenkungsmanöver der Tommy-Mutter, wenn eine Hyäne ihr Kitz verfolgt. Sie rennt zwischen die beiden und kreuzt mehrfach dicht vor der Hyäne deren Weg. Für gewöhnlich tut das immer nur ein Weibchen, allerhöchstwahrscheinlich die Mutter des Jungen. Aber Kruuk sah gelegentlich bis zu vier Weibchen gleichzeitig, die sich so verhielten, um einem von einer Hyäne gejagten Kitz zu helfen. Anscheinend haben diese Ablenkungsmanöver jedoch nicht viel Einfluß auf den Jagderfolg der Hyänen. Wie Kruuk fand, wurden von zwölf verfolgten Kitzen sechs geschlagen, trotz aller Anstrengungen der Erwachsenen, während andererseits in neunzehn Fällen, in denen die Gazellengeißen keine Ablenkungsmanöver unternahmen, die Hyänen nur fünf Kitze töteten. Verhaltensökologen vermuten, daß solch offensichtlich hoffnungsloses Verhalten nicht durch die natürliche Selektion begünstigt worden sein kann, und sie scheinen erstaunt zu sein, daß es so etwas überhaupt gibt. Wenn wir jedoch die Möglichkeit einräumen, daß der Thomsongazelle völlig klar ist, daß sie sich in großer Gefahr befindet, von einem verfolgenden Raubtier erwischt zu werden, überrascht es uns nicht, wenn sie jeden Versuch zum Entkommen macht oder wenigstens dazu, ein unabwendbares Schicksal hinauszuzögern. Gleichermaßen mögen Mütter einen Verfolger ablenken wollen, um ihre Jungen zu retten, auch wenn das vom Standpunkt der Evolutionstheoretiker aus im günstigsten Fall nur als Energieverschwendung, im ungünstigsten Fall aber sogar als Fehlanpassung erscheint. Eine so dichte Annäherung an eine Hyäne, die ja wesentlich größer und stärker ist als eine erwachsene Thomsongazelle, bedeutet bestimmt ein Risiko, und gelegentlich mag eine Mutter, die sich so verhält, das mit dem Leben bezahlen.

Auch George Schaller beschreibt, wie gelegentlich potentielle Beutetiere das Verhalten gesichteter Raubfeinde überwachen, ohne beängstigt zu erscheinen – vorausgesetzt natürlich, daß das Raubtier nicht gerade mit voller Geschwindigkeit auf sie zurast. Wenn ein Löwe ruhig dahinzieht, schauen sich Tommies, Zebras, Gnus und andere Huftiere oftmals die Gefahr in aufgereckter Haltung an, aber sie laufen nicht weg. Von den Gnuherden hört man gelegentlich ein ununterbrochenes Grunzen. Wenn sich jedoch ein Löwe nähert, hören sie damit auf und schaffen so eine Zone des Schweigens rund um das Raubtier, wodurch zweifellos die anderen Gnus aufmerksam werden. Oft nähern sich auch die Beutetiere einem Raubtier und können sich regelrecht in einer Reihe aufstellen, um es vorbeigehen zu sehen. Bleibt der Löwe stehen und schaut in ihre Richtung, so können die Weidetiere ein kurzes Stück zurückflüchten, um dann stehenzubleiben, sich umzudrehen und weiter zu beobachten. In offenem Gelände scheinen etwa 30 Meter als sicherer Mindestabstand von einem Löwen zu gelten. Jedoch werden die Beutetiere vorsichtiger, wenn sie ein Gelände mit dichter Vegetation betreten. Mit anderen Worten, sie verhalten sich vernünftig.

Aus der Sicht des Raubtiers

Auch die Raubtiere überwachen das Verhalten der potentiellen Beutetiere. Hyänen achten besonders auf leichte Veränderungen in den Bewegungen eines Einzeltieres oder auf anderes, von der Norm mehr oder weniger abweichendes Verhalten, welches anzeigt, daß das betreffende Tier nicht ganz in Ordnung ist und deshalb leichter geschlagen werden kann. Hyänen greifen oft auch ein Tier an, das von Wissenschaftlern für Untersuchungen oder zum Markieren betäubt wurde, selbst wenn es schon wieder auf den Läufen ist und sich nach dem Eindruck des menschlichen Beobachters wieder normal zu bewegen scheint. Wenn der Forscher möchte, daß sein Studienobjekt überlebt, muß er sich einmischen. Kruuk blieb in solchen Fällen mit seinem Wagen in der Nähe und verjagte angreifende Hyänen. Hyänen jagen also vorzugsweise schwache, kranke, sehr junge oder sehr alte Tiere einer Herde. Wenn aber alle völlig gesund und munter sind, kriegen sie es doch fertig, einige zu schlagen.

Kruuk beschreibt eine Reihe von unwirksamen und anscheinend unnützen Verhaltensformen von Gnus. Obwohl ein Gnu etwa die Größe einer Kuh hat, scheint es auf sich allein gestellt unfähig, sich zu verteidigen, wenn es von einem Hyänenrudel umstellt und angegriffen wird. Es macht nur schwache Versuche, nach den Bedrängern zu stoßen, und Kruuk beschreibt die Situation so: »Im Grunde genommen steht die Beute nur da, stößt laute, klagende Töne aus und läßt sich von den Hyänen zerreißen. Sie scheint sich in einem Schock zu befinden« (S. 158). Es ist vorgekommen, daß ein Gnu in einen See oder einen Fluß flüchtete. Aber auch dann reißen es die Hyänen fast immer. Auch hier mag das Gnu – wenn auch vergebens – hoffen, daß es entkommen kann, wenn es ins Wasser rennt.

Kruuk fiel auf, daß eine Gnumutter oft eine Hyäne angreift, wenn diese ihr Junges jagt, offensichtlich in dem Versuch, das Kalb zu schützen, während Gnukühe ohne Kälber solche Angriffe normalerweise nicht zeigen. Er beobachtete jedoch eine bemerkenswerte Ausnahme. Eine Kuh, die gerade beim Kalben war – die Vorderbeine des Kalbes waren bereits ausgetreten – versuchte hartnäckig, eine vorbeiziehende Hyäne anzugreifen, die ihrerseits das Gnu überhaupt nicht beachtet zu haben schien. Kurz danach ging diese Gnukuh einigen weiteren, in der Nähe befindlichen Hyänen offensichtlich aus dem Weg. Schließlich suchte sie sich einen ruhigen Platz unter anderen Gnus, legte sich nieder und vollendete die Austreibung. Anzunehmenderweise ist eine Kuh in fortgeschrittenen Wehen nicht gerade in der besten körperlichen Verfassung für einen Kampf, und das Kalb war in diesem Fall noch gar nicht da. Könnte die Kuh verstehen, daß Hyänen eine Gefahr für ihr gerade zur Welt kommendes Kalb bedeuten? Reduktionisten werden einwenden, daß der Hormonspiegel, vielleicht in Zusammenhang mit der einsetzenden Laktation, die Gnukuh veranlaßten, vom sonst üblichen Verhalten abzuweichen und die Hyäne anzugreifen. Aber wir sollten zugeben, wie wenig wir wissen, und offen sein gegenüber der Möglichkeit, daß Gnumütter einfache Gedanken haben wie die Verteidigung ihrer Kleinen gegen Raubtiere, die sie beim Töten anderer Gnukälber gesehen haben.

Dank dieser gründlichen Beobachtungen ergibt sich ein allgemeines Bild der Raubtier-Beute-Beziehungen in Afrikas Steppen. Die Raubtiere beobachten das Verhalten der potentiellen Beutetiere, und die pflanzenfressenden Tiere behalten gesichtete Raubfeinde im Auge und sehen sich vor gegenüber solchen, die noch erscheinen könnten. Demgegenüber sind die Fälle, in denen ein Raubtier wirklich angreift, relativ selten, und nur dann werden die Beutetiere ernstlich besorgt und versuchen zu entkommen. Wenn Raubtiere und Beutetiere einander sehen können, verbringen beide die meiste Zeit damit, einander zu überwachen, anstatt anzugreifen bzw. zu fliehen. Zu diesem Überwachen gehört es, feine Unterscheidungen zu machen. Raubtieren fällt es auf, wenn sich ein Beutetier abnorm verhält, was oft Schwäche und verminderte Fluchtfähigkeit anzeigt. Andererseits achten die Beutetiere sehr auf feine Unterschiede im Verhalten der Raubtiere, die andeuten, ob ein Raubfeind unmittelbare Jagdabsichten hat oder nicht. In solchen Situationen, in denen viele Faktoren zu erwägen und auszuwerten sind, wäre bewußtes Denken sehr angebracht, und es mag öfter vorkommen, als wir für gewöhnlich annehmen.

Gemeinsames Jagen

Eine besonders bedeutsame Situation ist gegeben, wenn zwei oder mehr Löwen, Hyänen oder andere Raubtiere ihre Erfolgsaussichten durch vereinte Bemühungen verbessern können. Mitunter liegt der Vorteil der Gruppenjagd im Bewältigen größerer Beute, so etwa, wenn ein Rudel von Hyänen oder Hyänenhunden ein Gnu oder ein Zebra reißt, das groß genug ist, um einen einzelnen Angreifer abzuwehren. Wie die Wölfe in kälteren Klimaten verschwenden Hyänen und Hyänenhunde selten ihre Kräfte in Einzeljagden auf größere Tiere.

In welchem Ausmaß erfordert Gruppenjagd Zusammenarbeit, und gehört bewußtes Denken dazu? Meist sind im Verhalten von Raubtieren, die in Gruppen jagen, keine offensichtlichen Anzeichen für eine Koordination zu bemerken, auch wenn Jäger und zufällige Beobachter eine beabsichtigte Zusammenarbeit oft für selbstverständlich halten. Vorsichtige Ethologen haben dagegen entschieden, daß jedes Mitglied einer Raubtiergruppe für sich arbeitet und daß Vorteile durch die Handlungen der Kumpanen mehr oder weniger zufällig sind.

Beispielsweise stellte Hans Kruuk (1972) ausführliche Beobachtungen über die von Hyänen angewandten Taktiken beim Jagen von Gnukälbern zusammen. Von 108 Versuchen einer oder mehrerer Hyänen, Gnukälber zu schlagen, war nur etwa ein Drittel erfolgreich. Einzelne Hyänen haben selten Erfolg, und in vielen Fällen rettet die Verteidigung der Mutter das Kalb. Schon wenn zwei Hyänen ein Kalb angreifen, kann jedoch die Mutter oft nicht beide zugleich abwehren. Während die eine angreift, reißt die andere das Kalb. Auch die Beobachtungen von Hyänen und Hyänenhunden, die Tommies und andere Beutetiere angreifen, zeigen klar, daß die Gruppenjagd wirkungsvoller ist als die Einzeljagd. Aber ist hier eine Zusammenarbeit im Spiel über den einfachen Vorteil der größeren Zahl hinaus?

Einige der nützlichsten Informationen über Zusammenarbeit beim Beutemachen stammen aus Untersuchungen an Löwen, besonders von George Schaller (1972). Er beobachtete gelegentlich, wie eine Gruppe von vier oder fünf Löwinnen sich verteilte, als sie in der Nähe von einer oder mehreren Gazellen kam. Die Löwinnen in der Mitte gingen langsamer als die an den Seiten, wodurch eine U-förmige Anordnung entstand. In dem Augenblick, in dem eine der Löwinnen der Beute nahekam, war diese bereits auf drei Seiten von Feinden umstellt. Wenn nun alle Löwinnen gleichzeitig losrannten, war die Chance, daß wenigstens eine die Beute erwischte, deutlich größer, als wenn sie in einer Linie oder im dichten Pack angegriffen hätten. Kruuk und Schaller schließen jedoch aus solchem Verhalten nicht, daß die Löwen in bewußter Weise zusammengearbeitet hätten. Im Sachwortverzeichnis von Schallers Buch »Der Serengeti-Löwe – eine Studie über Raubtier-Beute-Beziehungen« kommt das Wort »Zusammenarbeit« nicht vor. Obwohl Schaller dem gemeinsamen Jagen drei Seiten widmet, glaubt er, daß jeder Löwe sich mehr oder weniger unabhängig verhält, aber durchaus bereit ist, aus den Jagdbemühungen eines anderen Vorteil zu schlagen. Wenn ein Tommy vor dem einen Löwen flüchtet und dabei in den Aktionsradius eines anderen gerät, hat dieser zweite eine wesentlich bessere Chance. Schaller beschreibt ebenfalls, wie die Löwen einer Gruppe bei der Annäherung an Beutetiere auf ihre Nachbarn schauen, um eine wirkungsvolle Formation, wie z. B. die erwähnte U-förmige Figur, einzunehmen. Er meint, daß sich solche Zusammenarbeit, wenn sie wirklich existiert, darauf beschränkt, die entsprechenden Positionen im Verhältnis zueinander einzuhalten. Aber selbst diese Positionseinteilung bedeutet, daß das Tier die Vorteile, die sie bietet, versteht.

So gaben sich Schaller, Kruuk und andere, die Raubtier-Beute-Beziehungen untersuchen, große Mühe, die Möglichkeit zu entkräften, daß Löwen oder andere Raubtiere bewußt zusammenarbeiten. Sie spiegeln damit eine wissenschaftliche Vorsicht wider, die als Reaktion zu der unkritischen Annahme aufkam, Raubtiere müßten einfach zusammenarbeiten, wie es menschliche Jäger tun. Trotzdem dürfte diese Vorsicht zu weit gegangen sein, und deutlichen Beweisen für Zusammenarbeit dürfte weniger Gewicht beigemessen worden sein, als sie verdienten.

Während eines kurzen Aufenthalts bei den Ethologen Robert Seyfarth und Dorothy Cheney Seyfarth im Amboseli Nationalpark in Kenia hatte ich das Glück, etwas zu beobachten, das mir sehr nach einer gemeinsamen Löwenjagd aussah. In den letzten Stunden meines zweitägigen Besuchs fuhren die Seyfarths mit mir auf einer unbefestigten Straße am Rand der offenen Steppe in der Nähe der Waldgrenze. An einer Stelle, wo der Waldrand einige hundert Meter zurückwich, verlief die Straße zwischen einem halbkreisförmigen Graslandgebiet und der offenen Steppe. Eine große Gnuherde hatte sich in zwei Gruppen geteilt; fünfzig bis sechzig Tiere weideten auf dem Gras an der Waldseite, während der Rest von etwa 100 Stück auf der offenen Steppe graste, ungefähr 150 bis 200 Meter von der Straße entfernt.

Kaum hatten wir angehalten, um die Gnus zu beobachten, als fünf Löwinnen parallel zur Straße zielstrebig über die Steppe kamen. Beide Gnugruppen hörten auf zu äsen und beobachteten sie aufmerksam. Von unserem Standplatz aus konnten wir die Löwinnen nicht dauernd sehen, weil der Boden uneben war, aber als sie ungefähr noch 200 Meter von den beiden Gnugruppen entfernt waren, kletterten zwei von ihnen langsam auf zwei nebeneinanderliegende Hügel. Dort setzten sie sich nieder und verharrten still, aber auffallend sichtbar. Nach wenigen Augenblicken konnten wir eine dritte Löwin sehen, die mit dem Bauch am Boden in einem Graben parallel zur Straße kroch. Auch wenn wir sie nur hin und wieder erblicken konnten, war es klar, daß sie sich in Richtung auf eine Stelle ungefähr halbwegs zwischen den beiden Gnugruppen zu bewegte. Bald entschwand sie völlig aus unserer Sicht, und für mehrere Minuten ereignete sich nichts. Dann sauste plötzlich eine vierte Löwin – mit ziemlicher Sicherheit ein weiteres Mitglied dieser Gruppe – aus dem Wald hinter den Gnus jenseits der Straße. Offensichtlich hatte sie sich außerhalb unserer Sicht und vermutlich auch der der Gnus bis zu einer Stelle bewegt, die ideal gelegen war, um die Gnus über die Straße in die Richtung auf die andere Löwengruppe in der offenen Steppe zu jagen. Sie donnerten genau in dieser Richtung davon und überquerten die Straße und den Graben etwa da, wo wir vor wenigen Minuten die einzelne Löwin hatten kriechen und verschwinden sehen. Als die Herde über den Graben setzte, sprang diese Löwin auf und packte eins der Gnus, die rund um sie einhergaloppierten. Nachdem sich der Staub gelegt hatte, sahen wir, wie sie das Gnu, das auf dem Rücken lag und noch langsam mit den Läufen in der Luft schlegelte, anfing zu töten, indem sie mit ihrem Maul über seine Schnauze griff. Die vier anderen Löwinnen schlenderten auf das liegende Gnu zu, kamen aber erst dort an, als das Strampeln aufgehört hatte. Die Gruppe fraß dann in Muße an ihrer Beute, und nach wenigen Minuten erschien ein Schakal auf der Szene. Die Gnus und einige Zebras kehrten von der offenen Steppe zurück, standen in einer Reihe und sicherten nach den Löwinnen aus einer Entfernung von etwa hundert Metern.

Diese Einzelbeobachtung kann nicht als schlüssiger Beweis für beabsichtigte Zusammenarbeit gelten, bestimmt aber war sie sehr vielsagend. Warum sollten zwei Löwinnen zu auffallenden Positionen klettern, wo die Gnus gut sehen konnten, daß sie keine ernstliche Gefahr bedeuteten? Warum sollte eine dritte Löwin durch den Graben kriechen zu einer Stelle etwa halbwegs zwischen den beiden Gnugruppen? War es wirklich reiner Zufall, daß eine vierte Löwin gerade vom günstigsten Punkt am Waldrand losrannte, um die Gnus über den Graben zu jagen, wo eine ihrer Kumpaninnen lauerte? Von Wissenschaftlern, die an afrikanischen Wildtieren arbeiteten, wurde uns bestätigt, daß wir besonderes Glück gehabt hatten, so viel von dieser Szenenfolge zu sehen. Andere Ethologen haben Ausschnitte aus Gruppenjagden beobachtet, die dem von mir geschilderten Fall entsprechen. Jedoch schreiben sie selten über solche Beobachtungen, wahrscheinlich aus Angst, für unwissenschaftlich gehalten zu werden.

Wenn man die offensichtlichen Vorteile einer Zusammenarbeit beim Jagen betrachtet, erscheint es vernünftig zu folgern, daß Löwinnen in der Lage sind, ihre Jagdtaktiken zu planen. Natürlich sind hier, wie übrigens auch für jedes menschliche Verhalten, selbst für das komplexeste und gedankenreichste, reduktionistische Erklärungen möglich. Vielleicht enthalten die von der natürlichen Selektion in Jahrtausenden geformten Gene der Löwen Instruktionen, die die Einzelheiten dieses gemeinsamen Jagens wie auch verschiedenen anderen koordinierten Verhaltens steuern. Zweifellos haben auch erwachsene Löwinnen viel gelernt durch Beobachten von Müttern, Schwestern oder anderer Kumpane wie auch aus ihren eigenen jagdlichen Bemühungen. Was die »inklusiven Behavioristen« ignorieren, ist die Möglichkeit, daß Raubtiere bewußt darüber nachdenken könnten, was sie mit wirkungsvoller Zusammenarbeit erreichen wollen. Jedenfalls erscheint es töricht, bewußtes Denken von vornherein auszuschließen, wenn Raubtiergruppen ihre Jagdbestrebungen koordinieren.

Ablenkung von Raubfeinden

Bestimmte Vogelarten wenden einige besonders beachtenswerte Arten der Feindabwehr an, wenn ihre Eier oder Jungen von großen, möglicherweise gefährlichen Eindringlingen bedroht werden. Manchmal fliegen sie einfach davon, aber selbst dann müssen sie sich, solange sie noch in Nestnähe sind, ruhig und unauffällig bewegen, damit das Raubtier das Nest nicht entdeckt. Bevor wir uns Fällen von offensichtlich beabsichtigter Ablenkung zuwenden, möchte ich betonen, daß Vögel während der Brutzeit, oder wenn sie Junge aufziehen, häufig sich nähernde Raubfeinde angreifen. Sie geben laute und oftmals heisere Töne von sich, fliegen gegen den Eindringling an, erbrechen ihren Mageninhalt oder entleeren ihre Kloake auf ihn, und manchmal schlagen sie auch nach ihm mit Schnabel, Beinen oder Flügeln. Solche Angriffe sind erstaunlich wirksam, selbst gegenüber größeren Vögeln und Raubvögeln, die durchaus fähig sind, ihre Angreifer zu schlagen. Amseln, Eisvögel und andere, relativ kleine Vögel greifen oft Krähen an, die sie als gefährliche Räuber ihrer Eier oder Jungen zu kennen scheinen. Meist überfliegen die kleineren Vögel die Krähe und tauchen dann im Sturzflug auf sie hinab – häufig mit Erfolg. Selbst schnellfliegende Falken, die kleine Vögel im Flug schlagen, werden mitunter angegriffen, und diese Angriffe haben viel Ähnlichkeit mit Anpöbeleien *(mobbing)*. Eine Gruppe kleiner Vögel fällt lärmend über einen Habicht oder eine Eule her, fliegt geräuschvoll umher und ärgert den größeren Raubvogel. Das kann zu jeder Jahreszeit stattfinden, wenn zahlreiche kleine Vögel einen Habicht oder eine Eule entdecken. Sie schießen auf den Raubfeind zu, fast hacken sie ihn, und manchmal erreichen sie auf diese Weise, daß er sich hinweg begibt. Mitunter freilich wendet sich auch solch ein Raubvogel gegen einen seiner Peiniger und tötet ihn. Dieses *mobbing* ist also nicht ohne Risiko. Im Gegensatz dazu ist das Ablenken von Raubfeinden fast stets das Werk von Eltern, die Eier oder Junge haben. Es können sich ihnen allerdings manchmal andere Erwachsene der gleichen Art anschließen.

Es ist nicht weiter überraschend, wenn Elternvögel gegen einen Raubfeind aggressiv werden, der ihre Eier oder Jungen gefährdet. Auch scheint es vertretbar, eine Art von Wut, Angst oder beidem zu unterstellen, wenn solch ein relativ kleiner Vogel einen größeren Vogel oder ein Säugetier angreift, die sich seinen Eiern oder Jungen nähern. Können wir auch unterstellen, daß der Vogel verschiedene Möglichkeiten für die nächste Zukunft voraussieht? Denkt solch ein Elternvogel etwa »Wenn ich diese Kreatur nicht vertreibe, könnte sie meine Jungen töten« oder »Bleib' von meinem Nest weg, du ---«? Wut oder der Antrieb, ein anderes, in den meisten Fällen viel größeres Geschöpf anzugreifen, ist kein sehr komplexes Gefühl. Gewiß zeigen Vögel

Anzeichen solch wütender Aggression gegen größere Tiere viel häufiger, wenn sie Eier oder Junge haben, als zu anderen Zeiten. Sie greifen oder stänkern Raubvögel heftig an, vor denen sie sonst fliehen oder die sie aus respektvoller Entfernung betrachten würden. Welche Gefühle also der Vogel auch immer haben mag, sein Verhalten hängt davon ab, ob er gerade Junge aufzieht oder nicht.

Zusätzlich zum direkten Angriff haben nun verschiedene Arten von bodenbrütenden Vögeln, besonders die Kiebitze und Strandläufer, ein komplexes Verhalten, das sehr danach aussieht, als wollten sie absichtlich einen Raubfeind von ihren Jungen wegführen. Die meisten der fraglichen Arten nisten in der Arktis, und dadurch ist uns ihr Verhalten während der Brutzeit nicht so vertraut. Aber in gemäßigten Breiten zeigen Regenpfeifer, die auf offenem Feld brüten, und Regenpfeifer, die ihre Eier auf Sandstränden ablegen, sehr häufig dieses sogenannte Verleiten gegenüber Raubfeinden.

Ornithologen und Ethologen haben wiederholt beobachtet, was geschieht, wenn ein großer Eindringling, wie z. B. ein Mensch, sich dem Nest nähert, auf dem ein Schreiregenpfeifer oder Pfeifregenpfeifer brütet. Lange bevor ein Mensch oder ein anderes Säugetier den Vogel in seinem Tarnkleid oder seine Eier zu sehen vermag, kann der Vogel aufstehen und ein paar Meter vom Nest weggehen. Erst dann beginnt er mit seinen klagenden Rufen und läuft oder fliegt in irgendeine Richtung davon, nur nicht zum Nest. Nähert sich ein Eindringling diesen Vögeln, wenn sie auf der Futtersuche sind oder wenn sie keine Eier oder Jungen haben, so fliegen sie einfach weg, gehen dann in sicherem Abstand nieder und setzen möglicherweise ihre Futtersuche fort. Auch gehen die Regenpfeifer ohne Eier oder Junge nie einen Eindringling an oder zeigen sonstwie irgendein auffälliges, besonderes Verhalten ihm gegenüber.

Die meisten der wissenschaftlichen Beobachtungen an diesen Feindablenkungsmanövern betrafen das Verhalten gegenüber Menschen, vorwiegend gegen den Beobachter selbst. In einigen Fällen aber wurde das gleiche Verhalten gegenüber natürlichen Raubfeinden gesehen, die sehr wohl den Eiern oder Jungen gefährlich werden konnten. Einige Ornithologen haben abgerichtete Hunde verwendet, deren Annäherung an das Nest sie lenken konnten. Schließlich sind auch mit etwas Glück Begegnungen nistender Vögel mit Füchsen, Ottern, Skunken oder Wieseln beobachtet worden. In allen Fällen scheint das fragliche Verhalten recht ähnlich und meist auch recht wirksam zu sein.

Der Vogel flattert langsam und auffällig weg, bleibt aber ziemlich nahe bei dem Eindringling. Fast immer stößt er dabei laute Pfeif- oder Pieptöne aus ähnlich denen, die ein gestörter oder leicht gereizter Vogel machen würde. Er kann ungewöhnliche Muster seines Gefieders vorweisen, die ansonsten nicht sichtbar sind. Wenn er auf dem Boden läuft, ist sein Gang anders und auffälliger als sonst. Manchmal ist es der sogenannte Kriechgang, bei dem der Körper dichter über dem Boden und der Kopf niedriger gehalten wird als normalerweise. Der Vogel läuft fast wie ein kleines Nagetier, und einige Arten geben dabei sogar nagetierähnliche Laute von sich.

Ferner kann ein Vogel beim Kriechgang umhertaumeln, der Schwanz schleift oftmals am Boden und die Flügel sind leicht abgespreizt, der eine meist mehr als der andere, was ganz so aussieht, als sei er verletzt. Das wird oft als »Demonstration des gebrochenen Flügels« bezeichnet, und das gesamte Verhalten macht so sehr den Eindruck des Geschwächtseins, der Krankheit oder Verletzung, daß ein (unerfahrener) Beobachter sich nur schwer vorstellen kann, daß der Vogel in Wirklichkeit völlig gesund ist. Wie bereits früher erwähnt, achten Raubtiere ganz außerordentlich auf auch nur geringe Abnormitäten in Gang und Verhalten potentieller Beutetiere und setzen viel eher zur Jagd auf solche an, die irgendwie von der Norm abweichen. Während des Verleitens beobachtet der Vogel den Störenfried. Typischerweise bewegt er sich nicht in gerader Linie und steht von Zeit zu Zeit still. Kommt der Eindringling näher, so läuft der Vogel weiter weg. Wenn nicht, fliegt er meist zurück in die Nähe des Feindes und wiederholt das Verleitmanöver. Er läßt den Störenfried recht nahe herankommen, manchmal bis auf zwei Meter, bewegt sich aber stets schnell und weit genug weg, um nicht gefaßt zu werden. Der Vogel setzt das Vortäuschen einer Verletzung fort, bis er den Eindringling genügend weit von Nest oder Jungen weggelockt hat. Dann fliegt er schnell davon, meist zunächst in die gleiche Richtung, in der er davongelaufen ist, kehrt aber schließlich in die Nähe des Platzes, wenn auch selten genau zu der Stelle zurück, wo sich die Eier oder Jungen befinden. Ein Dickschnabel-Regenpfeifer führte mich einmal über 300 Meter einen Sandstrand entlang, bevor er aufflog.

Die gebräuchliche Erklärung der Ethologen für dieses Verleiten war, daß es eine Instinkthandlung sei, die durch den Konflikt zwischen zwei gegensätzlichen Motivationen zustande kommt, nämlich der Angst vor dem Feind und der Absicht, ihn anzugreifen. Da diese gegensätzlichen Tendenzen in bezug auf den Feind Bewegungen in entgegengesetzte Richtungen erfordern, soll daraus eine Art von unkoordinierter Zuckung resultieren, die den Vogel sinnlos und aufs Geratewohl agieren läßt. Es wurde sogar behauptet, solch ein Vogel sei buchstäblich paralysiert.

Jeder, der das Feind-Verleitungsverhalten eines kleinen Regenpfeifers sorgfältig beobachtet hat, wird die Konzeption von den lähmenden Krämpfen nur schwer mit dem vereinbaren können, was er sieht. Offensichtlich hat der Vogel sein Verhalten unter Kontrolle und paßt es in allen Einzelheiten den Reaktionen des Störenfriedes an. Er schaut häufig nach dem Eindringling und hält sich in eine Richtung, wenn dieser ihm folgt, fliegt aber wohlkoordiniert in dessen Nähe zurück, wenn er es nicht tut. Auch findet der Vogel stets zu koordinierten Bewegungen zurück, sobald ihm der Feind zu nahe kommt. Es gibt viele zusammenhängende Komplexitäten in diesem Verhalten, und seine Anpassung an die Umstände legt eine beabsichtigte Reaktion auf die Situation viel näher als eine Schrecklähmung.

Das Ablenkungsverhalten ändert sich auch je nach der Art des Feindes. Fast nie rufen Flugfeinde das Verleiten hervor. Die Elternvögel greifen sie an, fliehen vor ihnen oder gehen ihnen einfach aus dem Weg. Das von mir beschriebene Verhalten erfolgt für gewöhnlich gegenüber Säugetieren, einschließlich Menschen. Es mag nicht sehr selektiv sein, und mitunter wird es auch gegenüber einem harmlosen Geschöpf angewandt. Jedoch scheint es bei einem wirklich gefährlichen Eindringling intensiver zu sein. Es gibt auch Berichte, nach denen sich nähernde Kühe oder Pferde einen Schreiregenpfeifer veranlassen, mit gespreizten Flügeln dicht beim Nest zu stehen und sich so auffällig wie möglich zu geben oder gar anzugreifen. Dieses Verhalten führt meist dazu, daß das Huftier seitlich ausweicht und dadurch nicht auf das Nest tritt. Es ist nicht bekannt, ob die beobachteten Vögel zuvor Erfahrungen mit verschiedenen Säugerarten gemacht hatten. Es ist möglich, daß Rinder oder Schafe zunächst das typische Raubfeind-Verleiten hervorrufen, daß aber nach vielen Erfahrungen, wonach sich solche Tiere weder weglocken lassen, noch die Eier oder Jungen auffressen, sich das Verhalten der Elternvögel umänderte in die auffallende Zur-Schau-Stellung bzw. zum Angriff in der Nähe des Nestes (Skutch, 1976; Armstrong, 1949).

Gewöhnung ist eine wichtige Sache im Verhalten der Tiere, und bei nistenden Vögeln läßt das Verleitverhalten oft nach, wenn Menschen oder andere Störenfriede wiederholt in die Nähe des Nestes kommen, ohne Schaden anzurichten. Wir brauchen sorgfältige Langzeitbeobachtungen, wobei das Verhalten von Vogeleltern gegenüber verschiedenen Eindringlingen so gründlich untersucht wird, daß die Richtigkeit dieser Erklärung geprüft werden kann. Aber selbst wenn der Unterschied im Verhalten gegenüber Menschen und Hunden einerseits und Kühen und Schafen andererseits durch Lernen und Gewöhnung entstanden ist, würde das zeigen, daß sich das Verhalten in Anpassung an die Umstände verändert hat.

Verschiedene andere Aspekte des Verleitens sind noch aussagekräftiger. Wie bereits erwähnt, bemerkt ein brütender Regenpfeifer oft einen näherkommenden Störenfried auf beträchtliche Entfernung und läuft mehrere Meter vom Nest weg, bevor er in die abnorme Gangart verfällt oder eine Verletzung vortäuscht. Einige Regenpfeifer machen dann eine Vertiefung in den Boden und hocken sich darüber, als ob sie Eier ausbrüteten. Das Raubtier wird auf das scheinbare Nest hin- und von dem richtigen Nest abgelenkt. Gewöhnlich tritt dieses Scheinbrüten auf, wenn ein möglicher Feind näherkommt. Es wurde jedoch auch unter anderen Umständen beobachtet, ist also nicht starr an die Ablenkung eines Störenfrieds gebunden. Sordahl (1980, 1981) hat kürzlich beschrieben, wie Säbelschnäbler und Stelzenläufer auf einen näherkommenden Raubfeind mit Scheinbrüten reagieren, und auch sie wenden unter anderen Umständen die gebrochene-Flügel-Demonstration an. Die große Schlauheit und Flexibilität der Feind-Ablenkungstaktiken legen nahe, daß die Vögel etwas von dem, was sie tun, und von den möglichen Ergebnissen ihres Tuns – nämlich, die Vernichtung ihrer Eier oder Jungen zu verhindern – begreifen müssen.

Das Feind-Verleiten ist selten oder schwach, bevor die Eier gelegt sind, es nimmt zu während des Brütens und ist am intensivsten und ausdauerndsten, wenn die Jungen geschlüpft sind und noch nicht fliegen können. Bei vielen der fraglichen Arten können die Jungen laufen und begleiten die Eltern bei der Futtersuche oder um gefüttert zu werden. Wenn sich dabei ein Störenfried nähert, stoßen die Eltern oft leise Rufe aus, worauf sich die Jungen verstecken. Danach kann der Elternvogel das Feind-Verleiten ausführen. Wenn die Jungen flügge werden, wird dieses Verhalten selten und hört schließlich ganz auf.

Die meisten meiner Beschreibungen sind in objektiver Ausdrucksweise gehalten, und ich habe Erklärungen über die möglichen Gefühle und Gedanken des Elternvogels weitgehend vermieden. Furcht und Wut sind sehr wahrscheinlich, besonders die Furcht, daß der Feind Eier oder Junge beschädigen oder fressen könnte. Aber gehen diese Vögel vielleicht weiter und denken sie etwa »Ich werde diesen schrecklichen Kerl von meinen Jungen weglocken«? Ihr Verhalten stimmt durchaus mit einer solchen Auslegung überein. Skeptische Wissenschaftler haben jedoch seit langem eingewandt, daß es nicht ausreicht, um auch nur einfache Gedanken zu unterstellen. Betrachten wir aber, wie sich solche Vögel gemeinhin in anderer Hinsicht verhalten. Wenn sich ein potentieller Feind nähert, sollte man annehmen, daß sich ein ängstlicher Elternvogel hinweg begibt. Er tut jedoch das Gegenteil. Vielleicht ist aber diese erste Phase des Feind-Ablenkungsverhaltens eine Art von halbherzigem Angriff. Dann möchte man jedoch annehmen, daß der Vogel näher zu dem Eindringling hinfliegen würde. Sich langsam zur Seite zu schleichen und dann Scheinbrüten vorzutäuschen, sind kaum Handlungen, die auf eine wütende Aggression schließen lassen.

Die große Mühe, die sich der Elternvogel mit der Überwachung des Feindes gibt, deutet ebenfalls eher auf die Absicht hin, ihn wegzulokken, und weniger auf ein Schwanken zwischen wütendem Angriff und ängstlicher Flucht. Wenn der Vogel das Kriechlaufen oder die gebrochene-Flügel-Demonstration unterbricht, um nach dem noch entfernen Störenfried zu lugen, bedeutet das, daß er feststellen möchte, ob dieser ihm folgt. Und wenn er nicht folgt, hört der Vogel meist mit dem abnormen Verhalten auf und fliegt näher an ihn heran, bevor er mit ähnlichen Verhaltensweisen an nunmehr anderer Stelle erneut beginnt. Denkt der Vogel dabei etwa »Der Kerl folgt mir nicht, also fliege ich zurück und versuche, ihn in eine andere Richtung zu führen«?

Eine letzte Schwierigkeit mit der Erklärung, die sich allein auf den Konflikt zwischen Aggression und Flucht stützt, ist, daß der Elternvogel, wenn der Störenfried programmgemäß dicht hinter ihm folgt, sein abnormes Verhalten noch über eine Strecke fortsetzt, dann aber plötzlich wieder normal fliegt und den Eindringling hinter sich läßt. Nach der Konflikt-Hypothese müßte man annehmen, daß sich der ganze Konflikt plötzlich geklärt hat, obgleich der Feind dem Vogel dicht auf den Fersen ist.

Das Feindverleiten wird von Ornithologen oder Ethologen fast nie in Zusammenhang mit Gefühlen, Gedanken oder Absichten gesehen. Im Gegenteil geben sich die »inklusiven Behavioristen« alle Mühe, solche Konzepte zu umgehen, indem sie auf die angebliche Selektion von Verhaltensmustern im Laufe der Evolution hinweisen, die zu einer zahlreichen Nachkommenschaft bei den Vorfahren des Vogels geführt hat. Auch bedenken sie nicht, daß solche Alternativerklärungen einander keinesfalls ausschließen. Wenn der Vogel einfache Gefühle, Gedanken und Absichten hat, können diese sehr wohl mit widersprüchlichen Motivationen einhergehen. Ferner kann solches Denken Verhaltensweisen begleiten, die aufgrund der genetischen Anlagen des Tieres ausgeführt werden, wie im letzten Abschnitt des 2. Kapitels dargelegt. So schließt die Annahme einer Konfliktsituation nicht aus, daß die Elternvögel möglicherweise über ihre Lage nachdenken. Die Standardinterpretation mag zum Teil richtig sein, hat aber nichts mit der Frage zu tun, ob der Vogel subjektive Gefühle oder bewußte Gedanken hat.

Warum ist die Hypothese von dem Motivationskonflikt so allgemein als adäquate Erklärung akzeptiert worden, und warum lehnt man andererseits jede Annahme ab, die irgendetwas damit zu tun hat, daß der Vogel auch nur die geringste Ahnung davon haben könnte, was er tut? Vielleicht verrät diese Einseitigkeit mehr über die Wissenschaftler als über die Vögel. Wenn wir uns von diesem negativen Dogmatismus freimachen, können wir anfangen zu fragen, was Vögel beim Feindverleiten fühlen und denken mögen. Weiterhin können wir uns als Wissenschaftler und denkende Fragesteller über das Wesen der belebten Welt überlegen, wie wir mehr darüber erfahren können, ob Tiere bewußte Gedanken haben.

Wenn wir als Ausgangssituation nehmen, daß der Vogel einen Störenfried in einiger Entfernung ausgemacht hat, stellen wir uns vor, daß er bereits fürchtet, dieses Geschöpf könne seinen Eiern oder Jungen gefährlich werden. Der Vogel kann auch mit zwei Möglichkeiten rechnen: »Entweder geht dieses Geschöpf zu meinen Jungen und tut ihnen etwas an, oder es wird in einer anderen Richtung verschwinden und sie in Ruhe lassen.« Wenn der Vogel diese beiden Möglichkeiten überdenkt, wird er sicher die zweite vorziehen. Wenn er sich nun erhebt und langsam weggeht, mag er denken: »Ich kriege diesen Eindringling schon dazu, von meinen Jungen wegzugehen.« Das Scheinbrüten paßt zu dieser einfachen Erwartung. »Wenn dieses Geschöpf näherkommt, soll es lieber mich sehen als meine Jungen.«

Nehmen wir nun an, daß der Eindringling näherkommt und der Elternvogel noch immer mit diesen beiden Möglichkeiten rechnet. Er erhebt sich von dem Scheinnest und bewegt sich auf den Störenfried zu in abnormem Gang oder Flug. Er mag wohl dabei denken: »Vielleicht sieht mich nun das Biest und folgt mir.« Geht der Eindringling trotzdem weiter auf das Nest oder die Jungen zu, kann der Vogel zum Kriechrennen oder zur Demonstration des gebrochenen Flügels übergehen. Kommt der Eindringling ihm nun noch näher, mag der Vogel etwa denken: »Er kommt in meine Richtung, und ich werde ihn diesen Weg führen, nicht zu meinem Nest.« Das Beobachten des Störenfrieds ist dabei sehr wichtig, und Fortsetzen oder Einstellen des Verleitens könnte von dem Gedanken begleitet sein »Er folgt mir« oder von der Erkenntnis, daß der Feind noch immer in die Richtung des Nestes geht und somit ein weiterer Ablenkungsversuch nötig wird.

Die Gedanken, die ich dem Vogel unter diesen Umständen zuschreibe, sind recht einfach, jedoch nimmt man oft als selbstverständlich an, rein mechanisches Reflexverhalten sei eine sparsamere Erklärung als auch nur grobe subjektive Gefühle oder bewußte Gedanken. Um aber das Feindverleiten der Regenpfeifer zu erklären, müßte man sehr komplexe und verschlungene Reflexketten erdenken. Einfache Gedanken könnten ein Großteil angemessenen Verhaltens steuern ohne auch nur annähernd so komplexe Gehirnakrobatik auf seiten der Ethologen und der Tiere.

Wenn wir versuchsweise das Mitspielen einfacher Gedanken unterstellen, kann ein großer Teil tierlichen Verhaltens als fortlaufendes Anpassungsmuster verstanden werden. Alle Variation im Feind-Ablenkungsverhalten allein aufgrund von Motivationskonflikten zu erklären, würde zahlreiche Zusatzannahmen notwendig machen — für das Scheinbrüten, für die Nagetiergangart, für die Demonstration vor dem bedrohlichen Verfolger (aber nicht in der Nähe des Nestes), und für das Wegführen von Nest oder Jungen. Wenn wir jedoch annehmen, daß der Elternvogel lediglich möchte, daß sich der Eindringling von den Jungen oder Eiern entfernt, plazieren sich alle diese Verhaltensweisen ganz selbstverständlich als vernünftige Maßnahmen zum Erreichen eines lebenswichtigen Zieles.

5 | Kunstgebilde und Schablonen

Viele Tiere verändern ihre unmittelbare Umgebung und erhöhen damit ihre Überlebens- und Vermehrungschancen auf lange Sicht. Das erfordert in der Regel meist komplexe und langwierige Bemühungen, und die Gebilde, die sie dabei produzieren, sind völlig verschieden von allem, was durch nicht-biologische Vorgänge entsteht. In bestimmten Fällen läßt das Bauverhalten an bewußte Gedanken über die zu erzielenden, vorteilhaften Ergebnisse denken. Auch wenn wir nicht sicher sein können, was in den Gehirnen der Tiere vorgeht, die Nester, Höhlen oder Vorratslager anlegen, würde denkendes Vorausschauen diese Bestrebungen sicherlich wesentlich erleichtern. Ich benütze hier die Bezeichnung »Kunstgebilde« für Objekte, an denen Tiere zum Wohle ihrer selbst, ihrer Nachkommenschaft oder ihrer Kumpane arbeiten. In Kapitel 6 werde ich dagegen angefertigte Objekte besprechen, die das Tier mit sich trägt und als Werkzeuge benutzt, um Ergebnisse zu erzielen, die es nicht einfach mit seinen Gliedern oder Mundwerkzeugen erreichen kann.

Wissenschaftliche Untersuchungen über die von Tieren erbauten Strukturen sind weit verstreut in der Literatur, und viele davon sind lediglich beschreibend. Beispielsweise werden Termitenbauten oder Gehäuse von Köcherfliegenlarven oft hauptsächlich nur deshalb beschrieben und gezeichnet, weil sie zur Klassifikation der Arten dienen können. Andererseits hat Karl von Frisch (1974) in seinem reizenden Buch *Animal Architecture* viele bedeutende Beispiele zusammengestellt, und es ist sicher kein Zufall, daß derselbe Mann, der die in Kapitel 9 besprochene symbolische Verständigung unter Honigbienen entdeckte, seine Aufmerksamkeit auch den Bauten verschiedener Tiere zugewandt hat. Ein Großteil dieses Kapitels fußt auf seinem Material, und ich empfehle sein Buch all den Lesern, die noch mehr über Bauten im Tierreich wissen möchten.

Veränderungen der Umgebung

Fast alles, was ein Tier tut, hat Auswirkungen auf seine Umwelt. Für unser Buch aber sind diese allgemeinen Auswirkungen von geringerem

Interesse als die besonderen Veränderungen der unmittelbaren Umgebung. Hier sind die Handlungen über einen längeren Zeitraum ausgedehnt, und die Ergebnisse werden für das Tier erst in der Zukunft wichtig. So könnte das Voraussehen von zukünftigen Vorteilen dabei helfen, seine Umgebung in der rechten Weise zu verändern.

Wenn Säugetiere häufig die gleiche Strecke entlanglaufen, nutzen sie den Pflanzenwuchs ab, treten den weichen Untergrund fest und legen somit deutliche Pfade an, was die Fortbewegung erleichtert und die Geschwindigkeit erhöht. Kleine Tiere machen manchmal mehr oder weniger abgedeckte Tunnel, indem sie nur den Pflanzenwuchs am Boden beseitigen, die Vegetation darüber aber stehenlassen. Die Tunnel von Wühlmäusen auf den Wiesen sind daher ein gutes Beispiel. Selbst im dichten Gras ist der Boden eines Wühlmaustunnels glatt und eben. Der Pfad mag als zufälliges Ergebnis begonnen haben, als die Strecke öfter begangen wurde, aber die Benutzer arbeiten dann am weiteren Ausbau, indem sie niedrige Pflanzenteile abknabbern und die hohen Halme, die sich darüberneigen, belassen. Ein solcher Tunnel ist von oben fast nicht auszumachen und kann den Wühlmäusen als Miniaturstraße dienen. Einige Nager legen teilweise oder ganz verdeckte Tunnel zwischen ihren Bauen bzw. Verstecken und den Futterplätzen an und vermindern damit die Gefährdung durch Raubfeinde während der Zeit, in der sie sich zwischen diesen Orten bewegen. Tiere errichten Tunnel nicht aufs Geratewohl, sondern nur zwischen Stellen, die für sie wichtig sind.

Herstellung von Schutzgebilden

Eine erstaunliche Anzahl von Tieren legt auf die eine oder andere Art Unterkünfte an. Zu den bekanntesten Beispielen gehören die Vogelnester und die Baue der Säugetiere, aber viele Insekten errichten noch kompliziertere Schutzgebilde. Auch wenn die meisten Leute annehmen, Fische und andere Wassertiere lebten ohne solche Schutzgebilde, so bauen doch viele Fische und mehrere wirbellose Wassertiere einfache Nester (Norman, 1949; von Frisch, 1974), entweder um sich selbst oder um ihre Eier und die sich entwickelnden Jungtiere zu schützen. Selbst einige der primitivsten einzelligen Lebewesen fertigen eine Art von Schutzgebilde an. Wir müssen uns daher fragen, ob es möglich ist, zwischen Schutzgebilden, deren Fertigung höchstwahrscheinlich bewußtes Denken erfordert, und solchen, bei denen das nicht der Fall ist, zu unterscheiden.

Ein Extrem, das bewußtes Denken unmöglich scheinen läßt, sind einige Amöbenarten, die den größten Teil ihres Lebens mit Schichten eines harten Schutzmaterials überzogen sind. Das Material wird von der Zelle aufgebaut. Entweder scheidet es die Oberfläche der Zelle aus, oder es bilden sich komplizierte Strukturen im Inneren, die teilweise oder gänzlich von Protoplasma umgeben sind. Die meisten der unendlich vielen Foraminiferen haben solche Skelette, die komplizierte und oft sehr hübsche Gehäuse bilden. Scheinfüßchen oder zeitweilige Ausstülpungen des Protoplasmas werden durch die Öffnungen der Schalen ausgestreckt zur Futtersuche oder anderen Auseinandersetzungen mit der Umgebung. Bei einigen wenigen, amöbenartigen Protozoen besteht der schützende Überzug aus winzigen Sand- oder Schlammpartikelchen. Eine der häufigsten Protozoen dieser Sorte, *Difflugia*, sieht wie eine winzige Krokette aus (Hyman, 1940).

Wie kommen *Difflugia* und andere Protozoen zu ihrem Überzug? Gewöhnlich werden die Partikel vom Protoplasma eingeschlossen, ähnlich wie Nahrungsbröckchen, dann wandern sie durch die Zelle zu deren Oberfläche, wo sie verbleiben. Bei frühen Untersuchungen an ähnlichen Protozoen fanden deutsche Forscher heraus, daß sich unter bestimmten Voraussetzungen eine Kruste von Partikelchen um einen Öltropfen unter Wasser bildet, da die Partikel von der Grenzzone zwischen Öl und Wasser angezogen werden. Ferner neigen die Partikelchen dazu, einander abzustoßen, wodurch sie sich ziemlich gleichförmig über die Oberfläche des Öltröpfchens verteilen. Unter entsprechenden Bedingungen könnten auch die *Difflugia*-»Kroketten« durch solche, rein physikalische Vorgänge entstehen. Es ist jedoch nicht sicher, ob dies wirklich die vollständige Erklärung ist (Netzel, 1977). Jedenfalls scheinen die Bauvorgänge bei Einzellern eher der Art und Weise des Zellwachstums und der Differenzierung zu entsprechen als einer verhaltensbedingten Wahl. Es leuchtet nicht recht ein, daß eine Amöbe denken und den Erwerb schützender Partikel planen sollte, da Protozoen nichts haben, was auch nur entfernt an ein Zentralnervensystem erinnert, in dem Informationen empfangen, sortiert, integriert, gespeichert und zum Denken oder Fühlen ausgewertet werden können.

Köcherfliegen-Etuis

Eher an beabsichtigte Handlungen läßt das Verhalten einer anderen Gruppe von Wassertieren denken, die Gebilde zu ihrem Schutz herstellen. Das sind die Larven der Köcherfliegen, die in Süßwasserteichen und in Bächen recht häufig vorkommen. Auf den ersten Blick ähneln diese Larven ziemlich den wohlbekannten Raupen, die durch Metamorphose zu Faltern und Schmetterlingen werden. Wie diese haben sie bewegliche Mundpartien zum Zerkleinern von Pflanzenteilen oder Fangen kleiner Wassertiere (Wiggins, 1977), aber sie entwickeln sich aus Eiern, die ein geflügeltes Köcherfliegenweibchen ins Wasser legt. Nach dem Schlüpfen und nach einem langen Stadium als Wasserlarven verpaaren sie sich. Die Larven fast aller Köcherfliegenarten bedecken ihre Körper mit Sandpartikeln, kleinen Blattstückchen oder anderen Materialien, die durch Seide aus den Kopfdrüsen miteinander verbunden sind. In den frühen Stadien verwendet die Larve kleine, homogene Teilchen, aus denen sie ein ungefähr zylinderförmiges Etui formt, dessen Vorderende oft durch ein Materialstückchen verschlossen wird. Diese Etuis (Köcher) schützen mit ziemlicher Sicherheit die sonst schutzlose Larve davor, kleinen Fischen oder räuberischen Insektenlarven, z. B. den Larven der Libellen, zum Opfer zu fallen.

Das Köcherfliegenetui ist nicht völlig undurchdringlich. Ein Loch am unteren Ende läßt Stoffwechselendprodukte heraus, und das Wasser kann frei durch den Köcher zirkulieren, so daß die Larve mit ihren Kiemen Sauerstoff daraus entnehmen kann. Wenn sich die Larve fortbewegt, schiebt sie ihren Kopf und die Thoraxsegmente mit den sechs Beinen durch die Vorderöffnung, während kleine, hakenförmige Auswüchse an den Abdominalsegmenten den Köcher dicht am Körper festhalten.

Es gibt einige Dutzend Gattungen von Köcherfliegen auf der Welt, und ihre Köcher sind außerordentlich verschieden und so charakteristisch, daß sich die Arten oftmals leichter an den Köchern bestimmen lassen als an den Insassen. Innerhalb der Grenzen des Erreichbaren sind die Larven etwas wählerisch mit den Materialien zur Köcherherstellung. Viele Köcher bestehen aus Sandkörnchen, Schlamm oder ähnlichem Material, aber einige Arten schneiden Stückchen aus Blättern der Wasserpflanzen, und einige wenige benutzen die verlassenen Häuschen winziger Wasserschnecken. Einige Arten fertigen außerdem Konstruktionen an, die dazu dienen, Beute aus dem fließenden Wasser zu fangen. Der Köcher kann dazu einfach an dem der Strömung zugekehrten Ende vergrößert werden, oder die Larve kann Netze aus parallel gespannten Seidenfäden bauen, die kleinste Pflanzen und Tierchen aus dem Wasser heraussieben. Bei den wenigen Arten, die im Laboratorium näher untersucht wurden, konnte man sehen, wie die Larve eine Anzahl verschiedener Objekte mit den Beinen aufnahm, sie mit den Mundwerkzeugen befühlte und nur behielt, was für sie geeignet war.

Larven, die Blätter verwenden, schneiden diese in Stücke von genau der richtigen Größe, ohne verschwenderische Versuche an ungeeigneten Objekten zu machen. Mit zunehmender Größe der Larve muß der Köcher erweitert werden. Mitunter übernehmen sie leere Köcher, die von ihren Erbauern verlassen sind. Das Tier behält ein bestimmtes Muster der Köcherstruktur bei, und wenn ein Experimentator Teile des Köchers entfernt, ersetzt die Larve sie mit Stücken ähnlicher Größe und Form.

Ist es möglich, daß selbst eine Köcherfliegenlarve einen blassen Schimmer davon hat, was sie tut? Die meisten Biologen sind überzeugt, daß so primitive Geschöpfe wie Insektenlarven nur genetisch programmierte Reflexe haben und keinesfalls denken können. Aber wenn man genetische Programmierungen erstellen wollte, die alle Merkmale der Köcherfliegenetui-Konstruktion enthalten, käme eine sehr eindrucksvolle Liste zusammen.

Durch gründliche Untersuchungen der Raupen von *Cecropia*-Spinnern weiß man, daß sie ihre Seidenkokons durch wenige, relativ einfache Verhaltensweisen hervorbringen, zu denen die Biegung des Körpers und das Ausstoßen von Seide aus Drüsen in einer bestimmten Phase der Bewegung gehören (van der Kloot and Williams, 1953). Ein so komplexes Verhalten wie die Etui- und Futterfangnetz-Konstruktion der Köcherfliegenlarven ist noch nicht im einzelnen untersucht worden, aber die meisten Entomologen neigen zu dem Analogieschluß, daß Köcherfliegenetuis durch ähnliche, wenn auch notwendigerweise etwas kompliziertere Reflexe entstehen. Wenn eine Larve ein Stück aus einem Blatt schneidet, scheinen die Maße dieses Stücks in Relation zur Größe des Kopfes und der Vorderextremitäten des Tieres zu stehen. Das verleitet Reduktionisten zu dem Einwand, daß die Larve keine bewußte Wahl getroffen habe, sondern daß die Größe ihrer Mundwerkzeuge die Größe des Blattstücks – oder auch eines Sandkörnchens, das sie aufhebt – bestimmt. Wenn jedoch Menschen nur Stöcke von einer bestimmten Länge oder von einem bestimmten Gewicht als Knüppel benutzen, sprechen wir ihnen nicht ab, daß sie über die Auswahl nachgedacht haben.

Ausführliche Untersuchungen von Hansell (1968) veranschaulichen das Ausmaß der Selektivität bei der Herstellung von Köcherfliegenetuis. Eine Art, *Silo pallipes*, beginnt ihr Larvenleben mit der Herstellung einer einfachen, zusammengeklebten Sandröhre. Nach jeder ihrer fünf Häutungen wirft das Tier sein äußeres Chitinskelett ab, und ein größeres wächst nach. Gegen Ende der ersten Häutung fügt die Larve ihrem zylindrischen Köcher, der aus Partikelchen von einem halben Millimeter Größe besteht, zwei größere Sandkörner an den Seiten des Vorderendes an. Während der zweiten Häutung fügt sie zwei weitere hinzu und fährt in dieser Weise bei der dritten, vierten und fünften Häutung fort, wobei sie jedesmal größere Sandkörner nimmt. Gegen Ende der fünften Häutung ist das Tier mit seinem Köcher etwa zehn Millimeter lang, und die größeren Sandkörner am Vorderende sind zwei bis fünf Millimeter groß. Während ihres Wachstums vergrößert also die Larve ihren Köcher, und selbst dieses relativ primitive Geschöpf hält sich an bestimmte, strukturelle Muster bei der Auswahl der Teilchen für seinen Köcher.

Hansell (1972) untersuchte eine andere Art, *Lepidostoma hirtum*, die viereckige Stücke aus Blättern schneidet und damit ein Haus mit Fußboden, Dach und zwei Seiten baut, alles aus ungefähr rechteckigen

Blattstücken von ein bis zwei Millimetern Größe, die durch die ausgeschiedene Seide zusammengehalten werden. Die Struktur wird verstärkt durch die abwechselnd gestaffelte Anordnung der Stücke. Jede Verbindungsstelle zwischen zwei seitlichen Stücken kreuzt die Mitte eines Dachstückes und umgekehrt. Daß diese Anordnung kein Zufall ist, zeigte sich, als Hansell die Vorderseite des Häuschens wegschnitt, um dem Gebilde eine durchgehend glatte Front zu geben. Die Larve schnitt dann Blätter von anderen Formen als den normalerweise üblichen zurecht, klebte sie an den entsprechenden Stellen fest und stellte damit die abwechselnd gestaffelte Anordnung wieder her.

Den meisten Biologen zufolge läßt sich ein solches Ausgleichsverhalten erklären, indem man noch einen weiteren Grundzug des genetisch programmierten Verhaltens unterstellt. Man darf annehmen, daß ein Gehäuse auch unter natürlichen Bedingungen beschädigt werden kann, z.B. wenn ein Fisch es anknabbert, aber nicht völlig zerstört. Darum ist das Zentralnervensystem der Larve auch für die Ausbesserung jedes denkbaren Schadens genetisch gerüstet.

Ich habe das Anfertigen von Schutzgebilden bei den Köcherfliegen etwas ausführlicher besprochen, weil es ein sehr allgemeines Problem aufwirft. Wie weit dürfen wir mit der Unterstellung gehen, ein Tier denke darüber nach, was es tut, wenn es einen nützlichen und wirksamen Schutz anfertigt? Ein Student, der so etwas andeutete, würde von seinem wissenschaftlichen Lehrer streng berichtigt und ermahnt werden, nie wieder eine solche Idee zu äußern, andernfalls er sich als unwissenschaftlich disqualifizieren würde. Weiterhin wird dem Studenten versichert, daß Insektenlarven ausschließlich aufgrund einiger weniger, starrer Reflexe funktionieren, die, wenn in Reihenfolge aktiviert, das fertige Gebilde entstehen lassen. Man muß voraussetzen, daß verschiedene Reize die Reflexe in der rechten Weise aktivieren. Die Larve, von deren Köcher ein Teil entfernt wurde, nimmt nicht das nächstbeste Sandkorn, sondern sie tastet umher, bis sie ein Korn von der richtigen Größe und Form findet, oder sie schneidet ein passendes Stück aus einem Blättchen.

In einem sehr allgemeinen Sinn nehmen die Wissenschaftler an, die Anfertigung von Schutzgebilden bei so primitiven Tieren wie Köcherfliegenlarven sei der morphologischen Entwicklung von Körperteilen ähnlich – nur mit dem Unterschied, daß die Tätigkeiten der Extremitäten oder Mundwerkzeuge beim Bauen von Schutzgebilden sichtbar sind, während die wenig bekannten Mechanismen, welche die anatomische Entwicklung steuern und Zellen dazu bringen, sich zu Nieren, Beinen, Kiemen oder Gehirnen zu differenzieren, unserer direkten Beobachtung nicht zugänglich sind. Beide Kategorien werden jedoch unter gleichen Gesichtspunkten betrachtet als Ergebnisse komplexer Wechselwirkungsmechanismen, die alle genetisch programmiert sind.

Nester von Wespen und solitären Bienen

Noch erstaunlicher als der Etuibau bei Köcherfliegenlarven sind die Gebilde, die zahlreiche Arten von Termiten, Wespen, Ameisen und Bienen anfertigen, um Eier, Junge in der Entwicklung und erwachsene Tiere zu schützen (Evans, 1963, 1966; Evans and West Eberhard, 1970; Wilson, 1971). Die auffälligen Papiernester von Wespen und Hornissen entstehen durch die vereinten Bemühungen vieler Weibchen, die Pflanzenteile sammeln, sie durchkauen und einspeicheln und mit der seidigen Absonderung spezialisierter Drüsen oder ihren Stoffwechselendprodukten vermischen und die daraus entstehende Paste zuerst auf ein festes Substrat auftragen und dann dem entstehenden Nest hinzufügen. Das Endergebnis ist ein Nest mit vielen Kammern, das viel größer ist als die Insekten selbst.

Bei einigen Arten solitär lebender Bienen und Wespen gibt sich das Weibchen vor der Eiablage große Mühe, geeignetes Material aus beträchtlicher Entfernung herbeizuschaffen und einen Platz vorzubereiten, wo das Ei gute Entwicklungsmöglichkeiten hat. Dazu kann gehören, daß sie eine Röhre in den Boden gräbt oder in festes Holz schneidet, deren Öffnung nach der Eiablage verschlossen werden kann. Einige Arten wählen dazu ein Material, das der Umgebung angepaßt ist, so daß die Höhlenöffnung gut getarnt ist. Nachdem das Weibchen ein Ei oder mehrere Eier in solch eine Höhle gelegt hat, besorgt es bei manchen Arten Nahrung für die zukünftigen Larven. Die Sandwespe *(Ammophila campestris)*, die der bekannte holländische Ethologe G. P. Baerends untersucht hat, gräbt in sandigem Boden eine Röhre mit einer vergrößerten Kammer am unteren Ende und verschließt die Öffnung mit kleinen Steinen, die – wenn nötig – aus einiger Entfernung geholt werden. Dann fängt die Sandwespe eine Raupe, die fast so groß ist wie sie selbst, lähmt sie durch Stiche an verschiedenen Stellen, bringt sie zu der Höhle, öffnet den Eingang, zerrt die Raupe in die Nestkammer und legt erst dann ein Ei. Meist überlebt die gelähmte Raupe, verwest also nicht und wird schließlich von der heranwachsenden Larve gefressen (Baerends, 1941, besprochen in Thorpe, 1963).

Verschließen und Verstecken der Röhre sind so wirkungsvoll, daß es unmöglich ist, irgendwelche Anzeichen einer Störung am Boden zu bemerken. Selbst im Anfangsstadium des Grabens werden die Sandkörner in einige Entfernung geworfen, so daß sie keinen verräterischen Haufen bilden. Das Wespenweibchen findet den Höhleneingang, indem es sich Merkmale der Umgebung einprägt. Wenn diese experimentell verändert werden, kann es den Eingang nicht wiederfinden (van Iersel and van dem Assem, 1964).

Bei den Tausenden von Insektenarten gibt es Nester und Schutzgebilde von solcher Vielfalt, daß ich hier nur einige wenige Beispiele anführen kann. Diese habe ich zum Teil deshalb ausgewählt, weil ich intuitiv den Eindruck habe, es könne hier einiges Denken bei der Arbeit die Herstellung erleichtern. Einzeln lebende Mauerbienen treffen recht sorgfältige Vorbereitungen zum Lagern von Nahrung und zum Schutz ihrer Eier und Larven. Erwachsene Weibchen der Gattung *Chalicodoma* sammeln Sand- und Schmutzpartikel, die sie mit Speichel anfeuchten und zu kleinen, ovalen Pellets formen. Dann trägt ein Weibchen jedes Pellet zu einem großen Stein und zementiert sie an dessen Oberfläche zu einer grob zylindrischen Zelle zusammen, die oben offen ist. In jede Zelle legt sie ein Ei und flüssigen Honig. Dann verschließt sie die Öffnung der Zelle mit weiteren Sandkörnern, die sie mit Speichel zusammenklebt. Schließlich streut sie Staubpartikel über eine Gruppe von Zellen, so daß sie fast wie die Oberfläche des Steines, auf dem sie befestigt sind, aussehen. Die Mischung aus feinen Teilchen und Speichel wird fast so hart wie Zement. Wenn die Larve wächst und über das Puppenstadium zur ausgewachsenen Biene wird, muß sie sich ziemlich anstrengen, um ihren Weg aus der Zelle zu kauen (von Frisch, 1974).

Eine andere Mauerbienenart, *Osmia bicolor,* sorgt auf andere Weise für ihre Nachkommen. Das Weibchen sucht ein leeres Schneckenhaus und deponiert Eier und Nahrung in den inneren, engen Teilen der Spiralkammer, die die Schnecke geschützt hatte. Ein Teil der Nahrung ist halbfest, enthält Pollen und wird »Bienenbrot« genannt. Nachdem die Biene eine Anzahl Eier und eine Menge Bienenbrot abgelegt hat, füllt sie den Mittelteil der gestaffelten Spirale mit zerkauten Blattstückchen und nach außen hin mit genug kleinen Steinchen, um eine recht feste Wand zu errichten. Die Ansammlung von Blattstückchen und Steinchen ist nicht luftdicht und selbst, nachdem eine zweite Schicht von Blättchen über die äußeren Steinchen gebreitet ist, kann noch genug Luft hindurch, so daß die heranwachsenden Larven Sauerstoff bekommen können. Nachdem all das fertig ist, sammelt die *Osmia*-Mutter trockene Grasstengel, winzige Zweige oder Tannennadeln und häuft sie über das Schneckenhaus zu einer großen, unregelmäßigen, porösen Kuppel, die das Schneckenhaus verbirgt. Bestimmte Arten von »Kukkucksbienen« legen Eier in die halbfertigen Nester oder in die halbgefüllten Schneckenhäuser von *Chalicodoma* oder *Osmia,* anstatt eigene Gebäude herzustellen (von Frisch, 1974).

Welche Gedanken mögen diese schwer arbeitenden Bienenmütter bewegen? Sie werden kaum an die nächste Generation denken, weil sie sterben, lange bevor die Nachkommen schlüpfen. Aber sie könnten über das Resultat ihrer Nestbaubemühungen in naher Zukunft nachdenken. Wenn ein *Osmia*-Weibchen Eier gelegt und Bienenbrot in das Schneckenhaus gebracht hat, mag es etwa denken: »Nun werde ich den Rest dieses Hohlraums verschließen.« Wenn es Steinchen oder Blattstücke zum Schneckenhaus getragen hat, könnte es daran denken,

Luftzwischenräume zu lassen, während es den Hohlraum verschließt, auch wenn es den Anpassungswert der Verschachtelung und der Luftzwischenräume nicht versteht. Ebenso wenn ein *Osmia*-Weibchen Material sammelt, um damit das Schneckenhaus zu bedecken, mag es die langfristigen Vorteile der Tarnung nicht verstehen, aber es könnte einfache Gedanken über sein unmittelbares Ziel haben. Vielleicht erinnert es sich des Nests, aus dem es selbst einmal geschlüpft ist, oder vielleicht sieht es das gefüllte Schneckenhaus vor sich.

Blattschneiderameisen

Die Schutzgebilde gesellig lebender Insekten werden durch gemeinsame Anstrengungen vieler Individuen errichtet. Termiten, Ameisen, Wespen und Bienen bauen sehr verschiedene Strukturen, sowohl über als auch unter der Erde, in außerordentlich vielfältigem Ausmaß und vielfältiger Verzweigtheit. Alle sind faszinierend, aber um der Kürze willen möchte ich hier nur einige der größeren Ameisennester betrachten, weil sie von einer der durchorganisiertesten Sozialgemeinschaften hergestellt werden, die außerhalb unserer eigenen Art zu finden ist. Bei diesem Sprung von den Mauerbienen zu den höchstentwickelten Ameisengesellschaften lasse ich eine große Anzahl staatenbildender Insekten außer Betracht, die fast ebenso komplexe Schutzgebilde errichten (Wheeler, 1910, 1928; Wilson, 1971).
Eines der erfolgreichsten Tiere der Welt im Hinblick auf Individuenzahl und Einwirkung auf die Umgebung sind die Blattschneiderameisen aus den Tropen der Neuen Welt (Gattung *Atta* und Verwandte). Sie leben in riesigen, unterirdischen Bauten, die aus vielen Kammern bestehen, die durch Tunnel miteinander verbunden sind. Jede Kolonie hat eine Königin und Tausende von unfruchtbaren Arbeiterinnen. Männchen und jungfräuliche Königinnen treten erst auf, wenn die Kolonie beträchtlich angewachsen ist. Die Arbeiterinnen sind in Verhalten und Körperbau für verschiedene Funktionen angelegt wie die Pflege der Eier, Larven und Puppen, zum Nahrungsammeln oder zur Verteidigung der Kolonie gegen Raubfeinde bzw. andere Insekten. Ich möchte nur einige wenige der vielen Tätigkeiten andeuten, welche die Arbeiterinnen ausführen. Vom Eingang der Kolonie schwärmen täglich so viele Nahrungssammler auf dem Waldboden aus, daß sie die Vegetation bald abnutzen und Pfade austreten. Sie erklettern kleine Pflanzen oder große Bäume und schneiden Blattstücke etwa von ihrer eigenen Körpergröße ab, die sie dann zurück zur Kolonie transportieren. Man kann Hunderte von ihnen methodisch auf ihren Pfaden entlangwandern sehen, und jede trägt ein winziges, grünes Blattstück. Manchmal überfallen sie Blumenbeete, und der entsetzte Gärtner entdeckt dann eine

Menge geschäftiger Ameisen, deren jede ein fünf Millimeter großes Teilchen einer Blüte zum unterirdischen Bau trägt (Weber, 1972).

In der Kolonie bringen die Arbeiterinnen die Blatt- oder Blütenteile in besondere Kammern, von denen manche einen Meter Durchmesser haben. Sie enthalten Unmengen von Pilzen, die – ernährt durch die Ameisen – rasch heranwachsen und den Blattschneiderameisen zur Nahrung dienen. Zum besseren Gedeihen der Pilze kauen die Arbeiterinnen die Blatteilchen, mischen sie mit Speichel und fügen etwas von ihren Exkrementen hinzu. Der Stoffwechsel in den Pilzzellen verwandelt unverdauliche Zellulose der Blätter in Zucker, den die Ameisen verdauen können.

Hin und wieder tritt eine Anzahl geflügelter, fortpflanzungsfähiger Männchen und Weibchen auf, die als auffallender Schwarm die Kolonie verlassen. Jedes Weibchen nimmt ein Stückchen Pilz in einer spezialisierten Tasche im Munde mit. Nach der Paarung würgt sie das in ihren frischgegrabenen Bau, wo aus ihm ein neuer Pilzgarten entsteht, der für das Überleben der neuen Kolonie unbedingt notwendig ist (Weber, 1972). So treiben diese Blattschneiderameisen tatsächlich eine Art Landwirtschaft. Sie holen eine bestimmte Futterpflanze, bringen sie zur Kolonie und kultivieren sie.

Welche Gedanken und Gefühle mögen die Ameisen haben, die eine so spezialisierte Landwirtschaft betreiben? Es wird allgemein angenommen, daß genetische Programmierung und nicht Lernen all ihr Verhalten bestimmt – das Ausheben der unterirdischen Kammern, die sich drei bis fünf Meter unter die Erde erstrecken können, das Sammeln riesiger Mengen von »Pilzdünger«, die Pflege der Pilzanlagen sowie die Pflege der Eier und Larven. Es wäre sehr schwierig, eine Arbeiterin der Blattschneiderameisen isoliert aufzuziehen, um zu prüfen, ob ihr Verhalten irgendwie von der Tätigkeit ihrer vielen Schwestern beeinflußt wird. Aber bei der Neugründung einer Kolonie können die zuerst entwickelten Arbeiterinnen offensichtlich gar nichts über ihr künftiges Verhalten durch Beobachten anderer Ameisen lernen.

Ist es berechtigt, von dem vielseitigen, wirkungsvollen und stark integrierten Verhalten der Blattschneiderameisen darauf zu schließen, daß sie bewußt über Baukonstruktion, Pilzgärtnerei und andere spezialisierte Tätigkeiten nachdenken? Wie in anderen Fällen ist auch hier die herrschende Meinung der Biologen absolut negativ. Man könnte jedoch das Prinzip der angepaßten Ökonomie, beschrieben im 2. Kapitel, mit Recht auf diesen Fall anwenden. Die Arbeiterinnen der Blattschneiderameisen sind winzige Geschöpfe, deren Zentralnervensystem einen Durchmesser von weniger als einem Millimeter hat. Selbst ein solches »Miniaturgehirn« besteht aus vielen Tausenden von Neuronen, aber Ameisen müssen ja auch viele andere Dinge tun außer dem Sammeln von Blättern und der Arbeit an den Pilzgärten. Kann die in einem solchen winzigen Zentralnervensystem gespeicherte, genetische Information all die detaillierten Bewegungen und Tätigkeiten vorschreiben, die eine solche Ameise ausführen muß? Ist es nicht einleuchtender anzunehmen , daß ihre DNS die Entwicklung einfacher Verallgemeinerungen programmiert wie etwa »Suche nach saftigen grünen Blättern!« oder »Knabbere alle Pilzstückchen ab, die nicht richtig riechen!«, anstatt jede Beugung und Streckung aller sechs Extremitäten zu spezifizieren?

Ich möchte wiederholen, wie wenig ich aus der Fülle des Sozialverhaltens der Insekten in dieser kurzen Besprechung angetippt habe. Viele der in Kolonien lebenden Ameisenarten haben gleich komplizierte und spezialisierte Verhaltensformen wie die Blattschneiderameisen. Einige sammeln für und pflegen andere Insekten. Bestimmte Ameisen ernähren sich von den zuckerhaltigen Ausscheidungen von Blattläusen und anderen Insekten, die auf Pflanzen leben und deren Säfte saugen. Einige Ameisen beschützen auch ihre »Haustiere«. Sie können sogar »Ställe« um sie errichten, und die Beziehung wird zur echten Symbiose, die außerordentlich vorteilhaft, wenn nicht lebenswichtig für beide Arten ist (Wilson, 1971). Auch die Neststrukturen sind sehr unterschiedlich und an die Bedürfnisse der jeweiligen Art angepaßt. Grundsätzlich genügt das Beispiel der Blattschneiderameisen zur Veranschaulichung meines Hauptthemas, aber eine weitere, spezialisierte und sozial lebende Ameise verdient Beachtung.

Weberameisen

Afrikanische Weberameisen *(Oecophylla longinoda)* leben vornehmlich auf Bäumen. Sie graben keine Löcher oder Höhlen, aber sie bauen Nester, indem sie Blattränder mit klebriger Seide verbinden. Wie bei den meisten Ameisen wird das Nest von sterilen Arbeiterinnen gebaut. Die erste Aufgabe besteht darin, die Blätter aus ihrer normalen Position zu biegen, so daß ihre Ränder zusammenkommen und somit die Wände einer Höhle bilden. In manchen Fällen sind die Blattränder bereits so dicht beisammen, daß eine Ameise das Blatt mit den Hinterbeinen und das andere mit den Mundwerkzeugen packen kann. Dann kann sie durch Biegen ihres ganzen Körpers und durch Beugen der Beine die Ränder der beiden Blätter zusammenziehen. Die einzelnen Ameisen sind jedoch viel kleiner als die Blätter, die sie benutzen. Deshalb stellen sich viele Arbeiterinnen nebeneinander an den Rändern zweier Blätter, und alle ziehen gemeinsam. Oft reicht aber auch diese Zusammenarbeit nicht aus, weil die Blätter häufig mehr als eine Ameisenlänge voneinander entfernt sind. Dieses Problem lösen die Arbeiterinnen, indem sie Ketten bilden. Eine packt den Blattrand mit ihren Mundwerkzeugen, eine andere umfaßt den Hinterleib der ersten Ameise, eine dritte hält den Hinterleib der zweiten umklammert usw., bis am Ende der Kette aus Einzeltieren eines das nächste Blatt mit den Hinterbeinen ergreifen kann. Zahlreiche Ameisen ziehen und biegen die Blätter, bis sie eine feste Einfriedigung bilden.

Nachdem die Blattränder zusammengebracht sind, werden sie mit klebriger Seide zusammengeleimt. Die erwachsenen Arbeiterinnen sondern keine Seide ab, wohl aber die Larven. Die Arbeiterinnen holen daher Larven im richtigen Alter aus dem Nest und halten sie zuerst an den einen Blattrand und dann an den anderen. So werden die Larven als eine Art Werkzeug beim Nestbau verwandt.

In diesen umschlossenen Raum legt dann die Königin ihre Eier. Larven wachsen heran und werden von den Arbeiterinnen, die die Nahrung anschleppen, gefüttert, meist mit Teilchen von Aas, das sie gefunden, oder von Tieren, die sie getötet haben. Ein einziges Blattnest ist selten groß genug für eine wachsende Kolonie. So erstellen die Arbeiterinnen weitere Nester in der Nähe auf demselben Baum, während die Königin in ihrem alten Blattnest bleibt. In manchen Fällen besteht eine Kolonie sogar aus Dutzenden von Nestern, die sich dann über mehrere Bäume erstrecken. Es herrscht reger Verkehr zwischen den Nestern einer solchen Kolonie. Die Arbeiterinnen gehen hin und her, tragen die Eier von der Königin zu den anderen Nestern und füttern die heranwachsenden Jungen, wo immer sie sind.

Für all dies Verhalten der Weberameisen wäre ein bißchen einfaches Denken sicher sehr vorteilhaft. Wenn zwei Blätter zu Beginn des Nestbaus zusammengezogen werden müssen, könnten die Arbeiterinnen vielleicht denken: »Laßt uns diese Blätter näher zueinander ziehen.« Anstelle genetischer Informationen, die alle einzelnen Bewegungen zum Zusammenziehen von Blättern verschiedener Größe, Form und Abstand spezifizieren, wäre es vielleicht ökonomischer, von einer Generation zur anderen das geistige Konzeptbild von zwei dicht beieinander sitzenden Blättern zu übermitteln, die Blattrand an Blattrand eine Höhlung umschließen. Das würde genügen, damit die Arbeiterinnen beurteilen können, was zu tun ist, um die freibeweglichen, separaten Blätter in eine an den Rändern zusammengeklebte Nestwand umzuwandeln. Entsprechende Spekulationen über den Gebrauch der Larven als Quellen des Klebematerials sind ebenso plausibel (oder, wie viele sagen mögen, nicht plausibel). Könnten diese Weberameisen beim Zusammenziehen der Blätter denken »Diese Larven sondern klebriges Zeug ab, das helfen würde, die Blätter zusammenzuhalten«? Es ist wahrscheinlich recht bedeutsam, daß eben diese Weberameisen einander auch über Tätigkeiten verständigen können, die vom Nest entfernt stattfinden und für die Kolonie als Ganzes wichtig sind. Ich werde in Kapitel 9 auf dieses Verständigungsverhalten zurückkommen.

Vogelnester

Vogelnester sind viel bekannter als Insektennester. Wenn man jedoch die Größe der Erbauer in Betracht zieht, sind die meisten Vogelnester im Vergleich zu den Nestern der Wespen, Bienen und Ameisen eher klein und primitiv. Diese Tatsache ist etwas befremdlich für alle, die überzeugt sind, daß nur die uns am nächsten verwandten Tiere vielseitiges und vielleicht durchdachtes Verhalten zeigen können. Einige Vogelnester, wie z. B. die von manchen Pirolen, die kunstvolle Gebilde mit langen Eingangsröhren bauen, sind recht eindrucksvoll. Meist aber ist ein Vogelnest napfförmig und sein Inneres daher den Elementen ausgesetzt, wenn nicht gerade ein brütender Elternvogel darauf sitzt. Die Nester sind oft gut verborgen, und sowohl beim Nestbau wie auch während des Ausbrütens der Eier bemühen sich die Eltern, möglichst unauffällig zu bleiben. Der Anpassungswert von Verborgenheit und Unauffälligkeit im Verhalten in der Nähe des Nestes ist einleuchtend, da Eier und Jungvögel leichte Beute für Raubfeinde sind, Säuger wie andere Vögel, die ein Nest leicht finden können, wenn es sichtbar ist oder durch auffälliges Kommen und Gehen der Eltern verraten wird.

Die meisten Vogelnester werden anscheinend in erster Linie aufgrund genetischer Instruktionen gebaut, und bei solchem Instinktverhalten neigt man dazu, jedes bewußte Denken auszuschließen. Trotzdem ist der Nestbau alles andere als eine stereotype und festgelegte Folge von Verhaltensweisen (Thorpe, 1963). Während viele der einzelnen Handlungen beständig wiederholt werden, verändern sich andere von Fall zu Fall, und die Aufeinanderfolge ist fast nie genau gleich. Sie scheint eher der vorliegenden Aufgabe angepaßt zu sein. Wird ein Nest beschädigt, so versucht der Vogel gewöhnlich, es zu reparieren. Er kann aber auch das ganze Unternehmen aufgeben. Weiterhin verhalten sich die Vögel einsichtig, wenn ein Experimentator Nistmaterial, das die Tiere normalerweise selber sammeln müßten, anbietet oder wegnimmt. Wenn z. B. die weichen Federn zum Auspolstern des Nestes entfernt werden, ersetzt sie der Vogel mitunter durch Federn seines eigenen Körpers. Andererseits gebraucht derselbe Vogel bereitwillig Nistmaterial, das der Experimentator zur Verfügung stellt, und wird dann nicht selber welches sammeln.

Collias and Collias (1964) sowie Crook (1964) haben ausführlich die komplexen Nester beschrieben, welche die Männchen einiger Webervogelarten bauen. Der Dorfweber *(Textor cucullatus)* baut ein kürbisförmiges Nest, das aus einer napfförmigen Eikammer besteht, die mit Federn oder weichem Gras ausgepolstert und von einer »Schale« mit einem Durchmesser von etwa fünfzehn Zentimetern umgeben ist. Etwa dreißig Zentimeter lange Grasstreifen werden für die Wände verflochten. Die Decke besteht aus kürzeren Grasstücken, die fester verflochten sind und dadurch den Regen besser ablaufen lassen. Neben dem »Napf« ist ein rundes Loch an der Innenseite des Nestes, durch das die Vögel hineinkommen. Wie von Collias and Collias (1964) beschrieben, flicht das Männchen zunächst dünne Grasstreifen zu einem Ring, den es an geeigneten, verzweigten Ästen befestigt. Dieser Ring wird dann vergrößert, so daß er Kugelgestalt annimmt. Die einzelnen Bewegungen sind ziemlich kompliziert und werden viele Male wiederholt. Der Vogel ergreift ein Ende des Streifens mit dem Schnabel, schiebt ihn durch eine Öffnung im Nestmaterial, läßt ihn los, faßt das Ende auf der anderen Seite, zieht daran und schiebt ihn durch die nächste Öffnung, wobei er jedesmal die Richtung, in der der Streifen gezogen wird, wechselt. Aber diese einfache Beschreibung wird der Sache nicht gerecht. Zunächst webt der Vogel stets eine gekrümmte Oberfläche, obwohl er mit denselben Bewegungen einen festen Ball oder viele andere Formen herstellen könnte. Wenn das Nest fast fertig ist und das Männchen viele Balzversuche ausgeführt hat, kann ein Weibchen das Nest akzeptieren. Wenn nicht, zerreißt es das Männchen, baut ein neues Nest und fährt mit dem Balzverhalten fort.

Erst nachdem das Weibchen eingezogen ist, wird eine nach unten gerichtete Röhre um das Eingangsloch errichtet. Das Männchen verflicht Blätter- oder Grasstreifen zu einem glatten Rand an der Eingangsröhre. Wenn ein Experimentator diesen Rand aufrauht, indem er einige Stücke herauszieht, fügt das Männchen mehr Material hinzu, bevor es den Rand glättet, und man kann es so veranlassen, eine abnorm lange Eingangsröhre zu bauen. Wird ein teilweise fertiges Nest beschädigt, bessert das Männchen gewöhnlich den fehlenden Teil wieder aus. Wie Crook (1964) berichtet, wiederholen freilebende Webervögel, deren Nester beschädigt wurden, oftmals überflüssigerweise frühere Stadien des Nestbaus. Die in Gefangenschaft lebenden Webervögel von Collias and Collias (1962) taten das jedoch nicht. Sie besserten nur gerade das aus, was nötig war, um den Schaden zu beheben. Die hauptsächlichsten Ausnahmen von dieser Regel sind der Bau von verlängerten Eingangsröhren, nachdem der ursprüngliche Rand aufgerauht worden war, und die häufige Reaktion, ein vom Experimentator beschädigtes Nest entweder zu verlassen oder es auseinanderzunehmen und das Material zum Bau eines neuen Nestes zu verwenden.

Im allgemeinen sind Vögel flexibler und einsichtiger als Insekten beim Instandsetzen beschädigter Nester – vorausgesetzt, daß sie sie nicht verlassen. Im Hinblick auf die evolutionäre Anpassung ist das Verlassen wahrscheinlich eine wirkungsvolle Strategie, denn ein Nest, das einmal beschädigt wurde, kann leicht wieder einen ähnlichen Schaden erleiden. Der Vogel kann also die Aussichten, seine Jungen aufzuziehen, durch einen neuen Nestbauversuch mit einiger Wahrscheinlichkeit verbessern.

Das alles soll jedoch nicht heißen, daß Vögel niemals törichte Dinge beim Nestbau tun. Von Frisch (1974) beschreibt, wie Amseln gelegentlich bei einem künstlichen Gebilde, an dem sich mehrere, ähnlich aussehende Vertiefungen finden, viele Nester gleichzeitig zu bauen anfangen. Die Vögel sind offenbar verwirrt durch die Vielzahl der zum Nestbau einladenden Stellen und können sich nicht entscheiden, wo nun eigentlich das Nest entstehen soll. Sie bringen es in dieser Situation nicht fertig, auch nur ein Nest zu vollenden. Wie in so vielen Fällen neigen wir dazu, den Tieren ein völliges Fehlen von Denkvermögen zu unterstellen, wenn sie etwas Törichtes tun und ihre Kräfte verschwenden. Wir legen jedoch nicht denselben Maßstab an Mitglieder unserer eigenen Art, und wir stellen nie ernstlich das Denkvermögen in Frage, wenn sich Menschen auf vergleichbare Weise töricht benehmen. Man muß sich einmal ganz klar machen, daß die Annahme bewußten Denkens bei einem Tier keineswegs bedeutet, es wäre nun unendlich weise und klug. Auch menschliches Denken ist oft irreführend, und es gibt keinen Grund zu glauben, daß das Denken der Tiere stets vollendet mit der äußerlichen Realität übereinstimmt. Die Gedanken von Menschen können falsch sein oder wenigstens grundverschieden von dem, was andere Leute als richtig und vernünftig ansehen. Aber Irrtum ist nicht gleichbedeutend mit dem Fehlen von Denkvermögen.

Unsere eigenen Erlebnisse beweisen, daß Dummheit Bewußtheit nicht ausschließt. Wenn unser für gewöhnlich zuverlässiges Auto nicht anspringt, tun manche von uns in ihrer Ungeduld etwas völlig Unvernünftiges, geben z. B. dem Reifen einen Tritt oder verfluchen den Motor. Wir wissen sehr wohl, daß eine solche verlagerte Aggression den Wagen nicht anspringen läßt, aber wir denken dabei wahrscheinlich »Warum will das verflixte Ding heute Morgen nicht anspringen?« oder »Was geschieht, wenn ich zu spät zur Arbeit komme?« oder »Ich hätte letzten Herbst eine neue Batterie kaufen sollen!«

Das bringt uns zu einer weiteren interessanten Frage in Bezug auf Nestbau und anderes Brutfürsorge-Verhalten bei Vögeln. Haben sie in einem frühen Stadium des Nestbaus irgendeine Vorstellung von dem fertigen Produkt, auf das sie hinarbeiten? Wir können auch einen Schritt weiter gehen und fragen, ob ein Vogel, der mit dem Nestbau beginnt, irgendeine Idee von den Eiern und den Jungen hat, die bald darin sein werden. Solche Spekulationen mögen plausibler sein bei Arten, wo die Weibchen die Nester bauen, weil sie die Eier legen und die Jungen füttern. Aber viele Leute werden meinen, es sei ein zu weit hergeholter Gedanke, daß ein Vogelweibchen an Eier oder Junge denken könne, wenn es anfängt, ein Nest zu bauen. Jedoch könnte der Gedanke einige Vorteile bringen. Selbst ein primitives Konzept von der Funktion des Nestes könnte dem Vogel helfen, es richtig anzulegen. Wiederum gebricht es hier an überzeugenden Beweisen.

Gedankenlose Roboter?

Trotz der Wandelbarkeit all dieser Verhaltensweisen glauben die Wissenschaftler gemeinhin, daß sie durch genetisch programmierte Instinkte hervorgebracht werden und daher nichts mit bewußtem Denken zu tun haben. Ein Grund für die Gleichsetzung von »instinktiv« mit »nicht-bewußt« ist, daß unter gewissen Bedingungen menschlicher Einmischung das Verhalten von Insekten unangemessen und unwirksam werden kann. Wenn ein Experimentator einige der Raupen wegnimmt, mit denen eine Grabwespe ihr Nest versorgt hat, oder einige hinzufügt, fährt die Wespe fort, die gleiche Anzahl von Raupen zu bringen, als wenn nichts geschehen wäre. Wenn eine gelähmte Raupe fortgenommen wird, nachdem die Grabwespe sie in der Nähe des Eingangs zum Bau abgelegt hat, während sie das Loch wieder öffnet, sucht sie oftmals nach der verschwundenen Beute, bis sie sie wieder gefunden hat, und zerrt sie zurück zum Eingang. Aber anstatt die Raupe nun direkt in die Höhle hineinzuziehen, wiederholt sie das gesamte Verhalten, legt also die Raupe wieder ab und buddelt aufs Neue, auch wenn das Loch bereits offen ist. Wenn der Experimentator die Raupe inzwischen wieder ein Stück weit entfernt, kann dieses unangemessene Verhalten viele Male wiederholt werden.

In andcren Fällen ändern Insekten, die ein Nest gebaut haben, ihr Verhalten nicht, wenn man ein Loch in dieses Nest macht, so daß die Eier herausfallen. Solches Verhalten hat zu dem Schluß geführt, daß so ein Insekt auf keinen Fall bewußt denken kann. Wir können natürlich sofort sehen, was es tun müßte, um das erstrebte Ziel zu erreichen, und wenn es das nicht tut, sondern ständig ein Verhalten wiederholt, das unter normalen Umständen richtig wäre, nunmehr aber völlig sinnlos geworden ist, so schließen wir daraus, daß dieses Tier nichts weiter als eine geistlose Maschine ist (siehe z. B. Gould and Gould, 1982).

Es lohnt sich, unsere Argumente sorgfältig zu prüfen. Ist es die Beständigkeit im Verhalten der Grabwespe, die es bei manchen Anlässen mechanisch erscheinen läßt? Falls ja, müssen wir doch sehen, daß sich die Einzelheiten im Verhalten viel stärker verändern, als es einer mechanischen Wespe möglich wäre, falls wir eine herstellen könnten. Oder sprechen wir ihr bewußtes Denken in erster Linie deshalb ab, weil die Wespe die Situation nicht in der gleichen Weise durchschaut, wie man das von einem Menschen erwartet? Ist das gerechtfertigt? Wenn ein Kind von sechs Jahren etwas Törichtes tut, wobei ein Erwachsener ohne weiteres erkennt, wie das für das Kind verwirrende Problem zu lösen ist, sagen wir ja auch nicht, daß das Kind nicht bewußt denken kann. Könnte es nicht im Falle der Wespe ganz ähnlich sein?

Wespen und andere Gliederfüßler passen ihre Handlungen oft den veränderten Umständen an, aber solche Fälle werden in den Diskussionen über Instinktverhalten meistens nicht hervorgehoben. Beispielsweise beschreibt W. S. Bristowe (1976), wie Haubennetzspinnen die gewohnte, stereotype Verhaltensfolge manchmal ändern, wenn sich kleine Insekten in ihrem Netz gefangen haben. Hält der Experimentator eine zappelnde Fliege mit der Pinzette dicht an eine solche Spinne, so läßt sie die Anfangsphase des Normalverhaltens (am Netz entlanglaufen, um die Fliege zu erreichen) einfach weg und beißt sofort zu. Ist die Fliege bereits tot, umwickelt sie sie mit Spinnfäden, ohne erst zu beißen. Man sagt, daß Spinnen beim Herstellen ihrer komplizierten Netze einer starren Reaktionskette folgen, und man vermutet, daß dieses Verhalten instinktiv sei, weil das erste Netz, das ein Weibchen spinnt, bereits fast vollkommen ist. Sie wird jedoch die Struktur etwas verändern, wenn die Pflanzen in der Umgebung bzw. die Abstände zwischen ihnen unregelmäßig sind. Bristowe beschreibt, wie eine Spinne, deren Netz für gewöhnlich symmetrisch ist, ein sehr unsymmetrisches Netz baut, wenn der Zwischenraum zwischen den Blättern es verlangt. In der Mitte des Netzes, von der die Fäden strahlenförmig zu den umstehenden Pflanzen laufen, läßt die Spinne normalerweise ein Loch, durch das sie schnell von einer Netzseite auf die andere gelangen kann, wenn sie ein Insekt gefangen hat. In einem Netz aber war dieses Loch anstatt in der Mitte nahe am Rande des offenen Raumes zwischen den Blättern eines Fliederbusches, und die Strahlen formten einen Halbkreis statt eines Kreises.

Viele Ethologen tun Variabilitäten in Gebilden wie Spinnennetzen als bedeutungslose »Nebengeräusche« in einem im Grunde unveränderlichen System ab, und sie bestreiten, daß eine Spinne bewußt die Struktur ihres Netzes der Form des verfügbaren, offenen Raumes zwischen zwei Gegenständen anpassen könne. Jedoch ist das Endergebnis der Funktion, kleine, fliegende Insekten zu fangen, so wirkungsvoll angepaßt, daß Spinnen möglicherweise die wahrscheinlichen Resultate ihres Netzspinnens voraussehen könnten. Entomologen und Ethologen widersprechen heftig einer solchen Unterstellung, weil sie daran gewöhnt sind, Gliederfüßler als genetisch programmierte Roboter zu sehen. Wie mehrfach betont, wissen wir aber viel zu wenig, um sagen zu können, ob genetisch programmiertes Verhalten zwangsläufig bewußtes Denken ausschließt.

Wespen können ihr Verhalten ändern, um mit Umständen fertig zu werden, die sich innerhalb eines bestimmten Spielraums bewegen. Wenn z. B. eine Grabwespe einen Bau in lockerem Boden gräbt und Bröckchen hineinfallen, entfernt sie diese (Baerends, 1941; Thorpe, 1963). Die entsprechenden Bewegungen der Grabwespe richten sich ganz danach, wann und wo die Teilchen hinfallen, und wenn nichts in den halbfertigen Bau fällt, macht die Wespe auch keine Anstalten, etwas zu entfernen. Wenn dagegen ein menschlicher Experimentator die Umstände so weit verändert, daß der naturgegebene Spielraum überschritten wird, z. B. wenn er eine gelähmte Heuschrecke, die eine Grabwespe während der Höhleninspektion neben dem Eingang deponiert hatte, ein Stück weit entfernt, sind wir enttäuscht, wenn die Wespe die Heuschrecke zurückschleppt und dann unnötigerweise die Bauinspektion wiederholt (Gould and Gould, 1982). Aber ein Mangel an Flexibilität angesichts nie dagewesener Umstände bedeutet nicht notwendig, daß das Verhalten ohne Bewußtsein abläuft.

Schließlich könnten unsere wohlinformierten, politischen Führer in einem ähnlichen Licht gesehen werden. Die menschliche Spezies hat eine lange Geschichte von Kriegen und Aggressionen hinter sich. Man glaubt weithin und mit gutem Grund, daß potentielle Feinde vom Angriff abgehalten werden, wenn sie wissen, daß der Gegner einen großen Vorrat wirksamer Waffen hat. Aber wir sind inzwischen in der Lage, Waffen herzustellen, die mit großer Wahrscheinlichkeit nicht nur alle potentiellen Feinde, sondern auch uns selber vernichten würden. Dennoch fahren wir mit den Kriegsvorbereitungen in der altgewohnten Weise fort. Zum Glück konnten wir bisher einen Atomkrieg vermeiden, und wir alle können nur hoffen, daß das auch weiterhin möglich sein wird. Andernfalls werden eines Tages außerirdische Palaeo-Ethologen das Ende unserer Geschichte von einem ähnlichen Gesichtspunkt aus betrachten wie der Ethologe, der die Grabwespe dabei beobachtet, daß sie Verhaltensfolgen wiederholt, die zwar gemeinhin wirksam, in der veränderten Situation aber sinnlos geworden sind.

Bei der Deutung der komplexen Nest- und Schutzbau-Aktivitäten der Insekten müssen wir uns vor umfassenden Schlußfolgerungen aufgrund eines beschränkten Beweismaterials hüten, das zufällig zu unseren früheren Überzeugungen paßt. Auch wenn sich manche Insekten oft dumm und unwirksam verhalten, wenn ihre Bauten experimentell beschädigt werden, so gibt es doch andere, wie z. B. Termiten, die beschädigte Bauten ausbessern. Selbst Köcherfliegenlarven reparieren Löcher in ihren Etuis. Ein weiteres Beispiel sind die Lehmwespen, die topfförmige Gebilde aus Lehmschlamm bauen, den sie aus einiger Entfernung herbeiholen. Sie legen einen Nahrungsvorrat für die künftigen Larven in diese Behälter, und, wenn sie fast voll sind, legen sie ein Ei dazu. Wird in den Boden oder die Seite des Topfes ein Loch gemacht und etwas von den Nahrungsvorräten weggenommen, so bemerkt die Wespe manchmal das Loch und repariert den Schaden (besprochen in Thorpe, 1963). Wenn wir schlußfolgern, daß eine Wespenart nicht denken kann, weil sie sich dumm verhält, müssen wir dann nicht zur gegenteiligen Ansicht kommen, wenn wir finden, daß eine andere Art sich in einer vergleichbaren Situation vernünftig verhält? Es besteht die starke Tendenz, die dummen Fälle hervorzuheben und das gescheite Verhalten zu ignorieren.

Nach einer weiteren, häufig vertretenen Ansicht können die Bautätigkeiten der Insekten nichts mit bewußtem Denken zu tun haben, weil das Insekt das Endergebnis nicht mitkriegen kann. Wespen bauen kunstvolle Nester, besorgen Nahrung für die künftigen Larven, legen Eier, verschließen das Ganze sorgfältig und verbergen den Nesteingang. Aber das Insektenweibchen, das all dies tut, stirbt, lange bevor die Larve aus dem Ei kommt und von der Arbeit der Mutter profitieren kann. Daher heißt es, daß das Insektenweibchen keine Ahnung von dem Endergebnis seiner Mühen haben kann. Da die Mutter jedoch einst selbst eine Larve war, könnte sie sich an genug erinnern, um etwas Ähnliches zu bauen. Nun gehen allerdings im Körper eines Insekts während der Metamorphose vom Larvenstadium zum ausgewachsenen Tier (Imago) drastische Veränderungen vor sich, die auch das Zentralnervensystem betreffen, und erst das voll ausgewachsene Insektenweibchen führt den Nestbau aus. Es erscheint sehr unwahrscheinlich, daß eine ins Einzelne gehende Erinnerung durch diese Metamorphose hindurchgebracht werden könnte.*

Trotzdem sollten wir uns fragen, ob die Endergebnisse eines Verhaltens notwendigerweise verstanden sein müssen, um bewußte Gedanken während der Ausführung dieses Verhaltens zu haben. Die Gedanken und Gefühle einer Köcherfliegenlarve oder einer nestbauenden Wespe könnten sich auf die unmittelbare Situation beschränken, ohne die Langzeitkonsequenzen in Rechnung zu stellen. Vielleicht möchte die Wespe gerade nur einen Bau anlegen, vielleicht beabsichtigt sie, die gelähmte Raupe in die Nestkammer zu bringen, und vielleicht macht ihr das Eierlegen Spaß – alles ohne die geringste Einsicht, daß das zu Larven ihrer Art führen wird. Die Überzeugung, daß ein Verstehen von Langzeitergebnissen eine notwendige Voraussetzung bewußten Denkens ist, könnte nur zu leicht aus unserem Bedürfnis kommen, Gründe für den Glauben zu finden, daß Tiere gedankenlose Maschinen seien. In Wirklichkeit werden ja viele Arten menschlichen Verhaltens in Gedanken an die gegenwärtigen Umstände ausgeführt, aber ohne irgendwelche Gedanken an die Langzeitergebnisse. Wenige von uns denken an unsere Nachkommen im Jahre 3000, obgleich unser Verhalten entscheidend für ihre Existenz ist. Und das Anzünden von Zigaretten und der Genuß des Rauchens sind selten von Gedanken an die Endstadien des Lungenkrebses begleitet.

---

*Anmerkung des Übersetzers: Anscheinend ist es Griffin unbekannt, daß Mehlkäferlarven *(Tenebrio)*, die Borell du Vernay (1942) in einem T-Labyrinth dressierte, noch als Käfer das als Larve Gelernte behalten hatten. Mindestens in diesem einen Fall ist also der Nachweis erbracht, daß eine Erinnerung durch die Metamorphose hindurchgebracht werden kann.

Ererbte Schablonen

Die Ansicht, daß instinktives, genetisch programmiertes Verhalten sich ändernden Umständen angepaßt werden kann, steht in krassem Gegensatz zum zeitgenössischen, wissenschaftlichen Denken, obgleich sich Charles Darwin oder G. J. Romanes (1884) sicher nicht daran gestört hätten. Das Konzept genetisch programmierter Wahrnehmungsschablonen könnte hier eine hilfreiche Brücke sein. Anders als die exakte Nachbildung einer Situation oder eines Gegenstandes der Außenwelt ist eine solche Schablone eine bildliche Vorstellung, verschlüsselt im Gehirn auf eine Weise, die wir nur dunkel ahnen, wie Roitblat (1982) besprochen hat. Es könnte irgendein Muster eines »Solls« im Gehirn des Tieres sein, mit dem es dann übereinzustimmen sucht. Um diese plausible, aber skizzenhafte Bemerkung etwas auszuarbeiten, wollen wir annehmen, die DNS eines Tieres führe zur Entwicklung eines Mechanismus in seinem Gehirn, der selektiv auf ein bestimmtes Muster von primitiver oder komplexer Eingangsenergie reagiert, und das Tier dann versuche, die sinnliche Eingangsenergie aus seiner Umgebung so zu verändern, daß sie mit der neuralen Schablone übereinstimmt.

Etwas dieser Art scheint wenigstens zum Teil der Fähigkeit von Singvögeln zugrundezuliegen, ihren Artgesang auszubilden. Wenn die Jungen einer Singvogelart isoliert gehalten werden und Bandaufnahmen verschiedener Töne und Tonfolgen hören, werden, wenn sie erwachsen sind, ihre Rufe und Lieder diesen Aufnahmen gleichen. Sorgfältige Untersuchungen haben jedoch gezeigt, daß sie manche Tonfolgen besser und leichter lernen als andere. Die am leichtesten erlernten Tonfolgen sind diejenigen, die am meisten den charakteristischen Artgesängen ähnlich, die der Jungvogel aber nie gehört hat (Marler, 1976, 1977, 1978).

Eine Art neuraler Schablone, die zu der sinnlichen Eingangsenergie paßt, die von Nestern, Bauen, Beutefangvorrichtungen oder anderen Gebilden ausgeht, mag sich im Gehirn eines Tieres ohne Lernen oder individuelle Erfahrung entwickeln. Wenn es zur Herstellung von Kunstgebilden gehört, etwas hervorzubringen, was mit der Schablone übereinstimmt, ist es nicht überraschend, daß das Verhalten wechseln und sich an die unmittelbaren Gegebenheiten anpassen kann. Wenn also die Köcherfliegenlarven eine neurale Schablone haben, die den Empfindungen entspricht, welche von einer bestimmten Art von Etui ausgehen, werden sie anzunehmenderweise die Sandkörner oder Blattstückchen in einer Weise um ihren Körper zu arrangieren versuchen, die so weit wie möglich der Struktur dieser Schablone entspricht. Wenn andererseits die Ergebnisse anfänglich nicht zu der Schablone passen, werden sie die Steinchen oder Blattstücke durch etwas ersetzen, das besser paßt. So ansprechend diese Hypothese auch ist, würde sie doch einer Vervollkommnung bedürfen, um alle Aspekte der Konstruktion eines künstlichen Gebildes zu erklären, selbst bei Köcherfliegenlarven, weil es oft so aussieht, als ob sie Objekte von passender Größe oder Form aussuchten bzw. herrichteten, anstatt alle erreichbaren Objekte auszuprobieren und die zu verwerfen, die ungeeignet sind. Die neurale Schablone müßte also das »Gefühl« für geeignete Teilchen ebenso einschließen wie das »Gefühl« für den fertigen Köcher. Insgesamt könnte das Konzept ererbter, neuraler Schablonen dazu beitragen, das komplexe und angepaßte Verhalten vieler Tiere zu erklären, die keine Gelegenheit haben zu lernen, was sie bauen sollen.

Dieses Konzept kann ein Denkanstoß sein und fruchtbringende Beobachtungen und Experimente nahelegen, obgleich es bis jetzt nur eine Art von skizzenhaftem Umriß ist, der mit einer Menge von Informationen ausgefüllt werden muß, bevor er wirklich überzeugen kann.

Das allgemeine Prinzip der Neuralschablonen kann uns auch noch in anderer Weise weiterhelfen. Wenn sich das Gehirn eines Tieres so entwickelt, daß es Neuralschablonen produziert, und wenn das Tier die Natur der Schablonen wahrnimmt, könnte es dann auch in gewissem Sinne wissen, was es zu produzieren versucht. Wenn diese Idee zunächst phantastisch erscheint, wollen wir überlegen, wie sie auf ganz primitivem Niveau funktionieren könnte. Eine basale Neural- oder Wahrnehmungsschablone könnte die Empfindung sein, sich in einer schützenden, dunklen Höhle zu befinden, die Sicherheit vor den meisten Gefahren der Verfolgung bietet. Die Schablone könnte einfach aus dem durch verschiedene Sinnesorgane vermittelten Gesamtgefühl bestehen, behaglich von Höhlenwänden umgeben zu sein, verbunden mit der visuellen Wahrnehmung von gedämpftem Licht. Wenn Tieren eine solche »Zielschablone« innewohnt, könnten sie fähig sein, ihr Verhalten bewußt darauf auszurichten, ihr zu entsprechen. Mit anderen Worten, das Verhalten der Tiere könnte dem bewußten Versuch entstammen, die Schablone zu verwirklichen – wörtlich: wirklich zu machen.

Eine Neuralschablone bei Köcherfliegen könnte mit der taktilen Sinneswahrnehmung zu tun haben, daß die Sinnesborsten eines großen Teils der Körperoberfläche in engem Kontakt mit einer festen Begrenzung stehen. Die Larve könnte die Sinnesreize der Schablone anpassen, indem sie feste Teilchen zu einer zylindrischen Röhre zusammenklebt. Eine solche Schablone würde es auch dem Tier erlauben, an das fertige Gebilde zu denken, wenn es in verschiedenen Baustadien den Köcher der Schablone anzupassen versucht. Da die Köcher einige gattungsspezifische Eigenarten haben, müßten die Neuralschablonen auch diese Eigenarten der jeweiligen Gattung enthalten. Bei denen, die quadratische Blattstückchen schneiden, die sie mit abwechselnd angeordneten

Gelenken zusammenkleben, muß die Neuralschablone die taktilen Reize einschließen, die solche Stücke und Gelenke hervorrufen.

Die Auffassung des Instinktverhaltens als bewußtes Bemühen um Übereinstimmung mit Neuralschablonen mag sparsamer sein als die theoretische Forderung eines kompletten Satzes von Anweisungen für Bewegungsabläufe, welche die charakteristischen Strukturen unter allen möglichen Bedingungen entstehen lassen. Auch dürften die Bemühungen selbst um Übereinstimmung mit einer Schablone wirtschaftlicher und wirksamer sein. Für Biologen ist es immer gefährlich anzunehmen, daß nur eine von zwei oder mehr Erklärungen universell anzuwenden sein müsse. Vermutlich basieren die verschiedenen Arten von Instinktverhalten auf einer ganzen Anzahl von Kombinationen und Permutationen von Neuralschablonen und genetisch programmierten Bewegungsabläufen. Auch könnten die Neuralschablonen Veränderungen durch Lernen, vielleicht auch durch nicht-spezifische Umwelteinflüsse oder die Weiterentwicklung des Nervensystems unterworfen sein. Sie mögen sehr wohl flexibel sein und in Suchbilder der im 3. Kapitel besprochenen Art übergehen. Auch muß man nicht notwendigerweise annehmen, daß sich die Tiere nun aller ihrer Neuralschablonen bewußt sind. Vielleicht sind nur einige wenige wichtig genug, daß das Tier bewußt an sie denkt und alternative Wege zu ihrer Verwirklichung in Betracht zieht.

Wenngleich diese Spekulationen nur Versuche darstellen, ergeben sie noch eine plausible Grundlage für die Betrachtung, wie bewußtes Denken mit Instinktverhalten kombiniert werden könnte. Die meisten Gedanken und subjektiven Gefühle eines Tieres beschränken sich wahrscheinlich eher auf die unmittelbar anliegende Situation als auf die Endergebnisse. Eine Spinne beim Netzbau mag darüber nachdenken, wie sie ihre Spinndrüsen betätigen muß, um verschiedenartige Webfäden zu erzeugen, aber sie mag nicht in der Lage sein, sich vorzustellen, daß ihr das Gespinst, das sie da herstellt, beim Insektenfang helfen wird. Oder wenn das Netz teilweise fertig ist, mag es ihr möglich sein, sich vorzustellen, daß das vollendete Netz die Fliege fangen könnte, die gerade durch eine noch offene Stelle flog. Wenn ein Wespenweibchen einen Bau gräbt, ihn mit Nahrung bestückt oder andere Vorbereitungen trifft für ein Ei, das sie noch nicht gelegt hat, und für eine Zukunft, die sie nicht erleben wird, so ist es unvernünftig, sich vorzustellen, daß sie an ihre dereinstige Nachzucht denkt, hauptsächlich, weil die Information über die Nachzucht ihr Zentralnervensystem auf keine Weise erreichen kann. Aber diese Unfähigkeit, die Langzeitergebnisse ihres Verhaltens zu kennen, schließt bewußtes Denken über das, was sie gerade tut, keinesfalls aus, denn sie hat reichlich Gelegenheit zu empfinden, was sie tut, und die unmittelbaren Ergebnisse zu beobachten.

6 Werkzeuggebrauch und Bauen

Lange Zeit nahm man an, daß nur unsere Spezies Werkzeuge benutze oder wenigstens, daß kein anderes Tier Werkzeuge herstellen oder zurichten könne. Die Verhaltensforscher haben jedoch verschiedene Beispiele für Werkzeuggebrauch gefunden, und in einigen Fällen bearbeiten die Tiere sogar Gegenstände, um bessere Werkzeuge daraus zu machen. Auch wenn es für die menschliche Eitelkeit nicht schmeichelhaft ist, ist dieser Gebrauch von Werkzeugen nicht einmal auf unsere nächsten Verwandten, die Menschenaffen und Affen, beschränkt. Er findet sich bei einer Vielzahl von Tieren, einschließlich mehrerer Wirbelloser. Aufs gesamte Tierreich bezogen, sind jedoch die Arten mit Werkzeuggebrauch in der Minorität, und bei manchen ist er auf einige Individuen oder auf bestimmte Populationen beschränkt. Auch benutzen Tiere die Werkzeuge nur für bestimmte, für sich wichtige Zwecke, z. B. wenn sie an Nahrung nur mit Hilfe eines Instruments gelangen können.

Benjamin Beck (1980) hat den Werkzeuggebrauch bei Tieren in einen zusammenfassenden und gedankenreichen Buch, *Animal Tool Behavior*, abgehandelt. Da diese Veröffentlichung so kurz zurückliegt und so gründlich ist, werde ich hier ausgiebig davon Gebrauch machen, d. h. soweit keine anderen Quellen genannt sind, sind die Beispiele in diesem Kapitel dem Buch von Beck entnommen, der sie freilich ausführlicher behandelt. Für unsere Zwecke ist nur der Gesichtspunkt wichtig, ob das Manipulieren von Gegenständen bzw. der Gebrauch von Werkzeugen Beweise liefert, daß die Tiere *absichtlich* darüber nachdenken, was sie tun. Einige der in diesem Kapitel zu besprechenden Beispiele von Werkzeuggebrauch sowie von der Anfertigung und Instandhaltung recht komplizierter Kunstprodukte scheinen noch stärker als die in Kapitel 5 die Erwartung bestimmter Ergebnisse in naher oder ferner Zukunft anzuzeigen.

Ameisenlöwen und andere Wirbellose

Zwei entfernt miteinander verwandte Gruppen von Insektenlarven heben trichterförmige Löcher in loser Erde aus und warten, am Ende des Trichters verborgen, daß andere kleine Tiere herunterfallen, die sie dann fangen und fressen. Die bekanntesten dieser fallenstellenden Insektenlarven sind die Ameisenlöwen, die sich später in fliegende Insekten (Ordnung Neuroptera) umwandeln. Auch die Larven einiger echter Fliegen (Ordnung Diptera) haben ähnliche Gewohnheiten wie die Ameisenlöwen, d. h. sie errichten Fallen, um Beute zu fangen, und werfen mit Sandkörnern nach der flüchtenden Beute. Nach der herkömmlichen Auffassung können Insektenlarven unmöglich etwas gewahr werden. Nun liegt aber dem Graben von Fallen und dem Werfen mit Sandkörnern gewiß eine Anpassung an örtliche Gegebenheiten zugrunde. Ein Ameisenlöwe sucht leichten Boden für seine Grube, und er wirft nicht nach allen Seiten mit Sand um sich, sondern nur in Richtung der Beute.

Ein weiteres bezeichnendes Beispiel ist der Einsiedlerkrebs, eine weit verbreitete, stellenweise häufig vorkommende, kleine Krustazeenart, die leere Gehäuse toter Schnecken bewohnt. Der hintere Körper eines Einsiedlerkrebses ist weich und so geformt, daß er in ein Schneckenhaus paßt, ohne das er sehr verletzbar ist. Während des Wachstums muß der Krebs immer größere Schneckenhäuser finden und sie gegen das zu klein gewordene Haus austauschen. Ein Krebs bezieht ein Schneckenhaus nur, nachdem er es zuvor inspiziert hat, wobei er es mit seinen Hinterextremitäten abtastet, offenbar um den Eingang zu finden. Oft kämpfen Einsiedlerkrebse um ein Schneckenhaus, und wenigstens bei einer Art versammeln sie sich dort, wo viele Schnecken von Raubfeinden gefressen werden, und warten auf die leeren Gehäuse.

Seeanemonen haben Nesselzellen, die auf Berührung ein stechendes Projektil mit einem Reizstoff ausschleudern. Der Meereskrebs *Melia tessellata* löst kleine Anemonen sorgfältig von ihrer Unterlage ab, hält eine in jeder seiner Hinterextremitäten und, wenn er sich bedroht fühlt, richtet er sie gegen den Störenfried (Duerden, 1905; Thorpe, 1963). Auch manche Einsiedlerkrebse setzen Seeanemonen auf ihre Schneckenhäuser und erzielen damit einen gewissen Schutz gegen ihre Feinde (Ross, 1971). Es ist bezeichnend für das fehlende Interesse der Ethologen an Verhaltensweisen, die bewußtes Denken nahelegen, daß das Benutzen von Seeanemonen durch Krebse in den beinahe achtzig Jahren, seitdem Duerden es beschrieb, nie ernsthaft untersucht worden ist. In Maiers und Schneirlas *Principles of Animal Psychology* wie auch in den meisten Monographien und Lehrbüchern, die der Ethologie gewidmet sind, ist es nicht einmal erwähnt. Verhielte sich ein Primate so genial wie diese Krebse und Ameisenlöwen, so würde man ihm vielleicht absichtliche Planung zugestehen. Wenn wir dagegen diesen Krustazeen und Insektenlarven kategorisch jede bewußte Regung absprechen, müssen wir zugeben, daß es nicht aufgrund ihres Verhaltens, sondern aus anderen Gründen geschieht.

Ein paar Ameisenarten liefern die deutlichsten Beispiele von Werkzeuggebrauch bei kleinen und verhältnismäßig primitiven Tieren. Arbeiterinnen von Ameisen der Gattung *Aphaenogaster* sammeln weiche und halbflüssige Nahrung wie Fruchtfleisch und Honig aus den Vorräten anderer Insekten sowie auch die Körperflüssigkeit von Tieren, die diese getötet haben (Fellers and Fellers, 1976). Die Arbeiterinnen müssen die halbflüssige Nahrung rasch zu ihrem Nest bringen, bevor die anderen Tiere sie essen. Daher tauchen diese Ameisen oft Stückchen von Blättern, Holz oder sogar Schmutz in die Flüssigkeit, bis sie nennenswerte Mengen davon aufgesogen haben, und tragen dann das angefeuchtete, schwammähnliche Objekt zurück zur Kolonie. Durch diese Art von Werkzeuggebrauch kann eine Arbeiterin mitunter zehnmal soviel Nahrung transportieren als in ihrem Magen.

Ein weiteres Beispiel von Werkzeuggebrauch bei Insekten bieten die Grabwespen, deren Verhalten in Kapitel 5 besprochen wurde. Beim Errichten ihres Baus stampfen manche dieser Wespen den weichen Boden mit einem Sandkorn fest, das sie zu diesem Zweck in den Mandibeln halten. Wie Thorpe (1963) ausführt, ähnelt die Stampfbewegung den Bewegungen, mit denen sie Erdbröckchen aufheben und in die aufzufüllenden Baue werfen. Trotzdem gibt es leichte Unterschiede in der Motorik, und das Feststampfen kommt erst gegen Ende der Auffüllarbeiten.

Werkzeuggebrauch bei Vögeln

Auch von einigen Vogelarten ist der Gebrauch einfacher Werkzeuge bekannt (Chisholm, 1954, 1971, 1972). Stewart W. Janes (1976) fand einen überraschenden Gebrauch von Steinen bei nestverteidigenden Raben. Er beobachtete in Oregon zehn Rabennester aus nächster Nähe, von denen acht auf Felsenklippen waren. Von einem dieser Felsnester flogen die Raben ein und aus durch einen Längsriß, der eine zwanzig Meter hohe Klippe von oben bis unten durchzog. Janes und ein Begleiter kletterten durch den Spalt hinauf und besahen sich die fast flüggen Jungen im Nest. Als sie sich zum Rückweg anschickten, flogen beide Elternvögel sie wiederholt an, stießen laute Rufe aus und landeten schließlich auf der Spitze der Klippe. Dann hob einer der Raben kleine Felsstücke mit dem Schnabel auf und ließ sie auf die menschlichen Eindringlinge fallen. Einigen der Felsstückchen konnte man ansehen, daß sie zum Teil in der Erde gesteckt hatten. Also hatten die Vögel sie anzunehmenderweise daraus gelöst. Die Raben warfen in diesem Falle nur sieben Steine, aber sie schienen nach weiteren zu suchen und hörten anscheinend nur auf, weil sie keine geeigneten Steinbrocken mehr fanden.

Während viele Vögel ihre Nester und Jungen intensiv verteidigen, oftmals indem sie gegen Menschen, die zu nahe gekommen sind, anfliegen, auf sie erbrechen oder Kot abgeben und gelegentlich mit dem Schnabel nach ihnen stoßen, ist das Werfen mit Steinen höchst ungewöhnlich. Auch lösen Raben bei anderen Anlässen kleine Felsstückchen aus dem Boden und lassen sie fallen. Man muß wohl daraus folgern, daß diesen sehr intelligenten und anpassungsfähigen Vögeln im beschriebenen Fall sehr viel daran gelegen war, die menschlichen Eindringlinge vom Nest zu vertreiben, und sie auf den Gedanken kamen, daß das Werfen mit Steinen Erfolg haben könnte.

Obgleich Aufheben und Fallenlassen von Steinen und ähnlichen Dingen nicht oft bei Vögeln beobachtet wurde, ist doch von einigen Krähen und Heringsmöwen bekannt, daß sie sich angewöhnen, Muscheln zu zerbrechen, indem sie sie auf harten Untergrund fallen lassen, wie in Kapitel 3 beschrieben. Niemand hat beide Arten von Wurfverhalten bei ein und demselben Vogel beobachtet. Daher ist es unwahrscheinlich, daß die Raben einfach von der einen Art zur anderen überwechselten. Nester von Raben und anderen Vögeln sind oft unter ähnlichen Bedingungen untersucht worden, und die Ornithologen hätten sicher über das Werfen von Steinen zur Abwehr von Eindringlingen berichtet, wenn es vorgekommen wäre. Wahrscheinlich sind also diese von Janes beobachteten Raben unabhängig von Vorbildern auf diese Abwehrstrategie gekommen. Es wäre hochinteressant zu wissen, ob sie sie auch bei anderen Gelegenheiten angewandt haben und, falls ja, mit welchem Erfolg.

Wenn bei einer Tierart solch kühne Neuerungen im Verhalten auftreten, so sind diese wahrscheinlich zunächst stets auf ein Individuum oder nur ganz wenige Einzeltiere beschränkt. Selbst wenn sich die neue Taktik bewährt und ein Individuum sie wiederholt und erfolgreich anwendet, ist damit noch lange nicht gesagt, daß sie die Artgenossen nachahmen. Neuerwerbungen, die sich nicht in einer Population ausbreiten, sind aber für Evolutionsbiologen nicht von Interesse, da diese sich ja auf die Phänomene konzentrieren, die in großen Populationen allgemein auftreten. Gerade solch findiges Einzelverhalten könnte jedoch besonders schlüssige Beweise für unabhängiges Denken liefern, wie Dennett (1983) hervorgehoben hat. Wenn Eindringlinge ein Rabennest bedrohen und sich weder durch laute Rufe noch durch drohende Annäherungen oder sonstige, gebräuchliche Taktiken davon abbringen lassen, könnte sich ein Elternvogel die neue Taktik ausdenken, etwas Hartes und möglicherweise Gefährliches fallen zu lassen. Es wäre interessant zu wissen, ob diese Vögel die Wirkung fallender Steine jemals beobachtet haben, oder ob sie auch ohne das meinen, daß ein fallender Stein den Eindringling abhalten könnte. Wieder haben wir noch keine Antwort auf solche Fragen.

Ein weiterer, recht gründlich untersuchter Fall, in dem Vögel Steine als primitive Werkzeuge benutzen, ist das Zerbrechen großer Eier durch bestimmte Geier in Ostafrika. Diese Vögel essen oft die Eier von Bodenbrütern, aber Straußeneier sind zu groß und zu hart, um einfach aufgehackt zu werden. Etwas kleinere Eier zerbrechen die Geier manchmal, indem sie sie 60 bis 100 cm weit werfen. Bei einem großen Straußenei kann ein Geier einen Stein mit dem Schnabel ergreifen und damit auf die Schale loshämmern, bis sie zerbricht, oder er kann den Stein auf das Ei werfen. Er wirft dabei oft daneben, aber wenn er nicht gestört wird, fährt er damit fort, bis die Schale bricht (van Lawick-Goodall, 1970).

Einer der bestuntersuchten Fälle, in denen Vögel Werkzeuge herstellen und benutzen, ist der von den Darwinfinken auf den Galapagosinseln, von denen wir schon im 3. Kapitel gesprochen haben. Auf den meisten dieser Inseln ernähren sich die Finken von Insekten, die sie aus Ritzen hervorholen. Einige Arten verwenden dabei Hilfswerkzeuge (Lack, 1947; Bowman, 1961; Millikan and Bowman, 1967). Der Vogel sucht einen Kaktusdorn oder einen kleinen Zweig, den er im Schnabel hält und vorher zurechtstutzt, indem er ihn verkürzt oder hervorstehende Teile abbricht. Mit dieser künstlichen Verlängerung des Schnabels stochert er dann in den Ritzen, und die Insekten werden aufgespießt, herausgekratzt oder einfach so lange gestoßen und gequetscht, bis sie herauskommen. Dann läßt der Vogel den Zweig fallen und verspeist das Insekt. Manchmal behält er aber auch den Zweig unter seinen Zehen und benutzt ihn wieder. Galapagosfinken in Gefangenschaft behielten ihre Werkzeuge bis zu zwei Minuten. Wie Millikan und Bowman fanden, begannen Finkenarten, von denen Werkzeuggebrauch aus dem Freileben nicht bekannt ist, in Gefangenschaft solche Werkzeuge zu benutzen, nachdem sie ein Jahr lang Käfig an Käfig mit versierten Stocherern gelebt hatten. Bei mehreren entfernt verwandten Arten wurde gelegentlich ein ähnlicher Werkzeuggebrauch beobachtet. Insgesamt aber scheint solches Verhalten ziemlich selten zu sein.

Bei Blauhähern in Gefangenschaft fanden Jones and Kamil (1973), daß einer von acht lernte, kurze Stöckchen zu benutzen, um an anderweitig nicht erreichbares Futter zu gelangen. Fünf der restlichen sieben Häher folgen später diesem Beispiel, ganz sicher durch beobachtendes Lernen. Häher sind vielseitige Vögel, und Gayon (1982) beobachtete einen ähnlichen Werkzeuggebrauch bei einer Familie von Grünhähern in Texas unter natürlichen Bedingungen. Ähnlich wie die Galapagosfinken nahmen diese Vögel kleine Zweige in den Schnabel und benutzten sie, um unter loser Rinde herumzustochern und Insekten freizulegen. Manchmal behielten sie die Zweige, um sie bald wieder zu verwenden. Ein junger Häher wurde beobachtet, wie er erfolglos versuchte, einen Zweig zu benutzen. Es sah aus, als ob er einen Elternvogel nachahmte,

aber noch nicht gelernt hatte, es wirkungsvoll zu tun. Werkzeuggebrauch wurde nur bei zwei von vierzehn beobachteten Grünhähern
festgestellt, und er betraf nur etwa fünf Prozent der Nahrungsaufnahme. Es könnte gut ein weiterer Fall von Einzelerfindung sein,
diesmal durch eine Familie.

Gebrauch von Ködern

Beck zitiert eine hochinteressante Beobachtung von Lovell (1958), der
einen Grünreiher dabei sah, wie er ein Brotstückchen aufhob, es ins
Wasser warf und dann die Fische fing, die davon angelockt wurden. Der
Reiher schien den Köder, den er aus einiger Entfernung herangeholt
hatte, da auszulegen, wo er Fische gesehen hatte, und er holte ihn
zurück, als er abgetrieben wurde. Wie in anderen Fällen wissen wir
nichts über die Vorgeschichte dieses Ködergebrauchs. Ähnliches Verhalten, das stets die Einzelerfindung eines Individuums zu sein scheint,
ist auch von einigen anderen Vogelarten beschrieben worden. Ein
australischer Ornithologe, Grey J. Roberts (1982), beobachtete einen
Schwarzen Milan, wie er einen Brotbrocken auf einem Campingplatz
aufhob, ihn zu einem kleinen Fluß trug und dort ins Wasser warf. Dann
setzte er sich auf einen überhängenden Ast. Als Flußkrebse von dem
Brot angelockt wurden, versuchte er erfolglos, sie mit seinen Fängen zu
greifen. Schwarze Milane sind als Aasfresser bekannt. Normalerweise
fangen sie keine Wassertiere. So war der Versuch, Flußkrebse im
seichten Wasser anzuködern und zu fangen, eine zweifache Erweiterung des normalen Verhaltens im Nahrungserwerb. Da es in der Nähe
eines Campingplatzes geschah, könnte der Milan gesehen haben, wie
Flußkrebse von Futterbrocken angezogen wurden, die Menschen aus-
geworfen hatten. Er ging jedoch einen Schritt weiter und warf seinen
eigenen Köder aus. Oder vielleicht hatte der Milan vorher einmal Futter
vom Zeltplatz geholt und zufällig etwas davon ins Wasser geworfen. Als
er sah, wie daraufhin Flußkrebse herankamen, mag er »zwei und zwei
zusammengezählt« haben. All dies sind natürlich Vermutungen, die
weiterer Beobachtungen bedürfen. Jedoch legt der beschriebene Fall
nahe, daß dieser Vogel in der Lage war, sein Verhalten kreativ zu
verändern.
Elizabeth McMahan (1982) von der Universität von North Carolina hat
entdeckt, daß im tropischen Regenwald eine Raubwanzenart zwei
wirkungsvolle Methoden anwendet, um Arbeitertermiten zu fangen.
Die Wanze klebt kleine Stückchen eines Termitennestes an ihren Kopf
und Rücken und an ihre Seiten und stellt sich dann vor einen Eingang
eines Termitenbaus. Die Neststückchen auf der Raubwanze riechen
offenbar vertraut für die Termiten und fühlen sich auch entsprechend

an, so daß kein Alarm ausgelöst wird, der die gut bewaffneten Soldaten zur Abwehr des Eindringlings auf den Plan rufen würde. Obgleich das Tun und Treiben der Raubwanzen oft Termitensoldaten anzieht, erkennen diese die Wanzen infolge ihrer Tarnung offenbar nicht als Eindringlinge und kehren wieder zum Nest zurück. Die chemische und taktile Tarnung gestattet der Raubwanze, in die Öffnung zu langen und einen Termitenarbeiter zu ergreifen, zu töten und zu verzehren, wobei sie nur das Außenskelett übrig läßt.

Solch ein durch Tarnung begünstigter Beutefang ist bemerkenswert genug, aber der nächste Schritt stimmt noch nachdenklicher. Die Raubwanze schiebt das leere Außenskelett ihres Opfers in die Öffnung des Termitenbaus und wedelt sanft damit. Eine andere Arbeitstermite ergreift dann die Leiche gemäß eines ganz normalen Verhaltens, wonach der Körper eines toten Artgenossen verschlungen oder weggeschleppt werden muß. Nun zieht die Raubwanze das Außenskelett des ersten Opfers heraus mit dem zweiten Arbeiter daran. Dieser wird verzehrt und sein leeres Außenskelett zu einem weiteren »Fischzug« benutzt. In einem beobachteten Fall verschlang eine Raubwanze auf diese Weise einunddreißig Termiten, bevor sie sich mit vollem, abstehendem Unterleib davonmachte.

Wenn – wie wir gleich besprechen werden – Schimpansen Stöcke herrichten, um nach Termiten zu stochern, sieht man das als einen der überzeugendsten Fälle von beabsichtigtem Tun an, der bei nichtmenschlichen Tieren je beschrieben wurde. Müssen wir, wenn McMahan bei Raubwanzen ein fast gleich kompliziertes Nahrungserwerbsverhalten entdeckte, nun unbedingt annehmen, daß das Insekt nur ein genetisch programmierter Roboter ist, unfähig zu verstehen, was es tut? Vielleicht sollten wir grundsätzlich bereit sein, bewußtes Denken immer dann in Erwägung zu ziehen, wenn ein Tier solch ein geniales Verhalten zeigt, ganz gleich, welcher taxonomischen Gruppe es angehört und ungeachtet unserer Voreingenommenheit im Hinblick auf die Grenzen tierlicher Bewußtheit.

Werkzeuggebrauch bei Säugern

Von Säugetieren sind einige verstreute Beispiele primitiven Werkzeuggebrauchs bekannt. In Gefangenschaft wie im Freileben werfen z. B. Eisbären mit ziemlich großen Gegenständen. Es wird berichtet, daß sie gelegentlich Eisbrocken nach ruhenden Robben werfen und diese so töten oder verletzten oder sich wenigstens deren Fang erleichtern (Beck, 1980). Das bei weitem eindrucksvollste Beispiel von Nicht-Primaten ist jedoch das Benutzen von Steinen durch Seeotter, um Schalentiere abzulösen und zu öffnen (Kenyon, 1969). Diese intelligenten, im Wasser lebenden Fleischfresser ernähren sich vorwiegend von Seeigeln und Mollusken. Der Seeotter muß zum Grund tauchen und die Mollusken mit Klauen oder Zähnen ablösen. Einige Muscheln, besonders Abalonen, sitzen aber sehr fest auf den Felsen und ihre Schalen sind zu hart, um auf diese Weise abgelöst und geknackt zu werden. Der Otter sucht dann nach einem geeigneten Stein, den er beim Tauchen mit sich trägt und mit dem er dann auf das Schalentier loshämmert. Die ganze Zeit hält er dabei den Atem an. Gewöhnlich ißt der Otter, während er auf dem Rücken schwimmt. Wenn er dann nicht an den fleischigen Inhalt der Muschel gelangen kann, so hält er die Schale mit einer Pfote gegen seine Brust und schlägt mit der anderen mit dem Stein darauf. Beim Schwimmen und Tauchen klemmen sich die Seeotter oft einen guten Stein unter die Achselhöhle. Sie verändern die Form der Steine nicht, aber sie wählen solche von geeigneter Größe und dem rechten Gewicht, und oft behalten sie sie über beträchtliche Zeiträume. Solche Werkzeuge benutzen die Otter nur in Gegenden, wo sie nicht genug Futter auf andere Weise bekommen können. In manchen Gebieten benutzen auch nur die jungen und die sehr alten Otter Steine, während kräftige Erwachsene die Muscheln mit den bloßen Vorderextremitäten oder den Zähnen ablösen können. Es ist also kein stereotypes Verhalten, sondern wird nur angewandt, wenn es angezeigt ist. Seeotter benutzen mancherorts auch Bierflaschen, um Muschelschalen aufzuklopfen, Da die Flaschen schwimmen, brauchen sie sie nicht in der Achselhöhle zu verstauen.

Eines der hervorragendsten Beispiele von Werkzeuggebrauch ist, wie im 1. Kapitel erwähnt, der Gebrauch von Sonden, mit denen Schimpansen in Termitenhaufen stochern, um Termiten zu sammeln. Ein Schimpanse richtet solch eine Sonde her, indem er einen Zweig wählt, seine Blätter und seine Seitenäste abstreift, den Stock auf die rechte Länge bricht, ihn – oft mehrere Minuten lang – zu einem Termitenhügel trägt und dann in dessen Öffnungen herumstochert. Wenn das Loch unergiebig ist, wendet sich der Schimpanse einem anderen zu. Selbst nachdem das Werkzeug hergerichtet wurde, ist sein Gebrauch alles andere als stereotyp. Wenn neugierige Wissenschaftler versuchen, die Handlungsweise der Schimpansen zu imitieren, finden sie das Verfahren recht schwierig und fangen selten so viele Termiten wie ein Schimpanse. Von besonderem Interesse ist dabei, daß junge Schimpansen diesen Werkzeuggebrauch zu lernen scheinen, indem sie ihren Müttern oder anderen Angehörigen ihrer Horde zusehen. Es wurde beobachtet, wie Jungtiere grobe und verhältnismäßig unwirksame Versuche machten, auf eigene Faust Termitensonden herzustellen und zu benutzen. Im Gegensatz zu den früher besprochenen Fällen aus dem Insektenverhalten liefert das »Termitenangeln« der Schimpansen also den Beweis, erlernt zu sein.

Viele dieser Werkzeug-benutzenden Tiere müssen einen in der Natur vorkommenden Gegenstand auswählen, aufheben, manchmal auch verändern und ihn dann dahin tragen, wo er zur Futterbeschaffung verwendet werden kann. Beck (1980, 1982) argumentiert, daß auch das Herrichten und Benutzen von Werkzeugen nicht mehr über beabsichtigtes Denken beweise als andere Verhaltensformen wie z. B. das Fallenlassen von Muscheln durch Vögel, das nach seiner Definition nicht zum Werkzeuggebrauch zu rechnen ist. Ob man nun aber das Wort »Werkzeug« benutzt oder solches spezialisiertes Nahrungserwerbsverhalten anders benennt, es beinhaltet jedenfalls Handlungen, die sehr verschieden sind vom direkten Ergreifen, Entzweischlagen und Auffuttern. Vielmehr führt das Tier eine ganze Reihe von Tätigkeiten aus, die nur indirekt etwas mit essen zu tun haben. Eine Möwe, die eine Wellhornschnecke aufhebt und damit zu einer Gegend mit steinigem Boden fliegt, bevor sie sie fallen läßt, und dann hinunterstößt, entweder um die eßbaren Teile zu holen oder um den Vorgang zu wiederholen, hat gewiß die Anfangsstadien der Futterbeschaffung von dem tatsächlichen Verzehren der Nahrung getrennt.

Man kann sagen, daß das Anlegen von Futtervorräten oder der Transport der Nahrung von der Stelle, wo sie gesammelt wurde, zu einem sicheren Ort gleichfalls den Zeitpunkt des tatsächlichen Verzehrs hinausschiebt. In allen diesen Fällen durchläuft das Tier – zu unterschiedlichen Maßen – eine Reihe sehr spezieller Handlungen, um ans Futter zu kommen, aber zumindest in den Anfangsphasen wird dabei nicht gegessen. Die Aufteilung des Verhaltens in diese verschiedenen, aber zusammengehörigen Phasen beweist zwar nicht, legt aber doch nahe, daß die Tiere beabsichtigen, Futter zu sammeln, und sich vorstellen, daß z. B. das Ergreifen einer nassen und knubbeligen Wellhornschnecke, mit der man mehrere hundert Meter weit fliegt, schlußendlich zum Stillen des Hungers führt. Ähnlich geben viele andere Arten von Werkzeuggebrauch einige Denkanstöße und einschlägige Beispiele, die bewußtes Denken annehmen lassen.

Beim Vergleich von Schimpansen mit Weberameisen oder Raubwanzen müssen wir den enormen Unterschied in Umfang und Komplexität ihrer Gehirne und ihres Verhaltens berücksichtigen. Trotzdem sind auf dem Niveau von Neuronen und Synapsen, den fundamentalen Einheiten aller Zentralnervensysteme, nur geringe Unterschiede zwischen Insekten und Menschenaffen oder Menschen. Falls nicht unsere Auffassung der Neurophysiologie einmal ein revolutionierendes Umdenken erfährt durch die Entdeckung spezieller »Bewußtheitsneuronen« oder biochemischer Substanzen, die in einzigartiger Weise mit bewußtem Denken verbunden sind, müssen wir annehmen, daß der grundlegende Unterschied zwischen Zentralnervensystemen, die zu bewußten Gedanken befähigen, und solchen, die das nicht tun, eher auf dem

Niveau der Wechselwirkungsorganisation zu finden ist als auf zellulärem Niveau. Was auch immer die organisatorischen Eigenschaften der in Wechselwirkung stehenden Neuronen sein mögen, die zu bewußtem Denken führen, sie könnten sich in den Zentralnervensystemen fast aller Vielzeller abspielen.

Natürlich ist das Zentralnervensystem eines Seeotters oder eines Schimpansen vieltausendmal größer als das irgendeines Insekts. Jedoch ist die Annahme vermessen, es könne eine absolute Unterscheidung getroffen werden. Es sind eher Unterschiede des Grades als der Art. Der Werkzeuggebrauch von Schimpansen und Seeottern ist nicht so viel komplexer als die Anfertigung und Reparatur von Köchern bei den Köcherfliegenlarven oder die Tarnung und das Anködern bei den Raubwanzen. Diese verstreuten Beispiele, die ich in erster Linie ausgewählt habe, weil man darüber mehr weiß als über Myriaden anderer Aktivitäten der gleichen Tiere, stellen jedoch nur einen winzigen Ausschnitt aus dem gesamten Verhaltensrepertoir einiger gesellig lebender Insekten, Vögel und Säuger dar. Falls eine Köcherfliegenlarve über ihre Etuis nachdenkt und darüber, welche Eigenschaften dazu führen, daß es sich »richtig« anfühlt, so ist das wahrscheinlich eines der wenigen Dinge, die solch einem primitiven Geschöpf bewußt sind. Dagegen führen Schimpansen und Seeotter viele weitere komplexe Tätigkeiten aus.

Laubenvögel

Eine Gruppe untereinander verwandter Vögel in Australien und Neuguinea errichten kunstvolle Lauben aus Blättern, Moos und Zweigen, die sie dann mit auffälligen, oftmals sehr bunten Gegenständen schmücken, indem sie diese auf oder neben der Laube anbringen. Auch wenn beim Bau der Lauben ähnliche Materialien verwandt werden wie beim Bau von Vogelnestern, haben sie doch eine ganz andere Funktion. Sie werden von männlichen Vögeln in Balzstimmung errichtet und gehören eindeutig zu deren Werbeverhalten. Bei vielen Arten sind die Lauben überdacht, bei anderen sind es Haufen von Pflanzenmaterial auf einer oder auf beiden Seiten eines waagerechten Astes, auf dem das Männchen oft und lange sitzt. Männliche Laubenvögel haben kein auffallendes Gefieder, sie sind eher schlicht und unauffällig. Durch den Bau und den Schmuck der Lauben, womit sie Weibchen anlocken, scheinen sie das Fehlen eines prächtigen Gefieders wettzumachen. Während der Paarungszeit verwenden die Männchen einen großen Teil ihrer Zeit auf das Bauen, Instandhalten und Ausschmücken der Lauben, und sie wetteifern damit untereinander. Obwohl die Lauben in einiger Entfernung voneinander stehen, stehlen die Männchen Material von anderen Lauben, um es bei ihren eigenen zu verwenden. Mit am eindrucksvollsten ist dabei, wie die Vögel die Umgebung von anderer Vegetation befreien und die Lauben selbst ausschmücken. Das Männchen häuft leuchtende Blätter, Muscheln, Steinchen und andere Gegenstände auf oder breitet sie in auffallender Weise aus. Manchmal sind Blumen oder bunte Früchte dabei, und bei einigen Arten färbt der Vogel die Wände der Laube, indem er sie mit einem Stück Fruchtfleisch oder anderem farbigem Material einreibt. Mitunter verwendet er auch auffallende menschliche Kunstprodukte wie helle Plastikstückchen, Konservendosen oder Autoschlüssel.

Die weiblichen Laubenvögel sind klein und unauffällig und daher schlecht zu beobachten in den dichtbewaldeten Gebieten, wo die meisten dieser Arten leben. Aber man weiß, daß die Weibchen die Lauben besuchen und wahrscheinlich mehrere besichtigen, bevor sie sich entscheiden, wo die Paarung stattfinden soll. Nach der Paarung verläßt das Weibchen die Gegend, baut ein unscheinbares Nest an einem ganz anderen Ort und legt dort seine Eier. Die männlichen Laubenvögel scheinen sich an der Aufzucht nicht zu beteiligen.

Der verstorbene H. A. Marshall, ein bedeutender australischer Biologe, hat in seinem Buch über Laubenvögel (1954) den Laubenbau und das Ausschmücken in beachtlichen Einzelheiten beschrieben. Er wies darauf hin, daß der Laubenbau zum Fortpflanzungsverhalten dieser Vögel gehört und – zumindest zum Teil – durch männliche Hormone angeregt wird, und daß es kein künstlerisches oder ästhetisches Bestreben sei. Aber gegen Ende seines Buches räumt Marshall ein, daß den Vögeln die Lauben, die sie bauen, gefallen könnten. Er betont ihre ausgeprägten Bemühungen, sie sauber und die Ausschmückungen auffallend und gemäß einem bestimmten Muster zu halten, z. B. indem sie verwelkte Blüten durch frische ersetzen. Diese Muster sind verschieden von Männchen zu Männchen, obschon sie innerhalb einer Art ähnlich sind. Wie von Frisch in *Animal Architecture* ausführt, ist zweifellos der Wunsch, Weiblichkeit zu beeindrucken, das Motiv einiger künstlerischer Kreationen des Menschen. Darum sollten wir nicht zu sicher sein, daß ein männlicher Laubenvogel, der seine Laube baut und ausschmückt, nicht daran denkt, was er tut, an die Männchen, mit denen er konkurriert, sowie an die Weibchen, die er anzulocken hofft.

Baukunst der Biber

Biber sind große, im Wasser lebende Nager und, wie jeder weiß, fällen sie große Bäume und bauen beachtenswerte Dämme und Behausungen, die das Entstehen großer Teiche verursachen können. Rue (1964) hat einen ausgewogenen Überblick über die Naturgeschichte der Biber gegeben und Wilsson (1968, 1971) hat ihr Verhalten sorgfältig untersucht. Auch wenn Biber z. B. im Süden der USA vorkommen, leben sie überwiegend in kalten Zonen, wo die Winter streng sind. Eine der wichtigsten Funktionen eines Biberdamms ist daher, tiefes Wasser zu schaffen, so daß die Biber im Winter unter der Eisdecke schwimmen können. Ihre Zähne, mit denen sie beachtliche Bäume fällen, sind auch wirksame Waffen, aber an Land sind die Biber der Verfolgung durch Wölfe und andere große Raubtiere ausgesetzt. Normalerweise entfernen sie sich nicht weit vom Wasser, und die Gefahren der Verfolgung sind wahrscheinlich der evolutionäre Grund dafür. Fallensteller dezimierten ihre Bestände im neunzehnten Jahrhundert, aber seitdem wurden die Biber vor übermäßiger Ausbeutung geschützt und haben sich in vielen Gebieten wieder verbreitet. Obwohl die Wölfe und andere natürliche Raubfeinde durch den Menschen weitgehend ausgeschaltet wurden und somit keine ernstliche Bedrohung mehr darstellen, verzichten die Biber noch immer darauf, selbst bevorzugte Futterbäume auszunutzen, wenn diese weiter als zwei- oder dreihundert Meter vom Wasser entfernt stehen.

Biber ernähren sich von Baumrinde, Blättern und zarten Schößlingen. Einige Baumarten wie Pappeln und Espen haben viel mehr nahrhafte Rinde und werden stark bevorzugt. Wo es sie nicht gibt, essen die Biber die Rinde vieler anderer Bäume. Ihre Vorratslager scheinen nicht sehr verschieden von denen anderer Tiere zu sein, außer daß die Biber mittelgroße Äste, ohne die kleinen Zweige oder die Rinde zu essen, zu Vorratshaufen bugsieren, von denen viele unter Wasser liegen. In kalten Klimazonen schwimmen sie im Winter unter der Eisdecke von ihren Bauen zu diesen Vorratslagern.

Wenn Biber große Bäume fällen, scheinen sie nicht die dicke Rinde oder die Späne zu essen. Das Fällen eines großen Baumes, das viele Stunden dauert, wirft also während dieser Zeit keine Nahrung ab. Die Arbeit wird auf mehrere Nächte verteilt, und zweifellos nimmt der Biber zwischen den Holzfällerschichten etwas zu sich. Die kleinen Zweige, die er essen kann, nachdem der Baum gefällt ist, sind jedoch noch außer Reichweite. Denkt das Tier an die Nahrung, die es durch seine fortgesetzten Bemühungen erhalten wird?

Je nach den örtlichen Gegebenheiten können die Baue einfache Höhlen im Fluß- oder Seeufer sein, und das reicht bis zu den bekannten Biberburgen, die künstliche Inseln bilden mit einer Schlafkammer und einem Eingang unter Wasser. Manchmal wird eine Behausung in einem bereits bestehenden Gewässer angelegt, am häufigsten jedoch in einem Teich, der erst durch die Tätigkeit der Biber entstanden ist. Die Anlage solcher Bauten ist auf die Biber beschränkt. Obgleich die Behausungen der Bisamratten ungefähr den gleichen Zwecken dienen, sind sie doch deutlich kleiner und primitiver. Wie beim Errichten eines jeden Baus oder ähnlichen Schutzgebildes ist die Hauptfunktion des

Materialsammelns und der -verarbeitung, ein Gebilde anzufertigen, welches das Tier in Zukunft schützt. Die Schlafkammer bzw. die Höhle hat keinen Wert, solange sie nicht fast fertig ist, und das kann viele Tage oder Wochen dauern. Es würde für das Tier nützlich sein, das Endergebnis seiner ausdauernden Bemühungen zu kennen.

Wenn Biber Dämme anlegen, so unterscheidet sich das qualitativ von jedem umweltverändernden Verhalten, das von nicht-menschlichen Tieren bekannt ist. Die einzelnen Tätigkeiten wie der Transport von Ästen, Schlamm, kleinen Steinen und manchmal auch noch anderen Gegenständen zu einem bestimmten Abschnitt des Flußbetts sind nur entfernt verwandt mit dem künftigen Vorteil, einen Teich zu haben, der tief genug ist, um gegen Verfolger zu schützen und das Schwimmen unter der Eisdecke vom Wohnbau zum Vorratslager zu ermöglichen. Denken Biber, während sie den Damm bauen, an den künftigen Nutzen dieser Konstruktion? Wie immer, sind die Wissenschaftler auch hier überzeugt, daß das Dammbauen ein instinktives Verhalten ist und deshalb nicht von bewußtem Voraussehen der Ergebnisse begleitet sein kann. Aber wir wissen so wenig, daß solche festen Schlüsse nicht gerechtfertigt sind.

Fertige Biberdämme sind imposante Bauten, oft bis zu einem Meter hoch und dreißig Meter und mehr lang. Sie stauen Seen auf, die ohne sie nicht existieren würden. Andererseits sind Biberdämme oft nicht völlig systematisch und in der wirksamsten Weise erbaut, und solche Anzeichen von mangelhafter Planung werden häufig als Beweis dafür angeführt, daß die Biber nicht wirklich wissen, was sie tun. In einer Gegend, wo Biber am Werk waren, findet man nicht selten winzige und hoffnungslos unwirksame Dämmchen und manchmal an Stellen, an denen sich einfach kein Teich bilden kann, selbst wenn der Damm vergrößert würde, weil sich das umliegende Land nicht wesentlich über die Wasseroberfläche des Flusses erhebt. Oder es wird ein kleinerer Damm unmittelbar unterhalb eines großen und wirkungsvollen Dammes angefangen, der – selbst wenn er fertiggestellt würde – den Teich nur wenig vergrößern könnte. Einige dieser nutzlosen Dämme könnten von jungen und unerfahrenen Tieren angelegt worden sein, aber das wurde noch nicht so genau untersucht, daß wir sicher sein könnten. Wieder sind die verfügbaren Informationen sehr begrenzt infolge des mangelnden Interesses der Ethologen an Verhalten, das bewußtes Denken und Planen andeuten könnte.

Wirkungsvolle Dämme werden an kleinen Flüssen erbaut, die sich zum Aufstauen anbieten. Im typischen Fall fängt ein Biberpaar relativ spät im Jahr mit dem Bauen an, und der entstehende Teich dient als Schutz und Vorratslager für den Winter. Die großen Biberdämme, die Seen von beachtlichen Dimensionen aufstauen, sind oft von mehr als einer Familie angelegt und scheinen während mehrerer Jahre erbaut worden zu sein. Es gibt keinen Beweis dafür, daß der Bau auch der größten Biberdämme so angefangen wird, wie dies ein menschlicher Architekt tun würde – durch Teilerrichtung eines Dammes über einem Unterbau und Vollendung des Ganzen durch Verschließen der verbliebenen Lücken. Das dürfte für Biber keine geeignete Methode sein, da ihnen größere, schnell fließende Wassermengen Schwierigkeiten bereiten. Die Dämme scheinen nach und nach errichtet zu werden, indem das Material auf der ganzen Länge aufgeschichtet wird und die Tiere an den Seiten anbauen, wenn das Wasser so hoch steigt, daß es anfängt, den Damm zu umfließen. Die Biber reagieren besonders empfindlich auf das Geräusch fließenden Wassers, was sicher bei der Reparatur der Dämme sehr nützlich ist. Bei Experimenten zur Prüfung der Bedeutung von Geräuschen im Dammreparatur-Verhalten häuften Biber Material auf oder neben Lautsprechern auf, die das Geräusch von fließendem Wasser übertrugen (Wilsson, 1971). Es ist jedoch nicht sehr wahrscheinlich, daß sich der gesamte Vorgang des Dammbaus als Reaktion auf einen einzigen Reiz erklären läßt. Unter natürlichen Bedingungen stapeln die Biber viel Material an Stellen auf, wo das Wasser ruhig fließt. Andererseits reizt ein geräuschvoller Strom, der sich in einen Biberteich ergießt, wie auch Wasser, das mit großem Ungestüm und viel Geräusch stromab fließt, die Tiere nicht dazu, einen Damm zu bauen. Ist den Bibern, wenn sie mit dem Dammbau beginnen, bewußt, daß sie einen Teich entstehen lassen? Viele Bewegungen aus dem Dammbau-Verhalten treten spontan bei jungen Bibern auf, die noch nie einen Damm oder alte Biber beim Bauen gesehen haben. Das ist jedoch kein so schwerwiegendes, negatives Argument, wie oft angenommen wird. Ein genetisch programmierter Biberroboter würde einfach eine Anzahl von Haufen mitten im Fluß errichten. Zum Dammbau gehört mehr, wenngleich die angeborene Tendenz zum Materialsammeln sicher eine wichtige Verhaltenskomponente ist.

Wenn Biber in bereits bestehenden Seen oder in tiefen Flüssen leben (einschließlich künstlicher, von Menschen aufgestauter Gewässer), bauen sie keine Dämme. Stattdessen graben sie Höhlen am Uferrand, die unter Wasser eine Eingangsröhre zu der unterirdischen, aber oberhalb des Wasserspiegels gelegenen, trockenen Schlafkammer haben. Manchmal stapeln sie Zweige, Schlamm oder anderes Material an Land über der Erdhöhle auf. Diese Abänderungen legen nahe, daß es so etwas wie ein flaches Gewässer in anderweitig für Biber geeignetem Gelände ist, was das Bauen von Dämmen veranlaßt. Die Bautätigkeit hört auf, wenn der Teich tief genug ist. Das bedeutet, daß die Tiere es merken, wenn ein geeigneter See entstanden ist. Auch wenn zu Beginn des Dammbaus ein Experimentator Baumaterial im Überfluß anbieten würde, nehme ich an, daß die Biber aufhören würden zu bauen, wenn der rechte Teich entstanden ist. Diese Voraussage könnte empirisch nachgeprüft werden, und wenn das Ergebnis mit der Erwartung übereinstimmt, wäre das ein weiterer Beweis dafür, daß das Dammbauen mehr ist als eine automatische und unveränderliche Reaktion. Zweifellos ist die Untersuchung des Bauverhaltens der Biber eine lohnende Aufgabe für kognitive Ethologen, weil es keinen anderen Sinn und Zweck hat als die Verbesserung der Umwelt zum Nutzen der Tiere in beträchtlich entfernter Zeit. Solches Verhalten wäre einfacher, wenn die Biber sich ein Bild von dem zukünftigen See machen könnten bzw. wenn sie eine Wahrnehmungsschablone im Gehirn hätten, die den Eigenschaften eines idealen Teiches entspricht. Der Dammbau selbst könnte dann ein Bemühen sein, die vorgefundene Umweltsituation der Schablone anzupassen. Jedoch müßten die Biber auch dann in der Lage sein, die graduellen Veränderungen während vieler Tage oder Wochen vorauszusehen. Wir haben bisher gezögert, diese Fähigkeit einem einfachen Nager zuzugestehen, obgleich Biber größer sind als die meisten anderen Nagetiere und durchaus befähigt zu vielseitigem Verhalten. Der Vergleich von Bibern mit Bisamratten ist besonders interessant, weil beide Arten davon profitieren würden, Teiche entstehen zu lassen. Die kleineren Bisamratten bemühen sich aber nie in dieser Hinsicht.

Ich weiß noch nicht, wie ich einen Biber fragen sollte, ob er einen Teich im Sinn hat, wenn er Äste und Schlamm zur Mitte eines seichten Flusses schleppt. Jedoch haben die Verhaltensforscher in unseren Tagen Wege geöffnet, die für ihre Vorgänger noch ganz unvorstellbar waren, und eine künftige Generation von kognitiven Ethologen mag Erfolg haben, wo wir heute kaum wissen, wo wir anfangen sollen.

In den Kapiteln 3 bis 6 haben wir einige peinlich genaue Berichte von tierlichem Verhalten betrachtet unter dem Gesichtspunkt, welche Gedanken und Gefühle es begleiten könnten. Die Mannigfaltigkeit des anregenden Materials ist verwirrend, und man ist frustriert durch den offensichtlichen Mangel an Methoden zur Beantwortung der aufgeworfenen Fragen. In den folgenden vier Kapiteln werde ich drei generelle Wege umreißen, die möglicherweise helfen könnten zu erfahren, welche Gedanken und Gefühle in den Gemütern verschiedener Tiere vorkommen.

7 | Beweise für tierliches Bewußtsein

Einige Leser werden finden, daß die vorausgegangenen Kapitel lediglich zu unbeantworteten Fragen geführt und die Behavioristen ganz recht haben mit ihrer Meinung, daß wissenschaftliche Untersuchungen uns niemals etwas Wesentliches über bewußtes Erleben bei nichtmenschlichen Lebewesen lehren können – falls es so etwas überhaupt gibt. Die Annahme, nur erlerntes Verhalten könne von bewußten Gedanken begleitet sein, erweist sich als ebenso ungewiß wie die meisten anderen Ansichten, die wir etwas gründlicher durchleuchtet haben. Wenn Lernen keine notwendige Voraussetzung für Bewußtsein ist, scheint damit der einzige dünne Aufhänger zerrissen zu sein und die ganze Angelegenheit ins Wasser zu fallen. Ich glaube jedoch, daß dieser Pessimismus keineswegs gerechtfertigt ist, und die folgenden vier Kapitel beschreiben einige wissenschaftliche Entwicklungen, die realistische Hoffnungen auf gesicherte und überzeugende Aussagen zulassen.

Das folgende Kapitel wird sich auf zwei Gebiete konzentrieren: erstens, die zunehmende Erkenntnis von vergleichenden Psychologen, daß viele ihrer Befunde wichtige Beweise für bewußtes, seelisches Erleben bei Tieren enthalten, und zweitens, neue Entwicklungen in der Neurophysiologie, mit deren Hilfe man elektrische Potentiale im lebenden Gehirn identifizieren kann, die beim Menschen mit bewußtem Denken korreliert sind. Wenn sich ähnliche Erscheinungen bei anderen Tieren nachweisen lassen, können sie als Anzeichen für deren bewußtes Denken gelten.

Experimentelle Analysen des tierlichen Erkenntnisvermögens

Die Kritik an den behavioristischen Psychologen, daß sie die Gedanken der Tiere vernachlässigt haben, hat neuerdings zu einer vielversprechenden Reaktion geführt. Verschiedene Psychologen, die sich mit dem Lernen und dem Lösen von Aufgaben bei Tieren unter kontrollierten Laboratoriumsbedingungen beschäftigen, behaupten jetzt, daß sie und ihre Kollegen das Funktionieren von Tiergehirnen schon immer untersucht hätten, selbst als der strikte Behaviorismus noch dominierte (Mason, 1976; Roitblat, Bever and Terrace, 1983; Walker, 1983). Im gleichen Atemzug bringen sie es jedoch fertig, zu versichern, daß alles tierliche sowie das meiste menschliche Denken völlig unbewußt sei. Geistig-seelische Vorgänge werden zur Informationsverarbeitung umdefiniert. Eine Analyse, wie die Informationen beschafft, gespeichert und abgerufen werden und wie sie auf das Verhalten einwirken, wird deshalb als völlig ausreichend angesehen, um tierliches Seelenleben zu verstehen. Über diese Defensivreaktion auf die Beschuldigung, ein zentraler Bereich der Psychologie sei vernachlässigt worden, hinaus gibt es jedoch einen positiven und hoffnungsvollen Lichtblick in diesen Diskussionen. Das ist die zunehmende Erkenntnis, daß Tiere, wenn sie neue und anspruchsvolle Aufgaben auszuführen lernen, bewußt über die damit für sie auftauchenden Probleme und über die angestrebten oder erreichten Lösungen nachdenken könnten. Nachdem nun erst einmal das Tabu gefallen ist und die Psychologen zunehmend anfangen, sich mit dem seelischen Erleben der Tiere zu beschäftigen, können ihre ausgeklügelten, experimentellen Methoden leicht der Untersuchung des tierlichen Bewußtseins angepaßt werden.

Das geht schon seit einiger Zeit vor sich, blieb aber bisher hinter einer Nebelwand behavioristischer Terminologie verborgen. In der Tat scheinen viele Experimentatoren an der Möglichkeit des Vorhandenseins von Denken, sogar von bewußtem Denken, bei ihren Versuchstieren interessiert zu sein. Aber sie hatten Hemmungen, das auszusprechen, sogar gegenüber sich selbst. Das Ergebnis war ein semantischer Behaviorismus, wie ich es genannt habe (Griffin, 1981). In dem Maße, wie behavioristische Tabus abgebaut oder ignoriert werden, kann der Scharfsinn, der die experimentellen Psychologen befähigt hat, so viel über Lernen und Informationsverarbeitung herauszufinden, auf die subjektiven Gedanken und Gefühle der Tiere angewandt werden. Das ist eine sehr hoffnungsvolle Aussicht, und das Haupthindernis für ihre Verwirklichung liegt in der gegenwärtigen, geistigen Einstellung vieler Experimentalpsychologen. Es existiert jedoch eine bedeutende, wenn auch noch großenteils unerkannte, intellektuelle Strömung unter den Experimentatoren, die sie oft vermuten läßt, daß die von ihnen untersuchten Tiere wohl kaum das tun könnten, was sie tun, ohne wenigstens etwas bewußtes Denken und subjektiv. Fühlen in Bezug auf ihre Situation und ihre Anstrengungen zur Lösung der Aufgaben. Wir können die reiche Faktensammlung zum Lösen von Aufgaben durch Tiere, welche die Psychologen zusammengetragen haben, hier voll ausnutzen, ohne uns weiter um die Gründe zu kümmern, die von den Autoren selbst für ihre Studien angeführt werden.

Vergleichende Psychologen, die damit begonnen haben, über Gedanken der Tiere zu reden und zu schreiben, neigen dazu, das Wort

»Erkenntnisvermögen« *(cognition)* zu gebrauchen. Das erscheint ihnen respektabler, weil es nicht so sehr Bewußtheit nahelegt wie das vertrautere Wort »Gedanken«. Viele Psychologen bestreiten emsig, daß Erkenntnisvermögen Bewußtsein beinhaltet, und einige verfechten dogmatisch, daß das tierliche Erkenntnisvermögen stets unbewußt ist. Es handelt sich also nicht um vorsichtigen Agnostizismus, sondern um ein plumpes, unverblümtes und unqualifiziertes Bestreiten auf einem Gebiet, wo sich alle Fachleute einig sind, daß es außerordentlich schwierig ist, überzeugende Beweise pro oder contra zu erbringen. Nichtsdestoweniger studieren Hunderte von begabten Wissenschaftlern eifrig, wie Tiere Aufgaben lösen, das Ausmaß, in dem ihr Verhalten mit Verallgemeinerungen und Konzepten zu tun hat, und ob wir nach den Ergebnissen klug ersonnener Experimente unterstellen können, daß die Tiere Pläne und Erwartungen haben. Selbst wenn die semantischen Behavioristen über Ausdrücke von mentalistischer Färbung noch die Stirn runzeln, liefern die Ergebnisse und Auswertungen ihrer Experimente neue und stärkere Beweise für manches bewußte Denken bei Tieren (Honig and Thompson, 1982). Kurz gesagt, während die meisten Wissenschaftler, die das Erkenntnisvermögen von Tieren untersuchen, offiziell noch immer ihr Interesse am tierlichen Bewußtsein bestreiten, scheint die Leidenschaftlichkeit dieser Verneinung langsam abzuflauen.

Ratten und andere Laboratoriumstiere lernen sehr leicht, daß einem bestimmten Ton oder Lichtreiz ein elektrischer Schock folgt. Danach winden sie sich oder zeigen andere, deutliche Anzeichen, daß sie den unangenehmen Schock erwarten, noch bevor er tatsächlich verabfolgt wird. Sie lernen auch, wie sie den Schock vermeiden können, indem sie eine bestimmte Handlung ausführen, z. B. einen anderen Teil des Käfigs aufzusuchen oder einen bestimmten Hebel niederzudrücken. Nach Erlernen dieser sogenannten »bedingten Vermeidung« behält das Tier diese Reaktion noch über lange Zeit bei, auch wenn es inzwischen keine Schocks mehr bekommt (besprochen von Mackintosh, 1974). Man darf wohl annehmen, daß das Tier wenige Sekunden nach dem Warnsignal einen schmerzhaften Schock erwartet, falls es nicht etwas ganz Bestimmtes tut, um dies zu verhindern – wie es das gelernt hat. Die Psychologen zögern, diese Art von bedingter Vermeidung mit mentalistischen Begriffen zu beschreiben und ziehen eine behavioristische Darstellung des Geschehens vor.

Vielen Erforschern tierlichen Lernens fiel auf, daß Tiere sich oft so benehmen, als ob sie etwas erwarten und, wenn es nicht eintritt, wirken sie überrascht oder enttäuscht. Tolman (1932, 1937) hob diese Art von Verhalten bei Ratten in Laboratoriumsversuchen hervor. Ein typisches Experiment sieht etwa so aus: Eine Ratte wird in ein »mittelschweres Labyrinth« eingelassen und wird, nachdem sie dessen Gänge durcheilt hat, am Ziel mit Futter belohnt. Nachdem sie diese Aufgabe perfekt erlernt hat, d. h. eine lange Reihe von Rechts- oder Linksabbiegungen richtig wählt, findet sie eines Tages am Ziel nicht mehr die gewohnte Belohnung vor. Die Ratte erscheint dann verwirrt und sucht umher nach dem Futter, das sie mit gutem Grund erwarten durfte. Eines der eindringlichsten Beispiele hat O. L. Tinklepaugh (1928) beschrieben. Ein Affe mußte hinter einem Gitter zuschauen, wie der Experimentator ein bevorzugtes Futter, z. B. ein Stück Banane, unter eine von zwei umgedrehten Tassen legte. Nach einiger Zeit wurde die Absperrung weggenommen, so daß der Affe nunmehr die Tassen erreichen konnte. Zweck des Experimentes war festzustellen, wie lange sich das Tier daran erinnern konnte, unter welcher Tasse das Bananenstück versteckt war. Im Anschluß an dieses mehrfach wiederholte Experiment legte der Experimentator vor den Augen des ausgesperrten Affen ein Stück Banane unter eine Tasse wie bisher, tauschte dann aber während der Wartezeit und zwar so, daß der Affe es nicht sehen konnte, die Banane gegen Salat – ein weniger beliebtes Futter – aus. Wie Tinklepaugh lebhaft beschreibt, eilt dann der Affe zur richtigen Tasse und hebt sie auf. Er streckt seine Hand aus, um das Futter zu ergreifen. Aber seine Hand fällt zu Boden, ohne es zu berühren. Er betrachtet den Salat, rührt ihn aber nicht an – vorausgesetzt, daß er nicht gerade sehr hungrig ist. Er schaut rund um die Tasse, steht auf und schaut unter und um sich. Er hebt die Tasse hoch und prüft sie gründlich von innen und außen. Gelegentlich wendet er sich auch gegen die Beobachter und schreit sie in offensichtlichem Ärger an (S. 224, auch zitiert in Tolman, 1932, S. 75).

Zahlreiche andere Experimente haben Tolmans These bestätigt, daß die Tiere sich benehmen, als ob sie gewisse Ereignisse oder Ergebnisse zu bestimmten Zeiten erwarten. Diese Denkrichtung hat Walker (1983) zusammengefaßt: »Eine Art geistiger Tätigkeit wird den Tieren zugeschrieben, d. h. man nimmt an, daß da ein innerliches Sieben und Wählen von Informationen ist und nicht einfach nur das Auslösen von Reaktionen durch eine bestimmte Folge von Umweltbedingungen. Das Wissen um die Ziele, das Wissen um den Raum und das Wissen um die Handlungen, die zu den Zielen führen, scheinen unabhängig voneinander zu sein, können aber, wenn nötig, von den Tieren zusammengefügt werden« (S. 81). Feldforscher und Ethologen haben eine Fülle von Beweisen dafür zusammengetragen, daß solche Notwendigkeiten im Freileben der Tiere recht häufig vorkommen, und das sich dann ergebende Verhalten läßt stark daran denken, daß die Tiere grundsätzlich verstehen, um welche Aufgaben es sich handelt und durch welche Verhaltensweisen diese wahrscheinlich zu lösen sind. Die Tiere scheinen dabei in »wenn-dann«-Relationen zu denken. »Wenn ich hier grabe, dann werde ich Nahrung finden« oder »Wenn ich in meinem

Bau verschwinde, dann kann mir dieser Feind nichts tun«. Oder entsprechend im Laboratorium »Wenn ich gegen diesen hellen Fleck picke, dann gibt es Futter« oder »Wenn ich diesen Hebel niederdrücke, dann wird der Boden unter meinen Füßen nicht wehtun«.

Ein relativ einfacher Fall ist das Vermögen zahlreicher Tiere, einschließlich vieler Wirbelloser, zu lernen, daß es Futter an einer bestimmten Stelle zu einer bestimmten Zeit gibt. Sie kommen zu dieser Stelle zur rechten Zeit oder kurz zuvor an aufeinanderfolgenden Tagen. Auch wenn es dort kein Futter mehr gibt, können sie das noch über einige Zeit fortsetzen – wenn auch schließlich nicht mehr so regelmäßig. Die Ergebnisse entsprechender Experimente sieht man gewöhnlich als Beweise für das Lernen, das Erinnerungsvermögen und das Vorhandensein einer »inneren Uhr« an. Offensichtlich ist da »etwas« in dem Tier, was es veranlaßt, aufgrund von Informationen zu handeln, die es geraume Zeit zuvor empfangen hat. Nachdem wir nun, wie es der Philosoph Daniel Dennett (1983) ausdrückt, »die Zwangsjacke des Behaviorismus abgeworfen und seine schweren Überschuhe abgestreift haben«, können wir getrost sagen, daß diese Tiere zu einer bestimmten Zeit an einer bestimmten Stelle Futter erwarten, und daß sie Enttäuschung, Ärger oder andere subjektive Emotionen erleben, wenn sich ihre Erwartungen nicht erfüllen.

Es gibt unzählige Anhaltspunkte, daß Tiere nicht auf stereotype Reizmuster reagieren, sondern auf Gegenstände, die sie wiedererkennen trotz großer Variationen der einzelnen Sinnesempfindungen, die dem Zentralnervensystem des Tieres zugeleitet werden. Wie in Kapitel 4 besprochen, erkennt z. B. eine Thomsongazelle einen Löwen, wenn sie ihn sieht, wobei es ganz gleichgültig ist, in welchem Winkel das Bild des Löwen auf die Retina fällt oder an welcher Stelle des Gesichtsfeldes es sich befindet. Auch ist für einen Tommy ein Löwe ein Löwe, ob er sich nun von der Seite oder von vorn präsentiert, ob er nahe oder entfernt ist, ob er stillsteht oder geht. Weiterhin ist die Wahrnehmung von Löwen bei den Gazellen offenbar noch in wenigstens zwei Kategorien unterteilt: sehr gefährliche Löwen, von denen Angriffe zu erwarten sind, und weniger gefährliche Löwen, die keine unmittelbaren Jagdabsichten haben. Diese Unterscheidung treffen die Gazellen aufgrund feiner Unterschiede im Gebaren der Löwen, die von ungeübten menschlichen Beobachtern meist übersehen werden. Unter natürlichen Bedingungen ist vergleichbares Verhalten bei freilebenden Tieren so üblich und weitverbreitet, daß eine besondere Untersuchung durch wissenschaftliche Experimente nicht erforderlich erscheint. Doch die Fähigkeit, die hervorstechenden Merkmale aus einem komplexen Reizmuster zu abstrahieren, wozu oft mehrere Sinne nötig sind, erfordert ein verfeinertes Vermögen, sinnliche Informationen auszusortieren und auszuwerten, so daß nur bestimmte Kombinationen zur richtigen

Reaktion führen. Solche Vorgänge wurden recht ausgiebig an Laboratoriumstieren untersucht, von denen viele im Erkennen bestimmter Gegenstände geübt sind, nachdem sie zuvor gelernt haben, daß diese wichtig sind, ganz gleich, in welcher Entfernung oder Größe sie auftreten oder ob nur ein Teil von ihnen sichtbar ist. Bei Laboratoriumsuntersuchungen zum tierlichen Lernen und Unterscheiden wird das Einordnen von Eindrücken oft erforscht durch eine Art geistiger Umkehrung der oben erwähnten Methoden (besprochen von Mackintosh, 1974). Anstatt zu fragen, wie ein Tier einen Gegenstand unter verschiedenen Gesichtswinkeln erkennt oder sogar dann noch, wenn einige bezeichnende Merkmale teilweise entfernt worden sind, gewöhnen die Experimentatoren das Tier zunächst daran, auf einen einzelnen, einfachen Reiz zu reagieren. Später konfrontieren sie dann das Tier mit anderen Reizen, die sich von dem ersten in wohldefinierten Dimensionen unterscheiden wie etwa Wellenlänge, Tonfrequenz, Intensität und Größe. Es überrascht kaum, daß Tiere, die gewohnt sind, z. B. beim Erklingen eines Tons von 1200 Hz nach Futter zu suchen, dies auch bei 1150 Hz tun, obgleich sie den Frequenzunterschied leicht entdecken können. Die Ergebnisse solcher Experimente werden dargestellt als Demonstrationen von »Gradienten der Verallgemeinerung«, d. h. der Grad oder die Intensität der Reaktion verkleinert sich in dem Maße, wie der neue Reiz zunehmend anders ist als der, auf den das Tier ursprünglich gelernt hatte zu reagieren. Wenn auch solche Experimente von befriedigender Einfachheit und Übersichtlichkeit sind, so bieten sie doch keinen rechten Anhaltspunkt für eine Erklärung, wie die Tiere zwischen zwei oder mehr Kategorien wirklicher Gegenstände unterscheiden, die von Mal zu Mal sehr verschieden sein können und die aufgrund relativ geringfügiger Hinweise unterschieden werden müssen, die z. B. anzeigen, ob der Gegenstand eßbar ist oder nicht.

Eine besonders bedeutsame Form des Lernens besteht darin, daß ein Tier das Verhalten eines anderen nachahmt, z. B. nachdem es beobachtet hat, wie das andere Tier zu Futter gelangte. Bei Affen und Tümmlern in Gefangenschaft hat man oft solch beobachtendes Lernen festgestellt, wie im 10. Kapitel ausführlicher beschrieben werden soll. Es kommt jedoch auch bei anderen Säugern und Vögeln vor, wie etwa bei den von Krebs und seinen Kollegen untersuchten Meisen (besprochen in Kapitel 3). Weitere Beispiele von beobachtendem Lernen bei Vögeln haben Alcock (1969), Curio, Ernst und Vieth (1978a, 1978b), Mason and Reidinger (1982) sowie Huang, Koski and de Quardo (1983) beschrieben.

Eines der bestuntersuchten Beispiele ist das Erlernen der Gesänge bei Singvögeln. Wenngleich beobachtendes Lernen visuelle Kontrolle naheliegt, ist die Beobachtung und Nachahmung im akustischen Bereich ebensowichtig. Wenn ein Experimentator jungen, männlichen

Singvögeln Tonbandaufnahmen vorspielt, kopieren diese die Gesänge, die sie in der Jugend gehört haben, nachdem sie geschlechtsreif geworden sind und angefangen haben zu singen. Auch die Weibchen einiger Arten reagieren stärker auf die männlichen Gesänge, die sie als recht junge Vögel gehört haben (Marler, 1970; Marler and Peters, 1981; Kroodsma and Miller, 1983). Das Erkennen der Einzelheiten des Verhaltens eines anderen Tieres, einschließlich seiner Lautäußerungen, könnte durch bewußtes Nachdenken unterstützt werden.

Auch Buckelwale sind Meister im Erlernen von Tönen (Payne, 1983). Diese Wale singen lange und komplexe Lieder, und sie haben innerhalb ganzer Populationen viele charakteristische Themen gemeinsam, die sich allmählich von Jahr zu Jahr und selbst von Monat zu Monat ändern. Um ihre Gesänge einander so ähnlich zu halten, müssen die Wale einander zuhören und vielleicht über den Vorgang der Nachahmung dessen, was sie hören, nachdenken.

Wenn ein Tier das Verhalten eines anderen nachahmt, läßt sich oft nur schwer sagen, ob der Nachahmende einfach angeregt wurde, etwas zu tun, was er bereits früher einmal getan hatte – ein Vorgang, den Clayton (1978) als soziale Stimulierung bezeichnet hat. Um sicher zu sein, daß eine Verhaltensnachahmung tatsächlich durch beobachtendes Lernen zustande gekommen ist, muß man feststellen, daß das neue Verhalten deutlich verschieden ist von allem, was das Tier zuvor getan hat, oder man muß sehr sorgfältig frühere Anlässe und Gelegenheiten überprüfen, durch die sich das Tier in der Weise verhalten könnte, die es mutmaßlich durch Beobachten erlernt haben soll. Die Psychologen neigen dazu, Experimente mit einem Tier in Einzelhaltung zu bevorzugen aus dem einfachen Grund, weil schon ein einzelnes Tier viele schwierige Probleme bietet, die kontrolliert und analysiert werden müssen, und sich bereits bei zwei sich gegenseitig beeinflussenden Tieren die Variablen beträchtlich vervielfachen. Nun sind aber gerade einige der Situationen, in denen bewußtes Denken am ehesten zu erwarten ist, soziale Wechselbeziehungen oder Raubtier-Beute-Beziehungen oder andere Gelegenheiten, bei denen zwei oder mehrere Tiere aufeinander einwirken. Um Einzelheiten des beobachtenden Lernens zu untersuchen, könnte es von Nutzen sein, einem Versuchstier das Verhalten eines anderen Tieres im Film oder vermittels einer Videoaufnahme vorzuführen. Im positiven Fall müßte dann das Versuchstier auf diese Reproduktion mehr oder weniger so reagieren, wie es das bei einem lebenden Kumpanen tun würde. Bei dieser Methode mögen Schwierigkeiten in der technischen Durchführung zu überwinden sein. Sie könnte jedoch eine detaillierte und genaue Analyse dessen ermöglichen, was der Nachahmende beobachtet und lernt.

In anderen Lernexperimenten wird z. B. eine Ratte darauf dressiert, daß eine bestimmte Figur, z. B. ein Dreieck, das Vorhandensein von Futter anzeigt, während eine andere Figur, meinetwegen ein Kreis, das nicht tut. Nachdem die Ratte die Bedeutung von Dreieck und Kreis erlernt hat und mehr oder weniger fehlerfrei arbeitet, ändert der Versuchsleiter die Spielregeln plötzlich ins Gegenteil, so daß nunmehr der Kreis Futter anzeigt, während sich bei dem Dreieck nichts findet. Schließlich lernt die Ratte die Umkehr in der Bedeutung der Zeichen und arbeitet wieder fast perfekt. Sie hat also ihr Suchbild vom Dreieck zum Kreis geändert und das ursprünglich Erlernte umgekehrt. Hier ergibt sich nun ein interessanter Unterschied, wenn man einige der Ratten bei der ersten Aufgabe übertrainiert, indem man sie Dutzende oder Hunderte von Malen die richtige Wahl treffen läßt, während man andere nur so weit trainiert, daß sie die Aufgabe gerade erlernt haben. Man möchte annehmen, daß die übertrainierten Ratten die »Dreieck-zeigt-Futter-an«-Regel so fest in ihren Gehirnen hätten, daß es ihnen bei der späteren Umkehr der Zeichen schwerer fiele umzulernen. Gerade das Gegenteil ist jedoch der Fall, d. h. unter bestimmten Umständen fällt die Umkehr der Wahl den übertrainierten Ratten leichter als den anderen (Mackintosh, 1974). Vielleicht beginnen sie, nachdem sie die Aufgabe beherrschen, während der vielen, vielen Wiederholungen über die zwei Figuren bewußt nachzudenken, und finden es so leichter, die neuen Beziehungen zu begreifen. Niemand weiß es gewiß, aber die Kommunikation mit der Ratte über solche Umkehr-Experimente könnte uns etwas Wichtiges mitteilen.

Mackintosh (1974) und Walker (1983) haben eine Zusammenstellung von verschiedenen Experimenten gegeben, die zeigen, daß Laboratoriumstiere verhältnismäßig abstrakte Regeln erlernen können wie etwa das Herausfallen eines Gegenstandes aus anderen oder den Unterschied zwischen regelmäßigen und unregelmäßigen Mustern. Bei Experimenten über das herausfallende Glied wird das Tier mit einer Anzahl von Reizen oder Gegenständen konfrontiert, von denen sich einer in bestimmter Weise von allen anderen unterscheidet. Das Tier muß dann lernen, auf das herausfallende Glied zu reagieren. Für viele Tiere ist es nicht schwierig, einen einzelnen Fall dieser Art zu erlernen. Schimpansen haben jedoch gelernt, das Herausfallende als solches zu verallgemeinern. Wenn sie z. B. gelernt hatten, eine rote Scheibe zwischen zwei blauen auszuwählen und eine blaue aus zwei roten, so sortierten sie auch die herausfallende Figur sofort richtig aus, wenn ihnen nunmehr ein Dreieck zusammen mit zwei Quadraten geboten wurde. Tauben haben viel größere Schwierigkeiten mit vergleichbaren Aufgaben, aber sie leisten darin immer noch Besseres als Katzen und Waschbären. Variationen in diesem experimentellen Thema haben zu unerwarteten Ergebnissen geführt. Beispielsweise verglichen Zentall und seine Kollegen (1980) die Leistungen von Tauben, die mit zwei Arten von Aufgaben mit herausfallenden Gliedern konfrontiert wurden. In dem einen

Fall wurde den Tieren eine fünfreihige Anordnung von fünfundzwanzig Scheiben geboten, von denen eine in der Farbe von den übrigen vierundzwanzig abwich. Bei der anderen Aufgabe waren drei Scheiben in einer Reihe, zwei von gleicher, die dritte von anderer Farbe. Wenn im letzteren Fall die Position der andersartigen Scheibe aufs Geratewohl verändert wurde, oder wenn man die Farben änderte, z. B. von einer Reihe mit zwei roten und einer grünen Scheibe zu einer Reihe mit zwei grünen und einer roten, so konnten die Tauben die Aufgabe nicht lösen. Aber bei der Aufgabe mit den fünfundzwanzig Scheiben lernten sie sehr schnell, nach der einzigen andersfarbigen zu picken, auch wenn man deren Position änderte oder die Zusammensetzung von vierundzwanzig roten und einer grünen Scheibe zu vierundzwanzig grünen und einer roten Scheibe veränderte.

In verwandten Experimenten trainieren Delius und Habers (1978) Tauben, in paarweise dargebotenen Figuren die symmetrischen von den asymmetrischen zu unterscheiden. Nachdem die Tauben das gelernt hatten, konnten sie auch beim ersten Versuch sofort die richtige Wahl treffen, wenn ihnen ein Paar neuer Figuren geboten wurde, von denen die eine symmetrisch war und die andere nicht. Weiterhin trainierten Bowman and Sutherland (1980) Goldfische, zwischen einem exakten Quadrat und einem Quadrat mit einem Buckel am oberen Rand zu unterscheiden. In einer von vielen Abwandlungen dieses Experiments hatten die Goldfische gelernt, auf ein Quadrat zuzuschwimmen, das oben eine kleine, dreieckige Erweiterung hatte. Wenn diesen Fischen später ein einfacher Kreis und ein Kreis mit einer kleinen, halbkreisförmigen Einbuchtung am oberen Rand geboten wurde, wählten sie den Kreis mit der Einbuchtung. Sie schienen gelernt zu haben, zwischen einfachen geometrischen Figuren und denselben Figuren, die aber durch eine Deformation, eine Einbuchtung oder Ausbuchtung, kompliziert worden waren, zu unterscheiden. Walker (1983) drückt sein Erstaunen darüber aus, daß »selbst ein Wirbeltier, das so klein und psychologisch unbedeutend ist wie ein Goldfisch, visuelle Informationen einer Analyse von so feinem Niveau zu unterziehen scheint.« Warum sollte ein vergleichender Psychologe darüber so erstaunt sein? Offensichtlich ist er über Gebühr von dem Glauben beeinflußt, daß nur Primaten oder bestenfalls Säuger und Vögel die Fähigkeit haben, mäßig komplexe Unterscheidungen zu erlernen. Im natürlichen Leben fast eines jeden beweglichen Tieres ist es erforderlich, zwischen vielen verschiedenen Gegenständen zu unterscheiden und zu entscheiden, ob einige eßbar, andere gefährlich usw. sind.

Bei vielen Laboratoriumsuntersuchungen zum Lernen und Unterscheiden zwischen Reizen benutzt man die Skinnerbox, d. h. einen kleinen Käfig, in dem ein sehr hungriges Tier, meist eine Ratte oder Taube, von praktisch allen Reizen abgeschirmt ist außer denen, die man untersuchen will. Um Futter zu bekommen, muß das Tier etwas in der Box auf einen bestimmten Reiz hin betätigen. Die Vorrichtungen, die das Tier zu betätigen hat, sind so ausgewählt, daß sie zu Verhaltensweisen passen, die das Tier leicht ausführen kann; Ratten haben ihre Vorderpfoten auf Gegenstände in Bodennähe, z.B. einen Hebel, zu stellen und Tauben haben nach auffallenden Flecken in Augenhöhe an der Wand zu picken. Durch die Berührung der Flecken bzw. Hebel usw. wird dann ein Mechanismus in Gang gesetzt, der Futter in den Käfig wirft. Straub and Terrace (1981) dressierten Tauben in einer Skinnerbox, an farbige Fenster in der Wand zu picken und dabei eine bestimmte Farbfolge einzuhalten. Um Futter zu bekommen, mußte z.B. eine Taube zuerst Rot, dann Blau, Gelb und Grün wählen, während eine andere in der Reihenfolge Gelb, Rot, Grün und Blau zu picken hatte. In der Skinnerbox sahen sich die Tauben zwei Reihen von je drei Flecken gegenüber, die in verschiedenen Farben aufleuchten konnten. In den wichtigsten Experimenten waren vier der sechs Flecken gleichzeitig erleuchtet, jeder in einer anderen Farbe, aber die Anordnung der Farben änderte sich von einem Versuch zum anderen. Die Tauben durften also nicht auf die Anordnung achten, sondern mußten jeweils die richtige Farbe in der richtigen Reihenfolge wählen. Mehrere Tauben erzielten dabei Resultate, die weit über der Zufallserwartung lagen und zeigten damit, daß sie eine Regel der Aufeinanderfolge erlernt hatten, die ihre Entscheidungen beim Picken nach den Flecken leitete. Möglicherweise dachten sie dabei etwas wie »Ich muß zuerst nach dem Rot picken, dann nach Blau, als nächstes Gelb und dann Grün.«

Noch eindrucksvollere und aussagekräftigere Experimente von Herrnstein, Loveland und Cable (1976) und Herrnstein (1979, 1982) haben gezeigt, daß Tauben nicht nur bestimmte Farben oder einfache Figuren, sondern auch etwas abstraktere Konzepte bei der Unterscheidung zwischen Bildern, die eine allgemeine Kategorie von Gegenständen enthalten oder nicht enthalten, erlernen können. Hungrige Tauben lernen, nach farbigen Bildern zu picken, die auf einen Miniaturbildschirm an der Wand projiziert werden. Für das Anpicken der richtigen Bilder gibt es Futter, für das der anderen Bilder nichts. Tauben können sich über Jahre erinnern, daß ein bestimmtes Bild, z.B. die Luftaufnahme einer bestimmten Gegend, belohnt wird im Gegensatz zu anderen Landschaften. Vor kurzem hat man die Schwierigkeit dieser Experimente für die Tauben noch verschärft, indem man ihnen jedes Bild nur einmal zeigte. Dutzende oder sogar Hunderte von Farbdias wurden projiziert, und die Taube bekam nur dann Futter, wenn sie diejenigen anpickte, die ein bestimmtes Merkmal enthielten. In einer einfachen Aufgabe dieser Art mögen die belohnten Bilder alle irgendeinen hellroten Gegenstand enthalten. Obwohl die dargestellten Szenen sehr verschieden waren, lernten die Tauben nach den Bildern zu picken, auf denen etwas Rotes zu sehen war. In den bedeutsamsten Experimenten dieser Art waren jedoch die Kriterien viel komplexer. Alle positiven, belohnten Dias zeigten z. B. Bäume oder Teile von Bäumen, während auf den negativen Bildern Laternenpfähle, rebenumwachsene Mauern und andere, baumähnliche Dinge zu sehen waren, aber keine richtigen Bäume, Äste oder Baumstämme. Die Tauben lernten auch hier, die positiven Bilder zu wählen. In wieder anderen Experimenten hatten die Tauben gelernt, Bilder zu erkennen, die eine bestimmte Person in unterschiedlicher Kleidung zeigten, deren Gesicht aber stets sichtbar war. Viele der negativen Bilder zeigten andere Leute, manche davon sogar ähnlich gekleidet wie die Person, deren Anwesenheit auf dem Bild signalisierte »Pick nach diesem, um Futter zu bekommen.« Aus solchen Experimenten zogen Herrnstein, Loveland und Cable (1976) den Schluß, daß Tauben lernen können, einige natürliche Kategorien zu erkennen, selbst wenn Größe und Winkel der Darstellung sich ändern oder wenn sie unter einer verwirrenden Vielfalt von anderen Gegenständen geboten werden.

Diese Unterscheidungen sind für die Tauben nicht leicht. Es bedarf eines monatelangen Trainings, und die Endleistung ist zwar deutlich besser als ein Zufallsergebnis, aber sie ist nicht vollkommen. Die Vögel müssen jedoch ein Konzept dessen entwickelt haben, wonach sie auszuschauen haben, wenn sie entscheiden, bei welchen Bildern sich das Picken wahrscheinlich lohnen wird. Können sie das tun ohne bewußtes Denken? Wenn das entscheidende Merkmal Bäume sind (Cerella, 1978, 1982) oder Tauben im Gegensatz zu anderen Vögeln (Poole and Lander, 1971), scheint das etwas zu sein, worüber eine Taube von Natur aus nachdenken oder wonach sie Ausschau halten könnte. Jedoch dürfte die natürliche Selektion eine Taube kaum darauf vorbereitet haben, nach dem Gesicht einer bestimmten, menschlichen Person zu suchen. In einem anderen Experiment benutzten Herrnstein und Villers (1980) Unterwasserfotografien, von denen einige Fische zeigten und andere nicht. Die Tauben lernten auch diese Unterscheidung, obwohl weder sie noch ihre Vorfahren vor Millionen von Jahren irgendeine Erfahrung mit Unterwasserszenen hatten. Daher müssen diese Ergebnisse ihren Grund in einer allgemeinen Fähigkeit haben zu lernen, welche Züge auf einer Anzahl von ansonsten äußerst verschiedenen Bildern gemeinsam sind, anderen aber fehlen. Ein mit dieser Aufgabe konfrontierter Mensch würde bewußt darüber nachdenken, welche Züge den Bildern gemeinsam waren, deren Wahl zu positiven Ergebnissen geführt hatte, und wenn er das Rätsel gelöst hätte, würde ihm wahrscheinlich die Einsicht bewußt: »Ah, es sind die Bilder mit den Bäumen, die ich aussuchen soll.«

Innerhalb der nächsten Jahre mag die enorme Ansammlung von Daten aus den Experimenten zum tierlichen Lernen, Aufgabenlösen und

Erkenntnisvermögen den Psychologen, die am bewußten Denken der Tiere interessiert sind, sehr wohl in einem neuen Licht erscheinen. Die Anfangsstadien dieser Entwicklung hat Walker (1983) besprochen. Danach können wir auf Experimente hoffen, die darauf angelegt sind, so objektiv wie möglich Ausmaß und Inhalt bewußten Denkens zu messen. Boring (1950) wies darauf hin, daß Experimente zu Problemen des Lernens und der Lösung von Aufgaben eine Art von Kommunikation zwischen dem Psychologen und dem Versuchstier sind. Der Experimentator stellt Fragen, indem er die Situation arrangiert, und das Tier antwortet durch sein Verhalten. Aber diese Metapher ist für unsere Zwecke nur geeignet, wenn uns die Ergebnisse der Experimente etwas über das subjektive Erleben wie auch über die Verhaltensmöglichkeiten eines Tieres lehren. Oft ist beides gleichzeitig der Fall, aber es ist nicht ein und dasselbe. Außerdem, wie in den Kapiteln 8 und 10 noch näher erklärt wird, bieten unter den richtigen Voraussetzungen die natürlichen Kommunikationsformen einen direkteren Zugang zu den Gedanken und Gefühlen der Tiere.

Elektrische Meßwerte für das Denken

Die grundsätzliche Methode, wie Neurophysiologen die Aktivität eines Neurons oder gar eines ganzen Gehirns überwachen, besteht im Aufzeichnen der elektrischen Ströme, welche die Übertragung von nervösen Impulsen von einem Neuron zum anderen sowie die Impulsübertragung auf dem Weg über eine zwischen den Neuronen eingeschaltete Synapse begleiten. Um die Tätigkeit einzelner Neuronen zu überwachen, werden Mikroelektroden in das Gehirngewebe eingeführt, und diese nehmen die charakteristischen Signale auf, die mit jedem Nervenimpuls einhergehen – falls sie nicht sogar mit diesem identisch sind. In den vielen detaillierten Untersuchungen an Affen über die Aktionspotentiale von einzelnen Neuronen haben die Neurophysiologen manchmal ein Neuron überwacht, das am stärksten durch einen mäßig komplexen Reiz aktiviert wurde wie etwa den Umriß einer Affenhand (Gross, Rocha-Miranda and Bender, 1972; Gross, Bender and Rocha-Miranda, 1974; Gross and Mishkin, 1977). Leider sind diese Experimente bei weitem noch nicht weit genug vorangetrieben worden, um zu der Hoffnung zu berechtigen, daß sich aus ihnen eine Methode entwickeln ließe, mit der man direkt an tierliche Gedanken herankommen könnte.

Eine andere Art von Aktionspotentialen in menschlichen und tierlichen Gehirnen kann man von der äußeren Oberfläche der Kopfhaut abnehmen. Technisch sind diese schwachen elektrischen Signale als Elektroencephalogramm-Wellen (EEG) bekannt oder, volkstümlicher, als Gehirnwellen. Sie haben eine wesentlich niedrigere Voltstärke als die elektrischen Signale, die man von den Elektroden im Gehirn erhält. Aber alle Neurophysiologen stimmen überein, daß die EEG-Wellen in Grundeigenschaften und Ursprung den Potentialen von niedriger Frequenz ähnlich sind, die innerhalb des Gehirns gemessen werden können. Offensichtlich sind die EEG-Potentiale viel leichter zu untersuchen, ohne dem Versuchstier oder der Versuchsperson Verletzungen oder auch nur Unbehagen zuzufügen.

EEG-Signale können bei Säugern und anderen Wirbeltieren in ziemlich gleicher Weise gemessen werden, obwohl bei Katzen und Affen der Schädel, die Oberflächenmuskulatur und die Haut eine störendere, elektrische Barriere bilden als beim Menschen. Unmittelbar unter der Schädeldecke eines Versuchstiers eingepflanzte Elektroden (Operation und Einpflanzung unter Betäubung durchgeführt) nehmen im wesentlichen die gleichen EEG-Potentiale auf wie von der menschlichen Kopfhaut. Praktische Schwierigkeiten haben die vergleichenden Untersuchungen an Vögeln, Reptilien, Fischen oder wirbellosen Tieren begrenzt, hauptsächlich weil die Größe der Potentiale von ihrem Zentralnervensystem verhältnismäßig gering ist im Vergleich zu den konkurrierenden elektrischen Potentialen von Muskeln oder anderen Quellen außerhalb des Gehirns (Klemm, 1969). Aber wenn diese technischen Schwierigkeiten überwunden werden können, lassen sich ähnliche elektrische Signale von den Zentralnervensystemen aller Wirbeltiere aufzeichnen.

Bei EEG-Aufzeichnungen bekommt man die stärksten elektrischen Signale, wenn das Gehirn im Zustand relativer Untätigkeit ist, z. B. wenn eine menschliche Versuchsperson ihre Augen geschlossen hat, sich nicht aktiv bewegt und an nichts Bestimmtes denkt. In gewisser Weise schränkt das den Nutzen der EEG-Aufzeichnungen für das Studium der komplexeren und gerade für unsere Zwecke wesentlichen Aktivitäten von menschlichen und tierlichen Gehirnen ein. Aber durch verfeinerte Methoden bei der Analyse können von wachen Personen abgeleitete EEG-Wellen Unterschiede in der Aktivität der rechten und linken Großhirnhälfte aufweisen, je nachdem, ob die Versuchsperson über räumliche Relationen oder über Wortaufgaben wie das Suchen von Synonymen auf einer Wortliste nachdenkt (Ornstein et al., 1980). Selbst im Schlaf treten hervorstechende EEG-Signale auf, aber sie haben eine niedrigere Frequenz als die auffallendsten, sogenannten Alpha-Rhythmen, mit einer Frequenz von etwa 5 bis 8 Hz oder Wellen pro Sekunde. Man nimmt an, daß die EEG-Potentiale durch die fast synchron verlaufende Aktivität vieler Tausende von Neuronen und Synapsen zustande kommen. In einem aktiven Gehirn ist diese Synchronisation vermindert bzw. nicht vorhanden. Wenn eine Person ruhig liegt, die Augen geschlossen hat und nicht mit irgendwelcher intensiver Geistestätigkeit beschäftigt ist, sind die Alpha-Wellen mit großer Wahrscheinlichkeit recht ausgeprägt. Fordert man die Person dann auf, eine geistige Aufgabe zu bewältigen, z. B. eine Mathematikaufgabe zu lösen, so verringern sich die Amplituden der Wellen, und es wird schwieriger, sie von anderen, unregelmäßigen Wellen unbestimmter Herkunft zu unterscheiden. Diese bereits in den dreißiger Jahren gemachte Beobachtung legt nahe, daß – ganz gleich, welche Vorgänge er wiedergeben mag – der Alpha-Rhythmus keine Hilfe für die Untersuchung des bewußten Denkens bietet.

Später entdeckten die Neurophysiologen, daß eine diskrete Sinnesreizung, z. B. durch ein kurz aufleuchtendes Licht oder einen kurzen Ton, ebenfalls kleine, elektrische Potentiale hervorruft, die vom menschlichen Schädel abgenommen werden können. Gewöhnlich sind diese zu schwach, um zuverlässig vor dem Hintergrund anderer elektrischer Signale registriert zu werden, aber diese Schwierigkeit läßt sich überwinden, indem man die einzelnen Reize wiederholt und den Durchschnitt der an der Kopfhaut gemessenen Voltstärken mit einem Computer berechnet. Das so gewonnene Durchschnittspotential läßt sich am besten anhand einer graphischen Darstellung verstehen, welche die Stromstärke an der Kopfhaut als eine Funktion der Zeit zeigt, die seit der Darbietung des Reizes verstrichen ist. Oft ist es nötig, den Durchschnitt von Hunderten oder sogar Tausenden von Reizen zu berechnen, von denen gewöhnlich einer pro Sekunde gegeben wird. So beschränken praktisch die Grenzen, bis zu denen eine Versuchsperson bereit ist, an einem solchen Experiment teilzunehmen, die Anzahl der Reizdarbietungen und die Zuverlässigkeit der Durchschnittsberechnungen.

Trotz dieser technischen Probleme ist es möglich, genau und fortlaufend komplexe Wellen aufzuzeichnen, die die Fluktuationen des elektrischen Potentials wiedergeben, welche auf eine kurze und abgegrenzte Sinnesreizung folgen. Letztere ist nicht auf Lichtsignale oder Töne beschränkt. Wichtige Experimente wurden durchgeführt mit leichten, taktilen Reizungen oder schwachen und schmerzlosen Elektroschocks auf der Haut. Aber ein Reiz, dessen Applizierung mehrere Sekunden erfordert, ist nicht zu gebrauchen, weil für die Durchschnittsberechnung ein zeitlich genau bestimmter Ausgangspunkt nötig ist. Auch muß der Reiz ziemlich kurz sein, weil andernfalls die durch einen späteren Teil ausgelöste Erregung die vom Anfangsteil ausgelösten elektrischen Signale durcheinanderbringen kann. Die Bedeutung der hervorgerufenen Potentiale haben Callaway, Tueting und Koslow (1978), Desmedt (1981), Galambos und Hillyard (1981), Rockstroh und seine Mitarbeiter (1982) sowie Hillyard und Kutas (1983) kürzlich analysiert. Zu den Reizen, die sich als wirksam und brauchbar erwiesen haben, gehören Lichtblitze von verschiedener Helligkeit und Farbe, Töne von verschiedener Frequenz und kurze, plötzlich losbrechende Geräusche oder Ticken. Die Geräusche können auch gesprochene Worte und die Lichter Bilder sein, einschließlich Wörter oder Buchstaben, die kurzfristig auf einen Bildschirm geworfen werden. Die Wellen, die sie erzeugen, enthalten viele aufeinanderfolgende Veränderungen in positiver oder negativer Richtung, und gewöhnlich sind bestimmte Wellen viel größer als andere. Aber solange die Wellen erkennbar über den »Hintergrundgeräuschen« liegen, ist ihre Amplitude gewöhnlich weniger bedeutsam als ihr zeitlicher Zusammenfall mit dem und ihre Beziehung zu dem, was das Gehirn des Versuchsobjektes gerade tut.

Die zeitlichen Zwischenräume nach dem kurzen Reiz werden meist in Millisekunden gemessen. Eine häufiger gebrauchte Terminologie identifiziert Spitzen als elektrisch positiv oder negativ und gibt die Zeit nach dem Einsetzen des Reizes in Millisekunden an. Die ersten Wellen z. B. nach einem visuellen oder akustischen Reiz, die etwa innerhalb von 1 bis 50 Millisekunden auftreten, scheinen die Aktivierung der mehr peripheren Ebenen im Seh- oder Hörsystem wiederzugeben. Sie ändern sich nicht sehr mit der geistigen oder nervlichen Aktivität der Versuchsperson und verringern sich auch nicht wesentlich unter leichter Narkose. Diese frühen Potentiale reflektieren ganz klar den Eingang sensorischer Energie zum Gehirn, da sehr ähnliche Potentiale von Elektroden aufgezeichnet werden können, die tief im Gehirngewebe stecken an Stellen, von denen man weiß, daß sie mit der Verarbeitung von Sinneserregung zu tun haben. Deshalb sind die frühen Potentiale für uns viel weniger interessant als jene, die 100 bis 500 Millisekunden nach der Reizung auftreten.

Die Potentiale mit relativ längerer Latenzzeit werden oft »ereignisbezogene Potentiale« *(event related potentials)* oder ERPs genannt. Obwohl dieser Begriff mitunter auch für nach kurzer Latenz hervorgerufene Potentiale verwendet wird, möchte ich mich der Auffassung anschließen, wonach die Potentiale als ERPs zu bezeichnen sind, die mit komplexeren Gehirnaktivitäten verbunden zu sein scheinen. Bei Menschen- und anderen Säugetiergehirnen findet der größte Teil der komplexeren Verarbeitung der Sinnesdaten und ihre Verwendung für Vorgänge, die dem Denken ähneln, in der Großhirnrinde statt, weshalb auch die Elektroden zum Aufzeichnen von EEG-Wellen oder ERPs oben auf dem Kopf angebracht werden.

Menschliche ERPs sind komplex und wurden in einer Vielzahl von Experimenten untersucht. Ich will mich jedoch auf einige wenige der bekannteren und besser erforschten Wellen konzentrieren. Eine der interessantesten ist unter der Bezeichnung P300-Welle bekannt, was besagt, daß sie positiv ist und ihren Spitzenwert etwa 300 Millisekunden nach dem Einsetzen des Reizes erreicht. Diese Welle scheint komplexe Informationsverarbeitung im Gehirn anzuzeigen und vielleicht auch etwas wie bewußtes Denken, obwohl das noch nicht ganz feststeht. Ein Grund, sie mit bewußten Gedanken in Verbindung zu bringen, ist, daß die P300, obwohl sie gewöhnlich das Resultat eines diskreten Sinnesreizes ist, auch dann nachgewiesen werden konnte, wenn die Versuchsperson einen Reiz erwartet, der aber nicht eintritt. Die P300-Welle wird wenig beeinflußt durch die Intensität des physischen Reizes, vorausgesetzt, daß er stark genug ist, um überhaupt deutlich registriert zu werden. Es ist auch von Bedeutung, daß die Amplitude der P300 variiert, je nachdem, was die Versuchsperson gerade mit ihrem Gehirn tut. Ich gebrauche hier die Phrase »gerade mit ihrem Gehirn tut«, um zunächst Neutralität zu wahren in Bezug darauf, ob diese Gehirntätigkeiten mit bewußtem Denken einhergehen.

Eines der frühesten Experimente, die auf eine mögliche Beziehung zwischen der P300-Welle und Denken hinweisen, führte Sulton mit seinen Mitarbeitern durch. In kürzer zurückliegenden und verfeinerten Untersuchungen boten Picton und Hillyard (1974) den Versuchspersonen eine lange Reihe einförmiger Tick-Geräusche, von denen sie gelegentlich eines ausließen. Die P300-Welle, die auftrat, nachdem ein erwartetes Ticken ausgefallen war, hatte oft sogar eine größere Amplitude als die anderen, was bedeutet, daß der unmittelbar vorausgehende Reiz nicht unbedingt nötig ist für die Gehirnaktivität, die die P300-Welle erzeugt.

In einem anderen Experiment zeigte man den Versuchspersonen Lichtblitze und ließ danach in der Hälfte der Fälle, jedoch unregelmäßig verteilt, leise Töne erklingen, die nahe an der Grenze der Hörschwelle lagen. Die Versuchsperson wurde dann gefragt, ob sie den Ton gehört habe oder nicht. Der Versuch war so schwierig, daß die Versuchsperson häufig Fehler machte, indem sie einen Ton, der tatsächlich ihr Gehör erreicht hatte, nicht ansagte oder »falschen Alarm« schlug, wenn tatsächlich kein Ton erklungen war. Es gab also vier mögliche Ergebnisse: richtiges Erkennen eines Tones, richtige Meldung, daß kein Ton erklungen war, Versagen im Erkennen des tatsächlich vorhandenen Reizes, und »falschen Alarm«. Von diesen vier Kategorien erzielte nur die richtige Beurteilung, daß ein Ton tatsächlich erklungen war, ein hervorstechendes P300-Potential. In einer neueren Variation zu diesem Versuchsthema bot man der Versuchsperson eine Reihe von Reizen, einschließlich zweier Signale, deren eines viel weniger häufig vorkam als das andere. Das relativ seltene Zeichen nennt man den »exzentrischen Ausnahmereiz« *(oddball stimulus)*. Die Versuchsperson sollte in einfacher Weise reagieren wie etwa durch Niederdrücken einer Taste, wenn sie den »exzentrischen Ausnahmereiz« bemerkte. Unter diesen Bedingungen ergaben alle Reize P300-Wellen, aber der »exzentrische Ausnahmereiz« erzielte meist eine größere (Galambos and Hillyard, 1981).

Noch interessanter waren Experimente, bei denen die Reize aus Wörtern bestanden, über die die Versuchsperson nachdenken mußte, um die richtige Antwort zu geben (Donchin, 1981). In einem dieser Experimente wurde der Name »David« in 80% der Einzeldarbietungen gegeben und »Nancy« in den verbleibenden 20%. In einem anderen Experiment reimten sich 20% der Wörter auf »Kuchen« und 80% nicht, und in einem abschließenden Experiment waren die »exzentrischen Ausnahmereizwörter« Synonyme des Begriffs »Stechen«. Die Aufgabe der Versuchsperson war es, einfach zu zählen, wie oft sie die seltenen Reize wahrnahm. In allen Fällen ergaben sich augenfällige P300-Potentiale, aber die seltenen Reize erzielten im Durchschnitt größere P300-Potentiale mit längeren Latenzzeiten als die anderen Reize. Der Latenzunterschied zwischen den P300-Wellen bei häufigen und seltenen Reizen war größer, wenn die Aufgabe darin bestand zu entscheiden, ob das Reizwort synonym mit »Stechen« war, ob es sich auf »Kuchen« reimte oder ob ein Vorname männlich oder weiblich war, als wenn die Versuchsperson nur zu entscheiden hatte zwischen den beiden Wörtern »David« und »Nancy«. Das Gehirn benötigt etwas mehr Zeit, die komplexeren Unterscheidungen zu machen.

Es gibt eine ganze Anzahl von Variationen zu dieser Art von Experimenten, aber die angeführten Beispiele reichen aus, um zu zeigen, daß die P300-Welle stark mit dem korreliert, was man konservativ Informationsverarbeitung durch das menschliche Gehirn nennen kann (Chapman et al., 1978; Kutas and Hillyard, 1980; Duncan-Johnson and Donchin, 1982). Geben derartige Experimente uns einen objektiven, meßbaren, elektrischen Index darüber, ob eine Person über eine einfache Unterscheidungsaufgabe nachdenkt? Die Wissenschaftler, die diese Experimente durchgeführt haben, zögern, solch einen übereilten Schluß zu ziehen. Galambos und Hillyard (1981) wählten den konservativen Titel »Elektrophysiologische Annäherungsversuche an kognitive Verarbeitung beim Menschen«. Doch legen die Versuchsergebnisse gewiß nahe, daß die ERPs wenigstens einen groben Meßwert für bewußtes Denken liefern. Warum sind die unmittelbar mit diesen Experimenten befaßten Wissenschaftler so vorsichtig? Der Gründe gibt es viele, aber die nachstehenden sind wahrscheinlich die wichtigsten. Zu allererst haben die Wissenschaftler gelernt, skeptisch zu sein, wenn etwas derart Erregendes am Horizont auftaucht. In den späten zwanziger Jahren, als die Verstärker zum ersten Mal empfindlich genug waren, um EEG-Potentiale zu registrieren, wurden viele sensationelle Behauptungen aufgestellt, z.B. daß Gehirnwellen das elektrische Messen jeder Art von Gehirnfunktionen gestatten würden. Die jüngere Entdeckung, daß ERPs in einfacher Weise mit Unterscheidungen über die Art eines Reizes korrelieren, könnte man in ähnlicher Weise als das Öffnen einer Tür zum elektrischen Überwachen menschlicher Gedanken ansehen.

Aber eine so revolutionierende Möglichkeit wird von den vorsichtigen Wissenschaftlern zu Recht mit großer Vorsicht behandelt.

Eine weitere Schwierigkeit liegt darin, daß die relativ langsamen, elektrischen Veränderungen, die sich von der menschlichen Kopfhaut aufzeichnen lassen, nur ein sehr undeutliches Bild von den Aktivitäten der Neuronen im Gehirn wiedergeben. Nur wenn Tausende oder sogar Millionen von Neuronen und Synapsen mehr oder weniger synchronisiert sind, läßt sich ein Potential von der Kopfhaut aufzeichnen. Andernfalls gleichen die elektrischen Signale einander aus, da sie aus einer Entfernung kommen, die ein Vielfaches der Größe der Zellstrukturen beträgt, aus denen sie entstehen. Viele Neurophysiologen (z. B. Mountcastle, 1981) meinen, daß die Messungen an der Kopfhaut nur ein sehr grobes Maß der Gehirnfunktion ergeben, auch wenn sie erhebliche und reproduzierbare Korrelationen mit einigen Denkarten zeigen. Die Neurophysiologen sind zufriedener, wenn die diskreten elektrischen Signale von einzelnen Zellen mit Mikroelektroden aufgenommen werden können, die tief im Gehirngewebe stecken. Verständlicherweise kann man das nicht mit Menschen machen, außer unter extremen Ausnahmebedingungen während einer Gehirnoperation, um die Art einer Gehirnerkrankung oder -schädigung festzustellen.

Da also das Herumstochern mit Mikroelektroden im menschlichen Gehirn zum Studium der neurophysiologischen Vorgänge nicht in Frage kommt, brauchen wir indirekte Beweise, um zu bestimmen, aus welchen Teilen des Gehirns die ERPs mit ihren interessanten Eigentümlichkeiten stammen. Diese Bemühungen sind noch nicht sehr weit gediehen, vielleicht weil ziemlich große Teile der Gehirnrinde und möglicherweise auch subkortikale Gebiete beteiligt sind.

Inzwischen fragen meine Leser wahrscheinlich schon ungeduldig, ob man ähnliche Experimente auch mit nicht-menschlichen Tieren angestellt hat und, falls ja, was dabei herausgekommen ist. Produziert das Gehirn eines Affen, einer Katze oder eines anderen Tieres etwas der menschlichen P300-Welle Vergleichbares? Erst seit kurzem fangen Tierexperimente an, Antwort auf diese wichtige Frage zu geben. Obgleich man bisher mit Tieren noch keine Experimente durchgeführt hat, die den zuvor beschriebenen direkt vergleichbar sind, hat sich ergeben, daß einige einfache Unterscheidungen bei Tieren ERPs hervorrufen, die in vieler Hinsicht der menschlichen P300-Welle ähneln (besprochen von Galambos and Hillyard, 1981).

Elektroden im Gehirn einer Katze können ähnliche, langzeitlatente ERPs aufzeichnen, und zwar nicht nur, wenn Reize wiederholt präsentiert werden, sondern auch, wenn ein zu erwartender Reiz ausbleibt (Wilder, Farley and Starr, 1980; Buchwald and Squires, 1982). Andere Versuche ergaben eine Vergrößerung der Amplitude und eine Veränderung der Wellenform des ERP als Reaktion auf ein Licht, das 7,7 mal pro

Sekunde aufleuchtete, wenn die Katze auf eine einfache Reaktion dressiert war, um einem Schock zu entgehen, der andernfalls auf diesen Reiz folgte. Nachdem die Katze gelernt hatte, den Schock auf diese Weise zu vermeiden, brachte man ihr weiter bei, daß sie an Futter gelangen konnte, wenn sie sich einem Licht näherte, das 3,1 mal pro Sekunde aufleuchtete – während sie weggehen sollte bei 7,7 Lichtblitzen pro Sekunde, um den Schock zu vermeiden. Wiederum vergrößerte sich die Amplitude des ERP etwas und auch die Wellenform änderte sich, nachdem die Katze gelernt hatte, unterschiedlich auf die beiden Lichtraten zu reagieren.

In einem anderen, von Galambos und Hillyard (1981) besprochenen Experiment haben Neville und Foote (im Druck) versucht, direkte Vergleiche zwischen ERPs von menschlichen Versuchspersonen und von Affen anzustellen. Einige der Reize waren dabei kurze Töne mit einer Dauer von 190 Millisekunden. Bei fortgesetzter Wiederholung über einen längeren Zeitraum ergab sich weder bei der menschlichen Versuchsperson noch bei dem Affen eine besonders hervorstechende P300-Welle. Hatte aber einer von etwa zwölf Tönen deutlich eine andere Frequenz, so erzeugte dieser »exzentrische Ausnahmereiz« eine typische P300-Welle bei der menschlichen Versuchsperson und bei dem Affen eine langsame, positive Welle mit einer etwas anderen Wellenform, etwa von 320 bis 550 Millisekunden nach dem Reiz. Bei beiden, dem Menschen und dem Affen, war die Reaktion auf den »exzentrischen Ausnahmereiz« deutlich größer als die ERPs, die den gewöhnlichen Signalen folgten. In einer anderen Version dieses Experiments erschien eine dritte Reizart, ähnlich einem kurzen Hundegebell, in 8% der Darbietungen, ein Ton anderer Frequenz in weiteren 8% und der gewöhnliche Ton in 84% der Versuche. Sowohl die Aufzeichnungen vom Menschen als auch die vom Affen zeigten als Spitzenwerte etwa 300 bis 350 Millisekunden, wenn auch die Wellenformen verschieden waren. Aber diese Unterschiede konnten dadurch bedingt sein, daß bei dem Affen die Elektrode wirklich im Schädel eingepflanzt und dadurch dem Gehirngewebe näher war.

Diese und zahlreiche andere Experimente zeigen an, daß ERPs mit langen Latenzzeiten bei Katzen und Affen unter Bedingungen auftreten, die sich zumindest grob mit denen vergleichen lassen, die von menschlichen Versuchspersonen bekannt sind. Es wäre jedoch voreilig zu schließen, daß diese Potentiale einen wirklich zuverlässigen Index für auch nur die primitivste Art bewußten Denkens geben könnten. Eine Schwierigkeit liegt darin, daß Experimente wie die von Neville und Foote noch nicht an menschlichen und tierlichen Versuchsobjekten unter streng vergleichbaren Bedingungen durchgeführt wurden. Es leuchtet ein, daß man Tieren nicht Reize bieten kann, die sich nach Wortkategorien unterscheiden wie männliche oder weibliche Vornamen. Aber man könnte Reize ersinnen, die innerhalb des Unterscheidungsvermögens eines Tieres liegen und, was noch wichtiger ist, wirklich von Bedeutung in seinem normalen Leben sind.

Ein Teilaspekt des menschlichen ERPs, der näherer Untersuchung bedarf, könnte anhand von Unterscheidungsversuchen studiert werden, bei denen die Versuchsperson manchmal bewußt an die Aufgabe denkt und manchmal nicht. So könnte z. B. nach einiger Zeit die langweilige, ständig wiederholte Unterscheidung zwischen zwei Tönen korrekt, aber ohne bewußte Aufmerksamkeit getroffen werden. Vielleicht könnte die Versuchsperson signalisieren, wann sie an die Unterscheidung denkt und wann sie vor sich hinträumt oder einer Hintergrundmusik lauscht. Würde das P300 oder irgendein anderes Muster der elektrischen Signale vom Gehirn einen deutlichen Unterschied zwischen den beiden Fällen zeigen? Veröffentlichte Beschreibungen aus früheren Experimenten legen nahe, daß das P300 sehr vermindert oder nicht erkennbar ist, wenn die Versuchsperson nicht bewußt auf den Unterscheidungsvorgang achtet. Jedoch muß das noch völlig eindeutig geklärt werden, und wenn sich dann eine bestimmte Art von ERP zuverlässig mit bewußtem Denken korrelieren ließe, könnten die Neurowissenschaftler weitergehen und untersuchen, ob das auch bei Tieren der Fall ist.

Bis zum heutigen Tag hat eine Begrenzung aller Experimente zu ERPs darin gelegen, daß sie nur das Vorhandensein oder Fehlen von Denken anzuzeigen scheinen, aber nichts über die Gedankeninhalte aussagen. Ein wichtiger erster Schritt zum Verständnis eines Mechanismus ist, zu lernen, wann und wo er vorkommt, aber selbst dieser Prozeß hat erst gerade angefangen. Bis jetzt gibt es sehr wenige Beweise, daß das P300 oder sonst ein ereignisbezogenes Potential anders ist, je nach dem Inhalt des unterscheidenden Denkens. Ein Schritt, um mehr über den Inhalt zu erfahren, liegt in der Demonstration von Chapman und seinem Mitarbeitern (1978), wonach die Wellenform akustisch hervorgerufener Potentiale signifikante, statistische Korrelationen mit den emotionalen Eigenschaften der Reizworte zeigt.

Die Entfernung der Kopfhautelektroden vom Gehirngewebe ist wahrscheinlich ein Hauptgrund für die Grobheit der Korrelation zwischen elektrischen Signalen und den entsprechenden Denkvorgängen. Aber auch die einschränkenden Umstände, unter denen die ERPs aufgezeichnet werden, können von Bedeutung sein. Bisher waren ERPs nur meßbar, wenn man kurze Reize Hunderte von Malen wiederholte, damit ein Durchschnitt errechnet und die anderweitig nicht erkennbaren Signale gemessen werden konnten. Während »exzentrische Ausnahmereize« etwas größere als die durchschnittlichen P300-Wellen oder Unterschiede in der Latenzzeit hervorrufen und ausgelassene, aber zu erwartende Reize dies unter Umständen auch tun, schränken die experimentellen Bedingungen die Möglichkeit, eine Differenzierung zwischen den ERPs zu entdecken, ganz erheblich ein. Trotz dieser Schwierigkeiten könnte sich eine sehr brauchbare Methode zur Untersuchung von Tiergehirnen auf elektrische Anzeichen bewußten Denkens ergeben, wenn die ERPs zuverlässig mit bewußter Aufmerksamkeit auf eine sinnliche Unterscheidungsaufgabe korrelieren.

Viele Schwierigkeiten mögen die Interpretation der von mir vorgeschlagenen Tierexperimente komplizieren. Selbst wenn sich herausstellen sollte, daß die ERPs bei Menschen und Tieren in Latenz, Wellenform und Amplitude verschieden sind, hat das weniger zu bedeuten als eine Antwort auf die Frage, ob die ERPs deutlich mit der Art der Unterscheidungsaufgaben korreliert werden können. Es ließ sich bereits nachweisen, daß Katzen- und Affengehirne ERPs als Reaktionen auf unerwartet fehlende Glieder in einer Kette von Reizen ergeben, und daß in manchen Situationen die Reaktionen auf »exzentrische Ausnahmereize« stärker sind als die auf die gewöhnlichen Reize. Jedoch kann das auch einfach die Tatsache widerspiegeln, daß solch neue oder unerwartete Muster der sinnlichen Eingangsenergie größere Teile des Tiergehirns aktivieren oder eine stärker synchronisierte Aktivität auslösen und damit größere ERPs erzeugen. Einige Experimente zeigen auch, daß sich die ERPs von Tiergehirnen ändern, wenn der Reiz für das Versuchstier wichtig wird, z. B. wenn eine Katze auf einen Reiz dressiert ist, der anzeigt, daß ein leibhaftiges, motorisches Verhalten nötig wird, um einen elektrischen Schock zu vermeiden. Es wäre jedoch ungleich interessanter, wenn der Reiz natürlicher wäre, d. h. wenn er etwas anzeigte, auf dessen Bewältigung das Gehirn durch die Evolution oder durch frühere Erfahrung vorbereitet wäre, z. B. wenn die Signale Zugang zur Nahrung oder einem möglichen Sozialpartner bedeuteten oder sonstwie dem natürlichen Verhalten des Tieres mehr entsprächen als zu lernen, wie man einen elektrischen Schlag vermeidet.

Vielleicht könnte man dann auch Versuchsbedingungen arrangieren, die sich mit den menschlichen Experimenten vergleichen ließen, in denen zwischen Männer- und Frauennamen zu unterscheiden ist. Es wäre von besonderem Interesse, solche Laute zu nehmen, die gesellige Tiere zur Verständigung im Gemeinschaftsleben gebrauchen, besonders weil diese bei manchen Arten auch der individuellen Identifikation dienen können. Es ist natürlich leicht für mich, meinen Kollegen potentiell aufregende Experimente zur Durchführung zu empfehlen. Wahrscheinlich werden sie es vorziehen, ihre eigene Wahl zu treffen. Das ganze Gebiet erscheint jedoch außerordentlich verheißungsvoll, und wenn die Experimente beständige und positive Ergebnisse bringen, könnten sie auf lange Sicht zu einer objektiven, verifizierbaren Methode zum Nachweis des Vorhandenseins von bewußtem Denken führen.

8 | Ein Zugang zur Tierseele

Tiere können nicht die elektrischen Potentiale aus den Gehirnen ihrer Kumpane analysieren. Sie verständigen sich untereinander auf andere Weise. Dazu ist erforderlich, daß sie die Stimmungen oder Verhaltensabsichten der anderen erkennen und verstehen. Viele und sehr verschiedene, durch verschiedene Sinneskanäle empfangene Informationen spielen eine Rolle bei der Verständigung unter Tieren, wie kürzlich in dem von Sebeok (1977) herausgegebenen Buch »How Animals Communicate« ausgiebig dargestellt worden ist. Weil wir Menschen so sehr vom Gesichts- und Gehörsinn abhängig sind, fällt es uns am leichtesten, diejenigen tierlichen Verständigungen zu begreifen, an denen diese beiden Sinne beteiligt sind. Jedoch verständigen sich viele Tierarten durch Düfte, Tastreize und in einigen wenigen Fällen auch durch andere Sinneskanäle, wie etwa durch die hohe Empfindsamkeit bestimmter Fische für elektrische Signale (Hopkins, 1974, 1981). Für unsere Belange ist der jeweilige Verständigungskanal von sekundärem Interesse. Wir möchten wissen, ob bewußtes Denken das Senden und Empfangen von Verständigungssignalen zwischen Tieren begleitet.

An einer ganzen Reihe von Verständigungsformen zwischen Tieren scheint kein bewußtes Denken des Senders oder des Empfängers beteiligt zu sein. In relativ einfachen Fällen enthält das Verhalten eines Tieres Mitteilungen an andere als zufälliges Nebenprodukt. Wenn ein großer und dominanter Affe auf ein gerade entdecktes Futter losrennt, versteht ein rangniederer Kumpan mit verwandter Gen-Ausrüstung sofort, daß er aus der Schußlinie bleiben oder zumindest nicht nach diesem Futter greifen sollte. Während der Rangniedere wohl denken mag, daß es für ihn besser sei, dem Futter fernzubleiben, brauchen wir nicht anzunehmen, daß es in einem solchen Fall in der Absicht des dominanten Tieres gelegen habe, eine Botschaft wie »Geh' mir aus dem Weg!« zu übermitteln. Die einfache Handlung, sich auf das Futter hinzubewegen, genügt, um dieses Resultat zu erzielen. Ebenso ist in vielen anderen, ähnlich gelagerten Fällen anzunehmen, daß ein Tier sich dem anderen einfach durch seine Handlungen mitteilt. Diese beiläufige Verständigung ist für unsere Sache nicht weiter interessant, außer daß dabei der Empfänger entscheidet, was er tun soll, indem er den Sender beobachtet.

Die meisten Tiere zeigen aber auch ein spezialisiertes Verständigungsverhalten, das in erster Linie, wenn nicht ausschließlich, der Mitteilung an Artgenossen dient. Obwohl man die Unterscheidung gegenüber beiläufigen Mitteilungen nicht bei jeder, mehr oder weniger zufälligen Beobachtung treffen kann, ist doch bei allen gesellig lebenden Arten echtes und spezialisiertes Verständigungsverhalten ganz offensichtlich vorhanden. Ein Tier nähert sich dem anderen oder steht ihm gegenüber und ruft dabei laut, oder es macht eine auffallende körperliche Struktur deutlicher sichtbar usw. Oft kommt es dabei zum wechselseitigen Austausch von Signalen, die keine andere Funktion als die der sozialen Mitteilung haben. Es gibt Wissenschaftler, die daran zweifeln, daß Verständigung unter Tieren je mehr sein könne als ein zufälliges Nebenprodukt, vergleichbar mit Schmerzgestöhn, das ohne Rücksicht auf die etwaige Anwesenheit von Empfängern auftritt. Derartiger Skeptizismus wird aber geradezu lächerlich, wenn man sieht, wie verschieden die Formen der Verständigung von allen anderen Verhalten sind, wie deutlich sie an den Partner gerichtet sind und wie der Empfänger darauf reagiert. Die folgenden Beispiele veranschaulichen diese Punkte und zeigen, wie die Gedanken der Tiere unserer Nachprüfung zugänglich werden könnten, wenn wir dazu gelangten, den Verbindungsweg zu verstehen, der unter natürlichen Bedingungenzwischen besteht.

Weibliche Wahl und männliches Demonstrationsverhalten

Zur Vermehrung ist es notwendig, daß Männchen und Weibchen ihr Verhalten durch Übermitteln und Empfangen von Signalen irgendwelcher Art koordinieren. Bei den meisten Arten ist die biologische Belastung für die Weibchen wesentlich größer als für die Männchen, und die Männchen sind (wenn auch vielleicht nicht bei uns!) über einen viel längeren Zeitraum paarungsbereit. Deshalb ist es vorteilhaft für ein Weibchen, wenn es irgendwie kundtun kann, daß es bereit ist zur Paarung oder zur Eiproduktion in Koordination mit der Samenproduktion des Männchens. Bei vielen im Wasser lebenden Tieren findet die Befruchtung außerhalb des Körpers statt, jedoch müssen Eier und Samen ungefähr gleichzeitig und nahe beieinander ins Wasser abgegeben werden. Auch ungeachtet der Vermehrungsphysiologie ist wirkungsvolle Verständigung erforderlich, um die beiden Geschlechtspartner zur rechten Zeit am rechten Ort zusammenzuführen.
Bei manchen Arten lockt das Weibchen das Männchen durch einen bestimmten Duft an. Dieser ist oft in sehr schwachen Konzentrationen wirksam und wird von den Männchen aus großer Entfernung wahrge-

nommen. Es wäre sicher zu viel, wollte man annehmen, daß eine Motte bewußt denkt, wenn sie sexuell anziehende Duftstoffe in die Luft abgibt. Diese Art von Signalgebung läßt sich als unmittelbares Ergebnis physiologischer Vorgänge erklären.

Bei vielen Tieren ist jedoch die der Vermehrung dienende Verständigung wesentlich spezialisierter. Dann mag das Weibchen seine Paarungsbereitschaft durch relativ kleine Veränderungen im Verhalten anzeigen, die jedoch nicht immer in einfacher und direkter Weise mit dem jeweiligen Zustand seines Fortpflanzungsapparates korreliert sind. Oft kommt es zu einem längeren Austausch von Signalen in mehr oder weniger bestimmter Folge zwischen Männchen und Weibchen, wie z. B. de Waal (1982) bei Schimpansen beschrieb. Das Signal hängt also nicht nur vom inneren, physiologischen Zustand des Signalgebers ab, sondern auch von den Zeichen, die er gerade zuvor von dem anderen Tier empfangen hat. Durch den Austausch von Signalen scheint jeder Partner etwas über die Stimmung oder ein bestimmtes, beabsichtigtes Verhalten des anderen zu erfahren.

Diese Zusammenhänge werden klarer, wenn man die Konkurrenz in Betracht zieht, wie sie zwischen einer Anzahl von Männchen bestehen mag, deren jedes sich mit einem bestimmten Weibchen verpaaren könnte. Bei vielen gesellig lebenden Tieren ziehen die Männchen eher die Weibchen an als umgekehrt. Die Fähigkeit, bewußte Vergleiche zu ziehen, könnte dann den Weibchen die Wahl erleichtern. Bei solchen Arten zeigen die Männchen zur Paarungszeit auffällige und demonstrative Verhaltensweisen verschiedenster Art mit großer Ausdauer. Die Weibchen beobachten dieses Demonstrationsverhalten, bevor sie ein Männchen wählen, und die Paarung erfolgt erst nach vielen weiteren Phasen der Werbung.

Eines der bekanntesten Beispiele für männliches Demonstrationsverhalten ist der territoriale Gesang der Singvögel, der für unsere Ohren so wunderschön klingt (besprochen von Marler, 1977, 1978). Dieser Gesang hat zumindest zwei biologische Funktionen. Nachdem ein Männchen territorial geworden ist, kündet es singend den Weibchen seine Anwesenheit, Artzugehörigkeit und Paarungsbereitschaft an. Gleichzeitig tut sein Gesang den anderen Männchen kund, daß hier ein Männchen bereit ist, sein Revier zu verteidigen. Männchen in benachbarten Territorien singen laut und versuchen auch oft, einander durch auffallende Haltungen und Gebärden zu beeindrucken. Verschiedene Aggressionsformen, vor allem anhaltendes, gegenseitiges Droh- und Imponiergehabe, führen schließlich zur Festlegung beständiger Reviergrenzen zwischen den Männchen. Es kommt dabei zu ritualisierten Kämpfen, gelegentlich auch zu Beschädigungskämpfen, die zu ernstlichen Verletzungen führen können. Gewöhnlich zieht sich jedoch eines der Männchen bereits nach dem gegenseitigen, akustischen oder visuellen Drohen und Imponieren zurück, wodurch sein Territorium kleiner und das seines Nachbarn größer wird.

Dieser skizzenhafte Abriß mag hier genügen, um die Komplexität in den Vorphasen der Paarung aufzuzeigen. Noch interessanter ist, wie die Vogelweibchen dem Imponieren und den kämpferischen Auseinandersetzungen der Männchen zuschauen und zuhören. Für Vogelweibchen in Paarungs- und Eiablagestimmung scheint es eher die Regel als die Ausnahme zu sein, daß sie sich das Demonstrationsverhalten zahlreicher Männchen ansehen und anhören. Das hat die Verhaltensökologen auf das Konzept der weiblichen Wahl gebracht. Nach diesen Theorien besteht ein bedeutender Aspekt der Evolution in der sexuellen Selektion, d. h. daß die Weibchen die Männchen mit dem auffälligsten Werbe- und Imponiergebaren bevorzugen und diese daher bessere Chancen zur Vermehrung haben und mehr Nachkommen hinterlassen als ihre weniger erfolgreichen Mitbewerber. Man nimmt an, daß die sexuelle Selektion die Entwicklung einiger extremer Körperbildungen und einiger spektakulärer Verhaltensweisen sehr begünstigt hat, wie z. B. die langen Schwanzdeckenfedern und das Radschlagen des Pfaus und die kunstvollen Gesänge vieler Vögel. Solche Entwicklungen können sogar mitunter zu weit gehen und dann z. B. die Nahrungsaufnahme erschweren oder die Gefährdung durch Raubfeinde erhöhen. Meist stellt sich jedoch ein Kompromiß ein, indem die männlichen Organe und Verhaltensweisen der Werbung auffallend genug werden, um die Wahl der Weibchen zu beeinflussen, aber keine so große Behinderung darstellen, daß sie das Überleben ihrer Träger gefährden. Diese Theorien über die sexuelle Selektion erfreuen sich des Wohlgefallens vieler Verhaltensökologen. Für unsere Zwecke ist der wichtigste Gesichtspunkt, daß solche auffallenden Gebilde oder Verhaltensweisen der Männchen nur dann ihre evolutionäre Wirkung entfalten können, wenn die Artgenossen unterscheidend darauf reagieren, so daß sich die Weibchen entscheiden, ob sie sich mit einem bestimmten, werbenden Männchen paaren wollen oder nicht, und sich die Männchen entscheiden, ob sie sich vor einem imponierenden Revierinhaber zurückziehen oder ihn angreifen und möglicherweise von seinem Territorium verdrängen. Die weibliche Wahl wurde bereits im 3. Kapitel erwähnt im Zusammenhang mit der Annahme, daß weibliche Stärlinge das von einem Männchen besetzte Revier begutachten. Es gibt jedoch viele Anzeichen dafür, daß die Wahl der Weibchen auch durch das Werbe- und Imponiergebaren der Männchen selbst beeinflußt wird. Diese beiden Aspekte dürften einander wohl wechselweise verstärken: Kräftige Männer, die im Wettstreit mit Rivalen meist siegreich sind, werden wahrscheinlich auch die größeren und besseren Reviere haben, vorausgesetzt, daß auch die Männchen in der Lage sind, die Qualität der Reviere richtig abzuschätzen. Also ist es vorteilhaft für die Weibchen, die Männchen auszusuchen, die in ihren Auseinandersetzungen am erfolgreichsten sind (besprochen von Green and Marler, 1979).

Bei diesen zur Partnerwahl führenden Beziehungen ist eine Erscheinung bedeutend genug, um hier erwähnt zu werden. Die Männchen einiger weniger Vogelarten, z. B. dem Beifußhuhn, sowie auch einer afrikanischen Antilope, dem Uganda Kob, und einiger anderer Arten besetzen Reviere in einer eng umschriebenen Gegend, die sie zu diesem Zweck über Jahre hinweg aufsuchen. Da die Territorien dicht beieinanderstehen, häufen sich dann dort auch die Imponierauftritte. Man hat solche Örtlichkeiten Balzplätze, manchmal auch Arenen genannt. Auch wenn, wie z. B. beim Uganda Kob, sehr kleine Territorien eng beieinanderliegen, gehört zu solch einem Platz stets ein Zentralgebiet, zu dem die älteren bzw. dominanteren Männer täglich kommen und wo sie, soweit sie nicht ruhen, den größten Teil ihrer Zeit mit auffälligem Imponieren verbringen. Sie besetzen kleinere, benachbarte Reviere, die sich strahlenförmig um das Territorium des dominantesten Männchens im Zentrum gruppieren. An der Peripherie stehen die jüngeren Männchen, deren Imponiergehabe deutlich weniger heftig ist. Paarungsbereite Weibchen kommen zu den Balzplätzen bzw. Arenen, gehen durch die Randterritorien und verpaaren sich mit dem Männchen im Zentrum oder einem seiner nächsten Nachbarn. Dieses System führt zu großer Ungleichheit im Vermehrungserfolg, d. h. die Männchen im Zentrum erzeugen die meiste Nachzucht. So wirkt sich die sexuelle Selektion bei Vögeln, wie bei dem Beifußhuhn der Prärie-staaten und seinen nahen Verwandten in anderen Teilen der Welt, in ungewöhnlich strenger Form aus (Wiley, 1974).

Ritualisierte Aggressionen unter den werbenden Männchen und die damit verbundenen, anziehenden Wirkungen auf die Weibchen sind bei Tieren in vielen taxonomischen Gruppen zu finden. Bei den Honigbienen versammeln sich die Drohnen im Paarungsgebiet und fliegen so lange hin und her, bis ein unverpaartes Weibchen zu ihnen fliegt. In dem nun einsetzenden, fabelhaften Luftspiel gelingt es einer oder mehreren Drohnen, die zukünftige Königin zu begatten. Sie fliegt dann zu ihrem Stock mit einem Spermavorrat, der für Monate oder Jahre ausreicht.

Ein weiteres, erstaunliches Beispiel liefern die Winkerkrabben der Gattung *Uca,* die häufig im Schlamm und am Strand warmer Küstengebiete anzutreffen sind. Die Krabben graben Höhlen in den Sand oder Schlamm, in die sie sich während der Flut zurückziehen. Zur Zeit der Ebbe ernähren sie sich von winzigen Pflanzen und Tieren im Schlamm, wobei sie das vorderste Beinpaar zum Futtersammeln benutzen. Bei den erwachsenen Männchen ist eine der Vorderextremitäten stark vergrößert, bei manchen Arten auch auffällig gefärbt. Diese große Schere ist zum Futtersammeln ungeeignet, wodurch die Männchen deutlich Nachteile bei der Ernährung haben. Das Winkerkrabbenmännchen benutzt diese große Schere fast ausschließlich zur Kommunikation (Crane, 1975), indem es in artspezifischer Form und Rhythmik heftig damit winkt, während es neben seiner Höhle steht. Es verwendet diese Wink-Demonstrationen sowohl bei aggressiven Begegnungen mit anderen männlichen Winkerkrabben wie auch zum Anlocken der Weibchen. Im letzteren Fall winkt es allerdings auf etwas andere Weise. Sobald ein paarungswilliges Weibchen erscheint, hört die männliche Winkerkrabbe gewöhnlich auf, gegen die Nachbarn zu imponieren, und vollführt Werbegesten in Richtung des Weibchens.

Der größte Teil der Zeit gehört jedoch dem Imponieren gegen andere Männchen. Oft nähert sich ein umherwandernder Mann einem anderen, der imponierend neben seiner Höhle steht, und fordert ihn heraus durch Annäherung, Stoßen und Ineinanderhaken der halbgeöffneten, großen Scheren, was jedoch fast nie zu Verletzungen führt. Dieses »Hände-Schütteln« scheint für die männlichen Winkerkrabben wichtig zu sein. Ihre Scheren sind so gebaut, daß die Spitze der Schere eines Kontrahenten gegen eine Reihe von Knubbeln und Furchen auf der Schere des anderen reibt und sich daran verhakt. Da bei etwa der Hälfte der Männchen die rechte und bei den anderen die linke Schere vergrößert ist, müssen die Knubbeln und Furchen an verschiedenen Stellen sein, um für linkshändige wie für rechtshändige Gegner gleichermaßen zu passen. Die beiderseitigen Verhakungs- und Reibebewegungen scheinen den Ausgang vieler der ritualisierten Kämpfe zu entscheiden, an deren Ende sich die eine Krabbe zurückzieht und ihrem Rivalen das Feld am Höhleneingang überläßt. Wir müßten zu weit ausholen, um alle weiteren Eigentümlichkeiten dieser langdauernden und wiederholten kämpferischen Auftritte zu beschreiben.

Kommen wir zum Hauptthema zurück: Gibt es Grund zu der Annahme, daß die der Verständigung dienenden Wechselbeziehungen von bewußten Gedanken und Gefühlen begleitet sind? Dazu sollten wir uns an das erinnern, was im 2. Kapitel zu der von Jolly (1966) und Humphrey (1978) vertretenen Idee gesagt wurde, nämlich daß sich Bewußtsein bei unseren Vorfahren entwickelt haben mag, weil es nützlich, wenn nicht sogar lebensnotwendig war für die erfolgreiche Zusammenarbeit der voneinander abhängigen Individuen in den Sozialverbänden. Wir können fragen, ob auch bei Tieren die für die Wahl des Weibchens notwendigen Wechselbeziehungen wie auch die Synchronisation der Paarungshandlungen zwischen den Partnern durch Bewußtheit erleichtert werden könnten. In all den oben besprochenen Fällen scheint es für die Tiere von großer Bedeutung zu sein, die Stimmungen und Absichten der Partner richtig einzuschätzen. Es mag dabei nicht ausreichen, wenn ein Tier das andere lediglich so behandelt, als gehöre der Partner zu einer von zwei Kategorien wie etwa paarungswillige Weibchen und kampfbereite Männchen. Die Komplexität der Wechselbeziehungen legt nahe, daß oft viel feinere Unterscheidungen getroffen werden müssen. Wenn beispielsweise zwei Männchen gegeneinander drohen und imponieren, muß jeder von ihnen beurteilen können, ob die Drohungen des anderen in ernstliche Gewaltanwendung übergehen werden und, falls ja, ob dann der andere mit Wahrscheinlichkeit über- oder unterlegen sein wird. So viele Feinheiten des Hauptthemas Drohung, Angriff und Rückzug wären unnötig, wenn die Kampfbereitschaft der Tiere lediglich gemäß einer geradlinigen Intensitätsskala variieren würde. Eine Erweiterung von Humphreys Gedanken könnte uns helfen, Komplexitäten im Kommunikationsverhalten zu verstehen, die andernfalls unverständlich erscheinen würden.

Kann diese ziemlich vage Spekulation verdeutlicht werden? Ist es denkbar, daß die Tiere sich durch die vielen, subtilen Variationen der Grundthemen von Aggression und Werbung untereinander verständigen und dabei Stimmungen und Verhaltensabsichten, ja selbst Gedanken und Gefühle, besser beurteilen, als es ihnen sonst möglich ist? Die bisher besprochenen, relativ einfachen Fälle beantworten diese Frage nicht. Es gibt jedoch einige unter ihnen, in denen wir genug über bestimmte Verhaltensweisen und ihre Wirkungen auf die Sozialpartner wissen, um uns etwas weiter vorzuwagen.

Einen solchen Fall stellen die territorialen Gesänge bestimmter Vogelarten dar. Während viele Arten einfache, sich wiederholende Strophen singen, bringen andere, wie z. B. Singammern, einige Zaunkönige und die domestizierten Kanarienvögel, kunstvolle Lieder hervor. Wenn der Gesang eines Männchens nur dazu diente, seine Anwesenheit, seine Stärke und seinen territorialen Status anzuzeigen und damit eine Drohung gegen mögliche Rivalen auszudrücken, warum sollten dann solche kunstvollen Lieder entstanden sein? Eine Andeutung, welche Funktionen den Verschiedenheiten der Gesänge zukommt, zeigen die Ergebnisse einiger Experimente von Kroodsma (1976). Er spielte Kassetten mit verschiedenen Kanariengesängen weiblichen Kanarienvögeln in beginnender Brutstimmung vor. Dabei zeigte sich, daß die stärker variierenden Gesänge die Weibchen stärker stimulierten, was sich im Nestbau und anderem Verhalten, das gewöhnlich zu den Vorbereitungen der Paarung und Jungenaufzucht gerechnet wird, quantitativ niederschlug. So kann die Vielseitigkeit im Gesang ein weiteres Beispiel dafür sein, wie die sexuelle Selektion durch weibliche Wahl eine Verhaltensweise verstärkt hat, die sonst wohl keine bestimmte Funktion oder einen bestimmten Überlebenswert hätte. Aber warum sollten vielseitigere Gesänge ein Männchen anziehender machen? Vielleicht überträgt die Perfektion eines Gesangs subtile Graduierungen in der Drohung zu anderen Männchen und in der sexuellen Inbrunst zu Weibchen.

Kommunikationsverhalten als Tür zum tierlichen Denken

Diese Betrachtungen führen uns zurück auf einige grundlegende Punkte der menschlichen Verständigung und Sprache. Alle bekannten menschlichen Sprachen sind viel wandlungsfähiger und umfassender als jedes bekannte Verständigungssystem unter Tieren. Jedoch ist die Sprache nicht unser einziges Mittel der Verständigung. Einige Wissenschaftler haben die große Rolle erkannt, welche die nicht-verbale Kommunikation spielt, zu der Gesten, Gesichtsausdruck, Körperhaltung, Fortbewegungsweise, Interjektionen, Augenkontakt und Ähnliches gehören. Solche Mitteilungen sind oft mehr allgemeiner Natur und übertragen eher Informationen über emotionale Zustände als über bestimmte Objekte. Jedoch kann beispielsweise eine hinweisende Geste auch sehr spezifisch sein. Eine verbreitete Denkrichtung setzt die Kommunikation unter Tieren der nicht-verbalen Verständigung zwischen Menschen gleich, wobei man an der Überzeugung festhält, daß die Sprache eine einzigartige, menschliche Gabe sei. Wie ich später ausführen werde, könnte dieser Unterschied nicht absolut sein.

Das führt uns zurück zu den grundlegenden philosophischen Ideen über das Wesen des menschlichen Geistes. Konfrontiert mit dem logisch folgerichtigen, praktisch aber höchst unwahrscheinlichen Argument des Solipsisten, daß er die einzige, bewußt denkende Kreatur im Universum sei, müssen wir fragen, wie einer von uns wissen kann, daß auch andere Leute Bewußtsein und subjektive Gefühle haben. Obwohl exakte Beweise unmöglich sind, haben wir reichlich Gründe zu der Annahme, daß unsere Mitmenschen ebenfalls bewußte Geschöpfe sind, die eine Reihe subjektiver Gefühle empfinden und deren seelisch-geistiges Erleben nicht sehr verschieden von unserem eigenen ist.

Wir sind in erster Linie deshalb davon überzeugt, daß unsere Mitmenschen Gefühle und Gedanken wahrnehmen, weil sie zu uns davon reden. Als zivilisierte, erwachsene Menschen übertragen wir die Kenntnis von unseren Gedanken hauptsächlich durch die Sprache, obgleich nicht-verbale Signale gleichfalls eine große Rolle spielen. Der beste – vielleicht tatsächlich der einzige – Weg, etwas über anderer Leute Gedanken und Gefühle zu erfahren, liegt für uns in der verbalen und nicht-verbalen Verständigung.

Aus diesen elementaren Betrachtungen folgt ein sehr einfacher, aber potentiell bedeutsamer Punkt, den ich an anderer Stelle etwas ausführlicher abgehandelt habe (Griffin, 1978, 1981). Wenn nicht-menschliche Tiere bewußte Gedanken oder subjektive Gefühle haben, könnten wir möglicherweise etwas darüber erfahren, wenn wir die Signale auffangen, durch die sie ihre Gedanken und Gefühle einander mittei-

len. Diese Idee ist so einfach, daß es Wissenschaftlern, die sich gewohnheitsmäßig mit viel komplexeren Fragen befassen, schwer fällt, ihre
potentielle Bedeutung zu würdigen. Auf alle Fälle ist die Analogie dazu,
wie wir etwas über anderer Leute Gedanken und Gefühle erfahren, so
unmittelbar passend, daß sich wenigstens ein Versuch in dieser Richtung unbedingt lohnt und wir sehen wollen, wohin er uns führt.

Zwei Einwände werden mitunter erhoben, wenn man das Kommunikationsverhalten als brauchbares Tor zum Denken der Tiere ansieht
und propagiert. Der erste entstammt der Annahme, daß Tiere grundsätzlich nichts anderes als ihren eigenen emotionalen Zustand mitteilen
könnten – wie etwa Furcht, Aggressivität, sexuelle Bereitschaft, Hunger, allgemeines Unbehagen oder andere, undifferenzierte, innerliche
Zustände. Wir sind bereits daran gewöhnt, Schmerzenslaute, drohen-
des Knurren, Notschreie usw. entsprechend zu interpretieren, und
tatsächlich sind alle Leute, die mit Tieren zu tun haben, gewohnt, diese
emotionalen Signale aufzufangen und zu beachten. Nur wenn man
verneint, daß Tiere subjektive Gefühle wie Schmerz, Hunger, Unbehagen, sexuelle Begier usw. haben, ist es möglich zu verneinen, daß ein
Mensch etwas über den emotionalen Zustand eines Tieres durch Beobachten seiner Signale zu einem anderen Tier lernen könnte.

Eine andere Version dieser Negierung ist die Annahme, daß die Laute,
Gesten, Haltungen usw., die ein Tier zeigt, wenn es hungrig, aggressiv,
ängstlich usw. ist, nur zufällige Nebenprodukte physiologischer Prozesse während der emotionalen Zustände seien. In vielen Fällen ist es
jedoch ganz klar, daß die anderen Tiere durch die emotionalen Signale
Mitteilungen empfangen, die unmittelbar an sie gerichtet sind. Rivalen
ziehen sich vor Drohungen zurück, Eltern bringen ihren Jungen Futter,
wenn sie deren Hungerlaute hören, und die Notschreie lassen sehr oft
Erwachsene zu ihren Jungen eilen. Überhaupt werden Mitteilungssi-
gnale nur selten angewandt, wenn nicht ein entsprechender Empfänger anwesend ist, meist ein Artgenosse, der in einer bestimmten sozialen Beziehung zu dem Sender steht. Wenn die Signale nur automatische Nebenprodukte und Begleiterscheinungen innerer Zustände
wären, wie z. B. Schmerzgestöhn, ist nicht einzusehen, warum ihr Auftreten von der Anwesenheit eines Empfängers abhängig sein sollte.

Die größten Meinungsverschiedenheiten herrschen darüber, ob wir
durch die Beobachtung der innerartlichen Kommunikationsvorgänge
etwas Näheres über die Inhalte der Gedanken der Tiere erfahren
können. Ein emotionales Signal kann uns z. B. sagen, daß das Tier Angst
hat. Kann es uns aber auch sagen, wovor es Angst hat? Viele Ethologen
sind einer Meinung mit Smith (1977) in der Verneinung, daß Tiere –
außer vielleicht Menschenaffen, Hunden und Tümmlern – fähig sind,
an Sachen oder Ereignisse zu denken. Sie nehmen gemeinhin an, daß
die Tiere unbewußt reagieren und vielleicht elementare Emotionen

empfinden, aber unfähig sind, sich etwas vorzustellen, was über die unmittelbaren Sinneseindrücke hinausgeht. Man hält sie auch für außerstande, Alternativen zu erwägen und so zu entscheiden, was zu tun sei. Kann die Verständigung unter Tieren etwas zur Klärung solcher Fragen beitragen? Verständigen sich Tiere überhaupt je über bestimmte Dinge? Wenn junge Tiere ihre Eltern um Futter anbetteln, teilen sie sicherlich mit, daß sie hungrig sind – aber bitten sie z. B. auch um eine bestimmte Art von Futter? Namentlich in der letzten Phase, da die Jungen noch von ihren Eltern gefüttert werden, scheinen junge Vögel oder Säugetiere oft bestimmte Arten von Futter zu bevorzugen. Da die Ethologen sich selten solche Fragen stellen, haben wir leider nur sehr wenig Material, aus dem zu schließen wäre, ob die Futterbettellaute auch etwas über das Verlangen nach bestimmten Futtersorten mitteilen.

Von Papageien nimmt man allgemein an, daß sie die menschliche Sprache nachahmen, ohne im geringsten den Sinn der imitierten Wörter zu verstehen. Aber Pepperberg (1981, 1983) dressierte einen afrikanischen Graupapagei namens »Alex«, bis zu vierzig verschiedene Dinge in klar verständlichem Englisch zu benennen und zu verlangen. Zu seinem Vokabular gehörten die Bezeichnungen für vertraute Dinge und Handlungen und auch einige wenige Eigenschaftswörter, die Farbe und Form beschreiben. Alex kann Objekte, die man ihm zeigt, richtig benennen. Er verlangt auch von sich aus nach bestimmten Dingen und spielt mit ihnen, wenn der Versuchsleiter sie ihm gibt. Bekommt er ein anders Ding als das, was er erbeten hat, so protestiert er mit einem lauten »No«. Diese Entdeckungen sind für die Verhaltenswissenschaftler anscheinend so überraschend gekommen, daß sie sie noch nicht durch Wiederholungen nachgeprüft oder sich sonstwie ernstlich damit abgegeben haben. Jedoch stellen diese Ergebnisse sicher die Einschränkungen infrage, die wir gewohnheitsmäßig den Mitteilungs- und Erkenntnismöglichkeiten bei Vögeln auferlegt haben.

Manche Wissenschaftler haben behauptet, daß die Verständigung unter Tieren als Beweisquelle für ihr Denken nicht mehr verspricht als viele andere Verhaltenskategorien. Sie halten sogar die Laboratoriumsexperimente zum Lernen und zum Lösen von Aufgaben, die wir in Kapitel 7 besprochen haben, für eine bessere Form der Kommunikation mit dem Tier als das Studium der Signale, welche die Artgenossen im natürlichen Leben miteinander austauschen. Nach dieser Ansicht stellt der Experimentator eine Frage, indem er das Tier experimentell in eine bestimmte Situation versetzt, und das Tier beantwortet diese Frage durch seinen Erfolg oder Mißerfolg beim Lösen der Aufgabe. Diese etwas zweifelhafte Form der »Kommunikation« lehrt uns jedoch in erster Linie nur, was ein Tier lernen kann zu tun und was nicht, und sie gibt wenig Aufschluß darüber, was es denken oder fühlen mag. Das

Studium des spezialisierten Kommunikationsverhaltens der Tiere untereinander verspricht mehr als diese Lernexperimente, weil es offenbar für einen Zweck entwickelt worden ist, der dem ganz ähnlich ist, für den wir es benutzen wollen, nämlich die Übermittlung des Inhalts der Gedanken und Gefühle eines Senders an einen Empfänger. Wenn die Gedanken des Senders einen bestimmten Inhalt haben, könnte somit das Belauschen seines Kommunikationsverhaltens unter günstigen Voraussetzungen uns auch etwas über diesen Inhalt verraten.

Einigen Ethologen zufolge scheinen tierliche Verständigungsignale keine Informationen über Dinge und Ereignisse zu enthalten außer denen, die sich innerhalb des Senders abspielen. Andererseits ist die menschliche Sprache außerordentlich vielseitig in dieser Hinsicht, und wir können tatsächliche oder eingebildete Dinge oder Ereignisse in bemerkenswerten Einzelheiten beschreiben, die von der unmittelbaren Situation räumlich oder zeitlich weit entfernt sind. Für sozial aufeinander einwirkende Tiere, die nur die Stimmungen oder Dispositionen ihrer Kumpane zu interessieren brauchen, mag die Mitteilung über die eigene, augenblickliche Situation genügen. Beispielsweise sagen die spezifischen Unbehaglichkeitslaute der Mäusekinder der Mutter nicht nur, daß ihre Kleinen sich nicht wohlfühlen, sondern auch wie warm bzw. kühl es im Nest ist. Die Botschaft selbst betrifft jedoch nur ihren eigenen Körperzustand und nicht eine Beschreibung der Lufttemperatur (Sales and Pye, 1974). Die meisten Fälle tierlicher Verständigung scheinen sich nur auf die Lage des Senders *hic et nunc* zu beziehen.

Einige gesellig lebende Tiere benötigen jedoch mehr Informationen als nur über die augenblickliche Lage oder Verfassung des Senders. Für zusammenwirkende Tiere mag es bedeutsam sein, über Gefahren, Nahrungsversorgung oder andere wichtige Dinge informiert zu werden, selbst wenn diese nichts mit dem »Hier und Jetzt« irgendeines Individuums zu tun haben. Solche Situationen erfordern vielseitige Mitteilungen und möglicherweise auch vielseitiges Denken. Die Leser, die sich mit der menschlichen Sprache und den Kommunikationstheorien befaßt haben, werden bemerken, daß ich von der Eigentümlichkeit spreche, die manche Autoren »Versetzung« *(displacement)* nennen, was besagt, daß sich die Information auf etwas bezieht, das gegenüber der augenblicklichen Lage zeitlich versetzt ist. Man könnte vielleicht auch von »übertragener Bedeutung« sprechen. Viele Leute haben behauptet, daß eine zeitliche Versetzung nie oder kaum in der tierlichen Kommunikation vorkommt. Im nächsten Kapitel werde ich jedoch zwei Fälle beschreiben, in denen die Kommunikation von Tieren über Dinge, die für die ganze Gruppe interessant sind, die Qualität einer zeitlichen Versetzung hat.

Symbolische Verständigung

Als Beispiel einer Verständigung, bei der es sich um mehr als die Übermittlung der innerlichen Verfassung des Senders handelt, seien zunächst die Ergebnisse einer Untersuchung an afrikanischen Meerkatzen genannt. Die Ethologen haben diese Affen, die etwa die Größe eines kleinen Hundes erreichen, ausgiebig untersucht, weil sie häufig in offenen Gebieten vorkommen und somit gut zu beobachten sind, und weil sie in recht stabilen Gruppen leben, deren Mitglieder untereinander nahe verwandt sind. Solch eine Gruppe besteht aus einigen Generationen von Eltern, deren Kinder, Vettern und anderen nahen Verwandten. Die Gefahren der Inzucht werden dadurch verringert, daß junge Männchen von Zeit zu Zeit zu anderen Gruppen abwandern.

Nachdem die Forscher gelernt hatten, die Mitglieder innerhalb einer Gruppe individuell zu unterscheiden, konnten sie das Verhalten von jedem zu jedem über längere Zeit registrieren. Das Kennenlernen und Unterscheiden individueller Tiere unter natürlichen Bedingungen bedeutet für die Ethologie einen großen Fortschritt, da es nunmehr möglich wurde, Verhaltensformen zu entdecken, die nicht hervortreten konnten, solange man die Tiere als auswechselbare Einheiten ansah. Eine dieser Entdeckungen war, daß nicht nur die Ethologen, sondern auch die Tiere selbst oftmals ihre Kumpane individuell kennen und entsprechend behandeln. In vielen Primatengruppen hängt die Dominanz eines bestimmten Individuums zu einem beträchtlichen Grad davon ab, wer seine Eltern waren. Einem jungen Affen, der an sich nicht ein anderes Gruppenmitglied erfolgreich androhen könnte, mag nachgegeben werden, weil er der Nachkomme einer sehr dominanten Mutter ist, von der zu erwarten steht, daß sie in eventuelle Auseinandersetzungen aggressiv eingreifen wird.

Semantische Alarmrufe

Nach Struhsaker (1967) haben Meerkatzen mindestens drei verschiedene Alarmrufe. Einen bestimmten Alarmruf stoßen sie aus, wenn ein Leopard oder ein anderes großes Raubtier ihnen naht. Einen ganz anderen Ruf benutzen sie beim Anblick eines Kampfadlers – einer der wenigen Flugfeinde der Meerkatzen. Eine dritte Art von Alarmruf zeigt an, wenn sich eine große Schlange der Gruppe nähert. Diese Differenzierung von Alarmrufen ist nicht einzigartig, wurde aber bisher von relativ wenigen Tierarten beschrieben. So haben beispielsweise die Erdhörnchen im Westen Nordamerikas verschiedene Rufe, je nachdem, ob sie ein Bodenfeind oder ein Raubvogel, wie etwa ein Habicht, bedroht (Owings and Leger, 1980). Einige Autoren meinen jedoch, daß sich der Unterschied daraus ergibt, wie verängstigt das Hörnchen oder wie weit es von seinem Bau entfernt ist. Wenn Ethologen solche Daten auswerten, befleißigen sie sich, Auslegungen zu finden, die keine Hinweise darauf enthalten, daß die tierlichen Verständigungssignale mehr als Informationen über die innerliche Verfassung des Senders vermitteln könnten.

Die erste und relativ einfache Frage ist, ob die drei Alarmrufe einer Meerkatze den Rudelmitgliedern etwas über die Art des Feindes mitteilen. Das ist praktisch sehr wichtig, weil die Taktiken der Affen gegenüber den verschiedenen Raubfeinden verschieden sind. Wenn sich ein Leopard oder ein anderes großes Raubtier nähert, klettern die Affen auf die Bäume. Da aber Leoparden selbst gute Kletterer sind, können ihnen die Meerkatzen nur entkommen, wenn sie auf die kleinsten und höchsten Zweige klettern, die zu schwach sind, einen Leoparden zu tragen. Wenn die Affen einen Kampfadler sehen, verbergen sie sich dagegen in der dichten Vegetation an einem Baumstamm oder sonst irgendwo am Boden. So würde die Taktik, die ihnen hilft, einem Leoparden zu entkommen, sie sehr anfällig gegenüber einem Kampfadler machen und umgekehrt. Bei der Bedrohung durch eine große Schlange stehen sie auf den Hinterbeinen und schauen sich um, wo die Schlange ist und wohin sie kriecht. Dann laufen sie einfach von ihr fort, entweder auf dem Boden oder auf dem Baum.

Wenn die Affen verschiedene Alarmrufe für verschiedene Raubfeinde haben, so steht damit freilich nicht zweifelsfrei fest, daß die Rufe die Art des Feindes beschreiben. Wenn Affen, die sich gewöhnlich verhältnismäßig dicht beieinander halten, einen Alarmruf hören, schaut sich jeder nach dem Rufenden um. Wie auch viele andere Tierarten, können sie sehr wohl erkennen, in welche Richtung ein anderes Tier blickt. Das erfüllt so ziemlich den gleichen Zweck wie Zeigen. Wenn also andere Affen auf den Alarmlaut des Rufenden richtig reagieren, so kann man nicht sicher sein, ob sie allein aufgrund des Rufs handeln, oder ob der Ruf in Verbindung mit der Orientierung des Rufenden einfach dazu geführt hat, daß sie in die entsprechende Richtung blicken, so des Raubfeindes gewahr werden und nunmehr auf dessen Anblick reagieren.

Weiterhin haben einige Ethologen behauptet, die verschiedenen Alarmrufe drückten lediglich verschiedene Grade der Angst aus, daß sie also eher Intensitätsstufen auf der Skala der Angst widerspiegelten als daß sie etwas über den Feind aussagten. Da die drei Alarmrufe sich ganz verschieden anhören und auch jeder in verschiedenen Lautstärken erklingen kann, war das von vornherein etwas unwahrscheinlich. Trotzdem haben manche Ethologen an dieser Version festgehalten.

Um die Situation endgültig zu klären, führten Robert Seyfarth, Dorothy Cheney Seyfarth und Peter Marler (1980a, b) einige sorgfältig überwachte Tonwiedergabe-Experimente unter natürlichen Bedingungen in Ostafrika durch. Die Grundidee war, freilebenden Meerkatzen durch einen versteckten Lautsprecher Bandaufnahmen von Alarmrufen vorzuspielen, die von anderen Meerkatzen aufgenommen waren, als sie gerade einen Leoparden, einen Kampfadler oder einen großen Python gesichtet hatten. Zur Frage stand, ob diese Wiedergaben die entsprechenden Reaktionen hervorrufen würden, auch wenn in Wirklichkeit kein Feind anwesend war. Das Experiment erforderte viele Vorsichtsmaßnahmen und viele Vorarbeiten. Beispielsweise kennen die Meerkatzen innerhalb einer Gruppe einander individuell und zwar nicht nur nach der äußeren Erscheinung, sondern auch stimmlich. Es konnte also sein, daß sie die Wiedergabe der Alarmrufe von Tieren aus anderen Gruppen nicht beachteten, oder daß sie noch nicht einmal auf die Aufnahme eines Alarmrufs eines Gruppenmitglieds reagierten, wenn dieses in einiger Entfernung von dem versteckten Lautsprecher sichtbar war. Die Experimentatoren mußten also ausgerüstet sein mit den Bandaufnahmen der drei Alarmrufe, die jedoch jeweils von einem ihnen bekannten Mitglied einer gut untersuchten Horde stammten, und sie mußten in der Lage sein vorauszusehen, wo ungefähr sich dieses Mitglied zu einer bestimmten Zeit aufhalten würde und dann dort den Lautsprecher anbringen. Ferner mußte die Reaktion der anderen Affen zu einem Zeitpunkt beobachtet werden, wenn sie nicht gerade anderweitig sehr intensiv beschäftigt waren oder gar auf eine andere, tatsächliche Gefahr reagierten.

Nachdem alle diese Voraussetzungen erfüllt waren, erzielten die Tonwiedergaben der Alarmrufe genau die entsprechenden Reaktionen. Auf den Leoparden-Alarmruf hin erkletterten die Affen den nächsten Baum; der Kampfadler-Alarm veranlaßte sie, in dichter Vegetation am Boden unterzutauchen; und der Python-Alarm löste das typische Stehen auf den Hinterbeinen und Umschauen nach der – nicht vorhandenen – Schlange aus. In diesen kurzen Beschreibungen habe ich eine ganze Anzahl technischer Einzelheiten und Kontrollmaßnahmen ausgelassen, die notwendig waren, um sicherzustellen, daß die Daten richtig interpretiert würden. Außer den Auswertungen der Ethologen am Ort wurden z. B. Filme von den Reaktionen der Affen aufgenommen, die später von anderen Wissenschaftlern interpretiert wurden, die nicht wußten, welche Art von Alarmruf abgespielt worden war.

Nicht alle Ethologen haben die einfache Auslegung akzeptiert, wonach diese Alarmrufe Informationen über die Art des Feindes übermitteln. Eine Alternativinterpretation ist, daß die Alarmrufe Befehle zu einem bestimmten Verhalten seien. So könnte z. B. der sogenannte Leopardenalarm bedeuten: »Erklettere einen Baum!« Aber selbst diese etwas gequälte Auslegung beinhaltet notwendigerweise drei besondere Arten von Befehlen aus dem Vokabular der Meerkatzen, und auch solche Befehle würden sicher mehr sein als eine einfache Widerspiegelung der innerlichen Verfassung des Senders – es sei denn, man umgeht die Problematik, indem man die Definition der innerlichen Verfassung so weit ausdehnt, daß sie den Impuls einschließt, differenzierte Botschaften auszusenden.

Die weiteren Studien der Seyfarths an Meerkatzen haben zahlreiche andere Feinheiten des Kommunikationsverhaltens ans Licht gebracht, von denen ich zwei kurz erwähnen möchte. In einigen Experimenten wurden die Schreie eines bestimmten Jungaffen von einem versteckten Lautsprecher abgespielt, nachdem sich der Junge gerade in diese Richtung entfernt hatte und außer Sicht gekommen war. Nicht nur seine Mutter zeigte dann starke Reaktionen, sondern auch andere erwachsene Weibchen schauten – nicht nach dem Lautsprecher, sondern nach der Mutter des Jungen, dessen Schreie wiedergegeben wurden. Sie identifizierten also nach dem Laut sowohl den Jungaffen als auch dessen Mutter.

In neueren Studien wurden die relativ leisen und sehr verschiedenen Grunzlaute der Meerkatzen untersucht, die sie bei freundschaftlichen Wechselbeziehungen wie beispielweise der sozialen Körperpflege von sich geben. Cheney und Seyfarth (1982a) konnten nachweisen, daß die Meerkatzen zwischen vier Grunzlauten unterscheiden, die für menschliche Zuhörer nur schwer auseinanderzuhalten sind. Sie wenden diese vier unterschiedlichen Laute in verschiedenen sozialen Situationen an wie etwa bei der Annäherung an einen ranghöheren oder einen rangniederen Kumpanen, beim Umzug zu einem anderen Ort innerhalb des der Gruppe vertrauten Gebietes, oder wenn sie zuerst eine andere Gruppe von Meerkatzen bemerken. Wie bei den Alarmrufen sieht es auch bei diesen Grunzlauten ganz so aus, als übermittle jeder von ihnen eine bestimmte Nachricht.

Wenn auch eine große Menge über die Feinheiten der stimmlichen Verständigung unter Meerkatzen und anderen Primaten noch zu untersuchen ist, so sollten uns doch bereits die beschriebenen, neuen Erkenntnisse warnen, irrigerweise anzunehmen, daß Tiere wie die Affen nur ganz grobe Mitteilungen austauschen könnten. Die Vielseitigkeit in der tierlichen Verständigung mag übersehen worden sein, weil die Verhaltenswissenschaftler bisher so überzeugt davon waren, daß so etwas undenkbar sei. Nunmehr aber sollten die Ethologen der

Möglichkeit semantischer Kommunikation bei vielen geselliglebenden Tieren aufgeschlossener gegenüberstehen.

Verständigung über Nahrung oder Kampf an anderen Orten

Arbeitsteilung in großen sozialen Gruppen von Tieren oder Menschen, bei der sich einige Gruppenmitglieder auf eine lebenswichtige Aufgabe konzentrieren und einige auf eine andere, erhöht gewöhnlich die Effizienz der Gruppe. Bei einigen Arten besteht die Arbeitsteilung darin, daß einige Gruppenmitglieder nach Futter in beträchtlicher Entfernung suchen, mehr sammeln, als sie für sich selbst brauchen, und den Rest ihren Kumpanen mitbringen.

In sehr geringem Ausmaß trifft das für nistende Vögel zu, die Nahrung zum Füttern ihrer Jungen suchen. Bei manchen Vogelarten kann ein Elternteil bei den Jungen bleiben, während der andere Futter für Partner und Junge sammelt. Ein ausgeprägter Fall solcher Arbeitsteilung liegt bei den Nashornvögeln des tropischen Afrikas und Asiens vor. Diese großen Vögel bauen ihre Nester in Baumhöhlen. Nachdem das Weibchen das Nest fertiggestellt hat, verschließt das Männchen die Höhle bis auf ein kleines Loch und sperrt so das Weibchen ein. Dann reicht es ihr Futter durch das Loch. Diese Gefangenschaft, die wahrscheinlich Mutter und Junge vor Feinden schützt, hält mehrere Wochen lang an, während denen die Jungen entsprechend heranwachsen. Schließlich reißt die Mutter die Mauer ein und fängt an, bei der Futterbeschaffung für die Jungen zu helfen. Nachdem die Mutter ausgezogen ist, dichten die Jungen ihrerseits die Höhle wieder ab und werden nun für einen weiteren Zeitraum von beiden Eltern gefüttert (von Frisch, 1974).

Bei so ziemlich allen Vögeln stellt das Füttern der Jungen hohe Anforderungen an die Eltern. Sie müssen riesige Futtermengen herbeischaffen, wofür oft langwieriges Suchen in einem großen Gebiet erforderlich ist. Bei der Erfüllung dieser Aufgabe wäre es sicher vorteilhaft, wenn beide Eltern die Futterquellen gemeinsam nutzen könnten. Jedoch haben die Ethologen keine Verständigung zwischen Vogeleltern über die Futtergebiete festgestellt, selbst nicht bei Arten, wo das äußerst nützlich wäre, wie z. B. insektenfressenden Singvögeln, die weite Gebiete abjagen müssen, um genügend Insekten zu finden. Wenn einer ein gutes Versorgungsgebiet gefunden hat, ist es sicher lohnender, wiederholt zu dieser Örtlichkeit zu fliegen als anderswo zu suchen. Aber nach unserem besten Wissen teilen die Vögel solche Informationen ihren Partnern nicht mit.

Dagegen wurden bei anderen, taxonomisch weit entfernten Tierarten solche Verständigungen über Futterquellen sehr ausführlich beschrieben. Gewöhnlich meinen wir, daß höchst komplexes und vielseitiges Verhalten bei den uns nächstverwandten Tieren zu finden sei oder wenigstens bei solchen, die uns in Gehirngröße und – form ähneln – ein von Walker (1983) betonter Gesichtspunkt. Daher sind wir nicht allzu erstaunt, wenn Schimpansen oder Delphine, deren Gehirne so groß und komplex wie unsere eigenen sind, vielseitiges und sogar einsichtiges Verhalten zeigen. Jedoch finden sich die eindrucksvollsten Beispiele für Arbeitsteilung und gegenseitige Abhängigkeit nicht unter den Säugern oder wenigstens den Wirbeltieren, sondern bei den staatenbildenden Insekten.

Wenn wir unser anfängliches Vorurteil, daß einfache Insekten keines gedankenvollen Verhaltens fähig sein könnten, überwinden, werden wir mehrere, erstaunlich knifflige und vielsagende Beispiele sozialer Kommunikation bei Ameisen und Bienen finden. Zu Anfang müssen wir den starken und weit verbreiteten Glauben ins Auge fassen, daß, ganz gleichgültig wie komplex und nützlich das Verhalten eines Insekts ist, solch ein Tier einfach zu klein und sein Zentralnervensystem zu verschieden von dem unseren ist, um zu bewußtem Denken und Planen oder zu subjektiven Gefühlen fähig zu sein. Im Hinblick auf diesen tiefverwurzelten Glauben wollen wir nun betrachten, was bestimmte staatenbildende Insekten tatsächlich tun.

Das erste Beispiel sei das Rekrutierungsverhalten der Blattschneiderameisen, die außerordentlich geschickt Blattnester bauen, wie in Kapitel 5 beschrieben. Wie auch in anderen großen Kolonien staatenbildender Insekten gibt es hier eine bemerkenswerte Arbeitsteilung. Einige der Arbeiterinnen sammeln Futter und bringen es zu den verschiedenen Nestern, während andere die Königin und die Larven füttern, das Nest reinigen, es ausbessern und andersartige Eindringlinge abwehren. Das interessanteste Kommunikationsverhalten finden wir bei den Arbeitern, die in einiger Entfernung vom Nest suchen (Hölldobler and Wilson, 1978). Haben sie eine gute Futterquelle gefunden, dann kehren sie zum Nest zurück und zeigen ein Verhalten, das dazu dient, andere Arbeiter anzuwerben, um mit ihnen zusammen Futter zu sammeln. Wie bei vielen anderen Ameisenarten geschieht das teilweise durch Anlegen von Duftpfaden entlang der Strecke vom Nest zur Futterquelle (Wilson, 1971). Aber sie müssen auch zusätzlich andere Arbeiter rekrutieren, die ihnen helfen, das Futter wegzutragen, bevor andere Tiere daran kommen, wie auch sonst beim Futtersammeln oder bei anderen Tätigkeiten in einiger Entfernung vom Nest.

Wie Hölldobler und Wilson (1978) herausfanden, stellt sich der Rekrutierende in mehreren Begegnungen einem anderen Arbeiter vis-à-vis, wobei sie einander mit ihren Antennen betasten, wodurch wahrscheinlich der Geruch des Futters übertragen wird. Auch schüttelt der Rekrutierende den Kopf in lateraler Richtung. Das bringt oft – wenn auch nicht unfehlbar – die andere Ameise dazu, dem Duftpfad bis zur Futterquelle zu folgen. Diese Art der Rekrutierung von Arbeitern ist nicht drastisch verschieden von vergleichbarem Verhalten anderer Ameisen, aber die lateralen Kopfbewegungen scheinen hier besonders intensiv und anhaltend zu sein.

Die Blattschneiderameisen haben ein anderes Repertoir von Rekrutiergesten, wenn sie von anderen Insekten angegriffen werden. Solche Eindringlinge können die Kolonie überschwemmen und dabei Erwachsene wie Junge töten und auffressen. Wenn sie also in größerer Zahl auftreten, bedeutet das höchste Alarmstufe. Wenn die Futtersucher einer Blattschneiderameisenkolonie auf Eindringlinge treffen, auch in beträchtlicher Entfernung vom Nest, hören sie mit der Futtersuche auf und bekämpfen die anderen, wobei sie alarmierende Pheromone abgeben. Sind die Eindringlinge zahlreich, so brechen einige der Arbeiter den Kampf ab und eilen zum Nest zurück, wobei sie Duftpfade, ähnlich denen zu einer Futterquelle, anlegen – allerdings wissen wir nicht, ob es sich um die gleichen Duftsubstanzen handelt. Im Nest rekrutieren sie andere Arbeiter, indem sie ihre Körper in Richtung des Nestgenossen vor- und zurückschlenkern – also keine laterale Bewegung wie beim Rekrutieren zum Futtersammeln. Hölldobler und Wilson zufolge ermuntern die Blattschneiderameisen auch auf andere Weise ihre Nestgenossen, woanders hinzugehen, aber die Verschiedenheit der Gebärden ist im Falle des Futtersammelns und der Abwehr von Eindringlingen besonders deutlich.

Hölldobler und Wilson beschränken sich auf den Kommentar, daß die Rekrutierbewegungen, welche die Ameisen als Reaktion auf gefährliche Eindringlinge zeigen, in mancher Hinsicht den Kampfbewegungen ähneln, und sie interpretieren das als eine Art von ritualisierter Version des tatsächlichen Kämpfens. Es ließe sich jedoch auch als beabsichtigte Pantomime auslegen. Wie dem nun auch sei, die Rekrutierung ist auf alle Fälle sehr wirksam, und viele Arbeiter rücken geschwind aus, um die Eindringlinge zu bekämpfen. Man fragt sich, warum es für die Rekrutierung zu diesen beiden Zwecken verschiedene Gebärden gibt. Es erscheint möglich, daß jede Art der Kommunikation der rekrutierten Ameise eine Botschaft übermittelt, was am Ende des Duftpfades zu tun ist. Vielleicht können sie besser kämpfen, wenn sie von vornherein auf Kampf eingestellt sind und nicht auf Futtersammeln. Könnte eine solche Einstellung einen einfachen Gedanken beinhalten wie etwa »Jetzt wird gekämpft«?

Die Rekrutierung der Blattschneiderameisen zur Teilnahme am Kampf hat eine weitere Komponente, die bei Insekten sehr selten, im Hinblick darauf, daß die Verständigung Denken widerspiegeln kann, aber besonders aussagekräftig ist. Wenn einige Arbeiter auf die beschriebene Weise rekrutiert worden sind, wobei der Anreiz also nicht unmittelbar von den Eindringlingen kam, folgen manche von ihnen nicht sofort der Duftspur, sondern wenden sich an andere Arbeiter mit den gleichen Gebärden, mit denen sie selbst soeben rekrutiert wurden. Diese Art der Kettenkommunikation ist ein wirksames Mittel, um in kurzer Zeit eine große Anzahl von Mitkämpfern zusammenzutrommeln. Aber sie weist auch eine Eigenschaft auf, die der tierlichen Verständigung gewöhnlich fehlt, nämlich die Weitergabe einer Information über etwas, dem der Mitteilende nicht unmittelbar ausgesetzt war, sondern worüber er selbst erst durch den Empfang von Verständigungssignalen erfahren hat. Wenn ein Tier durch den Alarmruf eines anderen erregt ist, so wird es oftmals diesen Laut wiederholen. Aber diese Wiederholung ist wahrscheinlich nicht spezifisch und gibt nur den Zustand des nun seinerseits alarmierten Empfängers wieder. Im Gegensatz dazu ist bei den Blattschneiderameisen zumindest etwas Spezifisches in dem Unterschied zwischen den Rekrutierungsgebärden, die bedeuten »Geh' Futter holen!«, und denen, die bedeuten »Geh' kämpfen!«.

Ist es möglich, daß sich Ameisen bei der Verständigung mit ihren Nestgenossen der von Hölldobler und Wilson entschlüsselten einfachen Botschaften bewußt sind? Wenn wir in Rechnung stellen, daß der größte Teil der Kommunikation unter Ameisen aus chemischen Signalen besteht, deren Entschlüsselung uns derzeit fast unmöglich ist – falls sie überhaupt differenziert sind – sollten wir der Möglichkeit offen gegenüberstehen, daß die beschriebenen einfachen Unterschiede der Rekrutierungsbotschaften gerade nur die leichter zu entdeckenden Komponenten eines komplexen und vielseitigen Kommunikationssystems sein könnten. Hiermit gehe ich freilich weit über das hinaus, was die Erforscher selbst oder ihre Kollegen angedeutet haben. Wenn man die Wissenschaftler fragt, woher sie denn wissen, daß diese Ameisen nicht irgendwelche bewußten Gedanken haben können, antworten sie gewöhnlich mit dem alten Argument, daß Insekten genetisch programmierte Automaten seien und daß ihre Gehirne zu klein sind, um bewußtes Denken zu erlauben. Die Beweise für differenzierte Verständigung haben diese tiefverwurzelte Überzeugung noch nicht zu erschüttern vermocht.

Die Zentralnervensysteme von Ameisen sind freilich winzig, verglichen mit den allerkleinsten Vogel- und Säugergehirnen. Aber wie können wir einer kritischen Größe, die für bewußtes Denken erforderlich ist, gewiß sein? Selbst das kleinste Insektengehirn enthält Tausende von Neuronen, und jedes davon ist befähigt, Nervenimpulse mit Dutzenden von anderen auszutauschen. Der Inhalt und die Komplexität bewußter Gedanken wie auch das Spektrum ihrer Vielseitigkeit könnten, grob gesagt, proportional dem Volumen des Zentralnervensystems sein. Ein absolutes Kriterium für die Masse, die zu bewußtem Denken nötig ist, ist jedoch durch nichts von dem gegeben, was wir bisher über Natur und Funktionieren der Zentralnervensysteme wissen.

Eine unter Biologen gebräuchliche Annahme, die auch von Psychologen und Philosophen unbestritten übernommen wurde, besagt, daß nur die Gehirne von Wirbeltieren groß und komplex genug sind, um vielseitiges Verhalten oder bewußtes Denken zu gestatten. Einige von ihnen akzeptieren grollend, daß die offensichtlich recht komplexen Gehirne von Tintenfischen und anderen Kopffüßlern auch zu einem gewissen Grade der Flexibilität fähig sind. Die logische Folge dieses Dogmas ist, daß nur ein Zentralnervensystem, das in einem dorsalen Nervenstrang zusammengefaßt und möglichst am vorderen Ende verdickt ist, mehr als die allerstereotypsten Reflexe hervorbringen kann. Allein aus diesem Grund werden die Arthropoden, von deren zentralnervösem Gewebe viel, wenn auch nicht alles, in paarweisen Ganglien ventral vom Verdauungsapparat angeordnet ist, auf die Stufe genetisch programmierter Automaten verbannt. Klare Angaben zu dieser Überzeugung haben kürzlich Grene (1978) und in besser durchdachter, gemäßigterer Form Walker (1983) vorgetragen. In seiner zusammenfassenden Darstellung desjenigen tierlichen Verhaltens, das Denken vermuten läßt, ignoriert Walker einfach die niederen Wirbeltiere und die Wirbellosen. Wiederholt drückt er sein an Erschütterung grenzendes Erstaunen aus, wenn er Tatsachenmaterial bespricht, demzufolge ein Fisch oder – ganz schrecklich – ein Insekt lernen und sein Verhalten sich ändernden Umständen anpassen kann.

Was liegt diesem Dogma zugrunde, daß nur das Zentralnervensystem eines Wirbeltiers in der Lage sein sollte, Gedanken zu organisieren? Historisch basiert dieser Gedanke auf der Feststellung, daß Tiere, deren Verhalten flexibel und anpassungsfähig erschien, in ihrer allgemeinen Neuro-Anatomie dem Wirbeltiertypus entsprachen. Aber wie kamen wir dazu, so sicher zu sein, daß nur die Zentralnervensysteme der Wirbeltiere zum Lernen und vielseitigem Denken fähig seien? Der Hauptgrund für die Unterstellung, daß das Denken der Insekten sehr beschränkt sei, war der Nachweis der Starrheit und Einseitigkeit ihres Verhaltens. Neue Entdeckungen wie die von Hölldobler und Wilson und vielen anderen, besprochen von Lindauer (1974), Markl (1974) und Lloyd (1981a, b, 1983), haben jedoch gezeigt, daß das Verhalten mancher Insekten wesentlich flexibler und vielseitiger ist, als man zuvor gewußt hatte. Weiterhin ist nunmehr bekannt, daß auch Ringelwürmer, Mollusken und Gliederfüßler durchaus zum Lernen befähigt sein können. Vielleicht werden diese neuen Beweise aus der Verhaltensforschung unsere eingefleischte Überzeugung ändern, daß alle Wirbellosen gedankenlose Automaten seien.

Mindestens ein Jahrhundert ist vergangen, seit man diese auf der

groben Anatomie des Zentralnervensystems basierenden Verallgemeinerungen aufgestellt und akzeptiert hat. Inzwischen haben wir vieles
über Gehirnfunktionen gelernt und erfahren. Nichts davon deutet auf
signifikante, phylogenetische Unterschiede in den Grundmechanismen
hin. Alle sind sich einig, daß es die Art der Organisation der Neuronen
und Synapsen ist, welche das Gehirn in der Weise funktionieren läßt,
wie es das tut. Aber die Neuronen müssen nicht in einer bestimmten
Form oder einer deutlich sichtbaren Struktur angeordnet sein. Gewiß
ist es für Kliniker und Forscher von Bedeutung zu wissen, an welchen
Stellen des Wirbeltiergehirns bestimmte Funktionen konzentriert sind.
Aber es gibt kein grundsätzliches Prinzip, welches erfordert, daß z. B. die
chemische Sensitivität stets ans Vorderteil eines Gehirns gebunden sein
müßte oder Haltung und Gleichgewicht an dessen hinteren Teil.
Daher ist es in keiner Weise überzeugend, wenn behauptet wird und
wie wir alle gelernt haben, daß die leiterförmige Anordnung paarweiser
Ganglien im Zentralnervensystem eines Arthropoden flexibles Verhalten oder bewußtes Denken ausschlösse. Gliederfüßler haben auch
Gehirne, in denen sensorische Informationen, vor allem von den
Augen sowie den taktilen und chemischen Rezeptoren an den Antennen, empfangen und ausgewertet werden. Die Neurobiologen haben
viele Mechanismen der Informationsverarbeitung im Zentralnervensystem von Insekten und anderen wirbellosen Tieren analysiert. Die
Zellen eines Gebiets verhindern Aktivitäten in anderen Gegenden, und
sowohl die sinnliche Eingangsenergie als auch die motorische Aus-
gangsenergie werden reguliert, um vielseitiges Verhalten zu erzeugen
(Bullock and Horridge, 1965; Treherne, 1974). Bis jetzt hat man nur
verhältnismäßig einfache zentrale Integrationsprozesse im einzelnen
untersucht (Huber, 1974; Hoyle, 1977; Pearson, 1977; O'Shea and
Rowell, 1977; Burrows, 1977, 1982; Elsner and Popow, 1978). Aber die
Experimentatoren haben nachgewiesen, daß die Zentralnervensysteme von Krustazeen, Insekten und Kopffüßlern Informationen auf
eine Weise organisieren und modulieren, die in Komplexität und
Präzision durchaus den Wirbeltiergehirnen vergleichbar ist. Das zwingt
uns, wieder auf die geringe Größe der Zentralnervensysteme der Wirbellosen als Grund für den Zweifel an ihrer Vielseitigkeit zurückzukom-
men. Die Komplexität des Verhaltens und Denkens eines Tieres mag
dem Gehirnvolumen proportional sein, aber das bedeutet nicht, daß
notwendigerweise ein qualitativer Unterschied der Beschaffenheit zwischen Wirbeltieren und Wirbellosen besteht.
Die im Schlußteil des 2. Kapitels entwickelten Betrachtungen passen
hierher. Wenn wir die Annahme, daß genetisch programmiertes Verhalten nicht mit bewußtem Denken einhergehen kann, überprüfen,
erweist sich als deren Basis eine dürftige Analogie zu den wenigen
menschlichen Verhaltensweisen, die eher auf genetischer Information

als auf individueller Erfahrung beruhen. Wegen der angeblich großen Unterschiede zwischen unserer eigenen Art und anderen Arten runzeln Wissenschaftler die Stirn über einen Analogieschluß von menschlichen bewußten Gedanken und subjektiven Gefühlen auf Entsprechendes bei anderen Tieren unter ähnlichen Bedingungen. Aber kein direkter Beweis stützt die Beschränkung bewußten Denkens auf eine bestimmte Form der allgemeinen Neuro-Anatomie.

Die spezialisierte Arbeitsteilung in den Ameisengesellschaften ist außerordentlich eindrucksvoll. Außer dem Graben von Höhlen, dem Eierlegen, der Pflege der Larven und der Paarung domestizieren einige Ameisenarten buchstäblich Insekten aus ganz anderen taxonomischen Gruppen wie etwa Blattläuse. Viele dieser Beziehungen sind insofern symbiotisch, als beide Arten deutlich davon profitieren. Die Ameisen beschützen die Blattläuse und bauen ihnen sogar schützende »Ställe« und erhalten dafür Nahrung, die sie auf andere Weise nur schwer oder überhaupt nicht bekommen könnten. Die Verschiedenartigkeiten solcher Einrichtungen und Strukturen ist ausgiebig besprochen und belegt in E. O. Wilsons (1971) Buch *The Insect Societies* und dem vierbändigen Werk *Social Insects*, das Hermann (1979−82) herausgegeben hat.

Ein frustrierendes technisches Problem bei dem Versuch, etwas über die Kommunikation der Ameisen und der meisten anderen staatenbildenden Insekten zu erfahren, ist dadurch gegeben, daß sie größtenteils durch den Austausch chemischer Signale vor sich geht. Die Tiere senden spezialisierte, in verschiedenen Drüsen erzeugte Moleküle zu bestimmten Zeiten aus, um andere Individuen zu stimulieren, bei taktilem Kontakt im Nahbereich wie auch in der Ferne, z. B. im Falle der sexuellen Anziehungsstoffe. Es ist schon nicht leicht, Substanzen zu untersuchen, die Informationen über große Entfernungen hinweg übermitteln, weil sie in sehr schwachen Konzentrationen wirksam sind. Jedoch gelang es, einige davon chemisch zu identifizieren, und es ließ sich nachweisen, daß sie die Männchen anziehen, auch wenn tatsächlich gar kein Weibchen anwesend war. Wesentlich schwieriger gestaltet sich die Untersuchung derjenigen chemischen Substanzen, die bei der Verständigung auf kurze Entfernung durch Kontakt oder beim Austausch von Mageninhalt zur Anwendung kommen. Die wirksamen Mengen sind hier noch viel kleiner, weil bei der unmittelbaren Übertragung von einem Insekt zum anderen kein Verlust entsteht. Außerdem gibt es viele Anzeichen dafür, daß − anders als bei den sexuellen Anziehungsstoffen − diese chemischen Signale nicht aus einer einzigen aktiven Substanz bestehen, sondern aus mehreren (Bradshaw, 1981; Bradshaw, Baker and Howse, 1975, 1979; Bradshaw et al., 1979).

Die einzigen derzeit gebräuchlichen Methoden zur Untersuchung solcher chemischen Kontaktsignale sind ziemlich grob. Beispielsweise zerquetscht man ganze Drüsen und präsentiert die Flüssigkeit dann

185

anderen Insekten. Aber sogar dabei ist etwas herausgekommen. So rekrutieren z. B. einige Ameisenarten Mitglieder des Staates zum Futtersammeln durch das sogenannte Tandemlaufen. Nach dem Fühlerkontakt ergreift die rekrutierte Ameise den Hinterleib der Rekrutierenden und beide laufen als Tandem vom Nest zur Futterquelle. Schmiert man nun den Extrakt aus den Drüsen einer Rekrutierenden auf das Ende eines Stöckchens, so umfaßt die rekrutierte Ameise oftmals dieses präparierte Stöckchen und läuft mit ihm ziemlich genauso wie mit der rekrutierenden Ameise. Solche Experimente tragen dazu bei, die Insekten als genetisch programmierte Roboter hinzustellen, weil man annehmen möchte, daß ein denkendes Geschöpf merken würde, daß der Stock keine Ameise ist.

Nach dem Austausch chemischer Kontaktsignale mit Nestgenossen reagieren staatenbildende Insekten jedoch durchaus nicht immer in der gleichen Weise. Deshalb ist es möglich, daß solche chemischen Signale komplexere und vielseitigere Mitteilungen übertragen als alles, was die Ethologen bisher entziffert haben. Verfeinerte Experimente sind jedoch sehr schwierig zu entwerfen. Im Idealfall sollten wir die aktiven Substanzen bestimmen, die Konzentrationen, in denen sie vorkommen, und die verschiedenen Signale, die durch unterschiedliche Mengen oder Kombinationen übermittelt werden. Dann wäre es den Experimentatoren möglich, bestimmte Verhaltensweisen durch bestimmte chemische Signale hervorzurufen. Weil derartige Untersuchungen bisher nicht durchführbar waren, wissen wir auch nicht, ob die chemischen Signale komplexere Mitteilungen übertragen als allgemeine Erregung oder die Aufforderung, einem Geruchspfad zu folgen.

Symbolische Gesten

Ein weiteres Beispiel aus dem Kommunikationsverhalten staatenbildender Insekten, das chemische und taktile Reize einschließt, hat weit ausführlichere Beweise gebracht mit noch bedeutenderen Folgerungen. Es ist dies die sogenannte »Tanzsprache« der Honigbienen, die Karl von Frisch in hervorragenden, originellen Experimenten entdeckt hat (besprochen in von Frisch, 1967, 1972). Diese kommunikativen Tänze sind so erstaunlich verschieden von sonstiger tierlicher Kommunikation, daß sie im Widerspruch zu stehen scheinen mit allem, was wir über Tierverhalten wissen, und zwar so sehr, daß es schwierig ist, sie in das wissenschaftliche Gesamtkonzept der Ethologie einzuordnen. Ein Verhaltensökologe hat sie einmal eine »Monstrosität der Evolution« genannt (Krebs, 1977). Jedoch sind vergleichbare, wenn auch einfachere Verständigungssysteme von anderen Bienenarten bekannt, und Martin Lindauer (1971) hat eine wahrscheinliche Reihenfolge von

Entwicklungsstadien des Verhaltens aufgestellt, die von Verhaltensweisen, welche sich bei vielen Insektenarten finden, zu dem hochspezialisierten Kommunikationssystem der Honigbiene führt.

Die ausgeprägteste Form dieses vielseitigen Typs der Kommunikation bei Honigbienen ist der sogenannte Schwänzeltanz. Dabei krabbelt eine Arbeitsbiene in einer abgeflachten Achterkurve schnell über die Oberfläche einer Wabe, meist gefolgt von einigen anderen Arbeiterinnen, die Köpfe und Antennen gegen ihren Körper pressen. Der Mittelteil der Achterkurve ist fast geradlinig, darauf folgen kreisförmige Rückbewegungen, abwechselnd nach rechts und nach links, deren jede die Biene genau zum Ausgangspunkt zurückbringt. Die gerade Strecke in der Mitte ist der wichtigste Teil des Tanzes, während die kreisförmigen Rückwege die Biene nur zur Ausgangsposition zurückzubringen scheinen, damit sie das Ganze wiederholen kann. Während sie die gerade Strecke durchläuft, schwenkt die tanzende Biene ihren Hinterleib von einer Seite zur anderen, ungefähr dreizehnmal pro Sekunde. Während dieser heftigen Bewegung werden die Bienen, die eng an ihren Körper gepreßt folgen, mechanisch und auch chemisch stark stimuliert durch zahlreiche Düfte, die von der Tänzerin auf die empfindlichen chemischen Sinnesrezeptoren an den Antennen der anderen Bienen übertragen werden. Schwänzeltänze finden meist dann statt, wenn die älteren Arbeiterinnen, denen das Futtersammeln obliegt, eine reiche Nahrungsquelle entdeckt und etwas davon zum Stock zurückgebracht haben. Um den Schwänzeltanz hervorzurufen, muß diese Futtersorte außerdem im Stock knapp sein. Amerikanische Imker haben angemerkt, daß sie Schwänzeltänze nur selten sehen. Das liegt einfach daran, daß ihre Bienen für gewöhnlich Zugang zu reichlicher Nahrung haben. Nur wenn Futter oder ein anderer, dem Bienenvolk wichtiger Artikel dringend benötigt wird, kommt es zu diesen kommunikativen Tänzen. Wie stellt nun eine Arbeitsbiene fest, ob etwas im Stock benötigt wird? Dieser wichtige Punkt wird oft bei den Beschreibungen der Bienentänze übersehen. Sie treten jedoch nicht für sich auf, sondern sind ein Teil eines komplexeren Systems der sozialen Kommunikation, zu dem chemische wie taktile Signale gehören.

Die Arbeiterinnen der Honigbiene sind innerhalb des Stocks viel unterwegs und unterhalten Beziehungen zueinander durch Betasten mit den Antennen und in manchen Fällen auch durch Herauswürgen des Mageninhalts, der dann von einer anderen Biene wieder aufgenommen wird. Die letztere Form des Austauschs, die unter staatenbildenden Insekten weitverbreitet ist, nennt man Trophallaxis. Sie mag nicht unseren ästhetischen Gefühlen entsprechen, ist aber ein wichtiges Mittel sozialer Verständigung, das die Insekten in die Lage setzt, ihre Aktivitäten zu koordinieren. Viele Angehörige eines Insektenstaates werden auf diese Weise gefüttert, einschließlich der Königin und der

zahlreichen Larven, die den Stock nicht verlassen und ihren Nahrungs-
bedarf nicht selber decken können. Ein ähnlicher Futteraustausch
findet jedoch auch unter Arbeiterinnen statt, die durchaus fähig sind
auszufliegen, dies aber nicht tun. Stattdessen halten sie den Stock
sauber und füttern die Larven mit der Nahrung, die sie durch trophal-
laktischen Austausch von älteren Arbeiterinnen bekommen haben, die
mit Nektar oder Blütenstaub von fernen Blumen zurückgekehrt sind.
Durch die Trophallaxis wird die Nahrung mit den ihr anhaftenden
Gerüchen über den ganzen Stock verbreitet, und ein einzelnes Zucker-
molekül kann durch verschiedene Mägen wandern, bevor es ein Teil
des in den Wabenzellen gespeicherten Honigs wird. Blütenstaub, den
die Bienen in »Höschen« transportieren, die aus den steifen Haaren an
ihren Beinen gebildet sind, wird ebenfalls von anderen Arbeiterinnen
weitergereicht, bevor er gespeichert wird. Einen erstaunlichen Teil
ihrer Zeit scheinen die Arbeiterinnen überhaupt nichts zu tun (Lindauer, 1971), aber vielleicht empfangen sie, auch während sie nur
»herumlungern«, Mitteilungen über die Verhältnisse innerhalb des
Stockes.
Honigbienen sammeln auch wächserne und harzige Materialien, wenn
sie diese zum Bau und zur Ausbesserung des Stocks brauchen, und bei
heißem Wetter bringen sie Wasser herbei, um den Stock durch Verdunstung abzukühlen. Wenn eine Sammlerin Wasser in ihren Magen
aufgenommen hat, »spuckt« sie es oftmals auf die Oberfläche der
Waben, die Larven enthalten. Andere Arbeiterinnen breiten es dann in
einer dünnen Schicht über der Larvenwaben aus, während wieder
andere heftig mit den Flügeln schlagen und dadurch Luftströme erzeugen, die die Verdunstung des Wassers beschleunigen und die unmittelbare Umgebung abkühlen. Arbeiterinnen, die Futter oder anderes
Material außerhalb des Stocks gesammelt haben, erhalten Informationen über das, was gebraucht wird, während sie ihre Fracht an andere
Arbeiterinnen weitergeben. Ist es im Stock plötzlich zu warm geworden, haben es die Arbeiterinnen, die mit Blütenstaub oder konzentrier-
ter Zuckerlösung zurückkehren, wesentlich schwerer, ihren Mageninhalt oder den Inhalt ihrer »Höschen« loszuwerden. Als Ergebnis dieses
Kommunikationsnetzes, das ich hier nur flüchtig umrissen habe, passen jene Arbeiterinnen, die außerhalb des Stocks sammeln, das Ziel
ihrer Bemühungen, d. h. ihre Suchbild-Vorstellungen, den Bedürfnissen an und suchen nunmehr nach dem, wovon sie erfahren haben, daß
es gebraucht wird (Lindauer, 1971).
Das hört sich wie ein recht komplexes Verhalten für genetisch programmierte Roboter an. Aber man erwartet von uns zu glauben, daß ein Teil
der Instruktionen aus der DNS der Honigbienen durch eine Reihe
unbekannter Entwicklungsvorgänge zu einem Verhalten führt, das so
organisiert ist, daß die Tiere, wenn sie Schwierigkeiten haben, eine

bestimmte Sorte von Material loszuwerden, automatisch nach etwas anderem suchen.

Die Schwänzeltänze werden also nur unter bestimmten Voraussetzungen ausgeführt. Nehmen wir an, eine Arbeiterin hat durch Kontakte mit mehreren ihrer Schwestern die Mitteilung erhalten, daß Zucker (oder etwas anderes) sehr knapp ist. Sie muß daraufhin ausgeflogen sein, nach Blumen gesucht und eine Stelle mit vielen Blumen gefunden haben, die Nektar mit einer hohen Zuckerkonzentration enthalten. Es gibt noch einen weiteren Unterschied in ihrem Verhalten, der von der ungefähren Entfernung der Futterquelle abhängt. Wenn diese innerhalb von dreißig bis fünfzig Metern um den Stock liegt, besteht ihr Tanz nur aus abwechselnden Kreisen, erst in eine Richtung, dann in die andere, ohne den vorhin beschriebenen Schwänzellauf in der Mitte. Das nennt man den Rundtanz. Mit zunehmender Entfernung wird ein kurzes Schwänzeln zwischen die Kreise – im Uhrzeigersinn und entgegengesetzt – eingeschoben, und die Dauer dieser Schwänzelphase nimmt langsam zu mit der Entfernung der Futterquelle. Die Entfernung bzw. die zum Flug zur Futterquelle aufgewandte Anstrengung wird am deutlichsten ausgedrückt durch die Dauer des Schwänzellaufs. Da aber die Schwänzelbewegung in ihren Einzelheiten relativ konstant ist, geht eine längere Dauer fast stets auch mit einer weiteren Strecke über die Oberfläche der Waben einher.

Der Schwänzeltanz übermittelt zwei weitere, wichtige Informationen. Von Frischs erstaunlichste Entdeckung war, daß der Tanz die Richtung der Futterquelle im Verhältnis zum Sonnenstand angibt. Ein Schwänzellauf, der auf der vertikalen Oberfläche der Waben gerade-aufwärts geht, bedeutet Futter oder anderes wünschenswertes Material in Richtung der Sonne, gerade-abwärts bedeutet von der Sonne weg und so fort, gemäß den dazwischen liegenden Winkeln. Schwänzeltänze finden mitunter auch auf einer horizontalen Fläche außerhalb des Stocks, in der Nähe des Eingangs statt. Dann wird die Richtung zum Futter, relativ zum Sonnenstand, direkt angezeigt, und der Winkel wird nicht in die Vertikale übertragen wie im Innern des Bienenstocks. In dieser gedrängten und vereinfachten Beschreibung habe ich mehrere wichtige Einzelheiten ausgelassen, aber denken wir darüber nach, was selbst das Wenige besagt. Eine Arbeiterin führt im finsteren Inneren des Stocks ein geometrisches Bewegungsmuster aus, das sowohl Entfernung als auch Richtung der Futterquelle bzw., wie oben erklärt, auch von etwas anderem in chiffrierter Form anzeigt. Angenommen, daß einige ihrer Schwestern sehr aktiv und dicht der Tänzerin folgen und die chiffrierte Information richtig interpretieren, dann haben wir ein Kommunikationssystem, das wahrhaft symbolisch ist und dem Prinzip der »Versetzung«, d. h. der übertragenen Bedeutung, entspricht. Bewegungen im dunklen Stock, die eine Biene wahrnimmt, indem sie die

Bewegungen einer anderen erfühlt, bedeuten Richtung und Entfernung, die außerhalb des Stocks zu fliegen sind. Weiterhin ist der maßgebliche Bezugspunkt für die Richtung der Sonnenstand am Himmel, der im Inneren des Stocks nicht zu sehen ist. Die Aufwärtsrichtung steht für die Richtung in Relation zur Sonne.

Der Schwänzeltanz übermittelt eine zweite wichtige Information durch seine Heftigkeit oder Intensität, d. h. in erster Linie durch die Weite der lateralen Bewegungen des Hinterleibes (die Frequenz ist ziemlich konstant). Erfahrene menschliche Beobachter, die durch das Glasfenster eines Demonstrationsstocks zuschauen, können leicht beurteilen, ob die Tänze intensiv oder schwach sind. Die Heftigkeit des Schwänzeltanzes ändert sich entsprechend der Erwünschtheit des Futters, wie sie sich z. B. aus der Zuckerkonzentration des Nektars ergibt. Auch ein Tanz um Wasser kann sehr heftig sein, wenn der Stock überhitzt ist, und Entsprechendes gilt für anderen Bedarf. Die um die Tänzerin gescharten Arbeiterinnen reagieren wesentlich stärker auf heftige Schwänzeltänze. Ist der Tanz nicht sehr intensiv, gehen nur wenige Bienen zur angezeigten Quelle. Der Schwänzeltanz drückt also drei wichtige Eigenschaften eines entfernten Objektes aus: seine Richtung, Entfernung und Erwünschtheit. Schreibt man damit einem genetisch programmierten Roboter nicht etwas zu viel zu?

In einer langen Reihe von Experimenten ging von Frisch der Frage nach, wieviel Information über Entfernung und Richtung tatsächlich übermittelt wird. Nachdem einige Bienen eine (künstliche) Futterstelle besucht hatten, entfernte er diese und stellte eine Anzahl gleichwertiger Testfutterstellen in verschiedenen Entfernungen und Richtungen vom Stock auf. Die Zahl der zu diesen Futterstellen kommenden Bienen bekräftigte den Schluß, daß tatsächlich Informationen über Richtung und Entfernung übermittelt werden, da mehr neu-rekrutierte Bienen zu den Testfutterstellen kamen, die in etwa der gleichen Richtung und Entfernung gelegen waren wie die ursprüngliche Futterstelle, von der die Tänzerinnen kurz zuvor zurückgekehrt waren. Später wurde jedoch eingewandt, daß eher Gerüche als der Tanz die Bienen geleitet haben könnten. Bereits einige Jahre zuvor hatte von Frisch gründliche Untersuchungen der chemischen Sinneswahrnehmungen bei Bienen durchgeführt, besonders ihres Vermögens, zwischen den Düften verschiedener Pflanzen zu unterscheiden. Seine Untersuchungen hatten ergeben, daß Informationen über reiche Nahrungsquellen durch Pflanzengerüche übertragen werden, die entweder dem Blütenstaub am Körper der Tänzerin anhaften oder dem Nektar, der hervorgewürgt und dann von anderen Bienen aufgenommen wird. Die Tänze geben nur die allgemeine Richtung und Entfernung an und bringen somit die Rekrutierten in die engere Umgebung der Futterquelle. Dort angelangt, müssen sie dann die Blumen nach dem Geruch finden.

Inzwischen hat James L. Gould ausgiebigere, sorgfältig kontrollierte Experimente durchgeführt, in denen es ihm gelang, eine Tänzerin so zu manipulieren, daß ihr Schwänzeltanz in eine andere Richtung orientiert war als in die, in der die Futterquelle lag, von der sie gerade zurückgekehrt war. Weiterhin waren seine Testfutterstellen so konstruiert, daß sie eine Reihe komplizierender Effekte ausschlossen, die in von Frischs Experimenten nicht angemessen eliminiert worden waren. Die Ergebnisse zeigten, daß die meisten der rekrutierten Arbeiterinnen tatsächlich in der durch den Tanz angezeigten Richtung nach Futter suchten und nicht in der Richtung, aus der die Tänzerin gekommen war (Gould, 1975, 1976; besprochen von Griffin, 1981). Es bleiben also keine ernstlichen Zweifel daran, daß eine Arbeitsbiene Informationen über Entfernung, Richtung und Erwünschtheit von Futterquellen durch diese symbolischen Tänze auf ihre Schwestern überträgt. Das bedeutet nicht, daß das Kommunikationssystem völlig fehlerfrei arbeitet, und daß jede Biene folgsam genau dahin fliegt, wohin sie fliegen soll. Es gibt eine große Variationsbreite nicht nur in den Tänzen, sondern auch in den Reaktionen der Bienen. Auch Gerüche spielen eine wichtige Rolle in diesem Kommunikationssystem, aber die Symbolik, die in der Übermittlung von Entfernung und Richtung gebraucht wird, ermöglicht es den Bienen, neue Futterquellen auszunutzen, die viele Hunderte von Metern vom Stock entfernt sind.

In dem Bemühen, die oben angedeuteten, kognitiven Interpretationen zu umgehen, hat man mehrere Auslegungen dieser symbolischen Tänze versucht (Gould, 1979). Nach einer der ersten dieser »nichtsals«-Auslegungen soll das Tanzen starr an Futter gebunden sein und das Wedeln mit dem Hinterleib mit der Zuckerkonzentration in Magen oder Blut der Tänzerin zusammenhängen. Jedoch hatte von Frisch fast von Anfang an betont, daß die gleiche Art der Tanzverständigung auch angewandt wird, wenn die Kolonie ganz andere Dinge dringend benötigt wie etwa Blütenstaub als Eiweißquelle, Wasser zum Abkühlen eines überhitzten Stocks oder Material zum Reparieren von Teilen des Stocks.

Von Frischs Entdeckungen erfuhren ihre bedeutendste Erweiterung durch Martin Lindauer (1955), dessen wahrhaft klassische Experimente niemals die volle, ihnen gebührende Beachtung gefunden haben. Wenn die Kopfzahl eines Honigbienenvolkes so stark angestiegen ist, daß der Stock nicht mehr ausreicht, treten neue Königinnen auf. Das bewerkstelligen die Arbeiterinnen, indem sie einige der Larven mit andersartigem Futter ernähren. Normalerweise rüsten sich dann die Bienen auch zum Schwärmen, was sich im Verhalten der älteren Arbeiterinnen andeutet, denen das Futtersammeln oblag. Mit der Entwicklung neuer Königinnen hört die seitherige Königin auf, Eier zu legen, und sie verläßt den Stock zusammen mit einem großen Teil, meist mindestens der Hälfte, der Arbeiterinnen. Diese bilden einen dichten Schwarm, einen Klumpen von Bienen, der am Stock oder an benachbarten Pflanzen hängt. In der Imkerpraxis vergrößert der Imker bei den ersten Anzeichen des Schwärmens den Stock, so daß sich der Staat vergrößern kann, oder er stellt einen leeren Korb unmittelbar unter den Schwarm, in den die Bienen dann einziehen und einen neuen Staat gründen.

Wenn sich aber kein Imker einmischt, benötigt dieser ungeschützte Bienenklumpen eine neue Behausung, wo sich der Staat neu bilden und sein Bestehen fortsetzen kann. Die älteren Arbeiterinnen, die bisher Futter gesammelt haben, suchen nun nach einer Höhle in einem Baum oder etwas Ähnlichem mit den rechten Voraussetzungen für eine neue Behausung. Man muß sich vor Augen halten, daß dieses Verhalten wie auch das Suchbild, das in den Zentralnervensystemen der Bienen vorhanden sein muß, nunmehr zu einer Situation gehören, die diese Arbeiterinnen nie zuvor kennengelernt haben. Die Königin kann diesen Vorgang schon durchlaufen haben, aber die Arbeiterinnen leben nur für ein paar Wochen während der wärmeren Monate des Jahres, und seit dem letzten Schwärmen können Monate oder gar Jahre vergangen sein. Das Schwärmen stellt also die Arbeiterinnen vor eine für sie beispiellose Situation, und sie haben eine völlig neue Art von Suchverhalten durchzuführen. Es ist nicht leicht, eine geeignete Höhle für einen Stock zu finden. Die Bienen müssen über beträchtliche Entfernungen suchen und in zahllosen Spalten in Bäumen, Gebäuden und Felsen herumkrebsen, bevor sie etwas geeignetes finden. Außer der richtigen Größe darf eine geeignete Behausung nur einen kleinen Zugang am unteren Ende haben, auch muß sie trocken und frei von Ameisen oder anderen Insekten sein. Hat eine Arbeiterin ein möglicherweise geeignetes Objekt gefunden, kehrt sie zum Schwarm zurück und teilt es ihren Schwestern mit, wobei sie die gleichen symbolischen Tänze aufführt, die zur Beschreibung der Futterstellen benutzt werden. Diese Tänze finden auf der Oberfläche des Bienenschwarms statt, häufig auf einem horizontalen Teil des Schwarms, so daß die Umwandlung der Richtung von einem Winkel im Verhältnis zum Sonnenstand in einen vertikalen Winkel nicht notwendig ist. In anderer Hinsicht aber gleichen diese Tänze durchaus denen bei der Futtersuche, und wie diese zeigen sie Entfernung, Richtung und Erwünschtheit an.

Es ist zu betonen, daß die Merkmale, die eine Höhle geeignet erscheinen lassen, völlig verschieden sind von der Zuckerkonzentration im Nektar oder der Verfügbarkeit von eiweißreichem Blütenstaub oder Wasser zum Abkühlen des Volkes. Um herauszufinden, wie die Bienen die Höhlen beurteilen, gründete Seeley (1977) Staaten auf kleinen Inseln, auf denen es keine natürlichen Höhlen gab. Er brachte die Bienen zum Schwärmen durch die grobe, aber wirksame Methode, die

Königin und zahlreiche Arbeiterinnen aus ihrem alten Stock herauszuschütteln und sie im Freien zu lassen. Verschiedene künstliche Höhlen standen in einiger Entfernung zur Verfügung. Die »Kundschafter« fanden diese und brachten schließlich das Volk dazu, eine von ihnen zu beziehen. Seeley beobachtete, daß die Kundschafter zu Anfang weit und lange im Innern der Höhle herumkrochen, anscheinend um etwas über deren Beschaffenheit herauszufinden.

Viele Jahre zuvor verglich Lindauer (1955) das Verhalten von Bienen, denen nur eine begrenzte Anzahl verschiedenartiger Höhlungen zur Wahl stand. Wie zu erwarten, waren entsprechend der Eignung der Höhlen Unterschiede in der Heftigkeit der Tänze und in den Reaktionen der anderen Bienen zu verzeichnen. Jedoch war der Bewertungsvorgang nicht in ein paar Stunden vollendet, obgleich die Kundschafter die Höhlen gewiß in wesentlich kürzerer Zeit untersucht hatten. Vielmehr besuchten während der nächsten Tage eine ganze Reihe von Arbeiterinnen die verschiedenen Höhlen und gaben tanzend deren Entfernung, Richtung und Eignung kund. Lindauer legte damals nahe, daß dies den Bienen gestatte herauszufinden, ob die Eignung einer Höhle sich zeitweilig verändere, z. B. daß eine zunächst trockene Höhle bei Regen leck werden könnte. Diese Hypothese ist nicht gründlich überprüft worden, aber der beschriebene Aufschub erlaubte Lindauer, einige weitere Eigenheiten der Kommunikation schwärmender Bienen zu entdecken, die vom kognitiven Gesichtspunkt aus von beträchtlichem Interesse sind.

Wenn mehrere Kundschafter ihre Funde von verschiedenen Höhlen in unterschiedlichen Entfernungen und Richtungen gleichzeitig bekanntgaben und diese Höhlen im Eignungsgrad beträchtlich differierten, waren die Tänze, die die besseren Höhlen beschrieben, heftiger und ausdauernder als die anderen. So werden mehr Suchbienen rekrutiert, um die besseren Höhlen anzufliegen und bei ihrer Rückkehr tanzend anzuzeigen. Schlußendlich erreichen die Bienen eine Übereinstimmung, indem praktisch alle Tänze die beste der vorhandenen Höhlen anzeigen. Nachdem das nunmehr fast einstimmige Tanzen mehrere Stunden angehalten hat, fliegt der ganze Schwarm zu dieser Höhle.

Nach dieser Beschreibung könnte man annehmen, daß die Bienen, die von den weniger begehrenswerten Höhlen zurückkehren, zunächst als bloße Roboter weitertanzen und die von ihnen entdeckten Höhlen anzeigen, dann aber langsam aufhören zu tanzen, und daß die schließliche Übereinstimmung auf diese Weise erreicht würde. Mit individuell markierten Bienen fand Lindauer jedoch heraus, daß eine Tänzerin mitunter von der Rolle eines Senders zu der eines Empfängers wechselte. Sie hörte auf zu tanzen und ihre eigene Entdeckung anzuzeigen, und schloß sich den Tänzen einer ihrer stärker begeisterten Kolleginnen an. Nachdem sie mehrere von deren Tanzfiguren mitgemacht hatte, besuchte sie die dadurch angezeigte, bessere Höhle und fing nach ihrer Rückkehr an, »für sie« zu tanzen, mit der rechten Veränderung in der Heftigkeit wie auch bezüglich der Entfernung und Richtung. Die symbolischen Tänze sind also nicht starr an die von den Blumen oder Höhlen ausgehenden Reize gebunden, vielmehr kann die kommunizierende Biene von der Rolle des Senders zu der des Empfängers überwechseln. Sogar nachdem sie bereits angefangen hat zu tanzen, kann sich ihr Verhalten einschließlich ihrer Verständigungsgebärden gemäß der Information ändern, die sie durch das Kommunikationssystem empfängt.

Ein wichtiger Punkt ist dabei, daß Lindauer keine Biene ihr Tanzmuster ändern sah, bevor sie nicht tatsächlich die zweite Höhle besucht hatte. Anders als bei den Blattschneiderameisen, wenn sie ihre Schwestern rekrutieren, um Eindringlinge abzuwehren, gab es bei diesen Honigbienen keine Kettenkommunikation. Nun führte Lindauer seine Experimente nur mit einer relativ kleinen Anzahl markierter Bienen durch, und auch der Umfang der Bedingungen war etwas beschränkt. Er machte seine Untersuchungen in den frühen fünfziger Jahren, und bis auf Seeleys Untersuchungen, wie Bienenkundschafter Höhlen beurteilen, hat kein Ethologe Lindauers bemerkenswerte Entdeckungen weiter verfolgt. Deshalb könnte es verfrüht sein, wollte man sagen, daß er alles herausgefunden habe, was man über dieses faszinierende Verhalten erfahren kann. Wir scheinen hier wieder einmal vor einem Beispiel für die behindernde Auswirkung herkömmlicher Gesichtspunkte selbst auf experimentierende Wissenschaftler zu stehen. Beispielsweise verneinen Premack and Woodruff (1978, S. 628 in Kommentaren) und Premack and Premack (1983), daß die Tänze der Honigbienen als Sprache bezeichnet werden können, und sie begründen ihre Ansicht damit, daß es keinen Beweis dafür gibt, daß die Bienen beurteilen könnten, ob ihre Tänze irgendeinem Objekt in ihrer Umgebung entsprechen. Diese Autoren bezweifeln auch, daß Bienen, wenn man ihnen ein Abbild ihrer Tänze zeigen würde, sagen könnten, ob solche Signale exakt die Entfernung und die Richtung zu einer Futterquelle, die sie gerade besucht haben, darstellen (Premack and Premack, 1983, S. 116—122). Diese Autoren scheinen vergessen zu haben, daß es sich bei den Schwänzeltänzen um taktile und chemische Kommunikationen handelt, aber nicht um optische Signale, wie sie in der Bedingung vorausgesetzt werden, den Bienen ihre eigenen Tänze zu zeigen. Aber ungeachtet solcher verhältnismäßig geringfügiger Unterscheidungen scheinen Bienen, die tanzend eine bestimmte Höhle anzeigen, verschieden auf die Tänze ihrer Schwestern zu reagieren, je nachdem, ob deren Tänze »synonym« mit ihren eigenen sind. Experimentelle Untersuchungen darüber liegen noch nicht vor, aber Lindauer hat nie erwähnt, daß Bienen, die zum Schwarm zurückgekehrt waren, den Tänzen derjenigen Bienen gefolgt wären, die von der gleichen Höhle zurückkamen. Wenn es stimmt, daß sie die Tänze ignorieren, die die gleiche Richtung und Entfernung wie ihre eigenen anzeigen, bedeutet das, daß sie in gewisser Weise die Tänze erkennen, die die gleiche Bedeutung wie ihre eigenen haben. Solche Spekulationen könnten am besten überprüft werden, wenn man eine gute Modellbiene entwickeln könnte, wie ich an anderer Stelle erörtert habe (Griffin, 1981). Mit Hilfe einer solchen Konstruktion könnten wir mit Bienen einfache Dialoge führen und sie in dem von Premack und seinen Kollegen vorgeschlagenen Sinne befragen.

Das ganze Thema der Bienenverständigung durch Tänze liegt so weit außerhalb von allem, was wir von Insektenverhalten erwarten, daß die Psychologen es praktisch ignoriert haben, und selbst die Ethologen halten es recht zimperlich auf Armeslänge von sich. Kurz gesagt, das ausgeprägte symbolische Kommunikationssystem der Honigbienen bleibt ein vernachlässigtes Gebiet trotz der in ihm enthaltenen Hinweise auf weitere, revolutionierende Entdeckungen. Selbst wenn von Frisch und seine Kollegen unanfechtbare Beweise für ein flexibles und symbolisches Kommunikationssystem der Bienen erbringen, gibt es gewaltige Widerstände gegen die Annahme jeglichen bewußten Denkens. Wenn das gleiche Beweismaterial von einem unserer nahen Verwandten, wie Menschenaffen oder Affen, vorläge, würde man es sicher ganz anders auslegen. Wir hängen verbissen an der alten Überzeugung, daß Insekten genetisch programmierte Roboter sind, und schließen damit auch Bewußtseinsvorgänge bei ihnen aus, obwohl die Gleichsetzung von gentischem Einfluß mit dem Fehlen bewußten Denkens auf äußerst wackligen Beinen steht. Eine bedeutende Reaktion auf von Frischs Entdeckungen waren die Zeilen, die Carl Jung (1973) im hohen Alter schrieb, nachdem er – wie bekannt – zuvor stets geglaubt hatte, daß Insekten lediglich Reflexautomaten wären:
»Diese Ansicht ist kürzlich durch die Forschungen von Frischs in Frage gestellt worden ... Bienen teilen ihren Kameraden durch einen eigenartigen Tanz nicht nur mit, daß sie einen Futterplatz gefunden haben, sondern sie zeigen auch dessen Richtung und Entfernung an und machen es so Anfängern möglich, direkt dorthin zu fliegen. Diese Form der Benachrichtigung unterscheidet sich im Prinzip nicht von einer durch Menschen vermittelten Information. Im letzteren Fall würden wir solches Verhalten gewiß als bewußte und beabsichtigte Handlung ansehen, und wir könnten uns kaum vorstellen, wie jemand vor Gericht damit durchkäme, wenn er behauptete, es sei unbewußt vor sich gegangen ... Wir stehen ... der Tatsache gegenüber, daß das Gangliensystem offensichtlich genau die gleichen Ergebnisse zustandebringt wie unsere Großhirnrinde. Es gibt auch keinerlei Beweise, daß Bienen ohne Bewußtheit wären.«

10 Natürliche Psychologen

In vorausgegangenen Kapiteln habe ich den Denkanstoß von Jolly (1966) und Humphrey (1978) erwähnt, Bewußtsein habe sich in der menschlichen Stammesgeschichte entwickelt, als die sozialen Gruppen eine Größe und ihre Mitglieder einen Grad der Abhängigkeit voneinander erreicht hatten, die es für jedes Mitglied nötig machten, die Stimmungslage, Absichten und Gedanken seiner Kumpane zu verstehen. Humphreys Idee, daß sozial voneinander abhängige Primaten oder Urmenschen »natürliche Psychologen« – wie er es nennt – sein mußten, beruht auf der Annahme, daß es für wirksame Wechselbeziehungen innerhalb der Gruppe erforderlich ist, daß jedes Mitglied in der Lage sein muß, die Gemütslage seiner Kumpane zu erkennen und in Rechnung zu stellen. Er argumentiert, daß sich Bewußtsein bei unserer eigenen Art entwickelte, weil es Anpassungswert hatte.

Können wir diese Idee auf andere Tiere ausdehnen, die in sozialen Gruppen leben, selbst auf staatenbildende Insekten? Die letzteren sind sogar noch abhängiger voneinander als irgendein Wirbeltier – außer vielleicht unserer eigenen Art. Es könnte also für eine Arbeitsbiene oder eine Ameise noch wichtiger sein, die Stimmung ihrer Schwestern richtig zu beurteilen, als es für Primaten ist, einander als natürliche Psychologen einzuschätzen. In beiden Fällen kann man wahrscheinlich am ehesten verstehen, was ein anderes Geschöpf voraussichtlich tun wird, indem man sich bewußt in dessen Lage versetzt. Falls dem so ist, könnte die geringe Größe des Zentralnervensystems solch eine Ökonomie für Insekten noch wesentlicher machen als für Säuger mit ihren großen Gehirnen.

Erkennen der Individuen

Ein unmittelbarer Einwand gegen die Ausdehnung der Konzeption einer bewußten natürlichen Psychologie auf staatenbildende Insekten liegt in der Bedeutung, die Humphrey und andere dem Erkennen der Individuen untereinander beimessen. Primaten und eine ganze Reihe anderer gesellig lebender Tiere zeigen in reichem Maße, daß sie einander individuell kennen (Hediger, 1976, 1980; Humphrey, 1974; Cheney and Seyfarth, 1928b), und das Sozialverhalten der Primaten ist stark geprägt von der Kenntnis der sozialen Stellung eines jeden Kumpanen innerhalb der Gruppe, und zumindest bei einigen Affen, auch von der seiner Eltern und Geschwister. Es wird allgemein angenommen, daß dieses individuelle Kennen die Einfühlung und das Abschätzen der Stimmung des anderen sowie seiner wahrscheinlichen Reaktionen auf Drohungen, Beschwichtigungsgebärden, Aufforderungen zur Körperpflege usw. erleichtert. Eine weitere, damit verbundene Annahme besagt, daß nur Tiere, die einander von einer Begegnung zur nächsten als Individuen erkennen, wirklich natürliche Psychologen im Sinne Humphreys sein können. Auch viele andere Tiere erkennen Individuen oder wenigstens bestimmte Klassen artgleicher Tiere wie etwa ihre genetischen Verwandten (Beecher, 1982). Bei einer Gruppe fruchtfressender Fledermäuse *(Carollia perspicillata)* in Gefangenschaft beobachtete Porter (1979) wiederholt, wie das männliche Oberhaupt eines Harems auf die Notschreie eines Jungen seiner Weibchen hin zu der Mutter hinkroch und sie dazu brachte, ihr Kleines zurückzuholen. Von staatenbildenden Insekten nimmt man fast überall in der Welt an, daß sie in keiner Weise zu individuellem Erkennen befähigt wären. Andererseits gibt es bei weniger sozial zusammenlebenden Insektenarten beachtliche Hinweise auf individuelles Erkennen, besonders im Zusammenhang mit der Partnerwahl (Lloyd, 1981b). E. O. Wilson konstatiert seine Ansicht kategorisch auf der letzten Seite seines Buches *The Insect Societies* (1971): »Die Sozietäten der Insekten sind größtenteils unpersönlich. Die kleinen, relativ primitiven Kolonien von Hummeln und *Polistes*-Wespen sind auf einer Dominanzhierarchie aufgebaut, und die Individuen scheinen einander in beschränktem Umfang zu kennen. Bei anderen geselligen Insekten spielen jedoch persönliche Beziehungen eine geringe oder gar keine Rolle. Schon allein im Hinblick auf die Größe der Völker und die kurze Lebensdauer der einzelnen Mitglieder erscheint es nutzlos, wenn nicht gar unmöglich, daß individuelle Bindungen zustande kommen.« Wenn dieser Lehrsatz der Insektensoziologie stimmt, und wenn das individuelle Kennen eine Grundbedingung für das Wirken der Tiere als natürliche Psychologen ist, dann kann Humphreys Idee allerdings nicht auf staatenbildende Insekten ausgedehnt werden. Aber vielleicht sollten wir die Grundlagen überprüfen, auf denen diese beiden Annahmen beruhen.

Den Staaten der höchstenwickelten Insekten gehört eine gewaltige Anzahl von Arbeitern an, aber die bisherigen Untersuchungen an individuell markierten Arbeitsameisen oder -bienen waren anscheinend nicht darauf abgestellt herauszufinden, ob sie austauschbare soziale Atome sind, die alle in genau der gleichen Weise reagieren. Das scheint man als selbstverständlich vorausgesetzt zu haben, in erster Linie deshalb, weil die Staaten so groß sind, und weil man keine

Aufteilung in Untergruppen beobachtet hat. Aber es ist nicht klar, wie sorgfältig die Wissenschaftler Ausschau nach solchen Untergruppen gehalten haben. Die Arbeiterinnen spezialisieren sich in gewisser Weise auf die Aufgaben, die sie ausführen, und in ihren Sozialbeziehungen. Beispielsweise geht bei der gut untersuchten Honigbiene jede Arbeiterin während ihres Lebens nacheinander durch verschiedene Beschäftigungsstadien (besprochen von Lindauer, 1971). Die jüngsten Arbeiterinnen reinigen Zellen in den Waben, etwa drei bis zu zehn Tage nach dem Schlüpfen bauen sie Waben, einschließlich des Verschließens bereits erstellter Waben, und erst mit etwa achtzehn Tagen fangen sie an, viel Zeit mit Futtersammeln außerhalb des Stocks zu verbringen.

Diese Aufeinanderfolge ist jedoch nicht starr. Die Bienen verändern ihre Tätigkeit entsprechend den Bedürfnissen des Volkes. Die Arbeiterinnen aller Altersstufen verbringen einen großen Teil ihrer Zeit damit, einfach im Stock herumzugehen, den Zustand der Zellen, der Wände und ihrer Schwestern abzutasten und chemisch zu kontrollieren. Bei Begegnungen wirken sie aufeinander ein durch gegenseitiges Betasten mit den Antennen und manchmal auch durch Trophallaxis. Bei diesem sozialen Austausch scheinen die Bienen keine identischen Einheiten zu sein. Ihr Alter und die vorher ausgeübten Tätigikeiten unterteilen sie zumindest in einige Hauptkategorien. Junge Arbeiterinnen, die mit dem Reinigen der Zellen beschäftigt sind, reagieren auf das Trophallaxis-Betteln nicht wie die älteren, die als Futtersammlerinnen mit vollen Mägen oder mit Blütenstaubhöschen zurückkehren. Zweifellos hat jede Arbeiterin viele Begegnungen mit Schwestern aus jeder Kategorie, und die Vorstellung eines unendlichen Reservoirs auswechselbarer Sozialatome erfordert einiges Umdenken, um diesen Unterschieden gerecht zu werden.

Obgleich es nicht zwei Arbeiterinnen gibt, die in allen Einzelheiten absolut gleich sind, einschließlich des Alters, Futterzustands und der kurz zurückliegenden, sozialen Bedingungen, gibt es keinen Beweis dafür, daß die Arbeiterin A sich wiederholt mit der Arbeiterin B irgendwie anders auseinandersetzt und sich anders verhält als gegenüber Schwestern, die B in bezug auf Alter, Futterzustand und kürzlicher Vorgeschichte gleichen. Jedoch dürften solche Unterschiede in den Reaktionen auch kaum durch die Methoden zu entdecken sein, mit denen man staatenbildende Insekten bisher untersucht hat. Folglich sollten wir dieser Frage gegenüber offen bleiben – wie auch gegenüber so vielen anderen Fragen, die mögliche tierliche Gedanken betreffen. Soweit wir heute sehen können, lernen jedoch staatenbildende Insekten einander nicht so kennen wie Primaten.

Wir wollen uns nun der zweiten Annahme zuwenden, die dem Glauben zugrunde liegt, eine natürliche Psychologie im Sinne Humphreys sei nur unter Tieren möglich, die einander individuell kennen. Warum glaubt man, daß individuelles Erkennen entscheidend sei für das bewußte Verstehen der Stimmungslage eines Kumpanen? Zunächst stammt meiner Meinung nach diese Ansicht daher, daß unsere Mitmenschen sowie die uns nah verwandten Menschenaffen so viele individuelle Eigenheiten besitzen, die insgesamt das ausmachen, was wir etwas unbestimmt Persönlichkeit nennen, daß wir diese individuellen Unterschiede beachten müssen, um ihre Gefühle und Gedanken zu verstehen. Zwei gleichaltrige und gleichrangige Affen können auf recht verschiedene Weise reagieren, und diese Unterschiede bleiben sich zumindest über geraume Zeit hinweg gleich. Weiß man als Meerkatze, daß das junge Männchen A dazu neigt, lebhaft und aggressiv zu reagieren, während Männchen B phlegmatisch und dickfellig ist, so kann man sich im sozialen Verkehr mit ihnen darauf einstellen – vorausgesetzt, man weiß genau, daß es wirkllich Männchen A oder Männchen B ist. Auf der anderen Seite gibt es bei staatenbildenden Insekten keinen überzeugenden Beweis, daß eine bestimmte Arbeiterin ihre Schwester A von B oder irgendeiner anderen unterscheiden kann. Auch wenn sie vor einer Stunde den Mageninhalt mit A ausgetauscht hat, zeigt die Ameise oder Biene bei der nächsten Begegnung keine offensichtlichen Anzeichen, daß sie unterscheiden kann, ob die sich jetzt nähernde Nestgenossin A ist oder eine andere Schwester, mit der sie noch nie zuvor zu tun hatte. Aber die Wissenschaftler glauben so fest daran, daß staatenbildende Insekten undifferenzierte Sozialatome sind, daß sie kaum versucht haben, markierte Individuen in ähnlicher Weise aus der Nähe zu beobachten wie das in den Untersuchungen an verschiedenen Menschenaffenarten geschehen ist.

Eine weitere unausgesprochene Annahme betreffs staatenbildender Insekten ist, daß alle Gleichaltrigen mit der gleichen Vorgeschichte auf eine bestimmte Situation in der gleichen Weise reagieren, oder daß, falls Variationen auftreten, diese zufällig und unberechenbar sind. Und doch gibt es deutlich Variationen im Insektenverhalten unter gewöhnlichen Umständen. Viele Arbeiterinnen beachten einander nicht weiter, und nur im Falle starker Motivationen oder ungewöhnlich kräftiger Stimulationen können wir einen gut voraussagbaren Ablauf von Reaktionen beobachten. Wenn Tiere nicht in offensichtlicher Weise reagieren, dann sammelt ein Ethologe wenige oder keine Daten, und folglich hören wir wenig oder gar nichts über solche Situationen. Das Ergebnis ist eine Lücke in unserem Bild vom Verhalten der Tiere, die nur zu leicht übersehen wird.

So rufen zum Beispiel die oben beschriebenen Rekrutierungsgebärden der Blattschneiderameisen und Honigbienen durchaus nicht bei allen Schwestern, an die sie gerichtet werden, unmittelbare Reaktionen hervor, und bei vielen Gelegenheiten bleiben Bienen und Ameisen regungslos oder gehen aneinander vorbei ohne jede sichtbare Bezugnahme. So besteht ein Hauptunterschied, dem ein soziales Insekt bei seinen Schwestern begegnet, darin, eine Reaktion zu bekommen oder keine Reaktion zu bekommen. Die Artgenossen zerfallen also in die beiden Kategorien der Reagierenden und der Nicht-Reagierenden. Die Ethologen neigen zu der Annahme, daß die Nicht-Reagierenden nicht das rechte Alter haben oder nicht im richtigen Stadium für entsprechende Wechselbeziehungen sind. Jedoch ist es nicht immer möglich, aufgrund vorausgegangener Beobachtungen vorherzusagen, ob ein bestimmtes Insekt auf die Signale eines anderen reagieren wird. Die Kommunikation wird erleichtert durch schnelles Feststellen, ob der andere ein geeigneter Partner für eine bestimmte Sozialbeziehung ist, und viele Begegnungen werden schon nach kurzer Kontaktnahme abgebrochen.

In dem Maße, in dem Arbeiterinnen einer bestimmten Altersklasse und Vorgeschichte identisch und ununterscheidbar sind, muß auch ihre Reaktion auf soziale Signale dieselbe sein. Deshalb braucht sich jedwede natürliche Psychologie nur damit zu befassen, welcher Kategorie eine Nestgenossin angehört. Wenn alle Angehörigen der Kategorie P auf die gleiche Weise reagieren, während die Angehörigen der Kategorie Q anders reagieren, genügt es, wenn der natürliche Psychologe P von Q unterscheiden kann. Vielleicht steht eine größere Anzahl von Kategorien zur Auswahl, aber, soviel wir wissen, ist die Anzahl relativ klein. Es ist, als ob die Sozialkumpane aus Gruppen eineiiger Zwillinge oder Drillinge bestünden, deren Individuen jeweils absolut gleich reagieren, wenn man mit ihnen zu tun hat, so daß es, wenn man nur die Gruppe richtig erkannt hat, keine Rolle spielt, ob man nun die Aufmerksamkeit von Bimm oder von Bumm erregt hat.

Vorausgesetzt, daß staatenbildende Insekten ihre Genossen nur in eine von verschiedenen möglichen Kategorien einzuordnen brauchen und dann alle Angehörigen dieser Kategorie gleich behandeln, kann es immer noch von höchster Wichtigkeit für die Arbeitsbiene oder -ameise sein, richtig zwischen den Kategorien zu unterscheiden. Eine von der Futtersuche zurückkehrende Honigbiene mag sehr wohl Fühlerkontakte mit jungen Arbeiterinnen vermeiden, die noch nicht soweit sind, Futtersammlerinnen zu werden, weil sie nicht reagieren werden, ganz gleich, wie energisch sie sie zur Trophallaxe auffordert oder wie heftig sie vor ihnen tanzt. In der Praxis wird der Sender die Kommunikation nach den frühesten Phasen abbrechen, wenn der Empfänger nicht in der rechten Weise reagiert.

Nach Humphrey lag für den Urmenschen der grundlegende Anpassungswert der Bewußtheit in deren Nützlichkeit, vielleicht sogar Notwendigkeit, um komplexe, soziale Wechselbeziehungen zum gemeinsamen Wohl aller abzuwickeln. Bei den staatenbildenden Insekten sind diese Wechselbeziehungen noch wichtiger als bei Primaten oder

– vermutlich – unseren Vorfahren. Wenn der sechsbeinige natürliche Psychologe mit seinem millimetergroßen Gehirn vielleicht auch nur wenige Kategorien von Kumpanen unterscheidet und nicht zwischen zwanzig oder dreißig ihm bekannten Gruppenmitgliedern, kann gerade das für ihn von gleicher oder noch größerer Bedeutung sein. Wenn bewußtes Einfühlen in dem einen Fall hilft, kann es ebenso hilfreich in dem anderen sein.

In völlig anderem Zusammenhang sprechen sich Premack und Woodruff (1978) dafür aus, daß Schimpansen ihren Kumpanen Meinungen und Wünsche beimessen und daß diese bewußte Einfühlung grundlegender ist als die objektive Einschätzung des Verhaltens des anderen. Sie fassen ihre Argumente so zusammen: »Der Affe kann nur Mentalist sein. Wenn wir uns nicht sehr irren, ist er nicht intelligent genug, um Behaviorist zu sein« (S. 526).

Gedankenreiche Delphine

Eine Reaktion auf die von mir diskutierten, allgemeinen Ideen ist, daß »alle diese kleinen Tiere entsprechend dürftige Gedanken haben«. Das klingt recht ansprechend, bis uns klar wird, daß unsere Gehirne nicht die größten auf diesem Planeten sind. Wale und Delphine oder Tümmler habe recht große Gehirne; die der größten Wale sind ein paarmal so groß wie unsere. Sowohl in Gefangenschaft als auch unter natürlichen Bedingungen zeigen Waltiere eine eindrucksvolle Wandelbarkeit des Verhaltens, und ein Großteil davon gemahnt noch viel mehr an bewußtes Denken als das von Bibern, Bienen oder Laubenvögeln.

Die technischen Erfordernisse und die finanziellen Kosten der Delphinhaltung in Gefangenschaft sind so gewaltig, daß es erst in den letzten fünfzig Jahren in nennenswerter Weise dazu kam. Der häufig vorkommende Große Tümmler *(Tursiops truncatus)* wurde in spektakulären Vorstellungen zur Unterhaltung der Zuschauer wie auch in vielen wissenschaftlichen Experimenten verwendet, in denen man seine Verhaltens- und Geistesfähigkeiten getestet hat. Man hat Tümmler dressiert, schwierige und amüsante Kunststücke auszuführen, aber mitunter haben diese Tiere eine so gute Auffassungsgabe und sind so erfinderisch, daß sie ihre menschlichen Lehrer zu überlisten scheinen. Zahlreiche Verhaltensweisen der Waltiere wären schwierig zu erklären, wenn man nicht bewußtes Denken und subjektives Fühlen voraussetzt. Ich will hier jedoch nur ein paar davon beschreiben, die mir am vielsagendsten erscheinen. Viele weitere sind in dem Buch *Cetacean Behavior* zu finden, das L. M. Herman (1980) herausgegeben hat.

Eine der eindrucksvollsten Arten von Unterscheidungsverhalten bei Waltieren, wenngleich nicht nur bei diesen, ist ihre Fähigkeit, andere

Tiere zu imitieren. Imitation ist ein Sonderfall von beobachtendem Lernen, aber mitunter ist das Kopieren so schlau, daß es scheint, als denke der Imitator über den Vorgang nach. Herman beschreibt, wie zwei Ethologen, Tayler und Saayman (1978), einen Großen Tümmler beobachteten, der das Verhalten einer Robbe und anderer Tiere nachahmte, die mit ihm zusammen im gleichen Aquarium waren.

»Die nachgeahmten Verhaltensweisen schlossen die Schwimmbewegungen der Robbe, deren Schlafstellung und Komfortverhalten (Sich-Kratzen) ein. Der Tümmler schwamm manchmal wie die Robbe, indem er mit den Vorderextremitäten ruderte und dabei den Schwanz ruhig hielt. In der nachgeahmten Schlafstellung lag er an der Wasseroberfläche auf der Seite, streckte die Vorderextremitäten aus und versuchte, die Schwanzflosse aus dem Wasser zu heben. Die nachgeahmte Komfortbewegung war ein kräftiges Reiben des Bauches mit der Innenseite einer oder beider Vorderextremitäten ... Zum weiteren Nachahmungsverhalten dieses Tümmlers gehörten die charakteristischen Schwimmbewegungen und -haltungen von Wasserschildkröten, Glattrochen und Pinguinen. Ferner versuchte der Tümmler, mit einer Möwenfeder Algen von einem Unterwasserfenster zu entfernen – eine Nachahmung der Tätigkeit eines menschlichen Tauchers, der regelmäßig das Fenster reinigte. Während der Tümmler das Fenster »reinigte«, soll er Laute hervorgebracht haben, die denen des Anforderungsventils vom Regulator der Tauchausrüstung ähnelten. Auch stieß er dabei einen Strom von Bläschen aus, offenbar die von dem Taucher ausgestoßene Luft imitierend. Tayler und Saayman beobachteten auch einen Delphin, wie er mit Hilfe einer Fliesenscherbe Seetang vom Grund des Behälters kratzte, was er offensichtlich einem Taucher abgeschaut hatte, der den Behälter mit einem Saugschlauch gesäubert hatte. Das Kratzverhalten dieses Delphins wurde dann von einem zweiten Delphin nachgeahmt.« (S. 402)

Keine dieser sehr speziellen Verhaltensweisen wurde bei anderen Exemplaren dieser, oder, wie ich annehme, einer anderen Delphinart beobachtet.

Herman beschreibt auch, wie Delphine oft lernen, ein neues und relativ komplexes Verhalten auszuführen, indem sie ein anderes Tier beobachten.

»In einigen Fällen können die Tiere sogar sich selbst etwas beibringen. In einer interessanten Episode, die die Selbstdressur illustriert, war einem Tier der Gruppe beigebracht worden, nach einem herabhängenden Ball zu springen, ihn mit den Zähnen zu fassen und ein Stück weit durchs Wasser zu ziehen, wodurch eine daran befestigte Flagge gehißt wurde. Später hat man dieses Tier aus der Gruppe entfernt und ein zweites Tier angelernt, die gleiche Aufgabe auszuführen. Es lernte aber die Fahne zu hissen, indem es wiederholt mit der Schnauze gegen den

Ball schlug, anstatt ihn zu ziehen. Als dieses zweite Tier, ein Weibchen, starb, übernahm sofort ein anderes Weibchen aus der Gruppe die Ausführung des Kunststücks, ohne je dressiert worden zu sein, und schlug dabei – wie die Vorgängerin – mit der Schnauze nach dem Ball. Als sich später einmal dieses neue Weibchen zwei Tage lang weigerte, an der Vorstellung teilzunehmen, führte ein junges Männchen aus der Gruppe spontan die Aufgabe aus, ergriff und zog jedoch den Ball mit den Zähnen auf die Weise, wie es das allererste, dressierte Tier damals getan hatte.« (S. 406)

In diesen Fällen fällt es schwer, sich dem Schluß zu entziehen, daß die Tiere, die so viel durch Beobachten ihrer Kumpane lernten und das Kunststück bei erster Gelegenheit so gut ausführten, bewußt über das Beobachtete nachgedacht hatten und sich in allen Einzelheiten daran erinnerten.

Karen Pryors Buch *Lads before the Wind* (1975) beschreibt ihre umfangreiche, praktische Arbeit mit gefangenen Delphinen in einem großen Ozeanarium in Hawaii, wo sie den Tieren viele Kunststücke beibrachte, um Zuschauer zu unterhalten. Ihre große Erfahrung brachte sie und ihre Kollegen dazu, ein Experiment zu versuchen, das die meisten Verhaltenswissenschaftler für zu weit hergeholt ansehen würden, um es zu probieren. Sie dressierten einen Rauhzahndelphin *(Steno bredanensis)*, der Hou hieß, viele schwierige Manöver in seinem Bassin durchzuführen, um zur Belohnung Futter zu bekommen. Zunächst wurde das Tier nur belohnt, wenn es bestimmte Kunststücke ausgeführt hatte, wie etwa einen Rückwärtssalto in der Luft, »Gehen« vermittels kräftiger, koordinierter Schwanzbewegungen mit einem Teil des Körpers außerhalb des Wassers, oder Schwanzschlagen während des Schwimmens in Rückenlage auf der Oberfläche. Dann wurde ihm das Futter vorenthalten, bis er etwas Neues tat, etwas anderes als alle Kunststücke, die er vorher ausgeführt hatte. Es dauerte eine Weile, bis Hou begriffen hatte, was man von ihm erwartete. Aber nach mehreren Wochen begann er damit, täglich neue Wasser- oder Luftgymnastik-Übungen zu erfinden, um seine Belohnung zu bekommen. Offensichtlich hatte Hou das Konzept der Neuheit gebildet, »etwas, was ich noch nie getan habe«. Auch ein anderer Delphin machte Fortschritte im Produzieren neuartigen Verhaltens (Pryor, Hagg and O'Reilly, 1979).

Damit befinden wir uns nun auf einem Gebiet, wo die gut entwickelten Methoden der experimentellen Psychologie leicht anzuwenden wären. Könnten auch andere Tiere neuartiges Verhalten erfinden, anstatt eine bestimmte Handlung auszuführen, um die rechte Belohnung zu erhalten? Oder besitzen nur Menschen und Delphine eine solche Erfindungsgabe? Wahrscheinlich nicht, denn Pryor und ihre Kollegen dressierten auch eine Taube darauf, jeden Tag ein neues Stück vorzuführen. Das Konzept von »etwas Neuem« mag in den Fähigkeiten vieler Tiere liegen, aber die Experimentalwissenschaftler haben gerade erst begonnen, Experimente zu entwerfen, die solche Möglichkeiten ergründen könnten.

Die Hochseedelphine im Pazifik sind die unglücklichen Opfer moderner Methoden des Thunfischfangs geworden. Thunfische sind große Raubfische, die in großen Verbänden jagen, und aus unbekannten Gründen vergesellschaften sie sich häufig mit pazifischen Fleckendelphinen wie dem Schlankdelphin *(Stenella attenuata)* und dem Langschnauzendelphin *(Stenella longirostris)*. Neuerdings gelang es Thunfischern, die meisten oder alle Thunfische eines großen Verbandes zu fangen, indem sie nach Ansammlungen dieser Delphine Ausschau hielten, dann in einem Kreis von einigen hundert Metern Durchmesser ein gewaltiges Netz auslegten, das sowohl die Thunfische wie auch die Delphine umschloß, und dieses langsam zuzogen. Als diese Methode entwickelt wurde, hat man unabsichtlich viele Delphine zusammen mit den Thunfischen umgebracht. Nach heftigen Protesten aus der Öffentlichkeit gegen dieses unnötige Gemetzel lernten die Geschickteren der Führer von Fischerbooten, einen Teil des Netzes so fallen zu lassen, daß die Delphine herausschwimmen konnten.

Karen Pryor und einige ihrer Kollegen untersuchten das Verhalten von Delphinen, die von einem Thunfischnetz eingeschlossen waren und fanden mehrere Anzeichen dafür, daß sie gelernt hatten, ihr Verhalten dieser völlig neuen und streßreichen Situation anzupassen. Diese Delphine erkennen die Fischerboote auf Hunderte von Metern und ändern oftmals ihr normales Lufthol-Verhalten, wenn sie eins herankommen sehen. Anstatt wie sonst aufzutauchen und mit recht auffälligem Blasen auszuatmen, liegen sie gerade unter der Oberfläche, so daß sich nur das Atemloch außerhalb des Wassers befindet, und atmen somit in einer Weise, die sie dem Ausguck eines Thunfischfängers viel weniger sichtbar macht. Versagt diese Strategie, so schwimmen die Delphine sehr schnell und versuchen offenbar, auf der rechten Seite des Thunfischfängers zu bleiben. Anscheinend haben sie gelernt, daß Kräne und andere Ausrüstungsgegenstände, die zur Handhabung des Netzes nötig sind, sich gewöhnlich auf der linken Seite des Schiffes befinden. Führt keine dieser Taktiken zum Erfolg und finden sich die Delphine von einem Netz umgeben, führen sie sich leicht erregt auf, bleiben aber zur Netzmitte hin ziemlich ruhig. Sie tauchen nicht mehr oder schwimmen blindlings ins Netz, wie sie es anfänglich taten, als diese Art des Fischfangs eingeführt wurde. Normalerweise begegnen diese ausschließlich im offenen Meer lebenden Delphine nie etwas anderem als sich bewegenden Tieren auf hoher See. Der Meeresgrund, die Küste und andere große, solide Gebilde liegen völlig außerhalb ihrer Erfahrung, und infolgedessen war ihr Verhalten gegenüber solchen Dingen wie Fischerbooten und Netzen anfangs ganz unangemessen. Inzwischen haben die meisten Delphine in den Thunfischfanggründen gelernt, wie gefährlich ein sie umgebendes Netz ist. Sie warten, bis das Boot »zurück legt« und einen Teil des Netzes unter die Wasseroberfläche sinken läßt, wodurch eine kleine Stelle entsteht, durch die sie leicht herausschwimmen können. Der Großteil der Thunfische aber bleibt in größerer Tiefe und entkommt nicht. Wenn die Delphine das »Zurücklege«-Manöver bemerken, schwimmen sie rasch durch die Öffnung. Kurz danach springen viele von ihnen mehrfach aus dem Wasser, als ob sie sich über ihr Entkommen freuten. Diese vielseitigen Änderungen ihres gewöhnlichen Verhaltens zeugen sicher vom Gebrauch ihrer Gehirne, die so groß sind wie ein Menschenhirn.

Von den vielen anderen Beispielen aus dem Verhalten von Waltieren, die an bewußtes Denken gemahnen, will ich nur noch eins anführen. Das ist die gelegentliche Hilfeleistung gegenüber verletzten oder kranken – manchmal sogar toten – Artgenossen, indem man sie zur Wasseroberfläche schiebt oder hebt. Wenn so etwas auch nicht gerade alltäglich ist, wurden solche Hilfeleistungen mehrmals bei gefangenen Delphinen und gelegentlich auch unter natürlichen Umständen beobachtet. Hier liegt wahrscheinlich auch die Erklärung für die seltenen, aber aufsehenerregenden Gelegenheiten, da sich ein menschlicher Schwimmer von unten angehoben findet. In Gefangenschaft hat man beobachtet, daß Delphine, wenn einer von ihnen sichtlich schwächer wird und absinkt, heranschwimmen, ihre Körper unter den des Tieres schieben, das sich in Schwierigkeiten befindet, und es an die Wasseroberfläche heben. Das geschieht auf sehr einsichtige Weise, d. h. sie schieben nicht irgendeinen Teil des Tierkörpers nach oben, sondern immer die Rückenfläche, wo sich das Atemloch befindet. Sie sind dabei auch wählerisch und helfen Weibchen und Jungtieren viel eher als erwachsenen Männchen, die mitunter auf dem Grund des Bassins belassen werden. Gelegentlich führt dieses Verhalten zu nutzlosen Extremen wie in einem Fall, da eine Mutter ihr totgeborenes Kleines tagelang, bis zur fortgeschrittenen Verwesung, mit sich trug. In einem anderen Fall schleppte ein gefangener Großer Tümmler einen toten Leopardenhai acht Tage lang, ohne zu essen, mit sich herum und widerstand allen Versuchen des Pflegepersonals, die Leiche zu entfernen. Als das schließlich doch gelang, begann der Tümmler wieder Nahrung zu sich zu nehmen. Wenn die Delphine so große Anstrengungen darauf verwenden, einem anderen Tier zu helfen, müssen sie irgendwelche Gedanken dabei haben. Sicherlich sind ihre Bemühungen mitunter falsch angelegt und schlecht angepaßt. Das totgeborene Junge konnte nicht zum Leben gebracht werden, und der Hai war allenfalls ein Feind. Aber auch bei Menschen tritt lebhaftes Denken zu Zeiten außerordentlicher Trauer oder Freude auf und kann dann mit Verhaltensweisen einhergehen, die keinem praktischen Zweck dienen.

Delphine zeigen eine so große Wandelbarkeit des Verhaltens unter so verschiedenen Umständen, daß sie sich die Lösungen zu einigen Aufgaben ausdenken müssen, die sie so großartig bewältigen. Experimentelle Wissenschaftler erforschen weiterhin ihre geistigen Kapazitäten, wobei die stärkste Begrenzung in den Schwierigkeiten und Unkosten der Arbeit mit so großen Wassertieren liegt. Trotz der zögernden Zurückhaltung des semantischen Behaviorismus haben selbst die vorsichtigen Wissenschaftler eindrucksvolle Fortschritte in langwierigen Untersuchungen an gefangenen Waltieren unter kontrollierten Bedingungen gemacht. Eine häufige Behinderung liegt darin, daß man der Dressur dieser Tiere zur Zuschauerbelustigung größere Bedeutung beimißt als den Forschungsaufgaben. Wir wollen hoffen, daß das zunehmende Interesse, etwas von den wirklichen Fähigkeiten der Delphine zu erfahren, dazu führt, daß den sorgfältig überwachten Experimenten mehr Zeit gewidmet wird.

Können wir lernen, uns mit Delphinen zu verständigen, und so etwas über ihre Gedanken und Gefühle zu erfahren? Pryor (1975) beschreibt, wie erfahrene Dompteure viele Verhaltensweisen als Anzeichen der Gemütsbewegung und der Absichten ihrer Schützlinge auslegen. Aber es ist schwierig, unsere Begeisterung im Zaum zu halten und Tatsachen von Dichtung zu unterscheiden. Übertriebene und völlig unglaubwürdige Behauptungen wurden darüber verbreitet, wie Tümmler gelernt haben sollen, englische Wörter nachzuahmen und sie mit ähnlicher Bedeutung wie wir zu verwenden. Solche Behauptungen haben den Bestrebungen, sich mit Waltieren zu verständigen, einen unseligen Anstrich von Mystizismus und Sensation gegeben. Trotz dieser Behinderungen sind ernsthafte Bemühungen im Gange, gefangene Delphine zu lehren, sich mit uns in einer Weise zu verständigen, die ihrer Lebensweise und vielleicht auch ihrer natürlichen Denkweise gemäß ist. Wenn diese Bemühungen erfolgreich sind, kann es möglich werden, die Gedanken von Delphinen zu erforschen.

Wortreiche Affen

Ein Teil der überzeugendsten Beweise für tierliches Denken aus neuerer Zeit stammt von der Pionierarbeit von Alan und Beatrice Gardner von der Universität Nevada (1969, 1979). Den Gardners war aufgefallen, daß sich wildlebende Affen zu verständigen scheinen, indem sie das Verhalten der anderen beobachten, und sie vermuteten, daß die außerordentlich enttäuschenden Ergebnisse früherer Bestrebungen, gefangenen Schimpansen den Gebrauch von Wörtern zu lehren, weniger das Fehlen geistiger Fähigkeiten widerspiegelten als vielmehr Schwierigkeiten in der Beherrschung des stimmlichen Apparats. Gefangene

Schimpansen hatten schon vorher ihre Fähigkeit bewiesen, komplexe Aufgaben zu lösen und, wie Hunde und Pferde, hatten sie gelernt, auf viele gesprochene Worte richtig zu reagieren. Die Gardners wollten wissen, ob Affen sich auch in einer Weise auszudrücken vermögen, die wir verstehen können. Ende der sechziger Jahre unternahmen sie gemeinsam den Versuch, einer jungen Schimpansin namens Washoe beizubringen, sich durch Handzeichen der amerikanischen Taubstummensprache mit Menschen zu verständigen. Diese Zeichensprache ist eine von vielen, die in verschiedenen Ländern für Gehörlose entwickelt wurden, und sie besteht aus einer Reihe von Gebärden und Zeichen, deren jedes der Grundfunktion eines Wortes der gesprochenen bzw. geschriebenen Sprache entspricht. Zur fließenden Konversation entwickelte man aus diesen Zeichen deutlich unterscheidbare Handbewegungen und Fingerstellungen, die schnell ausgeführt werden können. Washoe wurde in einer Umgebung großgezogen, die der eines amerikanischen Kleinkindes entsprach. Alle Leute, die mit Washoe zu tun hatten, »sprachen« zu ihr ausschließlich in der amerikanischen Taubstummensprache und benutzten diese auch, wenn sie sich in Washoes Gegenwart miteinander unterhielten. Sie gestikulierten zu Washoe etwa so, wie Eltern zu ihren Kindern reden, die noch nicht zu sprechen begonnen haben, aber stets in der Zeichensprache anstatt in gesprochenem Englisch. Washoe wurde ermutigt, Zeichen zu benutzen, um ihre Wünsche auszudrücken, und man half ihr dabei durch eine Maßnahme, die man »Formen« nennt, wobei der Lehrer die Hand des Schülers sanft in der richtigen Stellung hält und sie bewegt, um ein bestimmtes Zeichen zu bilden.

Die Gardners hatten viel mehr Erfolg als die meisten Wissenschaftler für möglich gehalten hatten nach allem, was bis dahin über die Fähigkeiten von Schimpansen oder anderen nicht-menschlichen Tieren bekannt war, obschon Robert Yerkes solch eine Möglichkeit vorausgesehen hatte (Bourne, 1977). In vierjähriger Schulung lernte Washoe, über 130 Zeichen zu gebrauchen und diese und noch andere Zeichen zu erkennen, wenn ihre menschlichen Kumpane sie benutzten. Sie konnte auch das entsprechende Zeichen machen, wenn man ihr Bilder eines Gegenstandes zeigte, und bei ein paar Anlässen schien sie spontan neue Zeichen bzw. Neukombinationen aus zwei Zeichen zu improvisieren. Beispielsweise gab Washoe die Zeichen »Wasser – Vogel«, als sie zum ersten Mal einen Schwan sah. Sie machte auch Zeichen für sich, wenn niemand anwesend war.

Dem Beispiel der Gardners folgend haben verschiedene andere Wissenschaftler andere Menschenaffen dazu gebracht, sprachartige Verständigungssysteme anzuwenden. Diese Arbeiten wurden gründlich und kritisch von Ristau und Robbins (1982) besprochen und von vielen anderen ausführlich diskutiert. Daher möchte ich hier nur einen kurzen Abriß bringen. Die meisten der Versuchstiere waren weibliche Schimpansen, aber auch zwei Gorillas (Patterson and Linden, 1981) und ein Orang Utan (Miles, 1983) waren dabei. Sie alle erlernten Gebärden, die auf der amerikanischen Taubstummensprache fußten. Weil Zeichen veränderlich sind und die Anwesenheit eines menschlichen Zeichengebers erfordern, der den Affen auch anderweitig auf schwer abzuschätzende Weise beeinflussen kann, haben zwei Gruppen von Laboratoriumswissenschaftlern »Sprachen« entwickelt, die auf mechanischen, von den Affen bedienten Apparaten beruhen. David Premack von der Universität von Pennsylvanien verwendete Plastik-scheibchen, die in Mustern angeordnet wurden, welche Wortketten ähnelten. Seine Meisterschülerin, die Schimpansin Sarah, lernte, die entsprechenden Plastik-»Wörter« auszusuchen und mit ihnen richtig zu antworten, wenn der Versuchsleiter ihr Fragen vorlegte, die in gleicher Weise aus Plastikscheibchen geformt waren. Fragen über vertraute Objekte wie z. B. »Welche Farbe hat ---?« wurden richtig beantwortet, auch wenn die Objekte durch ihre Plastiksymbole ersetzt wurden und selbst wenn deren Farbe anders war als die der Gegenstände, die sie bezeichneten. Also lernte Sarah, Fragen nach stellvertretenden Objekten zu beantworten (besprochen von Premack, 1976, und von Premack and Premack, 1983). Dieser Typus der Kommunikation zeigt die Merkmale einer »Versetzung«, wie die Schwänzeltänze der Honigbienen.

In einem anderen Projekt der Yerkes-Laboratorien der Emory Universität benutzten Duane Rumbaugh, Sue Savage-Rumbaugh und ihre Mitarbeiter von hinten erleuchtete Tasten auf einer Tastatur (Rumbaugh, 1977; Savage-Rumbaugh, Rumbaugh and Boysen, 1980). Ihre Versuchsschimpansen lernten, die richtigen Tasten zu drücken, um ihre Wünsche zu formulieren und einfache Fragen zu beantworten. In einigen experimentellen Studien jüngeren Datums lernten zwei junge Schimpansenmännchen, Sherman und Austin, nicht nur den Umgang mit einfachen Werkzeugen, um Futter oder Spielzeug zu bekommen, sondern auch, die Tastatur zu verwenden, um voneinander ein bestimmtes Werkzeug zu erbitten. Diese Untersuchungen wie auch die erweiterten Fortsetzungen der ursprünglichen Studien der Gardners, die Wörter aus der amerikanischen Taubstummensprache verwendeten, sind von Ristau und Robbins (1982) ausgiebig dargestellt und von Patterson und Linden (1981) sowie von Terrace (1979) diskutiert worden. Trotz unterschiedlicher Auffassungen in vielerlei Hinsicht stimmen fast alle Autoren, die sich damit befaßt haben, darin überein, daß die gefangenen Menschenaffen zumindest gelernt haben, mit den wortartigen Gebärden bzw. den mechanischen Apparaten einfache Wünsche zu äußern und einfache Fragen zu beantworten.

Eine hitzige Debatte hat es über das Ausmaß gegeben, zu dem solch eine erlernte Verständigung der menschlichen Sprache ähnelt. Sebeok und Umiker-Sebeok (1980) und Sebeok und Rosenthal (1981) haben heftig argumentiert, daß das Ganze nur Wunschdenken sei, und daß man in das Verhalten der Affen viel mehr hineingedeutet hat, als tatsächlich vorhanden ist. Sie heben hervor, daß Affen sehr schlau sind, wenn es darum geht, zu lernen, wie sie Futter bekommen können oder Lob oder Gesellschaft oder etwas anderes, was sie haben möchten und was ihnen Spaß macht. Diese Autoren glauben, daß unzureichend kritische Wissenschaftler das Verhalten ihrer Schützlinge überinterpretiert haben und daß die Affen in Wirklichkeit nur etwas gelernt haben wie »Wenn ich das tue, gibt sie mir Zucker« oder »Wenn ich jenes tue, spielt sie mit mir« usw. Sie glauben auch, daß die Affen auf unbeabsichtigte Signale seitens des Versuchsleiters reagiert haben könnten, und daß in ihre Auslegungen das eingegangen ist, was die Verhaltensfachleute einen »Kluger-Hans-Fehler« nennen. Dieser Ausdruck bezieht sich auf ein um 1900 dressiertes Pferd, das gelernt hatte, Rechenaufgaben zu lösen und die Antworten durch Klopfen mit einem Huf zu erteilen. Wenn man ihm beispielsweise, auf einer Schiefertafel geschrieben, die Aufgabe 4 × 4 zeigte, klopfte das Pferd sechzehnmal. Als man die Angelegenheit sorgfältig untersuchte, stellte sich jedoch heraus, daß Hans solche Aufgaben nur in Gegenwart einer Person lösen konnte, die das Ergebnis wußte. Die Person nickte unabsichtlich oder machte andere kleine Bewegungen gleichzeitig mit Hans' Klopfen und hörte damit auf, wenn die richtige Zahl erreicht war. Hans hatte nicht Rechnen gelernt, wohl aber, auf diese unbeabsichtigten Zeichen zu achten. Die Sebeoks sind der Meinung, daß Washoe und ihre Nachfolger nicht gelernt hatten, sich mit Wort-Gebärden zu verständigen, sondern lediglich auf die Zeichen zu achten, die Zustimmung oder Ablehnung ihrer menschlichen Kumpane ausdrückten, und so das zu tun, was man von ihnen erwartete.

Auch wenn sich die Wissenschaftler, die sich mit dem Verhalten der Tiere beschäftigen, ständig vor solchen Fehlern hüten müssen, sind doch viele der beschriebenen Experimente unter so sorgfältiger Kontrolle durchgeführt worden, daß man diese Argumente gegen die sprach-ähnliche Verständigung, die Washoe und ihre Nachfolger erlernt hatten, mit gutem Grund ausschließen kann. In vielen Fällen wurde z. B. der Wortschatz des Affen geprüft, indem eine Person eine Reihe von Bildern zeigte, die das Tier benennen sollte, während eine andere Person, die die Bilder nicht sehen konnte, notierte, welche Zeichen Washoe als Antwort gegeben hatte. Weiterhin würde allein die Anzahl der von den Affen korrekt beherrschten Zeichen eine wesentlich komplexere Art von »Kluger-Hans-Fehler« erfordern als in dem Fall, wo das Tier lediglich merkte, wann eine Person aufhörte, minimale Zählbewegungen zu machen.

Eine weitere Kritik an den Affensprachstudien kommt von Terrace und seinen Mitarbeitern (1979). Innerhalb von fünfundzwanzig Monaten lehrte Terrace unter Mitarbeit zahlreicher Assistenten einem jungen, männlichen Schimpansen mit Namen Nim Chimpsky etwa 125 Zeichen zu gebrauchen. Er gibt zu, daß Nim, wie Washoe und viele andere sprachtrainierte Affen, tatsächlich lernte, diese Gebärden zu benutzen, um Handlungen oder Gegenstände anzufordern, die er haben wollte, und daß Nim einige von ihnen anwandte, um einfache Fragen zu beantworten. Als aber Terrace Video-Aufnahmen analysierte, auf denen Nim mit seinem Lehrer Zeichen austauschte, sah er mit Enttäuschung, daß Nim vielfach nur kopierte, was sein menschlicher Gefährte gerade signalisiert hatte. An sich ist das kaum verwunderlich, zumal sein Lehrer ihn während der ganzen Lehrzeit ermuntert hatte, die Zeichen zu wiederholen.

Terrace und seine Mitarbeiter kamen auch zu dem Schluß, daß Nim nicht fähig war, mehr als zwei Zeichen zu einer sinnvollen Kombination zu vereinen, und daß seine Zeichensprache niemals auch nur die einfachsten Formen eines geordneten Satzbaus erkennen ließ. Jedoch ist überhaupt nicht klar, ob Nim während seines Trainings überhaupt jemals Anleitungen zum Formen grammatikalischer Sätze erhalten hatte. Jedenfalls machte er es nicht, und Terrace bezweifelt, daß einer der anderen Affen, die eine Zeichensprache erlernt hatten, das konnte. Aber Miles (1983) berichtet, daß die Weise, in der ihr Orang Utan Chantek die Gebärdenzeichen gebrauchte, viel mehr der Sprache kleiner Kinder ähnelt, als dies bei Nim der Fall war. Auch Patterson glaubt, daß ihr Gorilla Koko rudimentären Regeln bei der Reihenfolge der Zeichen folgt. Doch selbst bei großzügiger Auslegung bleibt ein breiter Graben zwischen der Zeichengebung dieser dressierten Affen und der Sprache von Kindern mit vergleichbarem Wortschatz. Die Kinder neigen viel mehr dazu, längere Wortketten zu benutzen, in denen das dritte oder ein späteres Wort den ersten beiden wichtige Bedeutung hinzufügt. Im Gegensatz dazu scheinen Nim und andere sprachdressierte Affen viel eher Zeichen zu wiederholen oder solche hinzuzufügen, die – zumindest für uns – nicht die Grundbedeutung einer aus zwei Zeichen bestehenden Äußerung ändern. Beispielsweise lautete eine der längeren Äußerungen des Gorillas Koko: »Bitte Milch bitte mir wie trinken Apfelflasche«; und von Nim: »Gib Apfelsine mir gib essen Apfelsine gib mir essen Apfelsine gib mir du.« Jedoch, ob nun grammatikalisch oder nicht, es gibt keinen Zweifel über das, wonach Koko und Nim fragten. Um Descartes und Chomsky (1966) zu zitieren: »Das Wort ist das einzige Zeichen und sichere Merkmal für die Anwesenheit von Gedanken.« Grammatik bringt Ökonomie, Feinheiten und Spielraum in die menschliche Sprache, aber die Wörter sind das Fundament. Wörter ohne Grammatik sind immer noch adäquat, wenn auch beschränkt, aber ohne Wörter gibt es keine Grammatik. Und es ist klar, das Washoe und ihre Nachfolger die Äquivalente von Wörtern benutzten, um einfache Gedanken zu übermitteln.

Die außerordentliche Vielseitigkeit der menschlichen Sprache hängt nicht allein von einem großen Wortschatz ab, der sowohl dem Sprechenden wie auch dem Zuhörern bekannt sein muß, sondern auch von beiderseits verstandenen Regeln über ihre Zusammensetzung, damit sie zusätzliche Bedeutungen erhalten. George A. Miller (1967) hat den Begriff »kombinatorische Produktivität« für diese wichtige Eigenschaft der menschlichen Sprache verwendet. Durch die Kombination von Wörtern in bestimmter Weise erzeugen wir neue Mitteilungen auf logische und ökonomische Art. Müßten wir ein neues Wort erfinden, um die Bedeutung jedes Satzes zu übermitteln, würde das dafür benötigte Vokabular bald die Kapazität auch der tüchtigsten menschlichen Gehirne übersteigen. Hat aber ein Kind erst einige Wörter erlernt, kann es schnell deren Wirksamkeit vergrößern, indem es sie zu neuen Botschaften zusammensetzt in Übereinstimmung mit den Sprachregeln, die festsetzen, welches Wort für den Handelnden oder für das Objekt steht, welche Worte andere modifizieren usw. Durch Zeichen sprechende Affen haben bis jetzt in der kombinatorischen Produktivität sehr wenige Fortschritte gemacht, wenngleich ihre Zwei-Zeichen-Kombinationen sich einfachen Regeln anzupassen scheinen. Soweit wir wissen, gibt es im natürlichen Kommunikationssystem anderer Tiere keine kombinatorische Produktivität. Aber die Untersuchung tierlicher Kommunikation steckt ja auch erst in den Anfängen, besonders als Quelle für die Gedanken der Tiere. Was bis jetzt herausgekommen ist, hat die Anfangserwartungen der Wissenschaftler weit übertroffen. Vielleicht sehen wir zur Zeit gerade nur die Spitze des Eisbergs. Die Extrapolation wissenschaftlicher Entdeckungen ist bestenfalls ein unsicheres Geschäft, aber das Moment der Neuentdeckungen auf diesem Gebiet scheint nicht zu erschlaffen. Das offensichtliche Fehlen jeglicher, vermutlich kombinatorischer Produktivität bei den Sprachzeichen von Washoe und ihren Nachfolgern könnte sich als vorübergehende Flaute in einer wahrhaft revolutionierenden Entwicklung herausstellen, die erst vor fünfzehn Jahren begonnen hat. Vielleicht werden verbesserte Untersuchungs- und Dressurmethoden zu überzeugenderen Beweisen für die Vielseitigkeit in der Verständigung führen. Ein bedeutender Umstand bei allen bisherigen Untersuchungen über »sprechende« Affen ist, daß die Muttersprache aller Untersuchenden Englisch war und die den Affen beigebrachten Zeichen der amerikanischen Taubstummensprache entnommen wurden. Im Englischen wird die Reihenfolge der Wörter benutzt, um Hauptperson oder Objekt, Substantiv oder veränderndes Adjektiv und vieles andere mit durch Regeln festgelegten Beziehungen anzuzeigen. Aber das ist recht atypisch. In den meisten anderen Sprachen kommt es viel mehr auf die Flexion oder Modifikation der Hauptwörter an, um die grammatikalischen Beziehungen anzuzeigen. Niemand scheint untersucht zu haben, ob Affen beim Benutzen der Zeichensprache oder Tiere bei natürlicher Verständigung ihre Signale in Kleinigkeiten verändern könnten, um auszudrücken, daß ein bestimmtes Zeichen beispielsweise den Handelnden und nicht das Objekt bezeichnen soll. Das wäre eine sehr schwierige Untersuchung, weil die Signale aus vielen Gründen unterschiedlich sein können, und nur durch eine mühsame Analyse einer umfangreichen Reihe von Filmen oder Video-Aufnahmen wäre herauszubekommen, ob es beständige Unterschiede gibt, die den Flexionen von Wörtern der menschlichen Sprache vergleichbar sind.

Ungeachtet dieser Kontroversen scheint kein Zweifel zu bestehen, daß Affen durch Gebärden oder die Manipulation von Plastiksymbolen oder durch die Bedienung von Tastaturen lernen können, ihren menschlichen Kumpanen eine angemessene Anzahl einfacher Gedanken und Wünsche mitzuteilen. Auch können sie emotionale Gefühle übermitteln, wenngleich ein Affe keine künstlichen Gebärden oder andere Formen symbolischer Verständigung braucht, um einen verständnisvollen menschlichen Kumpanen wissen zu lassen, daß er sich fürchtet oder hungrig ist. Was die künstlichen Signale dem emotionalen Signalisieren hinzufügen, ist die Möglichkeit der Verständigung über bestimmte Gegenstände und Ereignisse, selbst wenn diese nicht zur unmittelbaren Situation gehören. Weiterhin, wenn Washoe oder irgendein anderer dressierter Affe signalisiert, daß er ein bestimmtes Futter möchte, so muß er an dieses Futter denken bzw. an seinen Geschmack oder Geruch. Wir können nicht sicher sein, woran genau der signalisierende Affe denkt, aber der Inhalt seiner Gedanken muß zumindest einige Züge der Sache oder des Ereignisses einschließen, welche das Zeichen anzeigt, dessen Gebrauch er erlernt hat. Beispielsweise lehrten die Gardners Washoe, ein Zeichen zu benutzen, das für sie »Blume« bedeutete. Aber Washoe benutzte es nicht nur für Blumen, sondern auch für Pfeifentabak und Küchendunst. Sie mag also mehr an Gerüche gedacht haben, wenn sie es gebrauchte, als an die optischen Eigenheiten bunter Blumen, aber sie hat sicher an etwas gedacht, das wenigstens teilweise mit den Eigenheiten übereinstimmte, die das Wort Blume für uns hat.

Die Hauptbedeutung der von den Gardners begonnenen Forschungen liegt in der Bestätigung, daß unsere nächsten Verwandten im Tierreich durchaus verschiedener Gedanken wie auch Emotionen fähig sind. Viele hochsignifikante Fragen ergeben sich aus dieser einfachen Tatsache. Verständigen sich Affen von Natur aus mit der gleichen Vielseitigkeit, die sie bei den verschiedenen Formen sprachähnlichen Verhaltens zeigten, das ihnen die Menschen beigebracht hatten? Ein Schritt in dieser Richtung ist, zu fragen, ob Affen, die gelernt haben, Zeichen mehr oder weniger in der Weise wie einzelne Wörter zu verwenden, diese auch in der Kommunikation untereinander benutzen. Man kann das untersuchen, indem man mehrere der Zeichensprache mächtige Affen beobachtet, die reichlich Gelegenheit haben, sich miteinander zu beschäftigen. Bis jetzt wurden nur wenige Ergebnisse darüber berichtet, obschon einiges Signalisieren sowohl an andere Affen wie auch an menschliche Kumpane gerichtet zu sein scheint. Wenn Wissenschaftler nach etwas gesucht haben und wir wenig oder nichts von den Ergebnissen hören, schließen wir daraus, daß nichts Wichtiges dabei herausgekommen ist. Aber in diesem Fall mag das Fehlen von Ergebnissen lediglich bedeuten, daß Schimpansen sich auch ohne die erlernten Zeichen tadellos miteinander verständigen können. Offensichtlich erfordert die Sache weitere Untersuchungen, und vielleicht hören wir bald von neuen und interessanten Entwicklungen.

Tierträume und -fantasien

Das Thema tierlichen Denkens, wie es in diesem Buch besprochen wurde, wird für gewöhnlich von westlichen Intellektuellen erforscht, die sich die größte Mühe geben, objektiv und realistisch zu sein. Die Furcht vor Gespenstern und Ungeheuern ist in unserer Spezies sehr fundamental und weit verbreitet. Dämonen, Geister, Wunder und die Stimmen verstorbener Angehöriger sind für viele Leute wirklich und wichtig, genauso wie auch religiöse Glaubensartikel, die den Glauben an die Realität und die überwältigende Bedeutung von Wesen fordern, die sich weit außerhalb des physikalischen Universums befinden, das die objektive Wissenschaften erforschen. Wenn wir jedoch über Gedanken von Tieren spekulieren, setzen wir gewöhnlich voraus, daß diese notwendigerweise stets nur praktische Dinge betreffen wie etwa, wie man an Futter kommt oder Feinden entwischt. Wir nehmen an, das tierliche Denken müsse eine vereinfachte Version unseres eigenen subjektiven Denkens über die Situation der Tiere sein.
Tatsächlich gibt es jedoch keinen Grund zu der Annahme, daß Tiergedanken stets streng realistisch sind. Affen und Delphine erscheinen oft spielfreudig, schalkhaft und launisch und alles andere als geschäftsmäßig, praktisch und objektiv. Soweit Tiere überhaupt denken und fühlen, mögen sie sich vor eingebildeten Feinden fürchten, sich unwirkliche, köstliche Nahrung vorstellen oder an Dinge und Ereignisse denken, die in ihrer wirklichen Umwelt nicht vorhanden sind. Die junge Meerkatze, die den Adleralarm wegen eines harmlosen Singvogels gibt, mag tatsächlich fürchten, daß dieses fliegende Geschöpf angreifen wird. Bei unserem Versuch, uns den Inhalt von Tiergedanken vorzustellen,

sollten wir berücksichtigen, daß sie alles andere als eine vollkommene Wiedergabe der objektiven Wirklichkeit sein können. Tiere mögen sowohl realisitsche Vorstellungen von ihrer Umgebung wie auch Fantasien haben.

Diese Erkenntnis, daß tierliches Denken nicht streng realisitsch sein könnte, bringt uns zu der Frage nach Tierträumen. Schlafende Hunde bewegen sich mitunter und geben Laute von sich in einer Weise, die daran denken läßt, daß sie träumen. Ihre Bewegungen ähneln dann denen beim Essen, Rennen, Beißen und selbst bei der Paarung. Manchmal knurren oder bellen sie auch. Einige Beobachter schlafender Tiere haben den Schluß gezogen, daß diese Bewegungen und Lautäußerungen mit Träumen einhergehen, die mit kürzlichen Erlebnissen zu tun haben. Menschliche Schläfer zeigen zwei unterschiedliche Typen von EEG-Potentialen. Das erste, ein Muster relativ niedriger Frequenz, ist das Merkmal tiefen Schlafs; das zweite, REM-Schlaf (REM = *rapid eye movements*) genannt, ist unregelmäßiger und gewöhnlich von raschen Augenbewegungen begleitet, die separat aufgezeichnet werden können von Elektroden aus, die in der Nähe des Auges angebracht sind. Weckt man menschliche Versuchspersonen aus einer dieser beiden Schlafarten auf, berichten sie mit weitaus größerer Wahrscheinlichkeit, daß sie während des REM-Schlafs geträumt haben (Fishbein, 1981; Morrison, 1983). Vergleichbare Aufzeichnungen von schlafenden Vögeln und Säugetieren zeigen sehr ähnliche REM-Schlafmuster (Hartman, 1970; Jouvet, 1979; Cohen, 1979), was bedeutet, daß Säuger und Vögel träumen mögen.

Ein paar ziemlich begrenzte Studien der menschlichen Augenbewegungen während des REM-Schlafs legen nahe, daß diese Bewegungen jenen ähnlich sind, die man bei der Tätigkeit oder während des Erlebnisses erwarten würde, worauf sich der Traum der Person bezieht. Beispielsweise mag ein Traum vom Zuschauen bei einem Tennisspiel Augenbewegungen verursachen, die von einer Seite zur anderen hin- und hergehen, als ob der Träumende dem Flug des Balls folgte. Aber diese Experimente sind noch nicht bis zu solcher Zuverlässigkeit entwickelt worden, daß es möglich wäre, die Inhalte menschlicher Träume zu überwachen. Deshalb können auch träumende Hunde oder andere Tiere noch nicht auf diese Weise untersucht werden. Aber wenn es möglich wäre, diese Methode zur Perfektion zu entwickeln, könnte uns solches Überwachen gestatten, genau zu bestimmen, wovon ein Tier träumt. Damit würde es möglich werden, eine Form seelischen Erlebens zu untersuchen, die eine äußerste »Versetzung« darstellt, weil nichts in der Umgebung des Schlafenden direkt mit dem Inhalt des Traums zu tun haben muß. Stoyva und Kamiya (1968) haben nahegelegt, daß eine kombinierte Analyse von elektrischen Aufzeichnungen der Augenbewegungen und dem verbalen Bericht über den Trauminhalt nach dem Erwachen schließlich zu einer objektiven Untersuchung geistiger Erlebnisse bei Menschen führen könnte. Die Behavioristen waren in einer für sie charakteristischen Weise uninteressiert an diesem Weg. Obgleich wir uns Experimente im oben umrissenen Sinn, die verifizierbare, objektive Beweise liefern würden, ganz gut vorstellen können, wurden bisher zu wenige durchgeführt, als daß man feste Schlüsse daraus ableiten könnte. Vielleicht wird eines Tages eine Kombination von kognitiver Ethologie und kognitiver Neurophysiologie diese Lücke schließen und empirische Beweise für das Vorhandensein und die Inhalte von Tierträumen erbringen. Es grenzte in der Tat an Ironie, wenn einmal unser stärkstes Argument für bewußtes Denken der Tiere ausgerechnet durch einen Nachweis ihrer Träume geliefert werden sollte.

Inspirierte Neuerfindungen

Drei Beispiele besonders unternehmungslustiger Neuerungen bei Tieren gemahnen in vieler Hinsicht noch stärker an bewußtes Denken als jene, die wir bereits betrachtet haben. Das erste betrifft Vögel, und die beiden anderen bringen uns zurück zu den Honigbienen. In allen drei Fällen wurden die Tiere mit Aufgaben konfrontiert, die nicht nur für die Individuen neu waren, sondern für die es auch keine Präzedenz in ihrer Stammesgeschichte gibt.

Der deutsche Ethologe Otto Koehler und seine Mitarbeiter in Freiburg im Südwesten Deutschlands führten zahlreiche Experimente über die Fähigkeiten von Vögeln durch, Aufgaben zu lösen, die – wie er es nannte – »unbenanntes Denken« voraussetzten, was bedeutet, daß die Tiere über Gegenstände und Beziehungen nachdenken, ohne dabei Worte zu gebrauchen (Koehler, 1956a, b, 1969). In einem der eindrucksvollsten Experimente wurde den Vögeln beigebracht, aus einer Anzahl von bedeckten Gefäßen dasjenige auszusuchen, das eine bestimmte Anzahl von Punkten auf dem Deckel hatte. In späteren Experimenten unterschieden sich die Punkte auf den Deckeln in Größe, Form und Stellung von denen auf der Vorlage, die dem Vogel als Instruktion geboten wurde, welchen Deckel er abheben sollte. Aber ein gut geschulter Rabe konnte zuverlässig den Topf mit irgendeiner Zahl von ein bis sieben Punkten auswählen. Koehler schloß aus vielen derartigen Experimenten, daß diese Vögel ein Konzept unbenannter Zahlen hatten, das bis sieben reichte. Diese Fähigkeit ist in mancher Hinsicht dem allerfrühesten Zahlenverständnis von Kleinkindern vergleichbar, bevor sie zu sprechen anfangen (Gelman and Gallistel, 1978). Koehler war auch der Auffassung, daß Tiere andere, verhältnismäßig einfache Konzepte durch unbenanntes Denken verstehen. Man kann sich kaum vorstellen, daß Nachdenken über unbenannte Zahlen in der stammesgeschichtlichen Vergangenheit den Tieren so viel Nutzen gebracht haben soll, daß es durch die natürliche Selektion stark gefördert wurde. Als diese Denkweise jedoch an Bedeutung gewann, um an Futter zu kommen, lernten Raben und einige andere Vögel es. Seibt (1982) hat behauptet, daß es keinen Grund für ein Konzept der unbenannten Zahlen im Sinne Koehlers gäbe, da Tauben ebensoleicht lernen könnten, dreimal zu picken, wenn ihnen zwei erleuchtete Punkte gezeigt werden, und umgekehrt. Aber sowohl in älteren wie auch neueren Experimenten haben Tauben gelernt, in einer Weise zu reagieren, die eine Art von innerer Repräsentation der Zahlen erfordert. H. Hediger (1968, 1969) hat Beweismaterial zusammengestellt, wonach viele Säugetiere ihre Namen kennenlernen, die von den Wärtern im Zoo verwendet werden. Und ganz allgemein lernen Haustiere zu kommen, wenn man sie bei dem Namen ruft, den ihnen ihr menschlicher Herr gegeben hat. Hediger vermutet, daß bestimmte Tiere »unbenannte Namen« für andere Tiere und vertraute menschliche Kumpane haben. Obgleich es jedoch sehr überzeugende Beweise gibt, daß viele Tiere Artgenossen individuell kennen, gibt es keine überzeugenden Beweise dafür, daß sich ein Tier an ein anderes mit einem individuellen »Namen« wendet.*

Das bringt uns zu der Frage der Selbst-Bewußtheit, die ich in den Kapiteln 1 und 3 kurz gestreift habe. Viele Wissenschaftler und Gelehrte, die zugestehen, daß Tiere bewußt ihre Umwelt erleben und über Dinge und Ereignisse nachdenken können, die nicht zu ihrer sinnlichen Eingangsenergie gehören, bezweifeln doch, daß Tiere jemals ihrer eigenen Bewußtheit bewußt sind. Das heißt, man nimmt an, daß der großen Mehrheit der Tiere jegliches Konzept ihrer selbst fehlt und jegliche Fähigkeit, etwa zu denken: »Ich bin es, der hungrig ist und der nach einem bestimmten Futter sucht.« Zuzugestehen, daß sich ein Tier äußerer Ereignisse bewußt werden kann, aber abzustreiten, daß es seiner selbst bewußt sein kann, wirkt etwas albern – kann das Tier anderer Geschöpfe bewußt sein, aber nicht seiner selbst (Griffin, 1981)? Wie in Kapitel 4 kurz besprochen, hat Gallup (1977) Experimente mit Spiegelbildern durchgeführt, deren Ergebnisse er so auslegte, daß Menschenaffen der Selbst-Bewußtheit fähig sind, aber nicht Gibbons, Affen und andere bis jetzt getestete Tiere. Von einigen der Schimpansen, die man dressiert hatte, wortartige Gesten zu verwenden, wurde berichtet, sie hätten ein Zeichen für sich selbst verwandt. Vielleicht könnte man sprachtrainierte Affen dazu kriegen, solche Zeichen zu benutzen,

---

*Anmerkung des Übersetzers: Genau das taten Gwinners Raben (1962), was Griffin offenbar unbekannt ist.

um zwischen ihren eigenen Handlungen und denen von anderen zu unterscheiden. Auch hier werden noch viel umfangreichere Daten benötigt.

Wir könnten siginifikante Informationen über Selbst-Bewußtheit bei Tieren erhalten, wenn wir Methoden entwerfen, um zwischen den beiden folgenden Möglichkeiten zu unterscheiden: (1) ein Tier ist hungrig und sucht bewußt nach einem bestimmten Muster, von dem es weiß, daß ès Futter bedeutet, und (2) einem Tier ist bewußt, daß es selbst hungrig ist, und es sucht nach Merkmalen, die die Stelle anzeigen, wo Futter ist. Könnte man ein Tier abrichten, unter den rechten Voraussetzungen eine von zwei oder mehr Botschaften auszusenden, die bedeuten: »Ich bin hungrig und suche nach Futter«, »Du bist hungrig und suchst nach Futter« oder »Meine Kleinen sind hungrig und suchen nach Futter«? Nach meinem besten Wissen wurden solche Experimente noch nicht versucht. Sollten sie positive Ergebnisse bringen, würden diese neue Beweise für Selbst-Bewußtsein liefern. In vieler Hinsicht noch bedeutungsvoller wäre die Entdeckung, daß sich irgendein Tier auf diese Weise unter natürlichen Umständen verständigt. Das scheint zwar unwahrscheinlich, aber es ist es wert, daß man danach Ausschau hält.

Wenden wir uns wieder einmal den gut erforschten Honigbienen zu. J. C. Gould (1979, 1982), dessen Experimente von Frischs Schluß bestätigten, daß die Schwänzeltänze Informationen von Biene zu Biene übermitteln, hat aufgezeigt, daß die menschliche Landwirtschaft Honigbienen oftmals vor besondere Aufgaben stellt. Die Staubbeutel der Alfalfablüten schnellen heftig auf das sie besuchende Insekt zurück und bestäuben es so mit Blütenstaub. Diese Blüten sind darauf eingerichtet, von größeren und robusteren Insekten, wie Hummeln, bestäubt zu werden. Wenn Honigbienen in sie eindringen, werden sie so heftig angepufft, daß sie sehr bald einen Bogen um Alfalfa machen. Wenn aber keine anderen Blüten vorhanden sind, lernen die Honigbienen, nur in solche Alfalfablüten einzudringen, dercn Staubgefäße bereits von einem anderen Insekt zu Fall gebracht worden sind, oder, wenn der Stock dringend Honig benötigt, beißen die Honigbienen ein Loch in die Rückseite der Alfalfablüte, um an den Nektar zu gelangen. Diese atypische Methode tritt auch in einigen anderen Situationen auf, wie Inouye (1983) besprochen hat.

Mein letztes Beispiel eines zum Nachdenken anreizenden Tierverhaltens ist eins, das bei Experimenten über die symbolische Verständigung von Honigbienen vorkommt. Um die Schwänzeltänze zu untersuchen, müssen die Experimentatoren die Bienen dazu kriegen, künstliche Futterstellen in beträchtlicher Entfernung vom Stock zu besuchen. Es fängt damit an, daß man eine starke Zuckerlösung in kleinen Schüsselchen direkt am Eingang des Stocks anbietet, die dann schrittweise immer weiter entfernt werden. Zuerst kann man sie nur ein paar Zentimeter weit wegbewegen, später ungefähr einen Meter, ohne die Bienen zu verlieren. Wenn die Schüsselchen aber erst einmal dreißig Meter vom Stock entfernt sind, kann der Experimentator sie in wesentlich größeren Abständen versetzen, und die gleichen Bienen kehren zu ihnen zurück, nachdem sie die Mägen voller Zuckerlösung zu ihren Schwestern in den Stock gebracht haben. Ist das Futternäpfchen schließlich hundert bis zweihundert Meter vom Stock entfernt, kann man es um zwanzig bis dreißig Meter aufs Mal versetzen, und viele der Bienen, die es an früheren Standorten besucht hatten, beginnen damit, jenseits der Stelle zu suchen, an der sie es zuletzt gefunden hatten. Sie scheinen begriffen zu haben, daß diese fabelhafte, neue Futterquelle sich bewegt und daß sie, wenn sie sie wiederfinden wollen, weiter weg von Hause fliegen müssen. Richtige Blumen bewegen sich gewöhnlich nicht über zwanzig oder dreißig Meter innerhalb weniger Minuten. So kann man sich nur schwer vorstellen, daß die natürliche Selektion Honigbienen darauf vorbereitet haben könnte, den Standort einer beweglichen Futterquelle zu extrapolieren. Dennoch ist es nicht völlig unvorstellbar, daß die natürliche Selektion eine Rolle gespielt hat. Zum Beispiel an steilen Felsabhängen erweitert sich das von der Morgensonne beschienene Gebiet langsam in dem Maße, wie der Schatten des Berges kleiner wird. Somit könnte sich das Gebiet, wo Nektar zu finden ist und sich die Blumen öffnen, mit dem Sonnenlicht vergrößern. Vielleicht sieht das Repertoire genetisch programmierter Ernährungstaktiken in der DNS der Honigbiene diese besondere Situation vor. Aber selbst wenn wir diese etwas weit hergeholte Erklärung akzeptieren wollen, müssen wir es immer noch der Biene anrechnen, daß sie eine Taktik, die normalerweise nur am frühen Morgen in der Nähe steiler Berge angewandt wird, auf ebenes Gebiet und auf andere Tageszeiten verlegt.

Die Sache mit der Anfechtbarkeit

Wissenschaftler bestehen oft darauf, daß jede ordentliche und befriedigende Hypothese anfechtbar sein muß. Das heißt, daß es bei jeder Hypothese grundsätzlich möglich sein muß, sie zu bestätigen oder zu widerlegen, auch wenn die dafür notwendigen Prozeduren nicht unmittelbar zur Verfügung stehen. Die Wissenschaftler verlieren mit Recht jegliches Interesse an einer Theorie, wenn niemand sagen kann, wie man jemals beweisen soll, ob sie richtig oder falsch ist. Als z. B. Percival Lowell meinte, daß es auf dem Mars Kanäle gäbe, war das nicht ganz abwegig angesichts der geringen Daten, die er damals hatte, und es war deutlich eine überprüfbare Hypothese. Lowell und seine Zeitgenossen konnten sich sehr wohl vorstellen, daß künftige Astronomen mit besseren Fernrohren oder auch Raumschiff-Fahrer eines Tages feststellen könnten, ob es dort nun wirklich Kanäle gibt oder nicht. Heute wissen wir, daß gute Bilder von der Marsoberfläche Lowells Hypothese widerlegt haben. Einige strenge Behavioristen sind nun gegen alle Hypothesen von bewußtem Erleben bei Tieren und selbst bei Menschen mit der Begründung, sie könnten sich kein Verfahren vorstellen, wodurch solche Hypothesen bewiesen oder gar widerlegt werden könnten. Das mag uns etwas über die beschränkte Vorstellungskraft mancher Wissenschaftler sagen, und außerhalb enger, wissenschaftlicher Kreise hat dieses Argument fast ebensowenig eingeleuchtet wie das des solipsistischen Philosophen, der darauf besteht, die einzige denkende Person im Universum zu sein. Schließlich können wir brauchbare, wenn nicht sogar vollständige Informationen über die Gedanken unserer Mitmenschen sammeln.

Wie können wir nun hoffen, Hypothesen über bewußtes Denken bei Tieren zu bestätigen oder zu widerlegen? Ich habe mich in den vorausgegangenen Kapiteln dafür stark gemacht, daß die vielseitige Bewältigung neuer Aufgaben einleuchtende Beweise für bewußtes Denken liefert. Jedoch mag ein Behaviorist in jedem einzelnen Fall behaupten, daß ein völlig unbewußter Organismus sich in der gleichen, nützlichen und angepaßten Weise verhalten könne. Man muß daher auf Plausibilitätsargumente zurückgreifen, wie sie auch in anderen, wissenschaftlichen Disziplinen verwendet werden. Beispielsweise ist es nicht möglich, viele der Schlußfolgerungen über entwicklungsgeschichtliche Abstammungslinien zu bestätigen oder zu widerlegen in all den Fällen, in denen kein fossiles Beweismaterial vorliegt, und dasselbe trifft zu auf Mutmaßungen über die Entwicklung unseres Planeten und anderer Teile des Universums.

In Kapitel 7 habe ich angedeutet, daß, wenn einmal genaue elektrische Korrelate bewußten Denkens im menschlichen Gehirn festgestellt sein werden, die Entdeckung entsprechender elektrischer Signale in den Gehirnen von Tieren ein überzeugender Beweis für deren bewußtes Denken wäre. Es ist durchaus möglich, daß sich solche Potentiale auch unter den günstigsten Bedingungen nicht nachweisen lassen, und damit würde sich natürlich die Hypothese vom tierlichen Bewußtsein als falsch erweisen.

Nachdem wir all die anderen Möglichkeiten betrachtet haben, kehren wir zurück zur Verständigung unter Tieren als dem meistversprechenden Tor für Informationen über das Denken der Tiere. Überprüfbare Hypothesen wurden bereits entwickelt, ausgewertet und entweder bestätigt oder abgelehnt. Die in Kapitel 9 beschriebene Studie über die Alarmrufe der Meerkatzen von Seyfarth, Cheney und Marler (1980a, b) ist ein gutes Beispiel einer Bestätigung. Andererseits überprüfte von

Frisch (1967) einmal die Möglichkeit, daß Honigbienen nicht nur Informationen über die horizontale, sondern auch über die vertikale Richtung übermitteln könnten, aber diese Hypothese ließ sich nicht bestätigen. Antimentalisten mögen einwenden, daß diese und vergleichbare Fälle die Hypothesen über Verständigung bestätigen oder widerlegen, nicht aber die über Bewußtsein. Jedoch läßt aktives und spezialisiertes Verständigungsverhalten, das nur in Gegenwart geeigneter Sozialpartner auftritt und oft den Austausch von Signalen beinhaltet, die von vorangegangenen Reaktionen des Kumpanen abhängig sind, stark daran denken, daß die Verständigung bewußt und beabsichtigt ist. Skeptische Behavioristen mögen alle solche Anzeichen ablehnen, aber ihre Ablehnung ist der Weigerung vergleichbar, irgendeine kausale Rolle oder andere Bedeutung des bewußten Denkens beim Menschen anzuerkennen. Diese wunderliche Meinung, wie Bunge sie nennt, hat inzwischen längst jede Glaubwürdigkeit eingebüßt – bis auf einen immer kleiner werdenden Kreis strenggläubiger Behavioristen. Ethologen und andere, die an Tieren interessiert sind, sollten daher aufhören, sie als beschränkendes Dogma anzusehen.

Die endgültige Anerkennung einer Änderung in unseren Ansichten über einen so wichtigen Gegenstand wie die Bewußtheit bei Tieren wird eine Anhäufung ausführlicher und sich gegenseitig verstärkender Beweise erfordern, die weit über das hinausgeht, was heute verfügbar ist. Aber Leute wie von Frisch, Hölldobler, Seyfarth, Cheney und Marler haben einen guten Anfang gemacht. Bleibt abzuwarten, ob künftige Forschung ein absolut glaubwürdiges Gefüge von Tatsachen und Interpretationen aufbauen kann, welches die Hypothese von Bewußtheit bei Tieren stützt, oder ob das angesammelte Beweismaterial zu negativen Schlüssen führen bzw. keine Schlüsse zulassen und nicht überzeugend sein wird.

Können wir zu einem allgemeinen Schluß kommen hinsichtlich der vielen Leistungen und Fähigkeiten von Tieren, die ich hier erörtert habe und von denen ich für möglich halte, daß sie mit bewußtem Denken einhergehen können? Eine zu erwartende Antwort ist: »Ist es nicht fabelhaft von der natürlichen Selektion, solche tüchtigen kleinen Computer herausgebracht zu haben!« Ein anderer mag gähnen und sagen: »Ja natürlich – das alles weiß ich längst von meinem Hund. Warum macht ihr Wissenschaftler so viel Getue über etwas, was sowieso klar ist?«

Die meisten und stärksten Beweise für das Bewußtsein der Tiere liefern ihre unternehmungslustigen Lösungen neu entstandener Probleme. Ganz gewiß hat die Vielseitigkeit eines jeden Tieres ihre Grenzen, die oft durch die entwicklungsgeschichtliche Anpassung seiner Art an einen bestimmten Umfang von Umweltbedingungen und deren Anforderungen gegeben sind. Auch der menschliche Geist hat Grenzen, aber die sind viel weiter, und oft können wir weit über die geistigen Horizonte der Tiere, soweit wir sie kennen, hinaussehen. Lernen und Erinnerung sind entscheidend für viele Arten der Aufgabenlösung, aber genetisch programmiertes, instinktives Verhalten kann auch recht flexibel und vielseitig sein. Eine nestbauende Wespe trifft normalerweise nicht auf einen experimentierenden Ethologen, der Raupen zu dem hinzufügt, was sie bereits zu ihrem Nest getragen hat, und ihr Verhalten ist nicht flexibel genug, um sich dieser besonderen, neuen Situation anzupassen. Innerhalb der Grenzen normalerweise vorkommender, natürlicher Situationen können jedoch viele Tiere, von Köcherfliegenlarven bis zu Schimpansen, neu aufgetauchte Probleme lösen. Honigbienen, Tümmler, Laboratoriumstiere und wahrscheinlich noch zahlreiche andere können dabei auch mit Problemen fertig werden, für die es weder in der Erfahrung des Individuums noch in der der Art Präzedenzfälle gibt.

Wir können auch, dämmrig und gerade erst über dem Horizont, neue Aussichten experimenteller Untersuchungen erkennen, die zu unmittelbarer Information über subjektive Gefühle und Gedanken führen können. Die Aussicht, das Verständigungsverhalten als ein Tor zur Erforschung der Gefühle und Gedanken der Tiere zu nutzen, scheint am meistversprechenden zu sein, und sei es nur deshalb, weil es uns im Zusammenleben mit unseren eigenen Kumpanen so nützlich ist. In gewisser Weise scheinen die Tiere selbst diese Tür bereits zu benutzen, indem sie einander erfolgreich ihre Gefühle und einfache Gedanken mitteilen. Wenn diese Botschaften bei anderen Tieren ankommen, sollte das auch bei kognitiven Ethologen, die den Vorteil des menschlichen Gehirns besitzen, möglich sein.

Literaturverzeichnis

Adler, J. 1976. Chemotaxis behavior of bacteria. *Sci. Amer.* 234(4):40−47.

Alcock, J. 1969. Observational learning in three species of birds. *Ibis* 111:308−321.

Armstrong, D. M. 1981. *The nature of mind and other essays.* Ithaca, N.Y.: Cornell University Press.

Armstrong, E. A. 1949. Diversionary display. *Ibis* 91:88−97 and 179−188.

Baerends, G. P. 1941. Fortpflanzungsverhalten und Orientierung der Grabwespe *Ammophila compestris* Jur. *Tijd. voor Entomol.* 84:72−275.

Baker, L. R. 1981. Why computers can't act. *Amer. Philos. Q.* 18:157−163.

Balda, R. P. 1980. Recovery of cached seeds by a captive *Nucifraga caryocatactes.* Z. *Tierpsychol.* 53:331−346.

Beck, B. B. 1980. *Animal tool behavior.* New York: Garland STPM Press.

− 1982. Chimpocentrism: Bias in cognitive ethology. *J. Hum. Evol.* 11:3−17.

Beecher, M. D., ed. 1982. From individual to species recognition: Theories and mechanisms. *Amer. Zool.* 22(3):475−607.

Bennett, J. 1978. Some remarks about concepts. *Behav. Brain Sci.* 1: 557−560.

Bishop, J. 1980. More thought on thought and talk. *Mind* 89:1−16.

Bitterman, M. E. 1965. Phyletic differences in learning. *Amer. Psychol.* 20:396−410.

Boden, M. A. 1972. *Purposive explanations in psychology.* Cambridge, Mass.: Harvard University Press.

−, ed. 1977. *Artificial intelligence and natural man.* New York: Basic Books.

Boring, E. G. 1950. *A history of experimental psychology.* New York: Appleton-Century-Crofts.

Bourne, G. H., ed. 1977. *Progress in ape research.* New York: Academic Press.

Bowman, R. I. 1961. Morphological differentiation and adaptation in the Galapagos finches. *Univ. Calif. Pub. Zool.* 58:1−326.

Bowman, R. I., and S. L. Billeb. 1965. Blood-eating in a Galapagos finch. *Living Bird* 4:29−44.

Bowman, R. S., and N. S. Sutherland. 1970. Shape discrimination by goldfish: Coding of irregularities. *J. Comp. Physiol. Psychol.* 72:90−97.

Bradshaw, J. W. S. 1981. The physiochemical transmission of two components of a multiple chemical signal in the African weaver ant (*Oecophylla longinoda*). *Anim. Behav.* 29:581−585.

Bradshaw, J. W. S., R. Baker, and P. E. Howse. 1975. Multicomponent alarm pheromones of the weaver ant. *Nature* 258:230−231.

− 1979. Multi-component alarm pheromones in the mandibular glands of major workers of the African weaver ant, *Oecophylla longinoda. Physiol. Entomol.* 4:15−25.

Bradshaw, J. W. S., R. Baker, P. E. Howse, and M. D. Higgs. 1979. Caste and colony variations in the chemical composition of the cephalic secretions of the African weaver ant *Oecophylla longinoda. Physiol. Entomol.* 4:27−38.

Branch, M. N. 1982. Misrepresenting behaviorism. *Behav. Brain Sci.* 5:372−373.

Bristowe, W. S. 1976. *The world of spiders.* London: Collins.

Bronson, G. W. 1982. The scanning patterns of human infants: Implications for visual learning. Norwood, N.J.: Ablex.

Buchler, E. R. 1976. Prey selection by *Myotis lucifugus* (Chiroptera: Vespertilionidae). *Amer. Nat.* 110:619−628.

Buchwald, J. S., and N. S. Squires. 1982. Endogenous auditory potentials in the cat, A P300 model. In *Conditioning, representation of involved neural functions*, ed. C. D. Woody. pp. 503−515. New York: Plenum.

Bullock, T. H., and G. A. Horridge. 1965. *Structure and function in the nervous systems of invertebrates*. San Francisco: Freeman.

Bunge, M. 1980. *The mind-body problem, a psychological approach*. New York: Pergamon.

Burrows, M. 1977. Flight mechanisms of the locust. In *Identified neurons and behavior of arthropods*, ed. G. Hoyle, pp. 339−356. New York: Plenum.

− 1982. Interneurones co-ordinating the ventilatory movements of the thoracic spiracles in the locust. *J. Exp. Biol.* 97:385−400.

Callaway, E., P. Tueting, and S. H Koslow, eds. 1978. *Event-related potentials in man*. New York: Academic Press.

Cerella, J. 1979. Visual classes and natural categories in the pigeon. *J. Exp. Psychol.: Hum. Percep. Perform.* 5:68−77.

− 1982. Mechanisms of concept formation in the pigeon. In *Analysis of visual behavior*, ed. D. J. Ingle, M. A. Goodale, and R. J. W. Mansfield. Cambridge, Mass.: MIT Press.

Chapman, R. M., J. W. McCrary, J. A. Chapman, and H. R. Bragdon. 1978. Brain responses related to semantic meaning. *Brain Lang.* 5:195−205.

Cheney, D. L., and R. M. Seyfarth. 1982a. How vervet monkeys perceive their grunts: Field playback experiments. *Anim. Behav.* 30:739−751.

− 1982b. Recognition of individuals within and between groups of freeranging vervet monkeys. *Anim. Behav.* 32:519−529.

Chisholm, A. H. 1954. The use of "tools" or "instruments." *Ibis* 96:380−383.

− 1971. Further notes on tool-using by birds. *Victorian Nat.* 88:342−343.

− 1972. Tool-using by birds: A commentary. *Bird Watcher* 4:156−159.

Chomsky, N. 1966. *Cartesian linguistics*. New York: Harper and Row.

Churchland, P. M. 1979. *Scientific realism and the plasticity of mind*. London: Cambridge University Press.

− 1983. Matter and consciousness: A contemporary introduction to the philosophy of mind. Bradford Books, MIT Press. In press.

Churchland, P. S., and P. M. Churchland. 1978. Internal states and cognitive theories. *Behav. Brain Sci.* 1(4):565−566.

Clayton, D. A. 1978. Socially facilitated behavior. *Q. Rev. Biol.* 53:373−392.

Cobb, J. B., Jr., and David R. Griffin, eds. 1978. *Mind in nature: Essays on the interface of science and philosophy*. Washington: University Press of America.

Cohen, D. B. 1979. *Sleep and dreaming: Origins, nature, and functions*. New York: Pergamon.

Collias, N., and E. Collias. 1962. An experimental study of the mechanisms of nest building in a weaverbird. *Auk* 79:568−595.

− 1964. The evolution of nest-building in weaver birds (Ploceidae). *Univ. Calif. Pub. Zool.* 73:1−239.

Corning, W. C., J. A. Dyal, and A. O. D. Willows. 1973−1975. *Invertebrate learning*, vols. 1 (1973), 2 (1973), and 3 (1975). New York: Plenum.

Cowie, R. J., J. R. Krebs, and D. F. Sherry. 1981. Food storing by marsh tits. *Anim. Behav.* 29:1252−1259.

Crane, J. 1975. *Fiddler crabs of the world*. Princeton, N. J.: Princeton University.

Crook, J. H. 1964. Field experiments on the nest construction and repair behaviour of certain weaverbirds. *Proc. Zool. Soc. London* 142:217−255.

Croze, H. 1970. Searching image in carrion crows. *Z. Tierpsychol.* (suppl.) 5:1−86.

Curio, E., U. Ernst, and W. Vieth. 1978a. The adaptive significance of avian mobbing. II. Cultural transmission of enemy recognition in blackbirds: Effectiveness and some contraints. Z. *Tierpsychol.* 48:184−202.

− 1978b. Cultural transmission of enemy recognition: One function of mobbing. *Science* 202:899−901.

Daanje, A. 1951. On the locomotory movements in birds and the intention movements derived from them. *Behaviour* 3:48−98.

Darwin, C. 1882. *The formation of vegetable mould through the action of worms, with observations of their habits.* New York: Appleton. Reprint 1969, International Publication Service.

Davidson, D. 1975. Thought and talk. In *Mind and language,* ed. S. Guttenplan. London: Oxford University Press.

Davidson, J. M., and R. J. Davidson, eds. 1980. *The psychobiology of consciousness.* New York: Plenum.

Davies, N. B. 1977. Prey selection and social behaviour in wagtails. *J. Anim. Ecol.* 46:37−57.

Delius, J. D., and G. Habers. 1978. Symmetry: Can pigeons conceptualize it? *Behav. Proc.* 1:15−27.

Dennett, D. C. 1978. *Brainstorms, philosophical essays on mind and psychology.* Montgomery, Vt.: Bradford Books.

− 1983. Intentional systems in cognitive ethology: The "Panglossian Paradigm" defended. *Behav. Brain Sci.*

Desmedt, J. E. 1981. Scalp-recorded cerebral event-related potentials in man as a point of entry into the analysis of cognitive processing. In *The organization of the cerebral cortex,* ed. F. O. Schmitt et al. Cambridge, Mass.: MIT Press.

Donchin, E. 1981. P300 and classification. In *Electrophysiological approaches to human cognitive processing,* ed. R. Galambos and S. A. Hillyard. *Neurosci. Res. Prog. Bull.* 20:157−161.

Dreyfus, H. L. 1979. *What computers can't do: The limits of artificial intelligence,* rev. ed. New York: Harper and Row.

Duerden, J. E. 1905. On the habits and reactions of crabs bearing actinians in their claws. *Proc. Zool. Soc. London* 2:494−511.

Duncan-Johnson, C. C., and E. Donchin. 1982. The P300 component of the event-related brain potentials as an index of information processing. *Biol. Psychol.* 14:1−52.

Eccles, J. C. 1974. Cerebral activity and consciousness. In *Studies in the philosophy of biology, reduction and related problems,* ed. F. J. Ayala and T. Dobzhansky. Berkeley: University of California Press.

Edwards, C. A., and J. R. Lofty. 1972. *Biology of earthworms.* London: Chapman and Hall.

Elsner, N., and A. V. Popov. 1978. Neuroethology of acoustic communication. In *Advances in insect physiology,* ed. J. E. Treherne. J. J. Berridge, and V. B. Wigglesworth. 13:229−355. New York: Academic Press.

Erber, J. 1975a. The dynamics of learning in the honey bee *(Apis mellifera carnica).* I. The time dependence of choice reaction. *J. Comp. Physiol.* 99:231−242.

− 1975b. The dynamics of learning in the honey bee *(Apis mellifera carnica).* II. Principles of information processing. *J. Comp. Physiol.* 99:243−255.

Erber, J., T. Masuhr, and R. Menzel. 1980. Localization of short-term memory in the brain of the bee, Apis mellifera. *Physiol. Entomol.* 5:343−348.

Evans, H. E. 1963. *Wasp farm.* Garden City, N. Y.: Natural History Press.

Evans, H. E. 1966. The comparative ethology and evolution of the sand wasps. Cambridge, Mass: Harvard University Press.

Evans, H. E., and M. J. West Eberhard. 1970. *The wasps.* Ann Arbor, Mich.: University of Michigan Press.

Fellers, J., and G. Fellers. 1976. Tool use in a social insect and its implications for competitive interactions. *Science* 192: 70−72.

Fenton, M. B., and J. H. Fullard. 1979. The influence of moth hearing on bat echolocation strategies. *J. Comp. Physiol.* 132: 77−86.

Field, T. M., R. Woodson, R. Greenberg, and D. Cohen. 1982. Discrimination and imitation of facial expressions by neonates. *Science* 218: 179−181.

Fishbein, W., ed. 1981. *Sleep, dreams, and memory.* New York: SP Medical and Scientific Books.

Fisher, J., and R. A. Hinde. 1949. The opening of milk-bottles by birds. *Brit. Birds* 42: 347−357

Fodor, J. A. 1968. *Psychological explanation, an introduction to the philosophy of psychology.* New York: Random House.

Fraenkel, G. S., and D. L. Gunn. 1940. *The orientation of animals: kineses, taxes and compass reactions.* London: Oxford University Press. Reprint 1961, New York: Dover.

Frisch, K. von. 1967. *The dance language and orientation of bees.* Cambridge, Mass.: Harvard University Press.

− 1972. *Bees, their vision, chemical senses and language,* 2nd ed. Ithaca, N.Y.: Cornell University Press.

− 1974. *Animal architecture.* New York: Harcourt Brace.

Galambos, R., and S. A. Hillyard. 1981. Electrophysiological approaches to human cognitive processing. *Neurosci. Res. Prog. Bull.* 20: 141−264, vi.

Gallup, G. G., Jr. 1977. Self-recognition in primates. A comparative approach to the bidirectional properties of consciousness. *Amer. Psychol.* 32:329−338.

Gardner, B.T., and R. A. Gardner. 1979. Two comparative psychologists look at language acquisition. In *Children's language,* ed. K. E. Nelson, New York: Halstead.

Gardner, R. A., and B. T. Gardner. 1969. Teaching sign language to a chimpanzee. *Science* 165:664−672.

Gayou, D. C. 1982. Tool use by green jays. *Wilson Bull.* 94:593−594.

Gelman, R., and C. R. Gallistel. 1978. The *child's understanding of number.* Cambridge, Mass.: Harvard University Press.

Goldman, L. J., and O. W. Henson, Jr. 1977. Prey recognition and selection by the constant frequency bat, *Pteronotus p. parnellii. Behav. Ecol. Sociobiol.* 2:411−419.

Goodall, J. von Lawick. 1968. Behaviour of free-living chimpanzees of the Gombe Stream area. *Anim. Behav. Monogr.* 1:165−311.

− 1971. *In the shadow of man.* Boston: Houghton Mifflin.

Gould, J. L. 1975. Honey bee communication: the dance-language controversy. *Science* 189:685−693.

− 1976. The dance-language controversy. *Q. Rev. Biol.* 51:211−244.

− 1979. Do honeybees know what they are doing? *Nat. Hist.* 88:66−75.

− 1982. *Ethology, the mechanisms and evolution of behavior.* New York: Norton.

Gould, J. L., and C. G. Gould. 1982. The insect mind: Physics or metaphysics? In *Animal Mind-Human Mind,* ed. D. R. Griffin. New York: Springer-Verlag.

Green, S., and P. Marler. 1979. The analysis of animal communication. In *Handbook of Behavioral Neurobiology.* Vol. 3, *Social behavior and communication,* ed. P. Marler and J. G. Vandenbergh, chap. 3. New York: Plenum.

Grene, M. 1978. Basic concepts for cognitive ethology. *Behav. Brain Sci.* 1:574−575 (vgl. auch Kommentare 1:611).

Griffin, D. R. 1958. *Listening in the dark.* New Haven, Conn.: Yale University Press. Reprint 1974, New York: Dover.

− 1978. Prospects for a cognitive ethology. *Behav. Brain Sci.* 1:527−538 (vgl. auch Kommentare, 1:555−629 und 3:615−623.)

− 1981. *The question of animal awareness,* 2nd ed. New York: Rockefeller University Press; paperback. Los Altos, Calif.: William Kaufmann.

−, ed. 1982. *Animal Mind-Human Mind,* introduction, New York: Springer.

Gross, C. G., D. B. Bender, and C. E. Rocha-Miranda. 1974. Infero-temporal cortex and vision: a single-unit analysis. In *The neurosciences: Third study program,* ed. F. O. Schmidt and F. G. Worden. Cambridge, Mass.: MIT Press.

Gross, C. G., C. E. Rocha-Miranda, and D. B. Bender. 1972. Visual properties of neurons in the infero-temporal cortex of the macaque. *J. Neurophysiol.* 35:96−111.

Gross, C. G., and M. Mishkin. 1977. The neural basis of stimulus equivalence across retinal translation. In *Lateralization of the nervous system* ed. S. Harnad, L. Goldstein, J. Jaynes, and G. Krauthamer. New York: Academic Press.

Hain, J. H. W., G. R. Carter. S. D. Kraus, C. A. Mayo, and H. E. Winn. 1982. Feeding behavior of the humpback whale, *Megaptera novaeangliae,* in the western North Atlantic. *Fishery Bull.* 80:259−268.

Haith, M. M., T. Bergman, and M. J. Moore. 1977. Eye contact and face scanning in early infancy. *Science* 198:853−855.

Hansell, M. H. 1968. The house building behaviour of the caddis-fly larva *Silo pallipes* Fabricius. II. Description and analysis of the selection of small particles. *Anim. Behav.* 16:562−577.

− 1972. Case building behaviour of the caddis-fly larva *Lepidostoma hirtum. J. Zool. London* 167:179−192.

Harnad, S. 1982. Consciousness: An afterthought. *Cog. Brain Theory* 5:29−47.

Hartman, E. 1970. *Sleep and dreaming.* Boston: Little Brown.

Haynes, B. D., and E. Haynes, eds. 1966. *The grizzly bear, portraits from life.* Norman, Okla.: University of Oklahoma Press.

Hediger, H. 1947. Ist das tierliche Bewußtsein unerforschbar? *Behaviour* 1:130−137.

− 1968. *The psychology of animals in zoos and circuses.* New York: Dover.

− 1976. Proper names in the animal kingdom. *Experientia* 32:1357−1364.

− 1980. *Tiere verstehen, Erkenntnisse eines Tierpsychologen.* München: Kindler.

Herman, L. M., ed. 1980. *Cetacean behavior, mechanisms and functions,* New York: Wiley.

Hermann, H. R. 1979−1982. *Social insects.* Vol. 1, 1979; 2, 1981; 3, 4, 1982. New York: Academic Press.

Herrnstein, R. J. 1979. Acquisition, generalization, and discrimination reversal of a natural concept. *J. Exp. Psychol.: Anim. Behav. Processes* 5:118−129.

− 1982. Stimuli and the texture of experience. *Neurosci. and Biobehav. Rev.* 6:105−117.

Herrnstein, R. J., and P. de Villier. 1980. Fish as a natural category for people and pigeons. In *The psychology of learning and motivation. Advances in research and theory,* vol. 14, ed. G. H. Bowers, New York: Academic Press.

Herrnstein, R. J., D. H. Loveland, and C. Cable. 1976. Natural concepts in pigeons. *J. Exp. Psychol.: Anim. Behav. Processes* 2:285−302.

Hillyard, S. A., and M. Kutas. 1983. Electrophysiology of cognitive processing. *Ann. Rev. Psychol.* 34:33−61.

Hinde, R. A., and J. Fisher. 1951. Further observations on the opening of milk bottles by birds. *Brit. Birds* 44:393−396.

Hölldobler, B., and E. O. Wilson. 1978. The multiple recruitment system of the African weaver ant *Oecophylla longinoda* (Latreille) (Hymenoptera, Formicidae). *Behav. Ecol. Sociobiol.* 3:19−60.

Honig, W. K., and R. K. R. Thompson. 1982. Retrospective and prospective processing in animal working memory. In *The psychology of learning and motivation. Advances in research and theory.* Vol. 16, ed. G. H. Bower. New York: Academic Press.

Hopkins, C. D. 1974. Electric communication of fish. *Amer. Sci.* 62:426−437.

− 1981. The neuroethology of electric communication. *Trends in Neuro Science* 4(1):4−6.

Hoyle, G., ed. 1977. *Identified neurons and behavior of arthropods,* New York: Plenum.

Huang. I-N., C. A. Koski, and J. R. de Quardo, 1983. Observational learning of a bar-press by rats. *J. Gen. Psychol.* 108:103−111.

Huber, F. 1974. Neural integration (central nervous system). In *The physiology of insecta,* 2nd ed., vol. IV, ed. M. Rockstein, pp. 4−100. New York: Academic Press.

Hulse, S. H., H. Fowler, and W. K. Honig, eds. 1978. *Cognitive Processes in animal behavior.* Hillsdale, N. J.: Erlbaum.

Hume, D. 1739. *A treatise of human nature.* Reprinted 1888, with analytical index by L. A. Selby-Bugge. London: Oxford University Press.

Humphrey, N. K. 1974. Species and individuals in the perceptual world of monkeys. *Perception* 3:105−114.

− 1976. The social function of intellect. In *Growing points in ethology,* ed. P. P. G. Bateson and R. A. Hinde. New York: Cambridge University Press.

− 1978. Nature's psychologists. *New Scientist* 78:900−903. Reprinted in *Consciousness and the physical world,* ed. B. Josephson and B. S. Ramachandra (1979). New York: Pergamon.

Hutton, R. S., B. M. Wenzel, T. Baker, and M. Homuth. 1974. Two-way avoidance learning in pigeons after olfactory nerve section. *Physiol. Behav.* 13:57−62.

Hyman, L. H. 1940. *The invertebrates: Protozoa through Ctenophora.* New York: McGraw-Hill.

Iersel, J. J. A. van, and J. van dem Assem. 1964 Aspects of orientation in the diggerwasp *Bembix rostrata. Anim. Behav. Suppl.* 1:145−162.

Inouye, D. W. 1983. The ecology of nectar robbing. In *the biology of nectaries,* ed. B. Bentley and T. Elias. New York: Columbia University Press.

Jackson, J. F., and J. H. Jackson. 1978. *Infant culture.* New York: Thomas Y. Crowell.

Janes, S. W. 1976. The apparent use of rocks by a raven in nest defense. *Condor* 78:409.

Jennings, H. S. 1906. *Behavior of lower organisms.* New York: Columbia University Press. Reprint 1962, Bloomington, Ind.: Indiana University Press.

Jolly, A. 1966. Lemur social behavior and primate intelligence. *Science* 153:501−506.

Jones, T., and A. Kamil. 1973. Tool-making and tool-using in the northern blue jay. *Science* 180:1076−1078.

Jouvet, M. 1979. What does a cat dream about? *Trends in Neuro Science* 2:280–282.

Jung, C. G. 1973. *Synchronicity, a causal connecting principle*. Princeton, N. J.: Princeton University Press.

Jurasz, C. M., and V. P. Jurasz. 1979. Feeding modes of the humpback whale, *Megaptera novaeangliae* in southeast Alaska. *Sci. Repts., Whales Research Institute* 31:69–83.

Kandel, E. 1979a. Small systems of neurons. *Sci. Amer.* 241(3):66–76.

– 1979b. *Behavioral biology of Aplesia, a contribution to the comparative study of opistobranch molluscs*. San Francisco: Freeman.

Kawai, M. 1965. Newly acquired pre-cultural behavior of the natural troop of Japanese monkeys on Koshima Islet. *Primates* 6(1):1–30.

Kenyon, K. W. 1969. *The sea otter in the eastern Pacific Ocean*. North American Fauna, no. 68. Washington, D. C.: U. S. Bureau of Sport Fisheries and Wildlife.

Kety, S. S. 1960. A biologist examines the mind and behavior. *Science* 132:1861–1870.

Klemm, W. R. 1969. *Animal electroencephalography*. New York: Academic Press.

Klosterhalfen, S., W. Fischer, and M. E. Bitterman. 1978. Modification of attention in honey bees. *Science* 201:1241–1243.

Koehler, O. 1956a. Sprache und unbenanntes Denken. In *L'instinct dans le comportement des animaux et de l'homme*, pp. 647–674. Paris: Masson.

– 1956b. Thinking without words. *Proc. 14th Int. Zool. Cong., Copenhagen, 1953*. pp. 75–88.

– 1969. Tiersprachen und Menschensprachen. In *Kreatur Mensch, moderne Wissenschaft auf der Suche nach dem Humanum*, pp. 119–133 und 187–190. München: Heinz Moos.

Knudsen, E. I., and M. Konishi. 1978. Space and frequency are represented separately in auditory midbrain of the owl. *J. Neurophysiol.* 41:870–884.

Konishi, M. 1973. How the owl tracks its prey. *Amer. Sci.* 61:414–424.

Krebs, J. R. 1977. Review of *The question of animal awareness*. *Nature* 266:792.

– 1978. Optimal foraging: Decision rules for predators. In *Behavioural ecology, an evolutionary approach*, ed. J. R. Krebs and N. B. Davies. Oxford: Blackwell.

– 1979. Foraging strategies and their social significance. In *Handbook of behavioral neurobiology*. Vol. 3, *Social behavior and communication*, ed. P. Marler and J. G. Vandenbergh. New York: Plenum.

Krebs, J. R., and N. B. Davies. 1978. *Behavioural ecology, an evolutionary approach*. Oxford: Blackwell.

Krebs, J. R., M. H. MacRoberts, and J. M. Cullen. 1972. Flocking and feeding in the great tit (Parus major) – an experimental study. *Ibis* 114:507–530.

Kroodsma, D. 1976. Reproductive development in a female songbird: Differential stimulation by quality of male song. *Science* 192:574–575.

Kroodsma, D. E., and E. H. Miller, eds. 1983. *Acoustic communication in birds*, vols. 1 and 2. New York: Academic press.

Kruuk, H. 1972. *The spotted hyena: a study of predation and social behavior*. Chicago: University of Chicago Press.

Kuhl, P. K., and A. N. Meltzoff. 1982. The bimodal perception of speech. *Science* 218:1138–1141.

Kutas, M., and S. A. Hillyard. 1980. Reading senseless sentences: Brain potentials reflect semantic incongruity. *Science* 207:203–205.

Lack, D. 1947. *Darwin's finches*. New York: Cambridge University Press.

Lindauer, M. 1955. Schwarmbienen auf Wohnungssuche. *Z. vergl. Physiol.* 37:263−324.
− 1971. *Communication among social bees,* 2nd ed. Cambridge, Mass.: Harvard University Press.
− 1974. Social behavior and mutual communication. In *The physiology of insecta,* 2nd ed., vol. IV, pp. 149−228. New York: Academic Press.
Lloyd, J. E. 1980. Insect behavioral ecology: Coming of age in bionomics, or compleat biologists have revolutions too. *Florida Entomol.* 63:1−4.
− 1981a. Firefly mate-rivals mimic their predators and vice versa. *Nature* 290:498−500.
− 1981b. Sexual selection: Individuality, identification, and recognition in a bumblebee and other insects. *Florida Entomol.* 64:89−118.
− 1983. Bioluminescence and communication in insects. *Ann. Rev. Entomol.* 28:131−160.
Loeb, J. 1918. *Forced movements tropisms, and animal conduct.* Philadelphia: Lippincott. Reprint 1973, New York: Dover.
Lorenz, K. 1963. Haben Tiere ein subjektives Erleben? *Jahr. Techn. Hochs.* München.
− 1971. *Studies in animal and human behavior.* vol. II. Cambridge, Mass.: Harvard University Press.
Lovell, H. B. 1958. Baiting of fish by a green heron. *Wilson Bull.* 70:280−281.
MacKenzie, B. D. 1977. *Behaviorism and the limits of scientific method.* London: Routledge and Kegan Paul.
Mackintosh, N. J. 1974. *The psychology of animal learning.* New York: Academic Press.
Maier, N. R. F., and T. C. Schneirla. 1935. *Principles of animal psychology.* New York: McGraw-Hill Repring with supplement, 1964, New York: Dover.
Markl, H. 1974. Insect behavior: Functions and mechanisms. In *The physiology of insecta,* 2nd ed., vol. 4, pp. 3−148. New York: Academic Press.
Marler, P. 1970. Bird song and speech development: Could there be parallels? *Amer. Sci.* 58:669−673.
− 1976. Sensory templates in species-specific behavior. In *Simpler networks and behavior,* ed. J. C. Fentress, pp. 314−329. Sunderland. Mass.: Sinauer.
− 1977. The evolution of communication. In *How animals communicate,* ed. T. A. Sebeok. Bloomington, Ind.: Indiana University Press.
− 1978. Perception and innate knowledge. In *The nature of life,* ed. W. H. Heidcamp. Baltimore: University Park Press.
Marler, P., and S. Peters. 1981. Sparrows learn adult song and more from memory. *Science* 146:1483−1486.
Marshall, A. A. 1954. *Bower birds.* London: Oxford University Press.
Mason, W. A. 1976. Review of *The question of animal awareness. Science* 194:930−931.
Mason, W. A., and R. F. Reidinger. 1982. Observational learning of food aversions in red-winged blackbirds *(Agelaius phoeniceus). Auk* 99:548−554.
McMahan, E. A. 1982. Bait-and-capture strategy of termite-eating assassin bug. *Insectes Sociaux* 29:346−351.
− 1983. *Bugs angle for termites. Nat. Hist.* 92(5):40−47.
Mehler, J., ed. 1983. *Infant perception and cognition.* Hillsdale, N. J.: Erlbaum, im Druck.
Meltzoff, A. N., and M. K. Moore. 1977. Evidence of perception and thinking in very young human infants. *Science* 198:75−78.

Menzel, R. 1979. Behavioral access to short-term memory in bees. *Nature* 281:368–369.

Menzel, R., J. Erber, and T. Masuhr. 1974. Learning and memory in the honey bee. In *Experimental analysis of insect behavior*, ed. L. Barton Browne. New York: Springer.

Miles, H. L. 1983. Apes and language: The search for communicative competence. In *Language in primates: Implications for linguistics, anthropology, psychology, and philosophy*, ed. J. de Luce and H. T. Wilder. New York: Springer.

Miller, G. A. 1967. *The psychology of communication.* New York: Basic Books.

Miller, L. A., and J. Oleson. 1979. Avoidance behavior in green lacewings. I. Behavior of free flying green lacewings to hunting bats and ultrasound *J. Comp. Physiol.* 131:113–120.

Millikan, G. C., and R. I. Bowman. 1967. Observations on Galapagos tool-using finches in captivity. *Living Bird* 6:23–41.

Mills, E. A. 1919. *The grizzly, our greatest wild animal.* Boston: Houghton Mifflin.

Morrison, A. R. A window on the sleeping brain. *Sci. Amer.* 248(4):94–102.

Mountcastle, V. B. 1981. Comments in Galambos and Hillyard. *Neurosci. Res. Prog. Bull.* 20:164–176.

Nagel, T. 1974. What is it like to be a bat? *Philos. Rev.* 83:435–450.

Netzel, H. 1977. Die Bildung des Gehäuses bei *Difflugia oviformes* (Rhizopoda, Testacea). *Arch. Protistenk.* 119:1–30.

Neville, H. J., and S. L. Foote. In press. Auditory event related potentials in the squirrel monkey: Parallels to the human late wave responses. *Brain Res.*

Norman, D. A., ed. 1981. *Perspectives on cognitive science.* Hillsdale, N. J.: Erlbaum.

Norman, J. R. 1949. *A history of fishes.* New York: A. A. Wyn.

Norton-Griffiths, M. 1967. Some ecological aspects of the feeding behaviour of the oyster-catcher *Haematopus ostralegus* on the edible mussel *Mytilus edulis.* *Ibis* 109:412–424.

– 1969. The organization, control and development of parental feeding in the oystercatcher *(Haematopus ostralegus). Behaviour* 34:55–114.

Orians, G. H. 1980. *Some adaptations of marsh-nesting blackbirds.* Princeton, N. J.: Princeton University Press.

Ornstein, R., J. Johnstone, J. Herron, and C. Swencionis. 1980. Differential right hemisphere engagement in visiospatial tasks. *Neuropsychologia* 18:49–64.

O'Shea, M., and H. F. Rowell. 1977. Complex neural integration and identified interneurons in the locust brain. In *Identified neurons and behavior of arthropods,* ed. G. Hoyle, pp. 307–328. New York: Plenum.

Owings, D. H., and D. W. Leger. 1980 Chatter vocalizations of California ground squirrels: predator- and social-role specificity. *Z. Tierpsychol.* 54:163–184.

Patterson, F. G., and E. Linden. 1981. *The education of Koko.* New York: Holt, Rinehart and Winston.

Payne, R. S., ed. 1983. *Communication and behavior of whales.* Boulder, Colo.: Westview Press.

Pearson, K. G. 1977. Interneurons in the ventral nerve cord of insects. In *Identified neurons and behavior of arthropods,* ed. G. Hoyle, pp. 329–337. New York: Plenum.

Pepperberg, I. M. 1981. Functional vocalizations by an African Grey parrot *(Psittacus erithacus). Z. Tierpsychol.* 55:139–160.

– 1983. Cognition in the African Grey parrot: preliminary evidence for (auditory/vocal) comprehension of the class concept. *Anim. Learn. Behav.*

Picton, T. W., and S. A. Hillyard. 1974. Human auditory evoked potentials. II. Effects of attention. *Electroenceph. Clin. Neurophysiol.* 36:191–199.
Poole, J., and D. G. Lander. 1971. The pigeon's concept of pigeon. *Psychonomic Science* 25:157–158.
Popper, K. R. 1972. *Objective knowledge.* London: Oxford University Press.
– 1974. Scientific reduction and the essential incompleteness of all science. In *Studies in the philosophy of biology, reduction and related problems,* ed. f. J. Ayala and T. G. Dobzhansky, chap. 16. Berkeley: University of California Press.
Popper, K. R., and J. C. Eccles. 1977. *The self and its brain.* Hillsdale, N. J.: Erlbaum.
Porter, F. L. 1979. Social behavior in the leaf-nosed bat *Carollia perspicillata.* II. Social communication. *Z. Tierpsychol.* 50:1–8.
Premack, D. 1976. *Intelligence in ape and man.* Hillsdale, N. J.: Erlbaum.
Premack, D., and A. J. Premack. 1983. *The mind of an ape.* New York: Norton.
Premack, D., and G. Woodruff. 1978. Does the chimpanzee have a theory of mind? *Behav. Brain Sci.* 1:515–526 (vgl. auch Kommentare 1:555–629 und 3:615–623).
Pribram, K. H. 1978. Consciousness, classified and declassified. *Behav. Brain. Sci.* 1:590–592.
Pryor, K. 1975. *Lads before the wind.* New York: Harper and Row.
Pryor, K., R. Hagg, and J. O'Reilly. 1969. The creative porpoise: Training for novel behavior. *J. Exp. Anal. Behav.* 12:653–661.
Pyke, G. H. 1979. Optimal foraging in bumblebees: Rule of movement between flowers within inflorescences. *Anim. Behav.* 27:1167–1181.
Rachlin, H. 1978. Who cares if the chimpanzee has a theory of mind? *Behav. Brain Sci.* 1:593–594.
Rice, W. R. 1982. Acoustical location of prey by the marsh hawk: Adaptation to concealed prey. *Auk* 99:403–413.
Ristau, C. A., and D. Robbins. 1982. Language in the great apes: A critical review. *Advances in Study of Behavior* 12:142–225.
Roberts, G. J. 1982. Apparent baiting by a black kite. *Emu* 82:53–54.
Rockstroh, B., T. Elbert, N. Birbaumer, and W. Lutzenberger. 1982. *Slow brain potentials and behavior.* Baltimore: Urban and Schwarzenberg.
Roeder, K. D. 1967. *Nerve cells and insect behavior.* Cambridge, Mass.: Harvard University Press.
Roitblat, H. L. 1982. The meaning of representation in animal memory. *Behav. Brain Sci.* 5:353–406.
Roitblat, H. L., T. G. Bever, H. S. Terrace. 1983. *Animal cognition.* Hillsdale, N. J.: Erlbaum.
Romanes, G. J. 1884, *Mental evolution in animals.* Reprint 1969, with posthumous essay on instinct by Charles Darwin. New York: ABS Press.
Rose, S., P. A. Katz, M. Birke, and E. Rossman. 1977. Visual following in newborns: Role of figure-ground contrast and configurational detail. *Percept. Motor Skills* 45:515–522.
Ross, D. 1971. Protection of hermit crabs (*Dardanus* spp.) from octopus by commensal sea anemones (*Calliactus* spp.). *Nature* 230:401–402.
Rue, L. L. 1964. *The world of the beaver.* Philadelphia: Lippincott.
Rumbaugh, D. M. 1977. *Language learning by a chimpanzee: The Lana Project.* New York: Academic Press.
Sales, G., and D. Pye. 1974. *Ultrasonic communication by animals.* London: Chapman and Hall.

231

Savage-Rumbaugh, E. S., D. M. Rumbaugh, and S. Boysen. 1978. Linguistically mediated tool use and exchange by chimpanzees *(Pan troglodytes)*. *Behav. Brain Sci.* 1:539–554 (vgl. auch Kommentare, 1:555–629 und 3:615–623).

– 1980. Do apes use language? *Amer. Sci.* 68:49–61.

Savory, T. H. 1959. *Instinctive living, a study of invertebrate behaviour*. London: Pergamon.

Schaller, G. B. 1972. *The Serengeti lion: A study of predator-prey relations*. Chicago: University of Chicago Press.

Schöne, H. 1980. *Orientierung im Raum, Formen und Mechanismen der Lenkung des Verhaltens im Raum bei Tier und Mensch*. Stuttgart: Wiss. Verlagsges.

Schwartz, B., and H. Lacey. 1982. *Behaviorism, science and human nature*. New York: Norton.

Sebeok, T. A., ed. (1977). *How animals communicate*. Bloomington, Ind.: Indiana University Press.

Sebeok. T. A., and R. Rosenthal. 1981. The Clever Hans phenomenon: Communication with horses, whales, apes, and people. *Ann. N. Y. Acad. Sci.* 364:1–311.

Sebeok, T. A., and J. Umiker-Sebeok, eds. 1980. *Speaking of apes, a critical anthology of two-way communication with man*. New York: Plenum.

Seeley, T. 1977. Measurement of nest cavity volume by the honey bee *(Apis mellifera)*. *Behav. Ecol. Sociobiol.* 2:201–227.

Seibt, U. 1982. Zahlbegriff und Zählverhalten bei Tieren. Neue Versuche und Deutungen. *Z. Tierpsychol.* 60:325–341.

Seyfarth, R. M., D. L. Cheney, and P. Marler. 1980a. Monkey responses to three different alarm calls: Evidence for predator classification and semantic communication. *Science* 210:801–803.

– 1980b. Vervet monkey alarm calls: Semantic communication in a free-ranging primate. *Anim. Behav.* 28:1070–1094.

Shallice, T. 1972. Dual functions of consciousness. *Psychol. Rev.* 79:383–393.

Sherry, D. F., J. R. Krebs, and R. J. Cowie. 1981. Memory for the location of stored food in marsh tits. *Anim. Behav.* 29:1260–1266.

Shettleworth, S. J. 1983. Memory in food-hoarding in birds. *Sci. Amer.* 248(3):102–110.

Shorter, J. M. 1967. Other minds. In *The encyclopedia of philosophy*, ed. P. Edwards, vol. 6, pp. 7–13. New York: Macmillan.

Skinner, B. F. 1957. *Verbal behavior*. New York: Appleton-Century-Crofts.

– 1966. The phylogeny and ontogeny of behavior. *Science* 153:1205–1213.

– 1974. *About behaviorism*. New York: Random House.

– 1981. Selection by consequences. *Science* 213:501–504.

Skutch, A. F. 1976. *Parent birds and their young*. Austin, Tex.: University of Texas.

Smith, W. J. 1977. *The behavior of communicating: An ethological approach*. Cambridge, Mass.: Harvard University Press.

Sordahl, T. A. 1980. Antipredator behavior and parental care in the American avocet and black-necked stilt (Aves: Recurvirostridae). Ph. D. thesis, Utah State University, Logan, Utah.

– 1981. Sleight of wing. *Nat. Hist.* 90:42–49.

Sperry, R. 1983. *Science and moral priority, merging mind, brain, and human values*. New York: Columbia University Press.

Stoyva, J., and J. Kamiya. 1968. Electrophysiological studies of dreaming as the prototype of a new strategy in the study of consciousness. *Psychol. Rev.* 75:192–205.

Straub, R. O., and H. S. Terrace. 1981. Generalization of serial learning in the pigeon. *Anim. Learn. Behav.* 9:454—468.

Struhsaker, T. T. 1967. *The red colobus monkey.* Chicago: University of Chicago Press.

Suarez, S. D., and G. G. Gallup, Jr. 1981. Self-recognition in chimpanzees and orangutans, but not gorillas. *J. Hum. Evol.* 10:175—188.

Surlykke, A., and L. A. Miller. 1982. Central branching of three sensory axons from a moth ear (Agrotis segetum, Noctuidae). *J. Insect Physiol.* 28:357—364.

Sutton, S., M. Braren, J. Zubin, and E. R. John. 1965. Evoked-potential correlates of stimulus uncertainty. *Science* 150:1187—1188.

Tayler, C. K., and G. S. Saayman. 1973. Imitative behavior of Indian Ocean bottlenose dolphins *(Tursiops aduncus)* in captivity. *Behaviour* 44:286—297.

Terrace, H. S. 1979. *Nim.* New York: Knopf.

Terrace, H. S., L. A. Petitto, and T. G. Bever. 1979. Can an ape create a sentence? *Science* 206:891—902.

Thatcher, R. W., and E. R. John. 1977. *Foundations of cognitive processes.* Hillsdale, N. J.: Erlbaum.

Thorpe, W. H. 1963. *Learning and instinct in animals.* Cambridge, Mass.: Harvard University Press.

Tinkelpaugh, O. L. 1928. An experimental study of representative factors in monkeys. *J. Comp. Psychol.* 8:197—236.

Tolman, E. C. 1932. *Purposive behavior in animals and men.* New York: Appleton-Century.

— 1937. The acquisition of string-pulling by rats—conditioned reflex of sign gestalt. *Psychol. Rev.* 44:195—211.

— 1959. Principles of purposive behavior. In *Psychology: A study of a science. Study I. Conceptual and systematic.* Vol. 2, *General systematic formulations, learning, and special processes,* ed. S. Koch. New York: McGraw Hill.

— 1966. *Behavior and psychological man.* Berkeley: University of California Press.

Treherne, J. E., ed. 1974. *Insect neurobiology.* Amsterdam: North Holland

Underwood, G., and R. Stevens, eds. 1979. *Aspects of consciousness.* Vol. 1. *Psychological issues.* New York: Academic Press.

Uttal. W. R. 1978. *The psychology of mind.* New York: Wiley.

Van der Kloot, W. G., and C. M. Williams. 1953. Cocoon construction by the *Cecropia* silkworm. *Behaviour* 5:141—174.

Vander Wall, S. B. 1982. An experimental analysis of cache recovery in Clark's nutcracker. *Anim. Behav.* 30:84—94.

Vander Wall, S. B., and R. P. Balda. 1981. Ecology and evolution of foodstoring behavior in conifer-seed-caching corvids. *Z. Tierpsychol.* 56:217—242.

Van Lawick-Goodall. J. 1970. Tool-using in primates and other vertebrates. In *Advances in the Study of Behavior,* vol. 3, ed. D. Lehrman, R. Hinde, and E. Shaw. pp. 195—249. New York: Academic Press.

Waal, F. de. 1982. *Chimpanzee politics, power and sex among the apes.* New York: Harper and Row.

Walker, S. 1983. *Animal thought.* London: Routledge and Kegan Paul.

Walther, F. R. 1969. Fight behaviour and avoidance of predators in Thomson's gazelle *(Gazella thomsoni* Guenther 1884). *Behaviour* 34:184—221.

Wasserman, E. A. 1981. Comparative psychology returns: a review of Hulse, Fowler, and Honig's *Cognitive processes in animal behavior. J. Exp. Anal. Behav.* 35:243—257.

— 1983. Is cognitive psychology behavioral? *Psychol. Record.* 33:6—11.

Weber, N. A. 1972. Gardening ants, the attines. *Memoires Amer. Philos. Soc.* 92:1−146.

Wheeler, W. M. 1910. *Ants, their structure, development, and behavior.* New York: Columbia University Press.

− 1928. *The social insects: their origin and evolution.* London: Kegan Paul, Trench Trubner.

Whitehead, A. N. 1938. *Modes of thought.* New York: Macmillan.

Whiteley, C. H. 1973. *Mind in action, an essay in philosophical psychology.* London: Oxford University Press.

Wiggins, G. B. 1977. *Larvae of North American caddis-flies.* Toronto: University of Toronto Press.

Wilder, M. B., G. R. Farley, and A. Starr. 1981. Endogenous late positive component of the evoked potential in cats corresponding to the P300 in humans. *Science* 211:605−606.

Wiley, R. H. 1974. Evolution of social organization and life-history patterns among grouse. *Q. Rev. Biol.* 49:201−227.

Wilson, E. O. 1971. *The insect societies.* Cambridge, Mass.: Harvard University.

Wilson, L. 1968. *My beaver colony.* Garden City, N. Y.: Doubleday.

− 1971. Observations and experiments on the ethology of the European beaver *(Castor fiber* L.), a study in the development of phylogenetically adapted behaviour in a highly specialized mammal. *Viltrevy, Swedish Wildlife* 8:117−266. (Uppsala, Svenska Jägareförbundet).

Wittenberger, J. F. 1981. *Animal social behavior.* Boston: Duxbury Press.

Woodfield, A 1976. *Teleology.* London: Cambridge University Press.

Wright, W. H., and J. B. Kenfoot. 1909. *The grizzly bear.* New York: Scribner's.

Zach, R. 1978. Selection and dropping of whelks by northwestern crows. *Behaviour* 67:134−147.

Zentall, T. R., D. E. Hogan. C. A. Edwards, and E. Hearst. 1980. Oddity learning in the pigeon as a function of the number of incorrect alternatives. *J. Exp. Psychol.: Anim. Behav. Proc.* 6:278−299.

Ergänzungen zum Literaturverzeichnis für den deutschsprachigen Leser

Borell du Vernay, W. v. 1942 Assoziationsbildung und Sensibilisierung bei *Tenebrio. Z. vgl. Physiol.* 30: 84−116.

Eibl-Eibesfeldt, I. 1951. Zur Fortpflanzungsbiologie und Jugendentwicklung des Eichhörnchens. *Z. Tierpsychol.* 8: 370−400

Eibl-Eibesfeldt, I. 1967. *Grundriß der vergleichenden Verhaltensforschung.* München: R. Piper & Co. Verlag

Frisch, K. v. 1959. *Aus dem Leben der Bienen.* Berlin, Göttingen, Heidelberg: Springer-Verlag

Gwinner, E. und J. Kneutgen. 1962. Über die Bedeutung der »zweckdienlichen« Anwendung erlernter Laute bei Vögeln. *Z. Tierpsychol.* 19: 692−696.

Hediger, H. 1979. *Tierpsychologie im Zoo und im Zirkus.* Berlin: Henschel Verlag.

Immelmann, K. 1982. *Wörterbuch der Verhaltensforschung.* Berlin und Hamburg: Verlag Paul Parey.

Koehler, O. 1952. Vom unbenannten Denken. *Zool. Anz. Suppl.* 16: 202−211.

Lorenz, K. 1949. *Er redete mit dem Vieh, den Vögeln und den Fischen.* Wien: Borotha-Schoeler.

Walther, F. R. 1968. *Verhalten der Gazellen.* Wittenberg-Lutherstadt: A. Ziemsen Verlag.

Anmerkungen des Übersetzers

Bei der Übersetzung von Griffins »Animal Thinking« habe ich mich bemüht, möglichst nahe am Original zu bleiben – nicht zuletzt, um dem deutschen Leser auch einen Eindruck von Wortwahl und Stil eines Forschers vom Range Griffins zu vermitteln. Daß ich trotzdem oftmals nicht wörtlich übersetzen konnte, wird jedem einleuchten, der um die Unterschiede zwischen deutscher und englischer Grammatik, Satzkonstruktion und Phraseologie weiß.

Ein besonderer Hinweis auf Übersetzungsschwierigkeiten erscheint im Hinblick auf vier Wörter bzw. Begriffe angebracht, die bei Griffin verhältnismäßig oft vorkommen und für sein Anliegen wesentlich sind. Es sind dies *behaviorist* (bzw. *behaviorism*), *experience*, *mind* und *mental*. Allgemein gesprochen, liegt bei allen vier Begriffen die Übersetzungsschwierigkeit darin, daß sie im Englischen von recht breiter und auch etwas vager Bedeutung sind, während im Deutschen kein Wort von entsprechender Breite und Vagheit vorhanden ist. Statt dessen haben wir für jedes dieser Wörter mehrere Begriffe, deren jeder aber nur einen Teil von dem umfaßt, was in dem englischen Ausdruck mitschwingt.

Am einfachsten ist es noch bei »*behaviorist*« bzw. »*behaviorism*«. Im deutschen Fachschrifttum versteht man unter einem Behavioristen einen Anhänger des Behaviorismus, d. h. einer bestimmten Schulrichtung der Psychologie. Zweifellos hat auch Griffin meist diese Bedeutung im Sinn, und ich habe dann »Behaviorist« bzw. »Behaviorismus« geschrieben. Außerdem gebrauchen aber die Amerikaner heute auch die Bezeichnung »*behaviorist*« für jeden Wissenschaftler, der sich mit Verhalten befaßt, ganz gleichgültig, welcher Fachrichtung, Schule oder Strömung er angehört. Einige Male ist das offenbar auch bei Griffin der Fall. Man könnte dann an die Übersetzung »Verhaltensforscher« denken. Jedoch verstehen wir darunter im Deutschen meist einen Ethologen – eine Einengung des Begriffs, die im amerikanischen »*behaviorist*« gerade nicht gegeben ist. Ich habe es daher in solchen Fällen mit »Verhaltenswissenschaftler« und »*behaviorism*« entsprechend mit »Verhaltenswissenschaften« übersetzt.

Für »*experience(s)*« stehen im Deutschen die Wörter »Erlebnis(se)«, »Erleben« und »Erfahrung(en)« zur Verfügung, für den englisch-sprachigen Autor und Leser aber ist das alles *ein* Begriff. Schon »Erleben« ist nicht völlig bedeutungsgleich mit »Erlebnis«, und »Erfahrung« kann sogar recht verschieden davon sein. Ein Chirurg mag große Erfahrung im Herausnehmen von Wurmfortsätzen haben, ein großes Erlebnis hat er dabei wohl kaum – und wenn, so steht das auf einem anderen Blatt. In vielen Fällen geht natürlich aus dem Zusammenhang hervor, ob »*experience*« mit »Erfahrung« oder »Erlebnis« übersetzt werden muß, jedoch nicht immer. Im Zweifelsfalle habe ich mich stets für »Erlebnis« oder »Erleben« entschieden. In Kombination mit dem Eigenschaftswort »*mental*« (s. u.) schien mir auch einige Male die Wiedergabe von »*experiences*« durch »Vorgänge« oder »Regungen« angemessen.

»*Mental*« kann mit »geistig«, aber auch mit »seelisch« übersetzt werden, und »*mind*« entsprechend mit »Geist« oder »Seele« – nebst einigen weiteren Möglichkeiten (Verstand, Wille, Gemüt, Sinn, Meinung usw.). Hier kommen nun unterschiedliche philosophische oder psychologische Standpunkte und Begriffsbestimmungen ins Spiel. Für manche Autoren sind »Seele« und »Geist« bzw. »seelisch« und »geistig« mehr oder weniger bedeutungsgleich. Andere betrachten den »Geist« als eine Unterabteilung des Seelischen, wobei sich dann »Geist« in seiner Bedeutung dem »Verstand« oder der »Vernunft« nähert.

Wieder andere fassen »Geist« und »Seele« als diametrale Gegensätze auf (»Der Geist als Widersacher der Seele«). Leider macht Griffin nicht recht deutlich, welcher dieser Auffassungen er anhängt – vielleicht gerade, weil für ihn als englisch-sprachigen Autor diese Unterschiede in den weiten Begriffen »mind« und »mental« verschwimmen.

»Mental« gebraucht Griffin sehr häufig und spricht dann von »mental experiences«, »mental processes«, »mental life« oder »mental states«. Um der Breite des englischen »mental« Rechnung zu tragen, habe ich es des öfteren durch die im Deutschen mögliche Kombination »geistig-seelisch« wiedergegeben (»geistig-seelisches Erleben«, »geistig-seelische Vorgänge« usw.). In anderen Fällen hielt ich die Übersetzung mit »seelisch« für angemessen. Die dritte Möglichkeit, »geistig«, schien mir nur selten den Intentionen des Autors zu entsprechen. Nicht ganz so häufig verwendet Griffin das Substantiv »mind«. Er spricht dann hauptsächlich von »human mind« und »animal minds«. In solchen Fällen unterscheidet Griffin offenbar nicht zwischen »Geistigem« und »Seelischem«, denn er betont mehrfach, daß er mit »mind« in erster Linie das Denken und Fühlen im Sinne habe. Bei einer strengen Scheidung aber würde man das Denken mehr dem Geist und die Gefühle mehr der Seele zuordnen. Ich habe daher »mind« zumeist mit »Seele«, »Seelisches« oder »Geistig-Seelisches« übersetzt. Jedoch erschien mir auch die Wiedergabe durch »Geist« einige Male gerechtfertigt und naheliegend. Daß Griffin bei Verwendung des Wortes »mind« der Begriff »Verstand« vorgeschwebt haben sollte, ist zwar nicht ausgeschlossen, meines Erachtens aber unwahrscheinlich. Sicher hätte er sonst häufiger die sehr bekannten und gebräuchlichen Alternativwörter »intelligence« oder »intellect« verwendet, die bei ihm ziemlich selten vorkommen.

So viel unmittelbar zur Übersetzung. Ferner ist es vielleicht nicht ganz überflüssig, den deutschen Leser daran zu erinnern, daß Griffin Amerikaner ist und das Buch primär für Amerikaner geschrieben hat. In einigen wenigen Fällen konnte ich da etwas ausgleichen. Wenn Griffin z. B. seinen Lesern klar macht, wie eine Kohlmeise aussieht, indem er die Gleichheiten bzw. Unterschiede mit amerikanischen Meisenarten bespricht, so habe ich das einfach weggelassen, da dem mitteleuropäischen Leser ja die Kohlmeise viel vertrauter ist als die amerikanischen Meisen. In den meisten Fällen wäre es jedoch nicht möglich gewesen, an den »Amerikanismen« etwas zu ändern, ohne dabei den Text empfindlich zu stören.

Man kann dem Buch nur wünschen, daß es so aufgenommen wird, wie es das verdient, mit dem überzeugten Eintreten für die Anerkennung des Bewußtseins und des subjektiven Erlebens bei Tieren. Das ist in der gegenwärtigen Situation der Biologie und Psychologie fürwahr eine mutige Tat.

Haintchen, im April 1985

Register